양자 컴퓨팅 개론

양자 컴퓨팅 개론

김주현 옮김　필립 로날드 카예 · 레이몬드 라플라메 · 미셸 모스카 지음

i!i
에이콘

에이콘출판의 기틀을 마련하신 故 정완재 선생님 (1935-2004)

옮긴이 소개

김주현(juhyun.andres.kim@gmail.com)

고려대학교에서 물리학을 공부한 후 반도체 관련 외국계 회사에 재직중이다. 현재 계산 리소그래피^{Computational lithography} 부서에서 Application engineer로 일하고 있다. 계산 리소그래피는 포토 리소그래피^{Photo lithography}를 통해 얻을 수 있는 해상도를 향상시키기 위해 설계된 일련의 수학 및 알고리듬적인 접근법이며 보통 computing simulation을 통해 그 작업이 이루어진다.

옮긴이의 말

미시 세계에서는 기존의 상식을 깨는 양자 역학의 규칙이 미시 세계를 지배합니다. 양자 역학을 처음 접하면 거시 세계에서 잘 적용되는 고전역학의 상식과 충돌해서 혼란스러울 수 있지만 저자는 이를 학부 수준의 설명과 수식으로 자세히 소개했습니다.

양자 역학의 시각으로 보면 모든 입자가 파동성을 지니고 있고 중첩의 원리를 따릅니다. 따라서 기존 컴퓨터 메모리에 정보를 입력하면 0 또는 1로 비트 단위로 저장되지만 양자 컴퓨터에서는 0과 1이 동시에 존재할 수 있는 큐비트 단위로 저장됩니다. 하지만 관찰자가 이를 관측하는 순간 중첩된 상태였던 것이 0 또는 1로 정해집니다. 이처럼 미시 세계는 거시 세계의 물리 관념과 달라 이를 잠시 내려놓고 이 책을 읽어 보길 바랍니다.

나아가 양자 역학을 더 자세히 알고 싶다면 리처드 파인만^{Richard P. Feynman}의 강의를 책으로 집필한 『파인만의 물리학 강의 3』를 추천합니다. 이 시리즈는 리처드 파인만이 캘리포니아공과대학교에서 한 강의를 바탕으로 쓰여진 책이며 제3권은 양자 역학을 다루고 있습니다.

본 책에도 나오지만 리처드 파인만은 양자 컴퓨터라는 개념을 처음 제시한 물리학자입니다. 당시 양자계의 문제를 풀 때 컴퓨터의 용량에 비해 계산해야 할 양이 압도적으로 많아 실용적인 결과를 도출하는 데에는 어려움을 겪었습니다. 파인만은 양자계를 계산할 때 양자계만의 성질을 이용해 새로운 차원의 컴퓨터를 만들면 계산 속도를 획기적으로 높일 수 있고 양자계를 잘 시뮬레이션할 수 있다고 생각했습니다. 그 아이디어가 근래 IBM 최초의 회로 기반 상용 양자 컴퓨터 출시와 같이 발전했습니다.

책 도입부는 앨런 튜링의 고전 컴퓨터 이론부터 양자 컴퓨팅에 이르기까지의 배경설명과 양자 물리학의 기본 이론을 다룹니다. 2장에서는 양자 개념에 필요한 선형 대수와 디랙 표기법을 다루고 3장에서 양자 계산 모델과 관련된 양자 역학의 틀을 자세히 설명합니다. 이 책의 나머지 부분에서는 양자 텔레포테이션, 양자 알고리듬 및 양자 오차 수정에 대해 자세히 다룹니다.

번역 당시 용어는 대한 물리학회 및 수학회 용어집에 최대한 맞췄으며 독자들의 직관적인 이해를 위해 영문 용어를 쉽게 유추할 수 있게끔 했습니다. 예를 들어, 'quantum teleportation' 같은 용어는 '양자 원거리 이동'을 쓰지 않고 '양자 텔레포테이션'으로 통일했습니다.

끝으로 이 책이 나오기까지 오랫동안 지원해주신 에이콘출판사의 권성준 사장님, 그리고 자세히 검토를 도와주신 남기환 님, 이승준 님 그리고 이정문 님께 깊은 감사를 드립니다.

지은이 소개

필립 로날드 카예^{Phillip Ronald Kaye}

토론토에서 태어나 캐나다 온타리오 주 워털루에서 자랐다. 1995년 입학 장학금을 받으며 워털루대학교 공학부에 합격했다. 2000년 시스템 디자인 공학 학사 학위를 마쳤으며 학위 수여식에서 우수한 소통에 관한 조지 뒤폴트 메달^{George Dufault Medal for Excellence in Communication}을 수상했다. 학사 학위 수여 후 여름 동안 운동 연구^{RIM, Research in Motion}에서 암호화 소프트웨어 개발자로 일하면서 대학원 과정에서 파트 타임으로 계속 일했다. 워털루의 조합 및 최적화 대학에서 석사 학위를 받았다. 석사 논문 제목은 「얽힘 집중을 위한 양자 네트워크 및 계산 복잡도 클래스 BPP의 논리적 특성화」다. 현재 워털루대학교 컴퓨터 과학 대학에서 박사 과정 중이다.

레이몬드 라플라메^{Raymond Laflamme}

라발대학교에서 물리학 학부 과정을 마쳤다. 이후 영국 케임브리지로 이주해 스티븐 호킹 교수의 지도하에 DAMTP(응용 수학 및 이론 물리학과)에서 박사 학위를 받기 전에 수학적 삼각법^{Mathematical Tripos} 파트 3(케임브리지대학교 수학과 석사 1년 과정)을 취득했다. 유비씨^{UBC}, 케임브리지 및 로스 알라모스 국립 연구소에서 근무한 후, 2001년 양자 정보 캐나다 연구 위원장으로 워털루대학교로 이직했다. 온타리오의 최우수 연구상^{Ontario's Premier Research Award}을 수상했으며 캐나다 고등연구원^{CIAR, Canadian Institute for Advanced Research}의 양자 정보 프로그램 책임자이다. 2005년 9월 CIAR의 아이비 재단 펠로우^{Ivey Foundation Fellow}로 지명됐다.

미셸 모스카^{Michele Mosca}

1999년 옥스퍼드대학교에서 양자 컴퓨터 알고리듬으로 박사 학위를 받았다. 이후 성
재롬대학교의 수학 교수, 워털루대학교 수학과 조합 및 최적화 대학에서 교수로 재직
했으며 응용 암호학 연구 센터의 회원이었다. 프리미어 연구 우수상^{Premier's Research}
^{Excellence Award}(2000~2005)을 받았으며, 양자 계산 캐나다 연구 위원장(2002년 1월 이후),
CIAR 학자(2003년 9월 이후)이다. 양자 계산 연구소의 공동 창립자이자 부국장이며 페리
미터 이론 물리학 연구소^{Perimeter Institute for Theoretical Physics}의 창립 회원이다.

감사의 글

우리는 안드리스 암바이니스^{Andris Ambainis}, 폴 부쉬^{Paul Busch}, 로렌스 아이아노우^{Lawrence Ioannou}, 데이비드 크립스^{David Kribs}, 애쉬윈 나약^{Ashwin Nayak}, 마크 살팅크^{Mark Saaltink} 그리고 워털루대학교의 양자 컴퓨팅 교육기관에서 과거 몇 년 동안 양자 컴퓨팅 개론 강좌를 수강했던 많은 회원들을 포함해 이 책을 쓰는 데 도움을 준 수많은 동료와 과학자에게 감사를 전한다.

필립 카예^{Phillip Kaye}는 부인 재닌^{Janine}에게 그녀의 인내와 헌신, 아울러 아버지 론^{Ron}에게 프로젝트에 관한 지대한 관심과 도움되는 의견에 대해 감사를 전한다.

레이몬드 라플라메^{Raymond Laflamme}는 재니스 그래그손^{Janice Gregson}, 패트릭^{Patrick}, 조슬린 라플라메^{Jocelyne Laflamme}에게 그들의 인내, 사랑 그리고 오류 정정의 직관적인 접근에 대한 통찰력에 감사를 전한다.

미셸 모스카^{Michele Mosca}는 부인 닐라^{Neila}에게 그녀의 사랑과 격려 그리고 그의 부모님의 도움에 대해 감사를 전한다.

한국어판의 정오표는 에이콘출판사의 도서정보 페이지 http://www.acornpub. co.kr/book/introduction-qc에서 찾아볼 수 있다. 한국어판에 관한 질문은 이 책의 옮긴이나 에이콘출판사 편집 팀(editor@acornpub.co.kr)으로 문의해주길 바란다.

차례

들어가며

1999년 이래로 워털루대학교에서 양자 컴퓨팅 강의를 해왔다. 다양한 분야의 학생들이 수업을 들었는데 수학과, 물리학과, 컴퓨터공학과, 물리학과, 공과대학 학생들이었다. 훌륭한 개론 논문, 연구 그리고 책들이 있었지만 이러한 자료들은 수학과 물리학의 특정 분야에 깊은 배경지식이 있는 학생들에게 맞춰 설명하고 있었다.

이를 바탕으로 다음과 같은 독자들을 고려해 책을 썼다. 학부 수준의 과학 분야 지식을 갖췄으며 벡터 공간과 내적을 포함한 선형대수에 관한 탄탄한 배경지식을 갖춘 것을 전제로 했다. 스펙트럼 분해나 텐서곱과 같은 주제에 대한 사전 친숙도는 필요하지 않으나 갖추고 있다면 도움이 될 수 있다. 어떤 곳에서는 군론에서 쓰이는 기호를 넣지 않을 수가 없었다. 군론 기호가 쓰이는 절 초입에 이를 명확히 표시했으며 군론에 익숙하지 않은 독자가 이 부분을 건너뛸 수 있도록 했다. 어려운 주제를 이해하기 쉽고 친절하게 소개하면서 그와 동시에 상당히 완벽하고 기술적으로 설명했다.

본문에는 연습 문제들을 포함했다. 각 문제는 특정한 개념을 묘사하고 계산을 자세히 하거나 증명 또는 본문에 나온 개념들이 어떻게 일반적으로 쓰이게 되고 확장될 수 있는지 보여주기 위해 고안됐다. 독자들에게 최대한 많은 문제들을 시도하기를 권한다.

양자 정보 이론과 양자 암호학의 수학적 형식주의와 같은 흥미로우면서도 진보적이거나 지엽적인 많은 중요한 주제들을 포함시키고 싶은 유혹을 떨쳐냈다. 현업을 위한 종합적인 참고 서적을 제공하는 것이 아니라 학생들과 강사들에게 상당히 간결하고 접근이 쉬운 대학원용 개론서나 고학년 학부용 책을 제공하려고 노력했다.

01

배경 및 도입

1.1 개관

컴퓨터는 알고리듬을 실행해 정보를 처리할 수 있게 도와주는 물리적 장치이다. 그리고 알고리듬은 정보 처리 작업을 실현하기 위해 한정된 서술을 담은 잘 정의된 절차다. 정보 처리 작업은 언제나 물리적 작업으로 변환될 수 있다.

다양한 정보 처리 작업을 위한 복잡한 알고리듬과 프로토콜을 설계할 때 이상적인 컴퓨팅 모델로 작업하는 것이 도움이 되거나 필요할 수 있다. 그러나 특히 실용적인 이유로 컴퓨팅 장치의 실제 한계를 연구할 때 컴퓨팅과 물리학의 관계를 잊지 않는 것이 중요하다. 실제 컴퓨팅 장치는 이상화된 컴퓨팅 모델에 의해 표현되는 것보다 더 크고 종종 더 풍부한 물리적 현실로 구현된다.

양자 정보 처리는 과거에는 불가능했다고 생각됐던 작업을 수행하기 위한 목적으로 양자 이론이 우리에게 알려주는 물리적 현실을 사용한 결과다. 양자 정보 처리를 수행하는 장치를 양자 컴퓨터라고 한다. 이 책에서는 양자 컴퓨터로 특정 문제를 고전 컴퓨터로 풀 수 있는 것보다 더 효율적으로 해결하는 방법과 오류가 발생할 가능성이 있는 경우에도 안정적으로 수행할 수 있는 방법을 알아본다.

1장에서는 앞으로 이어지는 내용의 기초를 형성할 계산 이론과 양자물리학에 대한 근본적인 개념을 제시한다. 이 짧은 소개 후에 2장에서 선형 대수학으로부터 필요한 도구를 검토하고 3장에서 양자 계산 모델과 관련된 양자 역학의 틀을 자세히 설명한다. 이 책의 나머지 부분에서는 양자 텔레포테이션teleportation[1], 양자 알고리듬 및 양자 오차 수정에 대해 자세히 검토한다.

1.2 컴퓨터 및 스트롱 처치-튜링 명제

종종 우리는 문제를 해결하기 위해 컴퓨터가 사용하는 리소스 양에 관심을 둔다. 이를 계산의 복잡도라 한다. 컴퓨터의 중요한 리소스 중 하나는 시간이다. 또 다른 리소스는 공간인데space, 이것은 계산을 수행할 때 컴퓨터가 사용하는 메모리 양을 나타낸다. 우리는 주어진 문제를 해결하기 위해 계산에 사용된 리소스의 양을 그 문제의 인스턴스 입력에 대한 길이의 함수로 측정한다. 예를 들어 문제가 두 개의 n 비트 숫자를 곱하는 것이라면 컴퓨터는 최대 $2n^2 + 3$단위 시간을 사용해 이 문제를 해결할 수 있다(시간 단위는 초 또는 컴퓨터가 기본 단계를 수행하는 데 필요한 시간의 길이가 될 수 있다).

물론 알고리듬을 실행하는 컴퓨터가 사용하는 리소스의 정확한 양은 컴퓨터의 물리적 구조에 따라 다르다. 위에서 언급한 동일한 숫자를 곱하는 다른 컴퓨터는 동일한 기본 알고리듬을 실행하기 위해 최대 $4n^3 + n + 5$시간까지 사용할 수 있다. 이 사실은 알고리듬을 실행하는 데 사용될 수 있는 컴퓨터의 세부 사항에 정신이 팔려 알고리듬 자체의 복잡도를 연구하는 데 관심이 있는 경우 문제가 되기 쉽다. 이 문제를 피하기 위해서 우리는 좀 더 조악한coarse 복잡도 기준을 사용한다. 그중 한 가지 방법이 리소스 요구 사항을 정량화하는 표현식에서 최상위 지수만 고려하고 상수 곱셈 계수들을 무시하는 것이다. 위에서 언급한 두 컴퓨터가 각각 $2n^2 + 3$ 및 $4n^3 + n + 7$시간에 검색 알고리듬을 실행한다고 가정하자. 가장 높은 차수의 항은 각각 n^2와 n^3이며 (각각 상수 곱셈 계수 2와 4를 무시한다). 컴퓨터에 대한 해당 알고리듬의 실행 시간은 각각 $O(n^2)$ 및 $O(n^3)$이라고 한다.

---

1   quantum teleportation은 양자 원격 이동이라고도 한다. - 옮긴이

$O(f(n))$는 알고리듬 실행 시간의 상계$^{\text{upper bound}}$를 나타낸다는 것에 주의하자. 예를 들어 실행 시간 복잡도가 $O(n^2)$에 속하거나 $O(\log n)$에 속하면 $O(n^3)$에도 속한다. 이런 방식으로 O 표기법을 사용해 리소스 요구 사항을 표현하면 복잡도의 계층 구조가 생긴다. 하계$^{\text{lower bound}}$를 기술하고 싶다면 Ω 표기법을 사용한다.

한 단계 더 나아가 더욱 조악하게 리소스 사용을 표현하는 것이 편리할 때가 많다. 9.1절에서 설명하지만 이론적인 컴퓨터 과학에서 알고리듬은 알고리듬에서 사용된 리소스의 양이 어떤 k에 대해 $O(n^k)$인 경우 그 리소스에 대해 **효율적**이라고 간주된다. 이 경우 알고리듬은 리소스에 대한 다항식이라고 한다. 만약 알고리듬의 실행 시간이 $O(n)$일 경우 선형^{linear} 시간이라고 실행 시간이 $O(\log n)$이면 로그^{logarithmic} 시간이라고 한다. 선형 및 로그 함수는 다항식 함수보다 증가폭이 크지 않기 때문에 이러한 알고리듬도 마찬가지로 효율적이다. 어떤 상수 c에 대해 $\Omega(c^n)$ 리소스를 사용하는 알고리듬은 지수^{exponential} 시간이라고 하며 효율적이지 않은 것으로 간주된다. 알고리듬의 실행 시간이 어떤 다항식으로도 제한될 수 없다면 그 알고리듬의 실행 시간은 초다항^{superpolynominal} 시간이다. '지수 시간'이 초다항 시간이라는 의미로 사용될 때가 많다.

앞으로 자세히 다룰 이러한 조악한 복잡도 기준의 한 가지 장점은 컴퓨팅 모델의 합리적인 변화와 리소스의 계산 방법에 대해 견고하다는 것이다. 예를 들어 컴퓨팅 모델의 복잡도를 측정할 때 종종 무시되는 비용 중 하나는 정보를 이동시키는 데 걸리는 시간이다. 예를 들어 물리적인 비트가 일렬로 배열된 후 n단위 떨어져 있는 두 개의 비트를 함께 가져오려면 n에 비례하는 시간이 걸릴 것이다(다른 이유가 없을 경우 특수 상대성 효과로 인해서). 현대 컴퓨터에서 n의 크기가 현실적이라면 운송 시간은 무시할 수 있기에 이 비용을 무시하는 것은 일반적으로 정당화될 수 있다. 게다가 이 시간을 고려한다고 해도 복잡도는 선형 인수만큼만 바뀔 뿐이다(그리하여 다항식 대 초다항식 이분법에 영향을 미치지 않는다).

컴퓨터는 매우 다양한 문제를 해결하기 위해서 광범위하게 사용되기 때문에 컴퓨터의 계산 능력과 효율성은 이론적인 관심 대상일 뿐만 아니라 실용적으로도 상당히 중요하다. 언뜻 보기에 컴퓨터에서 해결할 수 있는 문제를 특성화하고 어떤 문제를 해결할 수 있는 효율성을 정량화하려는 목표는 힘든 것처럼 보인다. 최신 컴퓨터의 크기와 시스템 구성 범위는 가전 제품의 단일 프로그래밍 가능한 로직 칩과 같은 단순한 장치와 나사^{NASA}에서 사용하는 매우 강력한 슈퍼 컴퓨터만큼 복잡한 장치를 포함한다. 따라서 수많은 범주의 컴퓨터마다 계산 능력과 효율성 문제를 결정해야 하는 문제에 마주치게 된다.

하지만 수학적인 계산 능력 이론과 계산 복잡도 이론의 발전은 상황이 훨씬 좋음을 보여줬다. 처치-튜링$^{Church-Turing}$ 명제에 따르면, 계산 문제는 아주 간단한 '기계^{machine}', 즉 수학자 앨런 튜링$^{Alan Turing}$의 이름을 딴 튜링 기계에서 해결될 수 있고 또 그럴 경우에만 우리가 구축하고자 하는 임의의 컴퓨터에서 해결될 수 있다. 튜링 '기계'는 (물리적 장치가 아닌) 수학적 관념이라는 점을 중요하게 인식해야 한다. 튜링 기계는 유한한 상태 집합, 유한한 알파벳 기호들을 이동식 헤드^{head}를 사용해서 읽고 쓸 수 있는 무한한 테이프^{tape} 그리고 현재 상태 및 헤드가 현재 가리키는 기호를 갖고 다른 상태를 지정하는 전환 함수로 구성되는 계산 모델이다.

처치-튜링 명제를 믿는다면 어떤 실제적인 계산 장치에 의해서 계산 가능할 경우에만 함수는 튜링 기계에 의해 계산될 수 있다. 실제로 '계산 가능^{computable}'이라는 용어는 튜링 기계로 계산될 수 있음을 가리키는 뜻으로 쓰인다.

처치-튜링 명제의 직관을 이해하기 위해 임의의 유한한 항이 있고 입력 문자열 x를 받아들이며 다른 임의의 작업 공간에 접근 권한이 있는 다른 계산 장치 A를 생각해보자. 입력 x에서 A의 전개를 시뮬레이션할 보편적 튜링 기계를 위한 컴퓨터 프로그램을 작성할 수 있다. (하나의 컴퓨터 운영체제가 다른 운영체제를 시뮬레이션할 수 있는 것처럼) A의 논리적 전개를 시뮬레이션하거나 유한 시스템 A의 완전한 물리적 설명과 이를 지배하는 물리 법칙을 고려할 때 보편적인 튜링 기계는 물리적 수준에서 시뮬레이션할 수 있다.

원래의 처치-튜링 명제는 계산의 효율성에 관해서 아무 말도 하지 않는다. 한 컴퓨터가 다른 컴퓨터를 시뮬레이션할 때 일반적으로 시뮬레이션과 관련된 일종의 '오버헤드^{overhead}'[2] 비용이 발생한다. A와 B의 두 가지 유형의 컴퓨터를 생각해보자. A의 프로그

---

2   IT에서 보통 컴퓨터가 유저 프로그램을 실행할 때 직접 유저 프로그램 처리를 하지 않는 부분을 오버헤드라고 한다. 특정한 목표를 달성하기 위해 간접적 혹은 추가적으로 요구되는 시간, 메모리, 대역폭 혹은 다른 컴퓨터 자원을 말한다. 본서에서는 보통 어떤 알고리듬을 실행하기 위해 필요한 컴퓨터 리소스에서 추가적으로 요구되는 리소스를 의미한다. – 옮긴이

램을 작성해 B의 동작을 시뮬레이션한다고 가정하는 것이다. B의 전개의 한 단계를 시뮬레이션하기 위해 A 컴퓨터는 5단계를 필요로 한다고 가정한다. 그러면 시간 $O(n^3)$ 동안 B에 의해 풀리는 문제는 A에서 $5 \cdot O(n^3) = O(n^3)$ 시간에 풀린다. 이 시뮬레이션은 효율적이다. 한 컴퓨터를 다른 컴퓨터로 시뮬레이션할 때에는 예컨대 시간 및 공간과 같이 서로 다른 종류의 리소스 간에 상충관계$^{trade-off}$도 발생할 수 있다. 컴퓨터 A가 다른 컴퓨터 C를 시뮬레이션한다고 가정하자. 컴퓨터 C가 S 단위의 공간과 T 단위의 시간을 사용하는 경우 시뮬레이션은 A가 최대 $O(ST2^S)$ 단위의 시간을 사용하도록 요구한다. 따라서 C가 $O(n)$ 공간을 사용해 시간 $O(n^2)$ 동안 문제를 풀 수 있다면 A는 C를 시뮬레이션하기 위해 최대 $O(n^3 2^n)$ 시간을 사용한다.

시뮬레이션에 사용된 리소스의 '오버헤드^{Overhead}'가 다항 시간일 때 (즉, $O(f(n))$ 알고리듬의 시뮬레이션이 어떤 고정된 정수 k에 대해 $O(f(n)^k)$ 리소스를 사용할 때) 그 시뮬레이션이 효율적이라고 말한다. 위의 예에서 A는 B를 효율적으로 시뮬레이션할 수 있지만 C에 대해서는 꼭 그렇다고 말할 수 없다(나열된 실행 시간은 상계 기준이므로 지수함수 오버헤드가 필요한지 여부는 알 수 없다).

일반적으로 알고리듬을 설명하고 컴퓨터 프로그램을 작성하는 방법과 더욱 더 밀접하게 관련된 대체 계산 모델은 RAM$^{Random Access Machine}$ 모델이다. RAM 기계는 메모리에 입력을 쓰는 것(메모리 단위는 정수를 저장하는 것으로 가정한다)과 메모리에 저장된 값에 대한 기본 산술 연산 및 메모리 내의 값에 따르는 조건부 연산을 포함한 기본 계산 작업을 수행할 수 있다. 이 책에서 설명하고 분석하는 고전적 알고리듬은 log-RAM 모델로 기술되는데, 이 모델에서 n비트 숫자를 포함하는 연산은 n시간이 걸린다.

처치-튜링 명제를 확장해 계산의 효율성에 대해 유용한 것을 언급하려면 튜링 기계의 정의를 약간 일반화하는 것이 좋다. **확률론적 튜링 기계**$^{probabilistic Turing machine}$는 각 단계에서 임의의 2진법 선택을 할 수 있는 기계로, 이 무작위 비트를 설명하기 위해 상태 전이 규칙이 확장된다. 확률론적 튜링 기계는 '동전 플리퍼$^{coin-flipper}$'가 내장된 튜링 기계라고 말할 수 있다. 확률론적 튜링 기계를 사용해 효율적으로 몇 가지 중요한 문제를 해결하는 방법이 알려져 있지만 이러한 문제들을 (동전 플리퍼가 없는) 기존의 튜링 기계를 사용해 효율적으로 해결하는 방법은 알려져 있지 않다. 그러한 문제의 한 예는 모듈로 modulo 소수의 제곱근을 찾는 것이다.

무작위성(동전 플리퍼)의 추가가 튜링 기계에 힘을 더할 수 있다는 것이 이상하게 보일 수 있다. 사실 계산 복잡도 이론의 일부 결과는 확률론적 튜링 기계가 높은 확률로 정확한 답을 추측할 수 있는 (앞서 언급한 "모듈로 소수의 제곱근" 문제를 포함하는) 모든 문제를 결정론적 튜링 기계가 효율적으로 풀 수 있을 것이라고 생각하게 한다. 그러나 튜링 기계와 확률론적 튜링 기계 사이의 동등성에 대한 증거가 없고 위에 있는 모듈로 소수의 제곱근와 같은 문제와 같이 동전 플리퍼가 추가적인 힘을 줄 수 있다는 증거가 있기 때문에 확률론적 튜링 기계의 용어로 다음 명제를 다룰 것이다. 이 명제는 양자 컴퓨팅의 중요성을 상기하는 데 매우 중요할 것이다.

(고전) 스트롱 처치-튜링 명제 확률론적 튜링 기계는 모든 실제 계산 모델을 효율적으로 시뮬레이션할 수 있다.

스트롱 처치-튜링 명제를 받아들이면 컴퓨팅 모델의 세부 사항과 상관없이 문제의 본질적인 복잡도에 대한 개념을 논의할 수 있다.

스트롱 처치-튜링 명제는 그 개념을 부정하려는 수많은 시도로부터 살아남았기 때문에 양자 컴퓨터가 출현하기 이전에 이미 널리 받아들여졌다. 이 명제의 중요성을 이해하기 위해서, 계산 문제를 해결하는 데 필요한 계산 리소스를 알아내는 문제를 다시 살펴보자. 스트롱 처치-튜링 명제에 비춰 볼 때 그 문제는 크게 단순화된다. 논의 대상은 확률론적 튜링 기계(또는 이와 동등한 계산 모델. 예를 들면 임의의 대용향 메모리에 접근할 수 있는 현대적 개인용 컴퓨터)로 제한해도 되는데, 어떤 현실적인 계산 모델이든 계산 능력은 대체로 동등하기 때문이다. 스트롱 처치-튜링 명제의 진술에 왜 '현실적'이라는 단어가 등장하는지 궁금해할 것이다. 확률적 튜링 기계 시뮬레이션이 시간 또는 공간에서 지수함수를 필요로 하는 방식으로 특정 문제를 해결하기 위한 특수 목적의 (고전) 기계를 기술하는 것이 가능하다. 언뜻 보기에는 그런 제안이 스트롱 처치-튜링 명제에 도전하는 것처럼 보인다. 하지만 이러한 특수 목적 기계는 자신이 사용하는 모든 자원을 고려하지 않는 '트릭'을 언제나 쓰는 것이다. 특수 목적 기계는 문제를 해결하는 확률론적 튜링 기계보다 훨씬 적은 시간과 공간을 사용하는 것처럼 보이지만, 암묵적으로 초다항 시간의 리소스를 필요로 하는 물리적 작업을 수행해야 하기 때문이다. 스트롱 처치-튜링 명제의 진술에서 현실적인 계산 모델이라는 용어는 물리학의 법칙과 일치하고 그 모델에 사용된 모든 물리적 리소스를 명시적으로 설명하는 계산 모델을 의미한다.

실제로 튜링 기계 또는 이와 동등한 기계를 구현하려면 현실적인 오류를 다루는 방법을 찾아야 한다는 점에 유의해야 한다. 오류 정정 코드는 컴퓨터의 실제 구현에 내재된 오류를 처리하기 위해 계산학 역사 초기에 개발됐다. 그러나 오류 정정 절차도 완벽하지 않으며 추가적인 오류 자체를 유발할 수 있다. 따라서 오류 정정은 내결함성 fault-tolerant[3] 방식으로 수행돼야 한다. 다행히도 고전적 계산의 경우 현실적인 오류 모델을 처리하기 위해 효율적인 결함 허용 오류 정정 기술이 개발됐다.

고전적인 처치-튜링 명제의 근본적인 문제는 고전 물리학이 양자물리학을 효율적으로 시뮬레이션할 만큼 강력하지 않다는 것이다. 기본 원칙은 여전히 사실로 여겨지고 있다. 그러나 우리는 양자 장치를 포함한 임의의 '현실적인' 물리적 장치를 시뮬레이션할 수 있는 계산 모델이 필요하다. 그 답은 합리적인 유형의 양자 계산 모델로 확률론적 튜링 기계를 대체하는 스트롱 처치-튜링 명제의 양자 버전일 수 있다. 4장에서 양자 튜링 기계로 알려진 것과 동등한 계산의 양자 모델을 설명한다.

양자 스트롱 처치-튜링 명제 양자 튜링 기계는 임의의 현실적 계산 모델을 효율적으로 시뮬레이션할 수 있다.

1.3 계산 회로 모델

1.2절에서 확률론적 튜링 기계로 알려진 원형 형태의 컴퓨터(또는 계산 모델)에 관해 논의했다. 또 다른 유용한 계산 모델은 균일한 가역 회로족uniform family of reversible circuit 계산 모델이다(1.5절에서 왜 가역 게이트gate와 회로에 관심을 좁혀도 되는지 살펴볼 것이다). 회로는 비트에 기본 연산을 수행하는 게이트에 비트 값을 전달하는 전선으로 구성된 네트워크다. 우

---

3   결함 허용(fault-tolerant) 방식이라고도 한다. – 옮긴이

리가 고려하는 회로는 비순환적이다. 즉 비트는 선형적으로 회로를 통해 이동하고 전선이 회로의 이전 위치로 결코 되돌아가지 않음을 의미한다. 회로 C_n은 n개의 전선을 갖고 있으며 $n = 4$에 대해 그림 1.1과 비슷한 회로 도표로 설명할 수 있다. 입력 비트는 도표의 왼쪽에서 회로로 들어가는 전선에 기록된다. 매시간 단계마다 각 전선은 최대 하나의 게이트 G에 입력할 수 있다. 출력 비트는 도표의 오른쪽에 있는 회로에서 나오는 전선에서 판독된다.

회로는 게이트들의 배열 또는 네트워크로서 양자 계산에서 자주 사용되는 용어다. 게이트는 유한한 회로족에 속하며 입력 전선에서 정보를 가져와 출력 전선으로 전달한다.

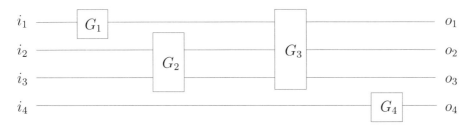

그림 1.1 회로도. 수평선은 비트를 운반하는 '전선'을 나타내고 블록은 게이트를 나타낸다. 비트는 왼쪽에서 오른쪽으로 회로를 통해 전파된다. 입력 비트 i_1, i_2, i_3, i_4는 회로의 맨 왼쪽 가장자리에 있는 전선에 쓰여지고 출력 비트 o_1, o_2, o_3, o_4는 회로의 맨 오른쪽 가장자리에서 판독된다.

한 회로의 족[family][4]은 각 입력 크기 n에 대해 하나의 회로인 $\{C_n \mid n \in \mathbb{Z}^+\}$ 회로 집합이다. (적절한 리소스에 한정된 튜링 기계에 의한) 각 C_n을 쉽게 구성할 수 있다면 족은 균일한[uniform] 회로족이라고 한다. 균일성 개념의 핵심은 회로 자체의 정의에 계산 능력을 몰래 넣을 수 없다는 것이다. 이 책의 목적상 $|C_n|$은 C_n의 게이트 수를 의미하고, k는 음수가 아닌 어떤 상수일 때 $O(n^k|C_n|)$의 시간 동안 튜링 기계(또는 log-RAM과 같은 동등한 모델)에 의해 회로가 생성될 수 있으면 충분하다.

중요한 개념 중 하나가 보편성[universality]이다. 우리가 원하는 계산을 수행할 수 있는 회로를 만들기 위해 유한 개의 서로 다른 게이트 집합만 있으면 충분하다는 것을 보여주는 것이 편리하다. 이것은 다음 정의에 의해 확인할 수 있다.

---

4   동종 모임 또는 족. 책에서는 family라 한다. – 옮긴이

정의 1.3.1 임의의 양의 정수 n, m 및 함수 $f: \{0, 1\}^n \rightarrow \{0, 1\}^m$인 경우 어떤 집합에 속한 게이트들만 사용해 f를 계산할 수 있는 회로가 만들어질 수 있으면 그 게이트들은 고전적 계산에 보편적인 게이트라고 한다.

고전적 계산에서 보편적인 게이트 집합의 잘 알려진 예는 {NAND, FANOUT}이다.[5] 가역적 게이트로 제한한다면 1비트 및 2비트 게이트만으로 보편성을 달성할 수 없다. 토폴리Toffoli 게이트는 처음 두 비트가 둘 다 상태 1에 있는 경우에만 (그리고 달리 수행하지 않는 경우) 세 번째 비트를 반전시키는 효과가 있는 가역 3비트 게이트이다. 토폴리 게이트만으로 구성된 게이트 집합은 고전적 계산에 대해 보편적이다.[6]

1.2절에서 튜링 기계의 정의를 확장하고 확률론적 튜링 기계를 정의했다. 확률론적 튜링 기계는 튜링 기계에 단일 시간 단계에서 무작위 이진 값을 생성할 수 있는 '동전 플리퍼'를 추가함으로써 얻을 수 있다(확률론적 튜링 기계를 공식적으로 정의하는 몇 가지 동등한 방법들이 있다). 확률론적 튜링 기계가 결정론적 튜링 기계보다 강력한지 여부는 앞서 말했듯이 분명하지 않다. 다만 결정론적 튜링 기계에서 어떻게 풀어야 할지 모르지만 확률론적 튜링 기계에서는 효율적으로 풀 수 있는 문제들이 존재한다. 우리는 '동전 플리핑 게이트coin-flipping gate'를 회로에 추가함으로써 확률론적 회로probablistic circuit를 정의할 수 있는데, 동전 플리핑 게이트는 1개의 비트에 대해 동작해서 무작위로 (입력 비트의 값과는 독립적인) 2진값을 출력하는 게이트다.

1.2절에서 튜링 기계를 논의할 때 계산의 복잡도는 기계가 계산을 완료하는 데 사용하는 시간 또는 공간의 양으로 나타낼 수 있음을 배웠다. 계산의 회로 모델에서 복잡도를 측정하는 자연스러운 척도 중 하나가 회로 C_n에 사용된 게이트의 수다. 다른 하나는 회로의 깊이다. 회로를 연속된 시간 조각time-slice으로 분할해서 시각화할 경우(이때 1개의 게이트를 적용하는 데 1개의 시간 조각이 필요하다) 회로의 깊이는 시간 조각의 총 개수와 같다.

---

5   NAND 게이트는 논리 AND 함수의 부정을 계산하고, FANOUT 게이트는 단일 입력 전선의 두 사본을 출력한다.

6   토폴리 게이트를 보편적으로 사용하려면 필요에 따라 0 또는 1로 초기화할 수 있는 보조 비트를 회로에 추가할 수 있는 기능이 필요하다.

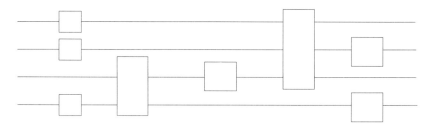

그림 1.2 깊이 5, 공간(너비) 4 및 총 8개의 게이트가 있는 회로

회로의 깊이가 회로 내의 게이트의 총 개수와 반드시 같지는 않다는 점에 주의하자. 서로 다른 비트들에 동작하는 게이트가 병렬로 적용될 수도 있기 때문이다(예를 들어 한 쌍의 게이트가 동일한 시간 조각 동안에 2개의 전선에 있는 비트들에 적용될 수 있다). 회로의 복잡 도의 세 번째 척도는 튜링 기계의 공간과 유사하다. 이 척도는 전체 비트 수 또는 회로 의 '전선'이며 회로의 너비 또는 공간이라고도 한다. 이러한 회로 복잡도 척도는 그림 1.2에 나와 있다.

1.4 회로 모델의 선형 대수 공식

이 절에서는 벡터 및 행렬의 관점에서 계산의 회로 모델을 공식화한다. 이런 접근법은 고전적 컴퓨터 과학에서는 일반적이지 않지만, 양자 컴퓨터의 표준적인 공식화로의 전환에는 훨씬 직접적인 관련이 있다. 또한 양자 정보에 사용되는 새로운 표기법과 새 로운 개념을 구별하는 데도 도움이 될 것이다. 여기에 제시된 아이디어와 용어는 이 책 전체에 걸쳐 일반화되고 반복된다.

회로에 대한 설명(예를 들어 그림 1.1의 회로도)과 일부 입력 비트 값의 사양이 주어졌다고 가정해보자. 회로의 출력을 예측하라는 요청을 받으면 왼쪽에서 오른쪽으로 회로를 추적해 각 게이트 다음에 각 전선에 저장된 비트 값을 업데이트하는 것이 될 것이다. 바꾸어 말하면 회로를 진행하면서 전선의 비트의 '상태'를 따라가고 있는 것이다. 회로 의 주어진 지점에서 회로의 해당 지점에 있는 전선의 비트 상태를 그 시점의 '컴퓨터 상태'로 간단히 언급할 것이다.

결정론적 (비확률적) 회로의 주어진 점과 관련된 상태는 회로의 각 전선에 있는 비트의 값을 나열해 지정할 수 있다. 물론 회로의 주어진 지점에서 특정 전선의 '상태'는 해당 전선의 비트 값(0 또는 1)이다. 그러나 확률 회로의 경우 이러한 간단한 설명으로는 충분하지 않다.

확률 p_0로 상태 0에 있고 확률 p_1로 상태 1에 있는 단일 비트를 고려하라. 이 정보를 2차원 확률 벡터로 요약할 수 있다.

$$\begin{pmatrix} p_0 \\ p_1 \end{pmatrix} \tag{1.4.1}$$

이 표현은 결정론적 회로에도 사용될 수 있다. 결정론적 회로에서 상태가 0인 전선은 확률 $p_0 = 1$ 및 $p_1 = 0$으로 명시될 수 있으며 다음과 같은 벡터로 나타낼 수 있다.

$$\begin{pmatrix} 1 \\ 0 \end{pmatrix} \tag{1.4.2}$$

비슷하게 상태 1의 전선은 확률 $p_0 = 0$, $p_1 = 1$로 표현될 수 있으며 다음과 같은 벡터로 나타낼 수 있다.

$$\begin{pmatrix} 0 \\ 1 \end{pmatrix} \tag{1.4.3}$$

회로 전선(및 전선 모음)의 상태를 벡터로 나타냈으니, 상태 벡터에 대해 동작하는 연산자operator를 사용해서 회로 내의 게이트를 설명하는 것이 자연스럽다. 연산자는 행렬을 사용하면 편리하게 기술할 수 있다. 논리 NOT 게이트를 고려하라. NOT 게이트의 행동과 일치하는 방식으로 상태 벡터에서 작동하는 연산자(행렬)를 정의하고자 한다. 전선이 상태 0(그래서 $p_0 = 1$)에 있다는 것을 안다면, NOT 게이트는 그것을 상태 1(그래서 $p_1 = 1$)로 사상하고 그 반대도 마찬가지다. 상태 벡터로 표현하면 다음과 같다.

$$\text{NOT} \begin{pmatrix} 1 \\ 0 \end{pmatrix} = \begin{pmatrix} 0 \\ 1 \end{pmatrix} \qquad \text{NOT} \begin{pmatrix} 0 \\ 1 \end{pmatrix} = \begin{pmatrix} 1 \\ 0 \end{pmatrix} \tag{1.4.4}$$

이것은 NOT 벡터를 다음과 같은 행렬로 표현할 수 있음을 시사한다.

$$\text{NOT} \equiv \begin{bmatrix} 0 & 1 \\ 1 & 0 \end{bmatrix} \tag{1.4.5}$$

주어진 상태의 전선에 게이트를 '적용'하기 위해 왼쪽의 해당 상태 벡터에 게이트의 행렬 표현을 곱한다.

$$\text{NOT} \begin{pmatrix} p_0 \\ p_1 \end{pmatrix} = \begin{bmatrix} 0 & 1 \\ 1 & 0 \end{bmatrix} \begin{pmatrix} p_1 \\ p_0 \end{pmatrix} \tag{1.4.6}$$

두 개의 전선이 있는 확률론적 회로에서 특정 점에서의 상태를 나타내고 싶다고 하자. 주어진 점에서 첫 번째 전선의 상태가 확률 p_0로 0이고 확률 p_1으로 1이라고 가정한다. 주어진 점에서 두 번째 전선의 상태가 0일 확률이 q_0이고 1일 확률이 q_1이라고 가정한다. 주어진 지점에서 두 전선의 결합된 상태에 대한 네 가지 가능성은 {00,01,10,11}이다(2진법의 문자열 ij는 첫 번째 전선이 상태 i에 있고 두 번째 전선이 상태 j에 있음을 나타낸다). 이 네 가지 상태 각각과 관련된 확률은 네 가지 상태 각각에 해당하는 확률을 곱해 구한다.

$$\text{prob}(ij) = p_i q_j \tag{1.4.7}$$

이것은 두 전선의 결합된 상태가 4차원 확률 벡터로 나타낼 수 있음을 의미한다.

$$\begin{pmatrix} p_0 q_0 \\ p_0 q_1 \\ p_1 q_0 \\ p_1 q_1 \end{pmatrix} \tag{1.4.8}$$

2.6절에서 볼 수 있듯이 이 벡터는 각각 첫 번째와 두 번째 전선의 상태에 대한 2차원 벡터의 텐서^{Tensor} 곱이다.

$$\begin{pmatrix} p_0 q_0 \\ p_0 q_1 \\ p_1 q_0 \\ p_1 q_1 \end{pmatrix} = \begin{pmatrix} p_0 \\ p_1 \end{pmatrix} \otimes \begin{pmatrix} q_0 \\ q_1 \end{pmatrix} \tag{1.4.9}$$

텐서곱(2.6절에서 좀 더 일반적으로 정의됨)은 둘 이상의 부분 시스템으로 구성된 확률 시스템을 고려할 때 자연스럽게 발생한다.

둘 이상의 전선에 작용하는 게이트를 나타낼 수도 있다. 예를 들어 제어형 NOT 게이트는 CNOT로 나타낸다. CNOT는 제어 비트와 목표 비트라고 부르는 2개의 비트에 대해 작동하는 게이트다. 게이트의 동작은 제어 비트가 0이면 목표 비트에 NOT 연산을 적용하고 그렇지 않으면 아무것도 수행하지 않는 것이다(제어 비트는 항상 CNOT 게이트의 영향을 받지 않는다). 마찬가지로 제어 비트의 상태가 c이고 목표 비트가 상태 t인 경우 CNOT 게이트는 목표 비트를 $t \oplus c$로 변환한다('$\oplus$'는 논리 배타적 OR 연산을 나타내거나 모듈로modulo[7] 2합을 의미한다). CNOT 게이트는 그림 1.3에 나와 있다.

CNOT 게이트는 다음과 같은 행렬로 나타낸다.

$$\text{CNOT} \equiv \begin{bmatrix} 1 & 0 & 0 & 0 \\ 0 & 1 & 0 & 0 \\ 0 & 0 & 0 & 1 \\ 0 & 0 & 1 & 0 \end{bmatrix} \tag{1.4.10}$$

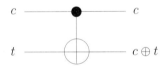

그림 1.3 가역적 CNOT 게이트는 제어 비트 c가 1의 값을 갖는 경우에만 목표 비트 t의 값을 반전시킨다.

예를 들어 첫 번째 전선이 상태 1에 있고 두 번째 전선이 상태 0에 있는 한 쌍의 전선을 고려하자. 이것은 한 쌍의 전선의 결합된 상태를 설명하는 4차원 벡터가 다음과 같음을 의미한다.

$$\begin{pmatrix} 0 \\ 0 \\ 1 \\ 0 \end{pmatrix} \tag{1.4.11}$$

첫 번째 전선을 제어 비트로 사용하고 두 번째 전선을 목표 비트로 사용해 이 전선 쌍에 대한 CNOT 게이트에 적용한다고 가정한다. CNOT 게이트의 설명에서 제어 비트

---

7 나눗셈의 나머지를 계산하는 수학적 연산 – 옮긴이

(첫 번째 전선)가 상태 1에 남아 있고 목표 비트(두 번째 전선)가 상태 1로 변환될 것이라는 결과가 예상된다. 즉 그 결과로 상태 벡터가 다음과 같음을 예상한다.

$$\begin{pmatrix} 0 \\ 0 \\ 0 \\ 1 \end{pmatrix} \tag{1.4.12}$$

위에서 CNOT에 정의된 행렬이 우리가 기대하는 바를 수행하는지 확인할 수 있다.

$$\mathrm{CNOT} \begin{pmatrix} 0 \\ 0 \\ 1 \\ 0 \end{pmatrix} \equiv \begin{bmatrix} 1 & 0 & 0 & 0 \\ 0 & 1 & 0 & 0 \\ 0 & 0 & 0 & 1 \\ 0 & 0 & 1 & 0 \end{bmatrix} \begin{pmatrix} 0 \\ 0 \\ 1 \\ 0 \end{pmatrix} = \begin{pmatrix} 0 \\ 0 \\ 0 \\ 1 \end{pmatrix} \tag{1.4.13}$$

첫 번째 비트가 다음과 같은 상태이고

$$\begin{pmatrix} \frac{1}{2} \\ \frac{1}{2} \end{pmatrix}$$

두 번째 비트는 다음과 같은 상태일 때

$$\begin{pmatrix} 1 \\ 0 \end{pmatrix}$$

CNOT를 적용할 경우 다음과 같은 상태를 만들 것임을 확인하는 것도 흥미롭다.

$$\begin{pmatrix} \frac{1}{2} \\ 0 \\ 0 \\ \frac{1}{2} \end{pmatrix}$$

이 상태는 두 개의 독립적인 확률론적 비트의 텐서곱으로 분해될 수 없다. 두 비트의 상태가 상관correlated된다.

이번 절에서는 계산의 회로 모델을 간단히 살펴보고, 행렬과 벡터의 관점에서 편리한 식을 제시했다. 회로 모델 그리고 선형 대수학 관점의 회로 모델 표현은 4장에서 양자 컴퓨터를 설명할 때 더욱 일반적으로 쓰일 것이다.

1.5 가역 연산

양자 계산^{computing} 이론은 가역적인 계산 이론과 관련이 있다. 출력이 주어질 때 항상 입력을 고유하게 복구할 수 있을 때 그 계산은 가역적이라고 한다. 예를 들어 출력 비트가 0이면 입력 비트가 1이어야 하고 그 반대의 경우도 같기 때문에 NOT 연산은 가역적이다. 반면에 AND 연산은 비가역적이다(그림 1.4 참조).

(일반적으로 비가역적인) 계산은 다음과 같이 가역적인 계산으로 변환할 수 있다. 이것은 계산의 회로 모델을 통해 쉽게 알 수 있다. 유한 게이트 족^{family}에 속한 각 게이트는 필요한 만큼 입력과 출력 전선을 추가함으로써 가역적으로 될 수 있다. 예를 들어 AND 게이트는 1개의 입력 전선과 2개의 출력 전선을 추가함으로써 가역적이 될 수 있다(그림 1.5 참조). 연산을 가역적으로 만들기 위해 필요한 추가 정보가 유지된다는 점에 주목하자. 반면에 논리적으로 비가역적인 계산을 물리적으로 구현할 때, 그 계산을 가역적으로 만드는 정보는 버려지거나 환경으로 흡수된다.

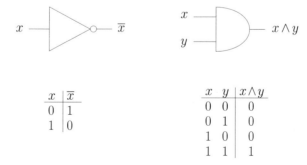

x	$\overline{x}$
0	1
1	0

x	y	$x \wedge y$
0	0	0
0	1	0
1	0	0
1	1	1

그림 1.4 NOT 및 AND 게이트. NOT 게이트는 가역적인 반면, AND 게이트는 그렇지 않음을 유의하라.

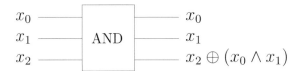

그림 1.5 가역적 AND 게이트는 입력 사본(copy)을 유지하고 x_0 및 x_1의 AND($x_1 \wedge x_2$로 표시됨)를 추가 입력 비트의 값에 더한다. 추가 입력 비트를 0으로 고정하고 x_0 및 x_1의 복사본을 삭제하면 비가역적 AND 게이트를 시뮬레이션할 수 있다.

1.4절에서 정의한 토폴리 게이트인 가역적 AND 게이트는 CNOT 게이트의 일반화로 써(CNOT 게이트는 가역적임) 2개의 비트가 제어 비트로 사용되면서 세 번째 비트에 NOT을 적용할지 여부를 제어한다.

모든 비가역적 구성 요소를 그에 상응하는 가역 구성 요소로 대체하는 것만으로 회로의 가역 버전을 얻을 수 있다. 출력으로 시작해 회로를 역으로 실행하면 (각 게이트를 역으로 교체함) 입력을 다시 얻는다. 가역 버전은 각 게이트에 대해 일정한 수의 추가 전선을 도입할 수 있다. 따라서 깊이 T와 공간 S를 갖는 비가역 회로가 있다면 총 $O(S + ST)$ 공간과 깊이 T를 사용하는 가역 버전을 쉽게 만들 수 있다. 또한 각 게이트 가역으로 만드는 과정에서 생긴 추가적인 '쓰레기' 정보는 출력을 먼저 복사한 다음 가역 회로를 역방향으로 실행해 시작 상태를 다시 얻어서 계산이 끝날 때 지울 수 있다. 물론 복사는 가역 방식으로 수행돼야 한다. 즉 복사 레지스터register의 값을 처음에 덮어쓸 수는 없다. 가역 복사는 복사 레지스터의 초깃값과 복사되는 값의 논리적 배타합XOR을 수행하는 일련의 CNOT 게이트에 의해 달성될 수 있다. 복사 레지스터의 비트를 0으로 설정해 원하는 결과를 얻었다. 함수 f를 계산하기 위한 가역적인 계획[8]이 그림 1.6에 나와 있다.

문제 1.5.1 목표 비트가 모두 0으로 초기화된 n개의 CNOT 게이트 배열sequence은 제어 비트에 저장된 n비트 문자열 y를 복사하는 가장 간단한 방법이다. 그러나 문자열 y를

---

8   일반적으로 함수 f를 계산하기 위한 가역 회로는 이러한 형태일 필요가 없으며 f를 수행하기 위한 비가역 회로와 비교해 게이트 수가 2배보다 적을 수 있다.

정수 $y_1 + 2y_2 + 4y_3 + \cdots 2^{n-1}y_n$의 이진법 표현으로 처리하고 y 모듈로 $2n$을 복사 레지스터에 더하는 회로와 같이 더 세련된 복사 연산도(모듈러 연산$^{\text{modular arithmetic}}$은 7.3.2절에서 정의됨)도 가능하다.

처음 2비트에서 이진수로 표현된 모듈로 4 정수 $y \in \{0,1,2,3\}$를 마지막 2비트에서 이진수로 표현된 정수 z와 덧셈하는 가역 4-비트 회로를 표현하라.

계산 전후에 값이 모두 0인 '임시' 레지스터를 고려 대상에 제외하면, 가역적 회로는 실질적으로 아래의 계산을 수행하며 이때 $f(x_1, x_2, x_3) = (y_1, y_2, y_3)$이다.

$$(x_1, x_2, x_3), (c_1, c_2, c_3) \longmapsto (x_1, x_2, x_3), (c_1 \oplus y_1, c_2 \oplus y_2, c_3 \oplus y_3) \qquad (1.5.1)$$

일반적으로 함수 f의 구현(반드시 가역적일 필요는 없다)이 주어지면 적당한 오버헤드로 다음 형태의 가역적인 구현을 쉽게 기술할 수 있다.

$$(x, c) \longmapsto (x, c \oplus f(x))$$

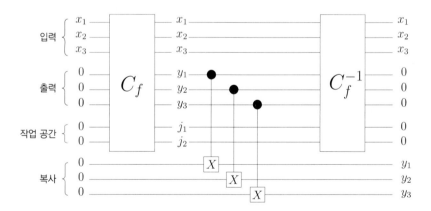

그림 1.6 가역적으로 $f(x)$를 계산하는 회로. 입력으로 시작한다. 가역 논리를 사용해 $f(x)$를 계산하며 이로 인해 여분의 '쓰레기(junk)' 비트 j_1과 j_2가 생성될 수 있다. C_f로 표시된 블록은 가역성 게이트들로 구성된 회로를 나타낸다. 그런 다음 출력 $y = f(x)$를 다른 레지스터로 복사한다. 마지막으로 출력 및 작업 공간 레지스터의 내용을 지우기 위해 (각 게이트를 역게이트로 교체하며) C_f 역순으로 회로를 실행한다. C_f^{-1}에 의한 역방향 회로의 동작을 기술하는 점을 눈여겨보자.

위에서 설명한 것과 다른 시간 및 공간 한계를 갖는 가역 회로를 달성하기 위해 종종 적용될 수 있는 좀 더 정교한 기법이 있다. 기술한 접근은 원칙적으로 주어진 계산에 대해 가역 회로를 항상 발견할 수 있다는 것을 입증하기 위한 것이다.

고전적 계산에서는 더욱 환경 친화적이고 중복되거나 쓰레기 정보를 계산하지 않고 다른 계산을 위해 정리된 메모리를 재사용할 수 있다. 그러나 단순히 중복 정보를 삭제한다고 해서 실제로 계산 결과에 영향을 미치지는 않는다. 그러나 양자 계산에서 유지하는 비트와 상관되는 정보를 버리는 것은 계산 결과를 크게 바꿀 수 있다. 이러한 이유로 가역적인 계산 이론은 양자 알고리듬 개발에 중요한 역할을 한다. 고전적인 경우와 매우 유사한 방식으로 가역 양자 동작은 비가역 양자 동작을 효율적으로 시뮬레이션할 수 있으며(가끔은 그 역도 가능하다) 그래서 가역 양자 게이트에 주의를 집중한다. 그러나 구현 또는 알고리듬 설계의 목적상 이것이 항상 필요한 것은 아니다(가역적 게이트의 족을 효율적으로 시뮬레이션하기 위해 비가역적 게이트의 특수한 족을 독창적으로 구성할 수 있다).

예제 1.5.1 1.3절에서 지적한 것처럼 비주기 가역 회로의 균일한 족에 해당하는 계산 모델은 고전적 계산의 표준 모델을 효율적으로 시뮬레이션할 수 있다. 이 절에서는 고전적인 컴퓨터에서 효율적으로 계산하는 방법을 알고 있는 임의의 함수가 식 (1.5.1)에서 설명한 것처럼 함수를 가역적으로 구현하는 균일한 비순환 가역 회로족을 갖는 방법을 보여준다.

예를 들어 임의의 $x \in [0, 1]$에 대해 $\sin(\arcsin(x)) = x$가 되도록 $[0, 1] \mapsto [0, \frac{\pi}{2}]$을 그리는 arcsin 함수를 고려하자. 고전적인 컴퓨터에서 arcsin 함수의 n비트 근사치를 효율적으로 계산할 수 있기 때문에 (예를 들어 테일러 확장을 사용) n 및 m에 크기 다항식의 균일한 비순환 가역 회로 $\mathrm{ARCSIN}_{n,m}$이 있고 다음과 같이 arcsin 함수를 대략적으로 계산하는 $\arcsin \mapsto \{0, 1\}^m$가 있다. 만약 $y = \arcsin_{n,m}(x)$이면 다음과 같고

$$\left| \arcsin\left(\frac{x}{2^n}\right) - \frac{\pi y}{2^{m+1}} \right| < \frac{1}{2^m}$$

$y = y_1 y_2 \cdots y_n$일 때 가역 회로는 다음을 효율적으로 계산한다.

$$(x_1, x_2, \ldots, x_n), (c_1, c_2, c_3, \ldots, c_m) \longmapsto (x_1, x_2, \ldots, x_n), (c_1 \oplus y_1, c_2 \oplus y_2, \ldots, c_m \oplus y_m)$$

$$(1.5.2)$$

1.6 양자물리학 예습

고전 물리학에 의해서는 자연스럽게 기술될 수 없지만 단순한 양자 설명이 있는 실험적 구성을 설명한다. 이 예제를 통해 우리가 바라는 요점은 양자 역학에 의해 주어진 우주의 기술은 근본적인 방법과 고전적인 기술이 다르다는 것이다. 더욱이 양자 묘사는 우리의 직관과는 종종 상반되는데 이것은 매우 좋은 근사에 대한 고전적이고 거시적인 현상의 관측에 따라 발전했다.

광자 광원, (일단 반도금 거울half-silvered mirror을 사용해 구현된) 빔 분리기beam splitter 그리고 한 쌍의 광자 검출기로 구성된 실험 수행을 한다고 가정한다. 실험 설정은 그림 1.7에 나와 있다.

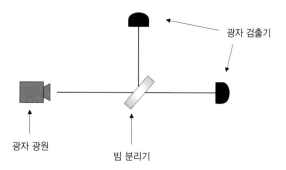

광자 검출기

광자 광원

빔 분리기

그림 1.7 단일 빔 분리기를 이용한 실험 설정

광자 광원에서 빔 분리기를 향한 경로를 따라 일련의 개별 광자[9]를 전송한다고 가정한다. 그림 1.8에 나온 것처럼 빔 분리기의 오른쪽에 있는 검출기에 실험을 수행하는 중 절반의 시간 동안 도달한 광자와 광 분리기 위의 검출기에 실험을 수행하는 중 절반의

---

9   광원의 강도를 줄이면 실제로는 별개의 "덩어리(chunk)"로 나오는데 물질의 희미한 광선이 한 번에 하나의 원자에서 나온다. 이러한 분리된 광양자를 "광자(photon)"라고 한다.

시간 동안 도달하는 것을 관측한다. 물리학 이론에서 이 동작을 설명하는 가장 간단한 방법은 빔 분리기를 효과적으로 이용해 동전을 공정하게 뒤집게 해서 모델링하고 동전 던지기^{flip}의 결과를 기반으로 광자를 전송하거나 반사할지 여부를 선택하는 것이다.

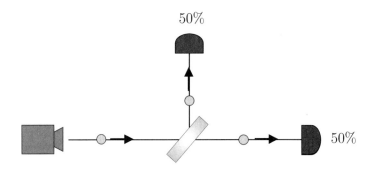

그림 1.8 하나의 빔 분리기를 이용한 측정 통계

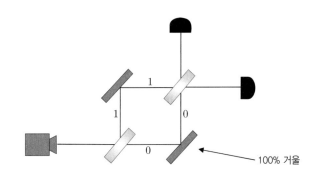

그림 1.9 두 개의 빔 분리기를 이용한 구성

이제 그림 1.9와 같이 한 쌍의 빔 분리기와 두 개의 경로 중 하나를 따라 광자를 향하게 하는 완전 반사 거울을 포함하는 모델의 수정을 생각해보자. 그림 1.9에서 경로는 0과 1로 표시돼 있다. 경로 0과 1의 길이가 동일하므로 광자가 이동한 경로와 관계없이 광자가 동시에 도달한다는 점에 유의해야 한다.

빔 분리기를 독립적으로 이용해 입사 광자를 전송할지 혹은 반사할지 여부를 무작위로 결정함으로써 고전 물리학은 각 감지기가 평균적으로 측정 시간의 50%로 도착하는 광자를 감지할 것으로 예측한다. 그러나 여기서 실험 결과는 완전히 다른 행동을 보여준다. 광자는 측정 시간의 100%로 탐지기 중 한 대에만 도착한다! 그림 1.10에 다음과 같이 나온다.

수정된 실험의 결과는 놀랍다. 이는 우리의 고전적 직관과 다르기 때문이다. 양자물리학은 실험 결과를 정확하게 예측하는 방식으로 실험을 구성한다. 비직관적인 행동은 중첩superposition 및 간섭interference이라고 부르는 양자 역학의 특성에서 비롯된다. 이 간섭이라는 개념을 설명하기 위해 도입된 새로운 시스템을 예습한 것이다.

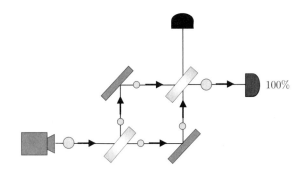

그림 1.10 두 개의 빔 분리기를 사용한 측정 통계

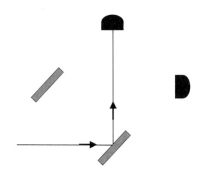

그림 1.11 '0'의 경로

두 번째 빔 분리기가 장치에 존재하지 않았다고 가정하자. 그러면 광자는 첫 번째 빔 분리기에 의해 반사되거나 통과되는지에 따라 (고전 물리에 따라) 두 가지 경로 중 하나를 따른다. 첫 번째 빔 분리기를 통해 통과하면 광자는 상부 검출기에 도달하고, 반사되면 광자는 우측의 검출기에 도달한다. 장치의 광자를 2-상태 시스템으로 간주해 한 경로

의 광자가 '0'을 나타내고 다른 경로의 광자가 '1'을 나타내는 것으로 간주할 수 있다. '0' 및 '1' 경로는 각각 그림 1.11 및 1.12에 나와 있다.

후에 명확해지는 이유로 경로 '0'의 광자와 경로 '1'의 광자의 상태를 다음과 같이 벡터로 각각 나타낸다.

$$\begin{pmatrix} 1 \\ 0 \end{pmatrix} \tag{1.6.1}$$

$$\begin{pmatrix} 0 \\ 1 \end{pmatrix} \tag{1.6.2}$$

광원을 떠나는 광자는 '0' 경로에서 시작된다. 고전적인 설명에 따르면 광자가 '0' 경로를 따라 계속 진행할 것인지 또는 '1' 경로에 반사될 것인지를 무작위로 선택해 빔 분할기를 모델링한다. 양자 역학적 설명에 따르면 빔 분리기는 광자가 '0'과 '1' 경로 모두를 취하는 중첩으로 가게 한다. 수학적으로 '0' 경로와 '1' 경로에 대한 상태 벡터의 선형 결합을 취해 이러한 중첩을 설명하므로 일반 경로 상태는 다음과 같은 벡터로 나타낼 수 있다.

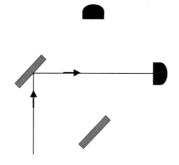

그림 1.12 '1'의 경로

$$\alpha_0 \begin{pmatrix} 1 \\ 0 \end{pmatrix} + \alpha_1 \begin{pmatrix} 0 \\ 1 \end{pmatrix} = \begin{pmatrix} \alpha_0 \\ \alpha_1 \end{pmatrix} \tag{1.6.3}$$

광자가 어느 경로에 있는지를 물리적으로 측정한다면 경로 '0'에서 확률 $|\alpha_0|^2$로, 경로 '1'에서 확률 $|\alpha_1|^2$로 발견할 수 있다. 정확히 한 경로에서 광자를 찾아야 하므로 $|\alpha_0|^2 +$

$|\alpha_1|^2 = 1$이어야 한다.

광자가 빔 분리기를 통과하면 광자의 '상태 벡터'에 다음의 행렬을 곱한다.

$$\frac{1}{\sqrt{2}} \begin{bmatrix} 1 & i \\ i & 1 \end{bmatrix} \tag{1.6.4}$$

따라서 경로 '0'에서 시작하는 광자의 경우 첫 번째 빔 분리기를 통과한 후 다음 상태와 같다.

$$\frac{1}{\sqrt{2}} \begin{bmatrix} 1 & i \\ i & 1 \end{bmatrix} \begin{pmatrix} 1 \\ 0 \end{pmatrix} = \frac{1}{\sqrt{2}} \begin{pmatrix} 1 \\ i \end{pmatrix} \tag{1.6.5}$$

$$= \frac{1}{\sqrt{2}} \begin{pmatrix} 1 \\ 0 \end{pmatrix} + \frac{i}{\sqrt{2}} \begin{pmatrix} 0 \\ 1 \end{pmatrix} \tag{1.6.6}$$

이 결과는 첫 번째 빔 분리기를 통과한 후에 경로 '0'에 $\left| \frac{1}{\sqrt{2}} \right|^2 = \frac{1}{2}$ 확률로, 경로 '1'에서 $\left| \frac{i}{\sqrt{2}} \right|^2 = \frac{1}{2}$ 확률로 광자를 측정한다는 관측된 동작과 일치한다.

첫 번째 빔 분리기를 통과한 직후 광자가 어느 경로에 있는지를 측정하지 않으면 그 상태는 그대로 다음 벡터와 같이 유지된다.

$$\frac{1}{\sqrt{2}} \begin{bmatrix} 1 \\ i \end{bmatrix} \tag{1.6.7}$$

이제 광자가 두 번째 빔 분리기를 통과할 때 (광자 경로의 측정을 하기 전에) 새로운 상태 벡터는 다음과 같다.

$$\left(\frac{1}{\sqrt{2}} \begin{bmatrix} 1 & i \\ i & 1 \end{bmatrix} \right) \left(\frac{1}{\sqrt{2}} \begin{bmatrix} 1 \\ i \end{bmatrix} \right) = \begin{bmatrix} 0 \\ i \end{bmatrix} \tag{1.6.8}$$

두 번째 빔 분리기 다음에 광자의 경로를 (예를 들어 그림 1.9의 검출기로) 측정하면 '1' 경로에서 확률 $|i|^2 = 1$로 나오는 것을 알 수 있다. 따라서 두 번째 빔 분리기 광자는 전체적으로 '1' 경로에 있으며 이는 실험에서 관측되는 경로다(그림 1.10 참조). 양자 역학의 관점에서 두 번째 빔 분리기는 두 경로(중첩된 경로)가 간섭하게 해 '0' 경로가 상쇄되게 했다. 이 책 전체에 걸쳐 양자 간섭의 더 많은 예를 다룬다.

광자가 다음과 같이 기술된 벡터에 의한 상태에 있다는 것이 실제로 '어떤 의미인지'는 명확하지 않다.

$$\frac{1}{\sqrt{2}} \begin{pmatrix} 1 \\ i \end{pmatrix} \tag{1.6.9}$$

그러나 이 비정상적인 수학적 기반은 이러한 놀라운 간섭 패턴이 어떻게 작용하는지를 설명하고 측정 결과에 대해 신뢰할 수 있는 예측을 할 수 있게 해준다.

이 새로운 수학적 시스템을 양자 역학이라고 부르며 우리는 그 공준[postulate]을 3장에서 더욱 자세하게 다룰 것이다.

1.7 양자물리학과 계산

우리는 종종 추상적인 수학 개념의 관점에서 정보를 생각한다. 어떤 정보가 무엇이며 어떻게 정량화되는지에 대한 이론을 익히려면 쉽게 그 자체로 모든 과정을 수강해야 한다. 지금은 정보의 개념을 직관적으로 이해하고 있다. 정보가 무엇이든 유용하기 위해서는 어떤 물리적인 매체에 저장돼야 하고 어떤 물리적인 공정에 의해 조작돼야 한다. 이것은 물리학의 법칙이 궁극적으로 정보 처리 기계의 능력을 결정한다는 것을 의미한다. 따라서 정보 처리 이론과 특히 계산 이론을 연구할 때 물리 법칙을 고려하는 것은 합리적이다.

20세기가 될 때까지 물리학 법칙들은 우리가 현재 고전 물리학이라고 부르는 것으로 생각됐다. 뉴턴의 운동 방정식과 맥스웰의 전자기학 방정식은 실험적으로 관측된 현상을 현저한 정확도와 정밀도로 예측했다.

지난 세기 초 과학자들이 점점 더 작은 규모의 현상을 조사하면서 일부 실험은 자연의 고전 법칙에 대한 예측과 일치하지 않는다는 것이 발견됐다. 이 실험은 뉴턴이나 맥스웰 시대에는 접근할 수 없었던 원자 규모의 현상을 관측하는 것을 포함했다. 플랑크[Planck]와 보어[Bohr], 드 브로이[De Broglie], 슈뢰딩거[Schrödinger], 하이젠베르그[Heisenberg] 등의 연구는 '양자물리학'으로 알려진 물리학의 새로운 이론 개발을 이끌었다. 뉴튼과 맥스웰의 법칙은 양자물리학에 관한 보다 일반적인 이론에 대한 근사치인 것으로 밝혀졌다.

양자 역학의 고전적 근사는 행성과 비행기, 축구 또는 분자와 같은 물체의 거시적 규모에서 매우 잘 들어맞는다. 그러나 개별 원자, 전자 및 광자의 '양자 규모'에서의 고전적 근사는 매우 부정확해지고 양자물리학 이론이 적용돼야 한다.

(1.2절에서 설명된) 확률론적 튜링 기계는 암묵적으로 고전 기계이다. 상대적으로 큰 물리적 구성 요소로 그러한 기계를 만들 수 있었고 계산 수행과 관련된 그 행동의 모든 측면은 고전 물리학의 법칙에 의해 정확하게 예측될 수 있었다.

컴퓨터가 사용되는 중요한 작업 종류 중 하나는 물리적 시스템의 변화를 시뮬레이션하는 것이다. 컴퓨터를 사용해 명시적으로 양자 역학적인 시스템을 시뮬레이션할 때 (리처드 파인만을 포함한) 많은 물리학자는 그렇게 효율적으로 수행할 수 없는 것처럼 보였다. 확률론적 튜링 기계에서 일반 양자 물리 시스템의 변화를 시뮬레이션하려는 시도는 리소스에 기하 급수적인 오버헤드를 요구한다.

파인만은 컴퓨터가 양자물리학의 법칙, 즉 그 변화가 명시적으로 양자 역학적인 컴퓨터를 이용하도록 고안될 수 있다고 제안했다. 위의 견해에 비춰 확률론적 튜링 기계로는 그러한 컴퓨터를 시뮬레이션할 수 없을 것이다. 그러한 양자 컴퓨터가 '현실적'이라고 믿는다면 그것은 스트롱 처치-튜링 명제를 위반하는 것처럼 보인다! 양자 컴퓨터의 첫 번째 공식 모델은 양자 회로 모델뿐만 아니라 양자 튜링 기계 모델을 제안한 데이비드 도이치^{David Deutsch}에 의해 알려졌다.

양자 역학의 원리에 기초해 명쾌하게 계산 모델을 설계할 수 있다는 것은 그 자체로 매우 흥미로운 일이다. 정말 기이한 것은 양자 컴퓨터에서 효율적으로 해결할 수 있는 중요한 문제가 발견됐지만 확률론적 튜링 기계에서는 효율적인 해결책이 없다는 것이다! 이것은 양자 계산 이론이 잠재적으로 깊은 이론적인 관심뿐만 아니라 실용적인 면에서도 중요함을 의미한다.

02

선형대수와 디랙 표기법

이 책은 독자가 초급 선형 대수학에 깊은 배경지식을 가지고 있다고 가정한다. 1절에서는 독자에게 양자 역학에서 사용되는 대수 표기법을 익히게 하고 복잡한 벡터 공간에 대한 몇 가지 기본 사실을 상기시키며 기본 선형 대수학 과정에서 다룰 수 없었던 표기법을 소개한다.

2.1 디랙 표기법과 힐베르트 공간

양자 계산에 사용되는 선형 대수 표기법은 물리학과 학생에게는 익숙하지만 수학 또는 컴퓨터과학과 학생에게는 낯설 수 있다. 디랙^{Dirac} 표기법은 폴 디랙$^{Paul\ Dirac}$에 의해 발명됐고 양자 역학에서 자주 사용된다. 수학 및 물리 교과서에서 벡터는 예를 들어 $\vec{a}$ 처럼 흔히 식별 기호 위에 화살표를 써서 스칼라와 구별된다. 때로는 $\mathbf{a}$처럼 굵은 글씨가 이 용도로 사용된다. 디랙 표기법에서 벡터를 식별하는 기호는 '켓^{ket}' 안에 쓰여 있고 $|a\rangle$과 같이 나타낸다. a의 쌍대 벡터를 $\langle a|$과 같이 (나중에 정의된) '브라^{bra}'로 나타낸다. 그런 다음 내적은 $\langle a|b\rangle$과 같이 '브라켓'으로 나타낼 것이다. 이제 디랙 표기법을 사용해 주요 대수 객체의 정의를 신중하게 검토한다.

우리가 고려하는 벡터 공간은 복소수에 대해 펼쳐져 있으며 유한 차원이어서 우리가 필요로 하는 수학을 크게 단순화한다. 이러한 벡터 공간은 **힐베르트**[Hilbert] 공간이라는 벡터 공간 종류의 하나다. 이 시점에서 힐베르트 공간이 무엇인지를 엄격하게 정의한다고 해서 실질적으로 얻는 것은 없겠지만 모든 양자 계산학 문헌은 '힐베르트 공간'이라는 이름으로 유한 차원의 복소 벡터 공간을 참조하므로 이 규칙을 따를 것이다. $\mathcal{H}$를 사용해 힐베르트 공간을 나타낸다.

$\mathcal{H}$는 유한 차원이기 때문에 기저를 선택할 수 있고 이 기저로 벡터(켓)를 유한 열벡터로 나타낼 수 있으며 연산자를 유한 행렬로 나타낼 수 있다. 3절에서 볼 수 있듯 양자 계산을 위한 힐베르트 공간은 일반적으로 양의 정수 n에 대해 2^n차원을 갖는다. 이는 고전적인 정보와 마찬가지로 일반적으로 크기가 2인 작은 시스템 문자열을 연결해 더 큰 상태 공간을 구성하기 때문이다.

종종 편리한 기저를 정해 그것을 계산 기저로 삼기로 한다. 이 기저에서 우리는 길이가 n인 이진 문자열을 사용해 디랙 표기법으로 2^n 기저 벡터를 다음과 같이 나타낸다.

$$|\underbrace{00\ldots00}_{n}\rangle \ , \ |00\ldots01\rangle \ , \ \ldots \ , \ |11\ldots10\rangle \ , \ |11\ldots11\rangle \qquad (2.1.1)$$

이들 기저 벡터에 대응하는 열벡터를 연관시키는 기본 방법은 다음과 같다.

$$|00\ldots00\rangle \iff \left.\begin{pmatrix} 1 \\ 0 \\ 0 \\ \vdots \\ 0 \\ 0 \end{pmatrix}\right\}2^n, \quad |00\ldots01\rangle \iff \begin{pmatrix} 0 \\ 1 \\ 0 \\ \vdots \\ 0 \\ 0 \end{pmatrix}, \quad \cdots$$

$$\cdots \quad , \quad |11\ldots10\rangle \iff \begin{pmatrix} 0 \\ 0 \\ 0 \\ \vdots \\ 1 \\ 0 \end{pmatrix}, \quad |11\ldots11\rangle \iff \begin{pmatrix} 0 \\ 0 \\ 0 \\ \vdots \\ 0 \\ 1 \end{pmatrix} \qquad (2.1.2)$$

$\mathcal{H}$의 임의 벡터는 디랙 표기법으로 나타낸 기저 벡터의 가중치 합으로 또는 단일 열 행렬로 쓸 수 있다.

예제 2.1.1 4차원의 $\mathcal{H}$에서 디랙 표기법으로 나타낸 다음 벡터는

$$\sqrt{\tfrac{2}{3}}|01\rangle + \tfrac{i}{\sqrt{3}}|11\rangle = \sqrt{\tfrac{2}{3}}|0\rangle \otimes |1\rangle + \tfrac{i}{\sqrt{3}}|1\rangle \otimes |1\rangle \tag{2.1.3}$$

대안으로 다음과 같이 열 행렬로 나타낼 수 있다.

$$\begin{pmatrix} 0 \\ \sqrt{\tfrac{2}{3}} \\ 0 \\ \tfrac{i}{\sqrt{3}} \end{pmatrix} \tag{2.1.4}$$

위 표현들은 둘 다 모두 동일한 기저(계산 기저)에 대한 동일한 벡터에 관한 대안 표현식이라는 사실을 깨닫는 것이 중요하다.

열벡터 표현을 사용할 수 있음에도 왜 이상하게 보이는 새로운 벡터 표기법을 어렵게 배우는지 궁금해할 것이다. 한 가지 대답은 디랙 표기법을 사용해 벡터를 작성하면 공간을 절약하는 경우가 많다는 것이다. 특히 (0이 아닌 구성 성분이 거의 없는) 희소한 벡터를 작성할 때 디랙 표기법은 매우 간결하다. n-큐비트 기저 상태는 2^n차원 벡터에 의해 기술된다. 디랙 표기법에서 이 벡터를 길이 n의 이진 문자열로 나타내지만 열벡터 표현은 2^n개의 구성 성분을 갖는다. 2 또는 3큐비트의 상태의 경우 이는 대단히 중요하지 않지만 열벡터를 사용해 8큐비트 상태를 작성한다고 가정한다. 열벡터는 $2^8 = 256$개의 구성 성분을 가지므로 작성하는 것이 다소 번거로울 수 있다. 디랙 표기법은 다른 장점이 있으며 연산자와 다양한 유형의 벡터 곱을 사용하기 시작하면 이러한 장점이 명확해진다.

2.2 쌍대 벡터

선형 대수학에서 내적의 정의를 기억해보자. 잠시 동안 디랙 표기법을 사용하지 않고 굵은 글씨로 벡터를 작성할 것이다. 복소수에 대한 벡터의 경우 내적은 동일한 공간에서 두 벡터를 취해 하나의 복소수로 계산하는 함수이다. 벡터 $\mathbf{v}$와 $\mathbf{w}$의 내적을 $\langle \mathbf{v}, \mathbf{w} \rangle$ 같이 쓴다. 내적은 다음과 같은 특성을 갖는 함수다.

1. 두 번째 인수의 선형성

$$\left\langle \mathbf{v}, \sum_i \lambda_i \mathbf{w}_i \right\rangle = \sum_i \lambda_i \langle \mathbf{v}, \mathbf{w}_i \rangle \tag{2.2.1}$$

2. 공액 교환성

$$\langle \mathbf{v}, \mathbf{w} \rangle = \langle \mathbf{w}, \mathbf{v} \rangle^* \tag{2.2.2}$$

3. 비음수성

$$\langle \mathbf{v}, \mathbf{v} \rangle \geq 0 \tag{2.2.3}$$

$\mathbf{v} = \mathbf{0}$인 경우에만 등식이 성립한다.

식 (2.2.2)를 통해 이 책 전체에 걸쳐 관례처럼 복소수 c의 복소 공액[1]을 나타내기 위해 c^*로 표기함을 유의하라.

내적의 친숙한 예는 열벡터의 내적이다. $\mathbf{v}$와 $\mathbf{w}$의 내적은 $\mathbf{v} \cdot \mathbf{w}$로 쓰이고 다음과 같이 정의된다.

$$\begin{pmatrix} v_1 \\ v_2 \\ \vdots \\ v_n \end{pmatrix} \cdot \begin{pmatrix} w_1 \\ w_2 \\ \vdots \\ w_n \end{pmatrix} = \begin{pmatrix} v_1^* \ v_2^* \ \dots \ v_n^* \end{pmatrix} \begin{pmatrix} w_1 \\ w_2 \\ \vdots \\ w_n \end{pmatrix} = \sum_{i=1}^{n} v_i^* w_i \tag{2.2.4}$$

디랙 표기법으로 돌아가서 쌍대 벡터 공간과 쌍대 벡터를 정의한다.

---

1 $c = a + bi$(여기서 a와 b는 실수임)의 공액 복소수는 $c^* = a - bi$

정의 2.2.1 $\mathcal{H}$를 힐베르트 공간이라고 하자. 힐베르트 공간 $\mathcal{H}^*$는 선형사상 집합 $\mathcal{H} \to \mathbb{C}$로 정의된다.

$\mathcal{H}^*$의 성분을 $\langle\chi|$과 같이 나타내고 $\langle\chi|$의 작용은 다음과 같다.

$$\langle\chi| : |\psi\rangle \mapsto \langle\chi|\psi\rangle \in \mathbb{C} \qquad (2.2.5)$$

$\langle\chi|\psi\rangle$은 벡터 $|\chi\rangle \in \mathcal{H}$와 벡터 $|\psi\rangle \in \mathcal{H}$의 내적이다.

사상 집합 $\mathcal{H}^*$는 그 자체로 복소벡터공간이며 $\mathcal{H}$와 연관된 쌍대 벡터 공간이라고 부른다. 벡터 $\langle\chi|$를 $|\chi\rangle$의 쌍대라고 한다. 행렬 표현의 관점에서 $\langle\chi|$은 대응하는 행 행렬을 취한 다음 모든 원소의 공액 복소(예를 들어 열 행렬의 '에르미트 공액Hermitian conjugate')을 취함으로 $|\chi\rangle$으로부터 얻어진다. 그런 다음 $|\psi\rangle$와 $|\varphi\rangle$의 내적은 $\langle\psi|\varphi\rangle$으로 표현하는데 행렬 표현에서 $\langle\psi|$을 나타내는 행 행렬과 $|\varphi\rangle$을 나타내는 열 행렬의 단일 성분 곱으로 계산된다. 이는 $|\psi\rangle$과 연관된 열벡터와 $|\varphi\rangle$과 연관된 열벡터의 내적을 취하는 것과 같다.

예제 2.2.2 전에 정의한 표준 기저를 사용해 다음 2벡터를 고려하라.

$$|\psi\rangle = \sqrt{\tfrac{2}{3}}|01\rangle + \tfrac{i}{\sqrt{3}}|11\rangle \qquad (2.2.6)$$

$$|\varphi\rangle = \sqrt{\tfrac{1}{2}}|10\rangle + \sqrt{\tfrac{1}{2}}|11\rangle \qquad (2.2.7)$$

상기 수식들은 다음 열벡터로 각각 나타낸다.

$$\begin{pmatrix} 0 \\ \sqrt{\tfrac{2}{3}} \\ 0 \\ \tfrac{i}{\sqrt{3}} \end{pmatrix}, \quad \begin{pmatrix} 0 \\ 0 \\ \sqrt{\tfrac{1}{2}} \\ \sqrt{\tfrac{1}{2}} \end{pmatrix} \qquad (2.2.8)$$

이 두 열벡터의 내적은 다음과 같다.

$$\begin{pmatrix} 0 \\ \sqrt{\tfrac{2}{3}} \\ 0 \\ \tfrac{i}{\sqrt{3}} \end{pmatrix} \cdot \begin{pmatrix} 0 \\ 0 \\ \sqrt{\tfrac{1}{2}} \\ \sqrt{\tfrac{1}{2}} \end{pmatrix} = \begin{pmatrix} 0 & \sqrt{\tfrac{2}{3}} & 0 & \tfrac{-i}{\sqrt{3}} \end{pmatrix} \begin{pmatrix} 0 \\ 0 \\ \sqrt{\tfrac{1}{2}} \\ \sqrt{\tfrac{1}{2}} \end{pmatrix}$$

$$= 0 \cdot 0 + \sqrt{\tfrac{2}{3}} \cdot 0 + 0 \cdot \sqrt{\tfrac{1}{2}} + \tfrac{-i}{\sqrt{3}}\sqrt{\tfrac{1}{2}}$$

$$= \frac{-i}{\sqrt{6}} \tag{2.2.9}$$

따라서 $|\psi\rangle$와 $|\varphi\rangle$의 내적은 다음과 같다.

$$\langle\psi|\varphi\rangle = \frac{-i}{\sqrt{6}} \tag{2.2.10}$$

두 벡터는 내적이 0일 때 직교^{orthogonal}라고 한다. $|\psi\rangle$으로 나타내는 $\||\psi\rangle\|$ 벡터의 노름 ^{norm}은 $|\psi\rangle$과 그 자체의 내적 값의 제곱근이다. 즉 다음과 같다.

$$\||\psi\rangle\| \equiv \sqrt{\langle\psi|\psi\rangle} \tag{2.2.11}$$

$\||\psi\rangle\|$은 $|\psi\rangle$의 유클리드 노름^{Euclidean norm}이라고 부른다. 벡터가 노름 1을 가지면 단위 벡터라고 부른다. 상호 직교하는 단위 벡터 집합을 정규직교 집합이라고 한다.

크로네커^{Kronecker} 델타^{delta} 함수 $\delta_{i,j}$는 $i = j$일 때마다 1과 같고 그렇지 않은 경우 0으로 정의된다. 직교 정규 기저의 정의에서 크로네커 델타 함수를 사용한다.

정의 2.2.3 2^n차원의 힐베르트 공간 $\mathcal{H}$를 생각해보자. 2^n벡터 $B = \{|b_m\rangle\} \subseteq \mathcal{H}$의 집합은 다음과 같을 때 $\mathcal{H}$에 대한 정규직교 기저^{orthonormal basis}라고 부른다.

$$\langle b_n|b_m\rangle = \delta_{n,m} \qquad \forall b_m, b_n \in B \tag{2.2.12}$$

그리고 모든 $|\psi\rangle$은 다음과 같이 쓸 수 있다.

$$|\psi\rangle = \sum_{b_n \in B} \psi_n |b_n\rangle, \text{ 일부 } \psi n \in \mathbb{C}\text{에 대하여} \tag{2.2.13}$$

ψ_n의 값은 $\psi_n = \langle b_n|\psi\rangle$을 만족시키며 '$\{|b_m\rangle\}$ 기저에 대한 $|\psi\rangle$의 계수'라고 부른다.

예제 2.2.4 4차원의 $\mathcal{H}$를 고려하자. $\mathcal{H}$에 대한 정규직교 기저의 한 예는 이전에 본 계산 기저이다. 기저 벡터는 다음과 같다.

$$|00\rangle, |01\rangle, |10\rangle, |11\rangle \tag{2.2.14}$$

이 기저 벡터는 다음 열벡터와 같이 나타낸다.

$$\begin{pmatrix} 1 \\ 0 \\ 0 \\ 0 \end{pmatrix}, \quad \begin{pmatrix} 0 \\ 1 \\ 0 \\ 0 \end{pmatrix}, \quad \begin{pmatrix} 0 \\ 0 \\ 1 \\ 0 \end{pmatrix}, \quad \begin{pmatrix} 0 \\ 0 \\ 0 \\ 1 \end{pmatrix} \tag{2.2.15}$$

이들 벡터들 중 임의의 2개의 내적이 0이고 이들 벡터들의 각각의 노름이 1이라는 것을 확인하는 것은 쉽다. 즉 상기 4개의 계산 기저 집합으로부터 b_n과 b_m은 다음과 같다.

$$\langle b_n | b_m \rangle = \delta_{n,m} \tag{2.2.16}$$

예제 2.2.5 예제 2.2.2의 행렬 표현을 사용해 계산된 내적은 디랙 표기법을 사용해 직접 계산할 수도 있다. 우리는 계산 기저가 정규직교 기저라는 사실을 사용한다(예제 2.2.4 참조).

$$\begin{aligned}
\langle \psi | \varphi \rangle &= \left(\sqrt{\tfrac{2}{3}} \langle 01| + \tfrac{-i}{\sqrt{3}} \langle 11| \right) \left(\sqrt{\tfrac{1}{2}} |10\rangle + \sqrt{\tfrac{1}{2}} |11\rangle \right) \\
&= \left(\sqrt{\tfrac{2}{3}} \right) \left(\sqrt{\tfrac{1}{2}} \right) \underbrace{\langle 01|10 \rangle}_{=0} + \left(\sqrt{\tfrac{2}{3}} \right) \left(\sqrt{\tfrac{1}{2}} \right) \underbrace{\langle 01|11 \rangle}_{=0} \\
&\quad + \left(\tfrac{-i}{\sqrt{3}} \right) \left(\sqrt{\tfrac{1}{2}} \right) \underbrace{\langle 11|10 \rangle}_{=0} + \left(\tfrac{-i}{\sqrt{3}} \right) \left(\sqrt{\tfrac{1}{2}} \right) \underbrace{\langle 11|11 \rangle}_{=1} \\
&= \frac{-i}{\sqrt{6}}
\end{aligned}$$

예제 2.2.6 이번에는 2차원 $\mathcal{H}$를 고려하자. 계산 기저는 $\mathcal{H}$에 대한 유일한 정규직교 기저가 아니다(무한히 많다). 중요한 예는 아다마르^Hadamard 기저라고 할 수 있다. 아다마르 기저의 기저 벡터를 $|+\rangle$, $|-\rangle$과 같이 나타낸다. 다음과 같이 친숙한 계산 기저를 바탕으로 이러한 기저 벡터를 표현할 수 있다.

$$|+\rangle = \tfrac{1}{\sqrt{2}}\big(|0\rangle + |1\rangle\big)$$
$$|-\rangle = \tfrac{1}{\sqrt{2}}\big(|0\rangle - |1\rangle\big) \tag{2.2.17}$$

계산 기저로 열벡터 표현을 사용해 계산을 수행함으로써 이러한 기저 벡터의 정규성과 직교성을 쉽게 확인할 수 있다. 예를 들어 다음과 같다.

$$\langle+|-\rangle = \tfrac{1}{2}\big(\langle 0| + \langle 1|\big)\big(|0\rangle - |1\rangle\big)$$
$$= \tfrac{1}{2}\begin{pmatrix}1\\1\end{pmatrix}\cdot\begin{pmatrix}1\\-1\end{pmatrix}$$
$$= 0 \tag{2.2.18}$$

$$\||+\rangle\|^2 = \langle+|+\rangle$$
$$= \tfrac{1}{2}\big(\langle 0| + \langle 1|\big)\big(|0\rangle + |1\rangle\big)$$
$$= \tfrac{1}{2}\begin{pmatrix}1\\1\end{pmatrix}\cdot\begin{pmatrix}1\\1\end{pmatrix}$$
$$= 1$$
$$\implies \||+\rangle\| = 1 \tag{2.2.19}$$

임의의 정규직교 기저 $|\psi\rangle = \sum_i \alpha_i |\phi_i\rangle$에 대해 $\{|\phi_i\rangle\}$과 같이 표현하면 $\||\psi\rangle\| = \sum_i |\alpha_i|^2$과 같음을 주목하자.

다음과 같은 유용한 결과를 증명 없이 명시한다.

정리 2.2.7 $\{\langle b_n|\}$ 집합은 $\mathcal{H}^*$에 대해 정규직교 기저이며 쌍대기저라고 부른다.

2.3 연산자

선형대수로부터 다음 정의를 기억해보자.

정의 2.3.1   벡터 공간 $\mathcal{H}$에서 선형 연산자는 벡터 공간 자체에 대한 선형 변환 $T:\mathcal{H}\to\mathcal{H}$이다(즉 $\mathcal{H}$의 벡터를 $\mathcal{H}$의 벡터에 그리는 선형 변환이다).

두 벡터 $|\psi\rangle$과 $|\varphi\rangle$의 내적이 $|\psi\rangle$ 왼쪽에 쌍대 벡터 $\langle\varphi|$를 곱해서 얻는 것처럼 외적^outer product^은 $|\psi\rangle$ 오른쪽에 $\langle\varphi|$을 곱해 얻는다. 그러한 외적 $|\psi\rangle\langle\varphi|$의 의미는 그것이 $|\gamma\rangle$에

적용될 때 다음과 같이 작동하는 연산자라는 것이다.

$$\begin{aligned}
\big(|\psi\rangle\langle\varphi|\big)|\gamma\rangle &= |\psi\rangle\big(\langle\varphi|\gamma\rangle\big) \\
&= \big(\langle\varphi|\gamma\rangle\big)|\psi\rangle
\end{aligned} \tag{2.3.1}$$

벡터 $|\psi\rangle$와 그 자체와의 외적은 $|\psi\rangle\langle\psi|$과 같이 쓰이고 다음을 그리는 선형 연산자를 정의한다.

$$|\psi\rangle\langle\psi||\varphi\rangle \mapsto |\psi\rangle\langle\psi|\varphi\rangle = \langle\psi|\varphi\rangle|\psi\rangle \tag{2.3.2}$$

즉 연산자 $|\psi\rangle\langle\psi|$은 $\mathcal{H}$에 속한 $|\varphi\rangle$를 $|\psi\rangle$에 의해 생성된 $\mathcal{H}$의 1차원 부분 공간으로 투영시킨다. 그러한 연산자는 직교 투영기^{orthogonal projector}(정의 2.3.7)라고 부른다. 3.5절의 밀도연산자^{density operator}와 3.4절의 측정을 조사할 때 이러한 양식의 연산자를 확인할 것이다.

정리 2.3.2 $B = \{|b_n\rangle\}$을 벡터 공간 $\mathcal{H}$의 정규직교 기저라 하면 $\mathcal{H}$의 모든 선형 연산자 T는 $T_{n,m} = \langle b_n|T|b_m\rangle$일 때 다음과 같이 쓰인다.

$$T = \sum_{b_n, b_m \in B} T_{n,m}|b_n\rangle\langle b_m| \tag{2.3.3}$$

벡터 공간 $\mathcal{H}$상의 모든 선형 연산자 집합이 새로운 복소 벡터 공간 $\mathcal{L}(\mathcal{H})$($\mathcal{L}(\mathcal{H})$의 '벡터'는 $\mathcal{H}$의 선형 연산자)을 형성함을 알고 있을 것이다. 정리 2.3.2는 본질적으로 $\mathcal{H}$에 대한 주어진 기저로부터 $\mathcal{L}(\mathcal{H})$에 대한 기저를 구성한다는 것을 주목하라. $\mathcal{L}(\mathcal{H})$에 대한 기저 벡터는 B로부터의 기저 벡터쌍의 가능한 모든 외적, 즉 $\{|b_n\rangle\langle b_m|\}$이다.

그러면 T의 작업은 다음과 같다.

$$T : |\psi\rangle \mapsto \sum_{b_n, b_m \in B} T_{n,m}|b_n\rangle\langle b_m|\psi\rangle = \sum_{b_n, b_m \in B} T_{n,m}\langle b_m|\psi\rangle|b_n\rangle \tag{2.3.4}$$

T의 행렬 표현 관점에서 보면 $T_{n,m}$은 n번째 행 및 m번째 열의 성분이다.

예제 2.3.3 다음과 같이 계산 기저 상태를 그리는 연산자 Z를 고려하자.

$$|0\rangle \mapsto |0\rangle \tag{2.3.5}$$

$$|1\rangle \mapsto -|1\rangle \tag{2.3.6}$$

이 연산자는 다음과 같이 쓰일 수 있다.

$$|0\rangle\langle 0| - |1\rangle\langle 1| \tag{2.3.7}$$

그리고 기저 $\{|0\rangle, |1\rangle\}$에 대해 다음과 같은 행렬 표현식을 갖는다.

$$\begin{bmatrix} 1 & 0 \\ 0 & -1 \end{bmatrix} \tag{2.3.8}$$

임의의 정규직교 기저 $B = \{|b_n\rangle\}$에 대해 항등연산자$^{\text{identity operator}}$는 다음과 같이 쓰일 수 있다.

$$\mathbf{1} = \sum_{b_n \in B} |b_n\rangle\langle b_n| \tag{2.3.9}$$

방정식 (2.3.9)은 B 기저에서 항등 분해$^{\text{resolution of the identity}}$라고 부른다.

$|\psi\rangle \in \mathcal{H}$일 때 $\mathcal{H}$에서 연산자 T에 대해 다음과 같은 사상^{map}은 $\mathcal{H}$에서 $\mathbb{C}$로의 선형 사상 $^{\text{linear map}}$이고 그리하여 $\mathcal{H}^*$에 포함된다.

$$|\psi\rangle \mapsto \langle\varphi|(T|\psi\rangle) \tag{2.3.10}$$

$\mathcal{H}^*$에서 각 사상은 임의의 벡터 $\langle\varphi|$와 상응한다. $T^\dagger$으로 표현되는 연산자 T의 수반 ^{adjoint}은 $|\varphi\rangle \mapsto |\varphi'\rangle$일 때 $\langle\phi|(T|\psi\rangle) = \langle\phi'|\psi\rangle$을 전하는 선형 사상이다. 수반은 다음과 같이 확인할 수 있다.

정의 2.3.4 T가 $\mathcal{H}$에서의 연산자라 가정하자. 그러면 $T^\dagger$과 같이 표현되는 T의 수반은 $\mathcal{H}^*$에서 선형 연산자로 정의되며 다음을 만족한다.

$$\left(\langle\psi|T^\dagger|\varphi\rangle\right)^* = \langle\varphi|T|\psi\rangle \quad , \quad \forall|\psi\rangle, |\varphi\rangle \in \mathcal{H} \tag{2.3.11}$$

행렬 표현의 표준에서 따르면 $T^\dagger$에 대한 행렬은 T에 대한 행렬의 복소 공액 전치('에르미트 공액' 또는 '수반'이라고도 한다)라고 한다.

다음 정의는 (3절에서 보는 것처럼) 닫힌 시스템에서의 양자 상태의 시간 변화를 기술하는 연산자 클래스를 제공하기 때문에 중요하다.

정의 2.3.5 연산자 U는 $U^\dagger = U^{-1}$이라면 유니타리^{unitary}라고 부른다. 여기서 U^{-1}은 U의 역이다.

I가 항등연산자일 때 $U^\dagger = U^{-1}$은 $U^\dagger U = I$를 의미한다. 유니타리 연산자$^{\text{unitary operator}}$는 벡터 사이의 내적을 보존하며 특히 벡터의 노름을 유지한다.

또한 양자 역학에서 중요한 유형의 측정에 해당하는 관측가능량^{observables}뿐만 아니라 시스템의 해밀토니언^{Hamiltonian}을 설명하는 연산자 클래스를 정의한다(3.4절 참조).

정의 2.3.6 힐베르트 공간 $\mathcal{H}$에서 연산자 T는 다음을 만족할 때 에르미트^{Hermitean}[2](또는 자기수반)라고 부른다(예를 들어 자기 에르미트 공액과 같다).

$$T^\dagger = T \tag{2.3.12}$$

정의 2.3.7 벡터 공간 $\mathcal{H}$의 투영기^{projector}는 $P^2 = P$를 만족하는 선형 연산자 P이다. 직교 투영기$^{\text{orthogonal projector}}$는 또한 $P^\dagger = P$를 만족하는 투영기이다.

기초 선형대수로부터 다음 정의를 기억하라.

정의 2.3.8 벡터 $|\psi\rangle$는 임의의 상수 c에 대해 다음과 같을 때 연산자 T의 고유 벡터$^{\text{eigen vector}}$라 한다.

$$T|\psi\rangle = c|\psi\rangle \tag{2.3.13}$$

상수 c는 고유 벡터 $|\psi\rangle$에 상응하는 T의 고윳값^{eigenvalue}이라 한다.

다음의 결과는 양자 역학의 측정과 관련이 있다.

2　보통 Hermitian으로 쓰이나 저자는 Hermitean으로 표기했다. – 옮긴이

정리 2.3.9 $T = T^\dagger$이고 $|\psi\rangle = \lambda|\psi\rangle$일 때 $\lambda \in \mathbb{R}$과 같다. 다른 말로 에르미트 연산자의 고윳값은 실수다.

선형대수에서 주 대각 성분을 더해 정사각형 행렬의 대각합^{trace}을 얻음을 배운다. 이제 더 추상적인 대각합의 정의를 내린다.

정의 2.3.10 힐베르트 공간 $\mathcal{H}$에 적용되는 연산자 A의 대각합은 $\{|b_n\rangle\}$이 $\mathcal{H}$의 임의의 정규직교 기저일 때 다음과 같다.

$$\mathrm{Tr}(A) = \sum_{b_n} \langle b_n|A|b_n\rangle \tag{2.3.14}$$

문제 2.3.2는 실제로 $\mathrm{Tr}(A)$가 정규직교 기저의 선택에 의존하지 않으며 잘 정의돼 있음을 보여준다.

문제 2.3.1 대각합이 $\mathrm{Tr}(ABC) = \mathrm{Tr}(BCA)$과 같은 순환성을 가짐을 증명하라.

문제 2.3.2 정규직교 기저의 변화가 유니타리 연산자로 쓰일 수 있다는 사실과 함께 이전 문제의 결과를 사용해 $\mathrm{Tr}(A)$가 표현된 기저와 무관함을 보여라. 행렬 표현에서 $\mathrm{Tr}(A)$는 A를 나타내는 정사각형 행렬의 대각 성분의 합과 같다.

2.4 스펙트럼 정리

스펙트럼 정리는 주어진 대입 연산자가 (예를 들어 연산자를 대각화하는) 대각인 기저를 지정할 수 있는 경우가 종종 있기 때문에 선형 대수학의 핵심 결과이다. 스펙트럼 정리는 이제 우리가 정의하는 광범위한 연산자에 적용된다.

정의 2.4.1 정규 연산자^{normal operator} A는 다음을 만족하는 선형 연산자다.

$$AA^\dagger = A^\dagger A \tag{2.4.1}$$

유니타리 및 에르미트 연산자 모두 정규함^{normal}을 유의하자. 따라서 양자 역학 및 양자 계산에서 중요한 연산자는 대부분 정규이다. 이 책에서는 유한 차원을 가진 힐베르트 공간에만 관심이 있기 때문에 이 특별한 경우에만 스펙트럼 정리를 고려할 것이다(약간 더 간단하다).

정리 2.4.2 (스펙트럼 정리) 유한 차원의 힐베르트 공간 $\mathcal{H}$에 작용하는 모든 일반 연산자 T에 대해 T의 고유 벡터 $|T_i\rangle$으로 구성된 $\mathcal{H}$의 정규직교 기저를 갖는다.

T는 T_i가 고유 벡터 $T = \sum_i T_i |T_i\rangle\langle T_i|$에 상응하는 고윳값일 때 T의 고유 기저 $|T_i\rangle$는 T의 고유 벡터에서 대각^{diagonal}이다. 종종 T의 고유 기저로 쓰인 T를 T의 스펙트럼 분해로 부른다. T의 고윳값 집합은 T의 스펙트럼이라 부른다.

스펙트럼 정리^{Spectral Theorem}는 항상 정규 연산자를 (유한 차원에서) 대각화할 수 있다고 말한다. 선형 대수학에서 대각화가 기저의 변경으로 (고유 벡터로 구성된 기저에 의해) 성취될 수 있다는 것을 기억하자. 기저의 변경은 연산자 T를 유니타리 연산자 P와 결합함으로써 수행된다. 연산자 T에 대한 행렬 표현과 관련해 더욱 익숙한 형태로 스펙트럼 정리를 다시 나타낼 수 있다.

정리 2.4.3 (스펙트럼 정리) 모든 유한 차원 정규 행렬^{normal matrix} T에 대해 $T = P\Lambda P^\dagger$인 유니타리 행렬^{unitary matrix} P가 있다. 여기서 Λ는 대각 행렬^{diagonal matrix}이다.

Λ의 대각 성분은 T의 고윳값이고 P의 열은 T의 고유 벡터를 인코딩한다.

예제 2.4.4 계산 기저 상태에서 다음과 같이 작용하는 연산자 X를 생각해보자.

$$X|0\rangle = |1\rangle \tag{2.4.2}$$

$$X|1\rangle = |0\rangle \tag{2.4.3}$$

이 연산자의 행렬 표현은 다음과 같다.

$$X \equiv \begin{bmatrix} 0 & 1 \\ 1 & 0 \end{bmatrix} \tag{2.4.4}$$

다음과 같이 X의 대각화를 갖는다.

$$\begin{bmatrix} 0 & 1 \\ 1 & 0 \end{bmatrix} = \begin{bmatrix} \frac{1}{\sqrt{2}} & \frac{1}{\sqrt{2}} \\ \frac{1}{\sqrt{2}} & -\frac{1}{\sqrt{2}} \end{bmatrix} \begin{bmatrix} 1 & 0 \\ 0 & -1 \end{bmatrix} \begin{bmatrix} \frac{1}{\sqrt{2}} & \frac{1}{\sqrt{2}} \\ \frac{1}{\sqrt{2}} & -\frac{1}{\sqrt{2}} \end{bmatrix} \qquad (2.4.5)$$

따라서 다음을 알 수 있다.

$$P = \begin{bmatrix} \frac{1}{\sqrt{2}} & \frac{1}{\sqrt{2}} \\ \frac{1}{\sqrt{2}} & -\frac{1}{\sqrt{2}} \end{bmatrix} \qquad (2.4.6)$$

$$\Lambda = \begin{bmatrix} 1 & 0 \\ 0 & -1 \end{bmatrix} \qquad (2.4.7)$$

따라서 X의 고웃값들은 1 과 -1이며 X의 고유 벡터는 다음과 같다.

$$\begin{pmatrix} \frac{1}{\sqrt{2}} \\ \frac{1}{\sqrt{2}} \end{pmatrix} \qquad (2.4.8)$$

$$\begin{pmatrix} \frac{1}{\sqrt{2}} \\ -\frac{1}{\sqrt{2}} \end{pmatrix} \qquad (2.4.9)$$

디랙 표기법으로 다음과 같다.

$$X = |0\rangle\langle 1| + |1\rangle\langle 0| \qquad (2.4.10)$$
$$P = |+\rangle\langle 0| + |-\rangle\langle 1| \qquad (2.4.11)$$
$$= \tfrac{1}{\sqrt{2}}|0\rangle\langle 0| + \tfrac{1}{\sqrt{2}}|0\rangle\langle 1| + \tfrac{1}{\sqrt{2}}|1\rangle\langle 0| - \tfrac{1}{\sqrt{2}}|1\rangle\langle 1| \qquad (2.4.12)$$
$$\Lambda = |0\rangle\langle 0| - |1\rangle\langle 1| \qquad (2.4.13)$$

그리고 고유 벡터는 다음과 같다.

$$|+\rangle \equiv \tfrac{1}{\sqrt{2}}|0\rangle + \tfrac{1}{\sqrt{2}}|1\rangle \qquad (2.4.14)$$

$$|-\rangle \equiv \tfrac{1}{\sqrt{2}}|0\rangle - \tfrac{1}{\sqrt{2}}|1\rangle \qquad (2.4.15)$$

이러한 고유 벡터는 예제 2.2.6에 설명된 아다마르 기저의 기저 벡터 $|+\rangle$ 및 $|-\rangle$임을 유의하자.

2.5 연산자의 함수

스펙트럼 정리가 중요한 이유 중 하나는 연산자의 함수에 대한 표현을 단순화할 수 있다는 것이다. 스펙트럼 정리를 사용하면 다음과 같이 대각 형태의 모든 일반 연산자 T를 쓸 수 있다.

$$T = \sum_i T_i |T_i\rangle\langle T_i| \qquad (2.5.1)$$

우선 각각의 $|T_i\rangle\langle T_i|$이 투영기이기에 임의의 정수 m에 대해 다음과 같음을 유의하자.

$$\left(|T_i\rangle\langle T_i|\right)^m = |T_i\rangle\langle T_i| \qquad (2.5.2)$$

또한 고유 벡터가 정규직교함을 유의하면 다음과 같으며,

$$\langle T_i|T_j\rangle = \delta_{i,j} \qquad (2.5.3)$$

여기서 $\delta_{i,j}$는 디랙 델타 함수이며, $i = j$이면 1이고 그렇지 않으면 0이다.

이것은 다음과 같이 대각 형태의 T의 거듭제곱을 계산하는 것이 T의 대각 성분의 거듭제곱을 계산하는 것과 동일함을 의미한다.

$$\left(\sum_i T_i |T_i\rangle\langle T_i|\right)^m = \sum_i T_i^m |T_i\rangle\langle T_i| \qquad (2.5.4)$$

어떤 함수 $f: \mathbb{C} \to \mathbb{C}$의 테일러 급수$^{\text{Taylor series}}$는 다음과 같다.

$$f(x) = \sum_{m=0}^{\infty} a_m x^m \qquad (2.5.5)$$

예를 들어 e^x의 테일러 급수는 $\sum_{m=0}^{\infty} \frac{1}{m!} x^m$과 같다. 테일러 급수가 수렴하는 x값의 범위를 수렴 간격이라고 한다. 수렴 간격에서 임의의 점 x에 대해 함수 f의 테일러 급수는 임의의 $f(x)$의 값으로 수렴한다. 함수 f에 대해 테일러 급수를 사용하면 (관련 테일러 급수가 수렴하는 경우) $\mathbb{C}$에서 연산자에 대한 f의 동작을 정의할 수 있다. 예컨대 연산자 T에 대해 다음과 같이 지수함수를 정의할 것이다.

$$e^T = \sum_m \frac{1}{m!} T^m \tag{2.5.6}$$

일반적으로 연산자 T에 작용하는 함수 f에 대한 테일러 급수는 다음과 같다.

$$f(T) = \sum_m a_m T^m \tag{2.5.7}$$

만약 T를 대각 형태로 나타내면 다음과 같이 단순화할 수 있다.

$$
\begin{aligned}
f(T) &= \sum_m a_m T^m \\
&= \sum_m a_m \left(\sum_i T_i |T_i\rangle \langle T_i| \right)^m \\
&= \sum_m a_m \sum_i T_i^m |T_i\rangle \langle T_i| \\
&= \sum_i \left(\sum_m a_m T_i^m \right) |T_i\rangle \langle T_i| \\
&= \sum_i f(T_i) |T_i\rangle \langle T_i|
\end{aligned}
\tag{2.5.8}
$$

따라서 T가 대각 형태로 쓰여질 때 $f(T)$는 T의 대각 성분에 f를 개별적으로 적용해 계산된다. 일반적으로 연산자 T의 함수 f를 계산하는 절차는 먼저 T를 대각화하고 (스펙트럼 정리는 우리에게 중요하게 될 연산자의 대부분에 이것을 적용할 수 있다고 보여준다) 대각 성분에 개별적으로 f를 계산하는 것이다.

2.6 텐서곱

텐서곱은 공간, 벡터 또는 연산자를 함께 결합하는 방법이다. $\mathcal{H}_1$과 $\mathcal{H}_2$가 각각 차원 n과 m의 힐베르트 공간이라고 가정하자. 그러면 텐서곱 공간 $\mathcal{H}_1 \otimes \mathcal{H}_2$는 $n \times m$ 크기의 새롭고 더 큰 힐베르트 공간이다. $\{|b_i\rangle\}_{i \in \{1,\dots,n\}}$이 $\mathcal{H}_1$에 대한 정규직교 기저이고 $\{|c_j\rangle\}_{j \in \{1,\dots,m\}}$이 $\mathcal{H}_2$에 대한 정규직교라고 가정하자. 그러면 다음 수식은 $\mathcal{H}_1 \otimes \mathcal{H}_2$ 공간의 정규직교 기저이다.

$$\{|b_i\rangle \otimes |c_j\rangle\}_{i\in\{1,...,n\},j\in\{1,...,m\}} \tag{2.6.1}$$

공간 $\mathcal{H}_1$과 $\mathcal{H}_2$로부터 각각의 두 벡터 $|\psi_1\rangle$과 $|\psi_2\rangle$의 텐서곱은 각각 $\mathcal{H}_1 \otimes \mathcal{H}_2$에서의 벡터이며 $|\psi_1\rangle \otimes |\psi_2\rangle$과 같이 쓴다. 텐서곱은 다음과 같은 공리의 특징이 있다.

1. 임의의 $c \in \mathbb{C}$, $|\psi_1\rangle \in \mathcal{H}_1$과 $|\psi_2\rangle \in \mathcal{H}_2$에 대해 다음 수식이 성립한다.

$$c\big(|\psi_1\rangle \otimes |\psi_2\rangle\big) = \big(c|\psi_1\rangle\big) \otimes |\psi_2\rangle = |\psi_1\rangle \otimes \big(c|\psi_2\rangle\big) \tag{2.6.2}$$

2. 임의의 $|\psi_1\rangle$, $|\varphi_1\rangle \in \mathcal{H}_1$과 $|\psi_2\rangle \in \mathcal{H}_2$에 대해 다음 수식이 성립한다.

$$\big(|\psi_1\rangle + |\varphi_1\rangle\big) \otimes |\psi_2\rangle = |\psi_1\rangle \otimes |\psi_2\rangle + |\varphi_1\rangle \otimes |\psi_2\rangle \tag{2.6.3}$$

3. 임의의 $|\psi_1\rangle \in \mathcal{H}_1$과 $|\psi_2\rangle$, $|\varphi_2\rangle \in \mathcal{H}_2$에 대해 다음 수식이 성립한다.

$$|\psi_1\rangle \otimes \big(|\psi_2\rangle + |\varphi_2\rangle\big) = |\psi_1\rangle \otimes |\psi_2\rangle + |\psi_1\rangle \otimes |\varphi_2\rangle \tag{2.6.4}$$

A와 B가 각각 $\mathcal{H}_1$과 $\mathcal{H}_2$의 선형 연산자라고 가정한다. 그러면 다음 수식에서 정의하는 것과 같이 $A \otimes B$는 $\mathcal{H}_1 \otimes \mathcal{H}_2$에 대한 선형 연산자이다.

$$(A \otimes B)\big(|\psi_1\rangle \otimes |\psi_2\rangle\big) \equiv A|\psi_1\rangle \otimes B|\psi_2\rangle \tag{2.6.5]}$$

이 정의에 따르면 $\mathcal{H}_1 \otimes \mathcal{H}_2$의 성분이 다음과 같이 선형적으로 확장된다.

$$(A \otimes B)\left(\sum_{ij} \lambda_{ij}|b_i\rangle \otimes |c_j\rangle\right) \equiv \sum_{ij} \lambda_{ij} A|b_i\rangle \otimes B|c_j\rangle \tag{2.6.6}$$

그동안 디랙 표기법을 사용해 텐서곱을 제시했다. 행렬 표현에서 이것은 다음과 같이 변환된다. A가 $m \times n$ 행렬이고 B가 $p \times q$ 행렬이라면 B에 대한 A의 왼쪽 크로네커 ^Kronecker 곱은 $mp \times nq$ 행렬이다.

$$A \otimes B = \begin{bmatrix} A_{11}B_{11} & \dots & A_{11}B_{1q} & \dots & \dots & A_{1n}B_{11} & \dots & A_{1n}B_{1q} \\ \vdots & \vdots & \vdots & \vdots & \vdots & \vdots & \vdots & \vdots \\ A_{11}B_{p1} & \dots & A_{11}B_{pq} & \dots & \dots & A_{1n}B_{p1} & \dots & A_{1n}B_{pq} \\ \vdots & \vdots & \vdots & \vdots & \vdots & \vdots & \vdots & \vdots \\ \vdots & \vdots & \vdots & \vdots & \vdots & \vdots & \vdots & \vdots \\ A_{m1}B_{11} & \dots & A_{m1}B_{1q} & \dots & \dots & A_{mn}B_{11} & \dots & A_{mn}B_{1q} \\ \vdots & \vdots & \vdots & \vdots & \vdots & \vdots & \vdots & \vdots \\ A_{m1}B_{p1} & \dots & A_{m1}B_{pq} & \dots & \dots & A_{mn}B_{p1} & \dots & A_{mn}B_{pq} \end{bmatrix} \qquad (2.6.7)$$

위 행렬은 때론 '블록 형식block form'으로 다음과 같이 더 간결하게 표현된다.

$$A \otimes B = \begin{bmatrix} A_{11}[B] & A_{12}[B] & \dots & A_{1n}[B] \\ A_{21}[B] & A_{22}[B] & \dots & A_{2n}[B] \\ \vdots & \vdots & \vdots & \vdots \\ A_{m1}[B] & A_{m2}[B] & \dots & A_{mn}[B] \end{bmatrix} \qquad (2.6.8)$$

여기서 $[B]$는 B의 부분 행렬인 $p \times q$를 나타낸다. 그러면 위의 각 블록 성분 $A_{ij}[B]$는 행렬 A의 행 i열 j에서 단일 성분과 행렬 $[B]$의 곱이다.

$$A_{ij}[B] = \begin{bmatrix} A_{ij}B_{11} & A_{ij}B_{12} & \dots & A_{ij}B_{1q} \\ A_{ij}B_{21} & A_{ij}B_{22} & \dots & A_{ij}B_{2q} \\ \vdots & \vdots & \vdots & \vdots \\ A_{ij}B_{p1} & A_{ij}B_{p2} & \dots & A_{ij}B_{pq} \end{bmatrix} \qquad (2.6.9)$$

두 벡터 또는 두 연산자의 텐서곱에 대한 행렬 표현은 두 벡터 또는 연산자가 함께 '텐서된tensored' 행렬 표현의 왼쪽 크로네커 곱이다. 예를 들어 $(\alpha_0|0\rangle + \alpha_1|1\rangle) \otimes (\beta_0|0\rangle + \beta_1|1\rangle)$의 행렬 표현은 다음과 같다.

$$\begin{pmatrix} \alpha_0 \\ \alpha_1 \end{pmatrix} \otimes \begin{pmatrix} \beta_0 \\ \beta_1 \end{pmatrix} = \begin{pmatrix} \alpha_0\beta_0 \\ \alpha_0\beta_1 \\ \alpha_1\beta_0 \\ \alpha_1\beta_1 \end{pmatrix} \qquad (2.6.10)$$

표기법과 관련해 마지막으로 알아둘 사항이 있다. 흔히 $\otimes$ 기호를 표현에서 제외하며 $|\psi\rangle \otimes |\varphi\rangle$은 때론 $|\psi\rangle|\varphi\rangle$으로 나타내고 심지어 $|\psi\varphi\rangle$으로 표현하기도 한다.

2.7 슈미트 분해 정리

2.7절에서는 슈미트 분해 정리^{The Schmidt Decomposition Theorem}를 통해 양자 정보에 대한 중요한 결과를 보여줄 것이다. 정리 설명을 시작한 후에 정리를 설명하는 몇 가지 예들을 보여줄 것이다. 그런 다음 정리의 적용을 기술할 것이다.

정리 2.7.1 (슈미트 분해) $|\psi\rangle$이 텐서곱 공간 $\mathcal{H}_A \otimes \mathcal{H}_B$에 있는 벡터라면 $\mathcal{H}_A$에 대한 정규직교 기저 $\{|\varphi_i^A\rangle\}$와 $\mathcal{H}_B$에 대한 정규직교 기저 $\{|\varphi_i^B\rangle\}$와 음이 아닌 실수 $\{p_i\}$가 존재하므로 다음이 성립한다.

$$|\psi\rangle = \sum_i \sqrt{p_i}|\varphi_i^A\rangle|\varphi_i^B\rangle \tag{2.7.1}$$

$\sqrt{p_i}$ 계수는 슈미트 계수라고 부른다. 이 정리가 의미하는 바를 이해하기 위해 $\{|\varphi_i^A\rangle\}$과 $\{|\varphi_i^B\rangle\}$이 각각 $\mathcal{H}_A$와 $\mathcal{H}_B$에 대한 임의의 직교 정규 기저로 선택됐다고 가정하자. 2.6절에서 확인한 것과 같이 $\mathcal{H}_A \otimes \mathcal{H}_B$의 기저 상태는 (종종 $|\varphi_i^A\rangle|\varphi_i^B\rangle$으로 쓰이는) $|\psi\rangle$이다.

$\mathcal{H}_A \otimes \mathcal{H}_B$에서의 일반 벡터 $|\psi\rangle$은 계수 $\alpha_{i,j} = e^{i\phi_{ij}}\sqrt{p_{i,j}}$이 일반 복소수일 때 다음과 같다.

$$|\psi\rangle = \sum_{i,j} \alpha_{i,j}|\varphi_i^A\rangle|\varphi_j^B\rangle \tag{2.7.2}$$

모든 '교차 항^{cross term}'을 설명하기 위해 기저 벡터의 두 집합에 대해 서로 다른 지수를 사용해야만 한다는 것을 주목하자. $\mathcal{H}_A$가 m차원이고 $\mathcal{H}_B$는 n차원일 경우 이 일반 벡터는 mn개의 기저 벡터의 중첩이다. 슈미트 분해^{Schmidt decomposition}는 모든 교차 항이 사라지도록 임의의 $\{|\varphi_i^A\rangle\}$과 $\{|\varphi_i^B\rangle\}$ 기저의 짝을 항상 찾을 수 있으며 일반 벡터는 하나의 지수 집합에 대한 합계를 단순화한다는 것을 다음과 같이 알 수 있으며 (위상 인자는 기저 성분의 정의에 포함될 수 있기 때문에) 계수는 실수로 가정할 수 있다.

$$|\psi\rangle = \sum_i \sqrt{p_i}|\varphi_i^A\rangle|\varphi_i^B\rangle \tag{2.7.3}$$

이 합계에 있는 항의 수는 m 및 n의 최솟값이다.

문제 2.7.2 슈미트 분해 정리의 간단한 예로 4차원 힐베르트 공간 $\mathcal{H}_A \otimes \mathcal{H}_B$에서 다음 벡터를 고려하자. 여기서 $\mathcal{H}_A$와 $\mathcal{H}_B$는 각각 2차원을 갖는다.

$$|\psi\rangle = |11\rangle \tag{2.7.4}$$

이 벡터는 이미 슈미트 기저를 바탕으로 작성됐다(각각의 $\mathcal{H}_A$ 및 $\mathcal{H}_B$에 대해 슈미트 기저는 계산 기저이다). 즉 슈미트 계수가 $p_0 = 0$ 및 $p_1 = 1$일 때 다음과 같다.

$$\left\{ |\varphi_0^A\rangle = |0\rangle, \qquad |\varphi_1^A\rangle = |1\rangle \right\} \tag{2.7.5}$$

$$\left\{ |\varphi_0^B\rangle = |0\rangle, \qquad |\varphi_1^B\rangle = |1\rangle \right\} \tag{2.7.6}$$

문제 2.7.3 약간 덜 간단한 예로서 이전 예와 같은 4차원 공간 $\mathcal{H}_A \otimes \mathcal{H}_B$에서 다음 상태를 고려하자.

$$|\psi\rangle = \tfrac{1}{2}|00\rangle + \tfrac{1}{2}|01\rangle + \tfrac{1}{2}|10\rangle + \tfrac{1}{2}|11\rangle \tag{2.7.7}$$

이 경우 $\mathcal{H}_A$ 또는 $\mathcal{H}_B$에 대해 계산 기저는 슈미트 기저가 아니다. 벡터를 다음과 같이 다시 쓸 수 있음을 기억하자.

$$|\psi\rangle = \left(\tfrac{1}{\sqrt{2}}|0\rangle + \tfrac{1}{\sqrt{2}}|1\rangle \right) \left(\tfrac{1}{\sqrt{2}}|0\rangle + \tfrac{1}{\sqrt{2}}|1\rangle \right) \tag{2.7.8}$$

따라서 슈미트 계수가 $p_0 = 0$ 및 $p_1 = 1$일 때 슈미트 기저를 다음과 같이 나타낼 수 있다.

$$\left\{ |\varphi_0^A\rangle = \tfrac{1}{\sqrt{2}}|0\rangle + \tfrac{1}{\sqrt{2}}|1\rangle, \qquad |\varphi_1^A\rangle = \tfrac{1}{\sqrt{2}}|0\rangle - \tfrac{1}{\sqrt{2}}|1\rangle \right\} \tag{2.7.9}$$

$$\left\{ |\varphi_0^B\rangle = \tfrac{1}{\sqrt{2}}|0\rangle + \tfrac{1}{\sqrt{2}}|1\rangle, \qquad |\varphi_1^B\rangle = \tfrac{1}{\sqrt{2}}|0\rangle - \tfrac{1}{\sqrt{2}}|1\rangle \right\} \tag{2.7.10}$$

복합 공간의 두 부분에 대한 슈미트 기저는 항상 동일하지는 않다. 다음 예를 생각해 보자.

문제 2.7.4

$$|\psi\rangle = \tfrac{1+\sqrt{6}}{2\sqrt{6}}|00\rangle + \tfrac{1-\sqrt{6}}{2\sqrt{6}}|01\rangle + \tfrac{\sqrt{2}-\sqrt{3}}{2\sqrt{6}}|10\rangle + \tfrac{\sqrt{2}+\sqrt{3}}{2\sqrt{6}}|11\rangle \qquad (2.7.11)$$

이 슈미트 기저들에 대해서 슈미트 계수가 $p_0 = \tfrac{1}{4}$ 및 $p_1 = \tfrac{3}{4}$일 때 다음과 같다.

$$\left\{ |\varphi_0^A\rangle = \tfrac{1}{\sqrt{3}}|0\rangle + \tfrac{\sqrt{2}}{\sqrt{3}}|1\rangle, \qquad |\varphi_1^A\rangle = \tfrac{\sqrt{2}}{\sqrt{3}}|0\rangle - \tfrac{1}{\sqrt{3}}|1\rangle \right\} \qquad (2.7.12)$$

$$\left\{ |\varphi_0^B\rangle = \tfrac{1}{\sqrt{2}}|0\rangle + \tfrac{1}{\sqrt{2}}|1\rangle, \qquad |\varphi_1^B\rangle = \tfrac{1}{\sqrt{2}}|0\rangle - \tfrac{1}{\sqrt{2}}|1\rangle \right\} \qquad (2.7.13)$$

위의 모든 예제에서 이분bipartite 공간은 각 부분 공간의 차원이 2인 공간이었다. 두 부분 공간의 차원이 다른 경우에도 슈미트 분해 정리는 더 복잡한 이분 벡터 공간에 적용될 수 있다. 3.5.2절에서 슈미트 분해를 계산하는 방법을 검토할 것이다.

2.8 디랙 표기법에 대한 추가 내용

디랙 표기법에 익숙하지 않은 경우 브라와 켓을 다루는 것이 다소 혼란스러울 수 있다. 이제 이 혼란에 잠재적으로 추가되는 규칙에 대해 논의할 것이다. 부분 시스템subsystem의 텐서곱을 쓸 때 일반적으로 각각의 텐서 인자가 나타나는 순서에 따라 어떤 벡터가 어느 부분 시스템에 해당하는지 식별한다. 예를 들어 시스템 1이 $|i\rangle$ 상태이고 시스템 2가 $|j\rangle$ 상태인 경우 더 간단하게 $|i\rangle \otimes |j\rangle$ 또는 $|i\rangle|j\rangle$ 심지어는 $|ij\rangle$으로 쓸 것이다. 완전히 확실해지기를 원했다면 시스템에 색인하는 첨자로 상태를 표기할 수 있고 위의 상태를 $|i\rangle_1|j\rangle_2$과 같이 쓸 수 있다. 공액 전치conjugate transpose를 계산할 때 표준 행렬 규칙에 따라 다음과 같이 쓸 수 있다.

$$\left(|i\rangle_1 |j\rangle_2 \right)^{\dagger} = \langle i|_1 \langle j|_2 \qquad (2.8.1)$$

물리학자들은 일반적으로 이것을 다르게 쓰며 다음과 같다.

$$\left(|i\rangle_1 |j\rangle_2 \right)^{\dagger} = \langle j|_2 \langle i|_1 \qquad (2.8.2)$$

이 규칙에 따르면 다음과 같은 방법으로 (첨자를 생략하며) 내적을 계산할 수 있다.

$$\left(|i\rangle|j\rangle\right)^{\dagger}|k\rangle|l\rangle = \langle j|\langle i||k\rangle|l\rangle$$
$$= \langle j|\langle i|k\rangle|l\rangle$$
$$= \langle i|k\rangle\langle j||l\rangle$$
$$= \langle i|k\rangle\langle j|l\rangle \tag{2.8.3}$$

이제 외적 형태로 작성된 연산자의 텐서곱을 포함하는 유용한 항등식을 유도한다. 디랙 표기법을 연습할 때 연습과 자신감을 가지기에 유용한 연습이다. 다음은 식 (2.8.2)에 설명된 규칙을 사용하지 않을 것이다.

항등식:

$$\left(\underset{1}{|i\rangle} \otimes \underset{2}{|j\rangle}\right)\left(\underset{1}{\langle k|} \otimes \underset{2}{\langle l|}\right) \equiv \underset{1}{|i\rangle}\underset{1}{\langle k|} \otimes \underset{2}{|j\rangle}\underset{2}{\langle l|} \tag{2.8.4}$$

앞서 명확성을 위해 어디에서나 $\otimes$ 기호를 썼다. 그러나 실제로 종종 이 기호를 쓰지 않고 때로는 단일 브라 (또는 켓) 내부에 성분의 레이블^{label}을 쓴다. 따라서 앞서 말한 항등식은 보다 간결하게 다음과 같이 작성될 수 있다.

$$|ij\rangle\langle kl| = |i\rangle\langle k| \otimes |j\rangle\langle l| \tag{2.8.5}$$

03

큐비트와 양자 역학의 시스템

3장에서 양자 컴퓨팅을 위해 고려할 시스템 유형과 관련된 양자 역학의 시스템을 소개한다. 양자 컴퓨팅의 기본 개념인 양자 비트 또는 '큐비트'의 개념도 소개한다.

20세기 초에는 뉴턴과 맥스웰의 법칙이 올바른 물리 법칙이라고 대부분 믿고 있었다. 그러나 1930년대에 이러한 고전 이론들로 특정 실험 관측 결과를 설명하는 것에 심각한 문제에 직면했음이 명백해졌다. 그 결과 양자 역학quantum mechanics이라는 물리학에 대한 새로운 수학적 시스템가 공식화됐으며, 이 시스템에서 양자물리학quantum physics이라는 새로운 물리 이론이 개발됐다. 양자물리학에는 양자전기역학quantum electrodynamics과 양자 장 이론quantum field theory과 같은 물리 이론이 포함되지만 양자 정보에 대해 배우기 위해 이러한 물리 이론을 알 필요는 없다. 양자 정보는 이 양자 시스템에서 정보 이론을 재구성한 결과다.[1]

---

1 양자 역학이라는 용어는 종종 양자 장 이론의 특별한 한계를 다루는 양자물리학의 해당 부분을 가리키는 데에도 사용된다는 점에 주목할 가치가 있다.

3.1 양자 시스템의 상태

1.6절에서 2-상태 양자 시스템의 예인 2개의 구별 가능한 경로 중 하나를 따르도록 제한되는 광자를 보았다. 아래 수식과 같이 2차원 기저 벡터로 2개의 구별 가능한 경로를 식별했다.

$$\begin{pmatrix} 1 \\ 0 \end{pmatrix} \text{ 및 } \begin{pmatrix} 0 \\ 1 \end{pmatrix} \tag{3.1.1}$$

그런 다음 광자의 일반적인 '경로 상태'는 $|\alpha_0|^2 + |\alpha_1|^2 = 1$일 때 다음과 같은 복소 벡터로 설명할 수 있다.

$$\begin{pmatrix} \alpha_0 \\ \alpha_1 \end{pmatrix} \tag{3.1.2}$$

이 간단한 예는 첫 번째 공준의 본질을 포착해 양자 역학에서 물리적 상태가 어떻게 표현되는지 알려준다.

> **상태 공간 공준**State Space Postulate
>
> 시스템의 상태는 힐베르트 공간 $\mathcal{H}$의 단위 벡터로 설명된다.

시스템의 자유도(즉 상태 유형)에 따라 $\mathcal{H}$는 무한 차원일 수 있다. 예를 들어 상태가 공간의 일부 영역에서 임의의 점을 자유롭게 점유할 수 있는 입자의 위치를 나타내는 경우 연관된 힐베르트 공간은 일반적으로 연속적인 (따라서 무한한) 공간으로 간주된다. 실제로 유한한 리소스로 연속 상태 공간을 인접한 위치들 사이의 최소 간격이 충분히 작은 이산 상태 공간과 구별할 수 없다는 점은 주목할 가치가 있다. 양자 계산의 현실적인 모델을 설명하기 위해 우리는 유한 차원 (복소) 힐베르트 공간[2]의 벡터에 의해 상태가 설명되는 자유도에만 관심을 가질 것이다. 특히 주로 별개의 2단계level 시스템으로 구성된 복합 시스템에 관심을 가질 것이다. 각 2단계 시스템의 상태는 2차원 힐베르트 공간의 벡터로 설명된다. 이러한 2단계 시스템에서 큐비트를 인코딩할 수 있다. 해당

---

2 그러나 무한 차원 상태 공간을 사용해 양자 (및 고전적인) 정보 처리를 구현하는 데 사용되는 물리적 시스템을 모델링하는 것이 일반적이다.

2차원 공간의 기저를 선택한다. 기저 벡터 중 하나를 $|0\rangle$으로 지정하고 다른 기저 벡터를 $|1\rangle$으로 지정한다. 이것은 고전적인 계산을 위해 하는 것과 유사하다. 고전 컴퓨터의 경우 2단계 시스템은 전선의 전압 값일 수 있으며 0 또는 양수 값 (예를 들어 +5mV)일 수 있다. 이진 값 '0'을 전선의 전압이 0인 상태에 할당하고 '1'값을 전선의 전압이 +5mV인 상태에 할당해서 이러한 시스템에서 고전 비트를 인코딩할 수 있다. 큐비트의 상태의 $\{|0\rangle,|1\rangle\}$ 기저는 일반적으로 계산 기저$^{\text{computational basis}}$라고 한다.

양자 역학적 2단계 시스템은 소개에 나온 것과 같이 두 개의 다른 경로 중 하나에서 찾을 수 있는 단일 광자일 수 있다. 양자 2단계 시스템의 다른 예는 특정 위치 또는 경로에 광자의 존재 또는 부재이다.

이러한 시스템의 상태는 2차원 힐베르트 공간의 벡터로 설명된다. 이러한 공간에 대한 편리한 기저는 광자가 존재하지 않는 상태에 대한 단위 벡터와 광자가 존재하는 상태에 대한 직교 단위 벡터로 구성된다. 이러한 상태를 각각 $|0\rangle$ 및 $|1\rangle$과 같이 지정할 수 있다. 그런 다음 시스템의 일반적인 상태는 다음 벡터로 표현된다.

$$\alpha_0|0\rangle + \alpha_1|1\rangle \tag{3.1.3}$$

여기서 α_0과 α_1은 복소수 계수이며 종종 각각 $|0\rangle$ 및 $|1\rangle$ 기저 상태의 진폭이라고도 한다. 복소 진폭 α는 곱 $e^{i\theta}|\alpha|$로 독특하게 분해될 수 있음에 유의한다. 이 경우 $|\alpha|$는 θ값의 크기에 해당하는 음이 아닌 실수이며 $e^{i\theta} = \frac{\alpha}{|\alpha|}$은 1 노름^{norm}이다. 값 θ는 '위상'으로 알려져 있으며 $e^{i\theta}$ 값은 '위상 인자$^{\text{phase factor}}$'라고 한다.

상태가 단위 벡터로 설명되는 조건은 $|\alpha_0|^2 + |\alpha_1|^2 = 1$을 의미한다. 이 조건을 때로는 정규화 제약$^{\text{normalization constraint}}$ 조건이라고 하며 측정 공준$^{\text{measurement postulate}}$에서 다룰 예정인 양자 측정이 작동하는 방식과 일관성을 유지해야 한다. 시스템의 일반적인 상태는 광자가 존재하고, 광자가 존재하지 않는 두 상태의 중첩이다.

2단계 양자 역학 시스템의 다른 예는 특정 유형의 입자 스핀 상태$^{\text{spin state}}$이다. 양자물리학에 따르면 입자는 스핀이라고 부르는, 고전적인 설명에는 존재하지 않는 자유도를 가진다. 많은 입자가 소위 스핀-$\frac{1}{2}$ 입자 범주에 속한다. 이를 위해 스핀 상태는 실제로

2차원 힐베르트 공간 $\mathcal{H}$의 임의의 벡터에 의해 기술된다. 이 공간에 대해 설명하기 쉬운 기저는 입자의 '스핀-업spin-up' 상태를 위한 단위 벡터와 입자의 '스핀-다운spin-down' 상태를 위한 직교 단위 벡터로 구성된다. 이러한 기저 벡터에 각각 $|0\rangle$ 및 $|1\rangle$으로 지정할 수 있다. 스핀-$\frac{1}{2}$ 입자의 일반적인 스핀 상태는 스핀 업 및 스핀 다운의 중첩이다.

2차원 힐베르트 공간에서 벡터에 의해 상태가 기술될 수 있는 물리적 시스템의 다른 예로 핵을 공전하는 전자를 고려하자. 에너지를 여기서 관심을 갖고 다룰 자유도라고 가정한다. 이론적으로 전자에 대해 가능한 많은 에너지 레벨이 존재하므로 힐베르트 공간은 무한한 차원을 가질 것이다. 양자 역학에서 이러한 에너지 레벨이 양자화quantized 됨을 알고 있다. 즉 연속적으로 가능한 에너지 범위 대신에 전자는 불연속적인 집합으로부터 에너지를 갖도록 제한된다. 바닥 상태ground state(가장 낮은 에너지 레벨) 또는 첫 번째 들뜬 상태에서 전자를 쉽게 찾을 수 있는 시스템을 찾기는 쉽지만 시스템을 더 높은 에너지 레벨로 들뜨게 하는 데 필요한 에너지의 양이 너무 많아서 처음 두 개보다 더 높은 에너지 수준을 찾지 못할 것이다. 이러한 경우 첫 번째 들뜬 상태보다 높은 모든 에너지에 의해 확장된 부분 공간을 무시하도록 선택할 수 있으며 모든 실제적인 목적을 위해 가장 낮은 두 에너지 레벨로 확장된 공간에서 2차원 벡터로 설명되는 2단계 시스템이 있다.

상태 벡터state vector에 대한 중요한 점은 다음과 같다. $e^{i\theta}|\psi\rangle$ 벡터에 의해 기술된 상태는 $|\psi\rangle$ 벡터에 의해 기술된 상태와 동일하며 여기서 $e^{i\theta}$는 임의의 단위 노름의 복소수다. 예를 들어 (3.1.4)의 상태는 다음 (3.1.5)벡터로 표현한 상태와 동일하다.

$$|0\rangle + |1\rangle \tag{3.1.4}$$

$$e^{i\theta}|0\rangle + e^{i\theta}|1\rangle \tag{3.1.5}$$

반면 중첩에서 2개의 직교 상태의 상대 위상 인자relative phase factor는 물리적으로 크고 (3.1.6)에 나온 벡터로 기술된 상태는 (3.1.7)에 나온 벡터로 기술된 상태와 물리적으로 다르다.

$$|0\rangle + |1\rangle \tag{3.1.6}$$

$$|0\rangle + e^{i\theta}|1\rangle \tag{3.1.7}$$

기술적으로 단위 벡터의 동치류^{equivalence class}로 양자 상태를 설명할 수 있지만 전역 위상^{global phase}과 관련된 임의의 두 벡터는 동등하다는 것을 이용해 간단히 단위 벡터를 지정할 것이다. 측정 공준을 소개한 후 $|\psi\rangle$과 $e^{i\theta}|\psi\rangle$이 같다는 사실을 이용할 것이다.

따라서 상태 공간 공준은 이전 단락의 관측과 함께 단일 큐비트의 가장 일반적인 상태 $|\psi\rangle$를 아래 형식과 같은 벡터로 설명할 수 있다고 알려준다.

$$|\psi\rangle = \cos\left(\tfrac{\theta}{2}\right)|0\rangle + e^{i\varphi}\sin\left(\tfrac{\theta}{2}\right)|1\rangle \tag{3.1.8}$$

(짧게 설명할 그림 3.3에 나오는 각도 θ와 일치하도록 θ 대신에 $\tfrac{\theta}{2}$를 이용할 것이다). 결정론적인 고전적 비트에 대한 유사한 상황을 고려하자. 고전적 비트의 상태는 0 또는 1과 같은 단일 이진 값 ψ로 설명할 수 있다. 이러한 설명은 그림 3.1에 표시된 도표로 표현할 수 있다. 그림 3.1에서 상태는 두 위치 중 하나의 점으로 표시될 수 있으며 0과 1로 표현된 두 점으로 표시된다.

다음으로 값이 정확히 알려지지 않았지만 대응 확률이 p_0 및 p_1인 0 또는 1인 고전 비트의 약간 더 복잡한 상황을 고려하자. 이것을 **확률적 고전적 비트**^{probabilistic classical bit}라고 부를 수 있다. 이러한 확률적 비트의 상태는 $p_0 + p_1 = 1$을 만족하는 확률 p_0 및 p_1에 의해 설명된다(비트가 0 또는 1이어야 한다는 사실을 반영한다). 1.4절과 같이 이 두 가지 확률을 다음과 같이 음수이지 않으면서 실수인 2차원 단위 벡터로 나타낼 수 있다.

$$\begin{pmatrix} p_0 \\ p_1 \end{pmatrix} \tag{3.1.9}$$

이러한 설명은 그림 3.2에 표시된 도표로 표현될 수 있다.

0
•

•
1

그림 3.1 결정론적인 고전 비트의 상태는 '0'과 '1'로 구성된 두 점 중 하나로 나타낼 수 있다.

그림 3.2 확률적 고전적 비트. 비트의 확률 p_0 및 p_1은 각각 0 및 1이며 0과 1을 나타내는 점들 사이의 선분상 점의 위치로 표현된다.

그림 3.2에서 상태는 0과 1 위치 사이의 선의 점으로 그릴 수 있다. 이 선의 단위 길이가 있고 선의 점 위치는 확률 p_0과 p_1에 의해 결정된다.

이러한 확률적 비트의 사본이 하나만 있으면 p_0과 p_1을 정확하게 결정할 수 없다는 것을 유의하자. 확률적 비트의 독립적인 여러 사본을 얻는 수단이 주어지면(각 사본이 확률적으로 p_0으로 0을, 확률 p_1으로 1을 출력하는 경우) p_0 및 p_1값에 대한 통계를 축적할 수 있다. 그렇지 않으면 일반적으로 이 비트를 '복제'할 수 없으며 p_0 및 p_1을 임의로 추정할 수 있는 독립적인 사본을 두 개 이상 얻을 수 없다.

이제 2차원 힐베르트 공간에서 복소 단위 벡터 $|\psi\rangle$로 설명되는 양자 비트 상태로 돌아가자. (물리적으로 중요하지 않은) 전역 위상 계수까지 포함해서 이러한 벡터는 항상 다음과 같은 형식으로 작성될 수 있다.

$$|\psi\rangle = \cos\left(\tfrac{\theta}{2}\right)|0\rangle + e^{i\varphi}\sin\left(\tfrac{\theta}{2}\right)|1\rangle \tag{3.1.10}$$

이러한 상태 벡터는 그림 3.3과 같이 **블로흐 구**$^{\text{Bloch sphere}}$로 알려진 3차원 구체의 표면에 점으로 표시되는 경우가 많다. 상태 벡터는 노름 1을 갖도록 제한되고 전역 위상과 동일하므로 상태 벡터를 설명하기에 2개의 실수 매개변수 θ 및 φ이면 충분하다. 블로흐 구 표면의 점은 다음과 같은 직교 좌표로 표현할 수 있다.

$$(x, y, z) = (\sin\theta\cos\varphi, \sin\theta\sin\varphi, \cos\theta) \tag{3.1.11}$$

3.5장에서 밀도 행렬을 고려할 때 블로흐 구 내 점의 의미에 대해서도 설명한다.

그림 3.4는 고전 비트 및 확률적 고전 비트 그리고 양자 비트의 상태를 그림으로 요약한 것이다.

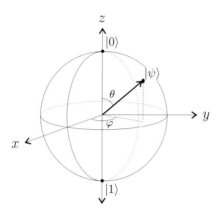

그림 3.3 블로흐 구에서의 큐비트의 상태

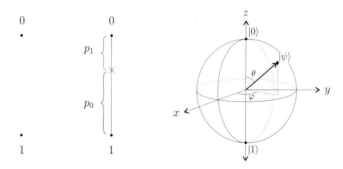

그림 3.4 고전 비트 및 확률적 고전 비트 그리고 양자 비트의 상태

3.2 닫힌 계의 시간 변화

물리적 시스템은 시간에 따라 변하므로 시스템의 상태 벡터 $|\psi\rangle$는 실제로 시간의 함수 $|\psi(t)\rangle$이다. 양자 이론은 닫힌 양자 시스템의 상태 벡터의 변화가 선형이라고 상정한다. 다시 말해 고정 변환이 있다는 것을 알고 있다면 이를 U라고 하고 $|\psi_i\rangle$을 $U|\psi_i\rangle$으로 사상map하면 다음과 같다.

$$U \sum_i \alpha_i |\psi_i\rangle = \sum_i \alpha_i U |\psi_i\rangle \tag{3.2.1}$$

예를 들어 소개 부분에서와 같이 $|0\rangle$이 $\frac{1}{\sqrt{2}}|0\rangle + \frac{i}{\sqrt{2}}|1\rangle$으로 바뀌고 $|1\rangle$이 $\frac{i}{\sqrt{2}}|0\rangle + \frac{1}{\sqrt{2}}|1\rangle$으로 바뀌면 $\alpha_0 |0\rangle + \alpha_1 |1\rangle$은 다음과 같이 바뀐다.

$$\alpha_0 \left(\tfrac{1}{\sqrt{2}}|0\rangle + \tfrac{i}{\sqrt{2}}|1\rangle \right) + \alpha_1 \left(\tfrac{i}{\sqrt{2}}|0\rangle + \tfrac{1}{\sqrt{2}}|1\rangle \right) \tag{3.2.2}$$

$$= \frac{\alpha_0 + i\alpha_1}{\sqrt{2}}|0\rangle + \frac{i\alpha_0 + \alpha_1}{\sqrt{2}}|1\rangle \tag{3.2.3}$$

앞에서 간략히 언급했고 3.4절에서 자세히 설명하겠지만 상태 벡터의 계수 α_i는 $\sum_i |\alpha_i|^2 = 1$을 만족시킨다. 이러한 벡터 노름을 유지하는 유일한 선형 연산자는 유니타리 연산자다(2.3절 참조). 이러한 사실은 변화 공준$^{evolution\ postulate}$으로 이어진다.

> **변화 공준**
>
> 닫힌 양자 시스템 상태의 시간 변화는 유니타리 연산자에 의해 설명된다. 즉 닫힌 시스템의 임의의 변화에 대해 시스템의 초기 상태가 $|\psi_1\rangle$이면 변화 후 시스템의 상태는 다음과 같이 유니타리 연산자 U가 존재하며 변화에 대한 시스템의 상태는 다음과 같다.
>
> $$|\psi_2\rangle = U|\psi_1\rangle \tag{3.2.4}$$

양자 계산에서 단일 큐비트에 작용하는 유니타리 연산자 U를 1-큐비트 (유니타리^{unitary}) 게이트로 지칭한다. 단일 큐비트의 2차원 힐베르트 공간에서 연산자를 2×2 행렬로 나타낼 수 있다. 선형 연산자는 기저에 대한 선형 연산자의 연산에 따라 완전히 특정된다. 예를 들어 $|0\rangle$에서 $|1\rangle$으로 사상하고 $|1\rangle$에서 $|0\rangle$으로 사상하는 유니타리 연산자인 양자 NOT 게이트를 고려하자. 선형 연산자이므로 선형 연산자는 입력의 선형 조합에서 해당 출력의 선형 조합으로 사상하고 NOT 게이트는 일반 상태 (3.2.5)를 상태 (3.2.6)에 사상한다.

$$\alpha_0 |0\rangle + \alpha_1 |1\rangle \tag{3.2.5}$$

$$\alpha_0|1\rangle + \alpha_1|0\rangle \tag{3.2.6}$$

기저 벡터는 열 행렬로 표현된다는 것을 기억하자. 이러한 행렬 표현과 관련해 기저 벡터에 대한 NOT 게이트 동작은 다음과 같다.

$$\text{NOT}: \quad \begin{pmatrix} 1 \\ 0 \end{pmatrix} \mapsto \begin{pmatrix} 0 \\ 1 \end{pmatrix}, \quad \begin{pmatrix} 0 \\ 1 \end{pmatrix} \mapsto \begin{pmatrix} 1 \\ 0 \end{pmatrix} \tag{3.2.7}$$

이 정보를 통해 NOT 게이트(계산 기저)에 대한 행렬을 다음과 같이 구성할 수 있다.

$$\begin{bmatrix} 0 & 1 \\ 1 & 0 \end{bmatrix} \tag{3.2.8}$$

게이트는 다음과 같이 왼쪽에서 행렬 곱셈을 통해 큐비트 상태에 작용한다.

$$\text{NOT}|0\rangle \equiv \begin{bmatrix} 0 & 1 \\ 1 & 0 \end{bmatrix} \begin{pmatrix} 1 \\ 0 \end{pmatrix} = \begin{pmatrix} 0 \\ 1 \end{pmatrix} \equiv |1\rangle \tag{3.2.9}$$

NOT 게이트는 X 표시로 보통 구분되며 4개의 파울리^Pauli 게이트 중 하나다.

$$\sigma_0 \equiv I \equiv \begin{bmatrix} 1 & 0 \\ 0 & 1 \end{bmatrix} \qquad \sigma_1 \equiv \sigma_x \equiv X \equiv \begin{bmatrix} 0 & 1 \\ 1 & 0 \end{bmatrix}$$

$$\sigma_2 \equiv \sigma_y \equiv Y \equiv \begin{bmatrix} 0 & -i \\ i & 0 \end{bmatrix} \qquad \sigma_3 \equiv \sigma_z \equiv Z \equiv \begin{bmatrix} 1 & 0 \\ 0 & -1 \end{bmatrix} \tag{3.2.10}$$

4장에서와 같이 파울리 게이트 X, Y 및 Z는 각각 블로흐 구의 x, y 및 z축에 대한 회전에 해당한다. 파울리 게이트가 양자 계산에 중요한 이유 중 하나는 모든 1-큐비트 연산자에 의해 형성된 벡터 공간을 펼치기 때문이다. 특히 이것은 1-큐비트 유니타리 연산자가 파울리 게이트의 선형 조합으로 표현될 수 있음을 의미한다.

양자 변화의 유니타리 성질이 가역성을 의미한다는 점은 주목할 가치가 있다. 이러한 가역성은 닫힌 시스템에 대해서만 다룬 결과이다. 1.5절에서 임의의 비가역 고전적인 계산은 가역 고전적인 계산에 의해 효율적으로 재현될 수 있음을 보았다. 양자 계산도 마찬가지다(3.5.3절에 자세히 설명돼 있다).

양자물리학의 전형적인 첫 번째 강좌에서 양자 역학적 닫힌 계(특수 상대성 효과 무시)의 연속적 시간 변화는 다음 슈뢰딩거^{Schrödinger} 방정식을 따른다는 것을 알게 된다.

$$ i\hbar\frac{d|\psi(t)\rangle}{dt} = H(t)|\psi(t)\rangle \tag{3.2.11} $$

여기서 $\hbar$은 플랑크 상수이고[3] 해밀토니언이라고 알려진 $H(t)$는 에르미트 연산자다. 해밀토니언은 시스템의 총 에너지 함수를 나타내는 연산자다. 해밀토니언은 일반적으로 시간의 함수일 수 있지만 편의상 일정한 상수로 고려하자. 이 경우 고정 시간 t_1 및 t_2에 대한 슈뢰딩거 방정식의 해는 다음과 같다.

$$ |\psi(t_2)\rangle = e^{-i\hbar H(t_2-t_1)}|\psi(t_1)\rangle \tag{3.2.12} $$

문제 3.2.1   수식 (3.2.12)가 시간 독립적 슈뢰딩거 방정식의 해라는 것을 증명하라.

에르미트 연산자 H의 경우 연산자 $e^{-iH(t_2-t_1)}$는 유니타리 연산자이다. 따라서 (비상대론적이고 연속적인 시간) 상수 해밀토니언의 경우 변화 공준이 슈뢰딩거 방정식으로부터 나오는 것을 쉽게 보여준다.

3.3 복합 시스템

지금까지 단일 시스템 특히 큐비트의 경우에 대한 공준을 논의했다. 알아야 할 것들 중 서로 상호작용을 할 수 없을 때 고립된 큐비트가 어떻게 행동하는지에 관한 것이 전부라면 이것으로 충분하다. 잠재적으로 유용한 양자 계산을 연구하려면 양자 역학이 서로 상호작용하는 여러 큐비트로 구성된 시스템에서 어떻게 작동하는지 이해해야 한다. 즉 n 큐비트의 닫힌 계의 상태를 설명하는 방법 그러한 상태가 시간에 따라 어떻게 변화하는지 그리고 그것을 측정할 때 어떻게 되는지 알고 싶다. 더 큰 시스템을 부분 시스템의 구성(한계 크기)으로 취급하면 소수의 부분 시스템에서 작동하는 작업을 기하

---

3    $\hbar$은 사실 플랑크 상수를 2π로 나눈 값이다. 통상 h-bar라고도 한다. – 옮긴이

급수적으로 더욱 효율적으로 설명할 수 있다.

복합 양자 시스템을 나타내는 방식은 실제로 1.4절에서 복합 고전 확률 시스템을 처리한 방식과 유사하다. 이러한 사실은 세 번째 공준으로 인도한다.

복합 시스템 공준

복합 시스템 공준 물리적 시스템이 하나의 결합된 시스템으로 취급될 때 결합된 물리적 시스템의 상태 공간은 부분 시스템의 구성 성분인 상태 공간 ($\mathcal{H}_1$, $\mathcal{H}_2$)의 텐서곱 공간 ($\mathcal{H}_1 \otimes \mathcal{H}_2$)이다. 첫 번째 시스템이 $|\psi_1\rangle$ 상태에 있고 두 번째 시스템이 $|\psi_2\rangle$ 상태에 있으면 결합된 시스템의 상태는 다음과 같다.

$$|\psi_1\rangle \otimes |\psi_2\rangle \tag{3.3.1}$$

2.6절에서 언급한 바와 같이 종종 '$\otimes$' 기호를 생략하고 $|\psi_1\rangle|\psi_2\rangle$와 같이 때로는 $|\psi_1\psi_2\rangle$와 같이 더 작게 공동 상태를 쓴다.

n개의 개별 부분 시스템으로 구성된 시스템의 상태 공간이 n 부분 시스템의 상태 공간의 텐서곱 공간임을 나타내기 위해 복합 시스템 공준을 유도적으로 적용할 수 있다. 편의상 부분 시스템을 2차원으로 간주할 예정이지만 좀 더 큰 차원의 부분 시스템으로 일반화하는 것이 간단하다.

2-큐비트 복합 시스템의 상태를 항상 $|\psi_1\rangle \otimes |\psi_2\rangle$과 같은 곱하기 형태로 쓸 수는 없다. 2 큐비트들이 독립적으로 준비되고 격리된 상태로 유지되면서 각 큐비트가 닫힌 시스템을 형성하면 상태는 곱하기 형태로 쓰일 수 있다. 그러나 큐비트가 상호작용할 수 있는 경우 닫힌 시스템에는 두 큐비트들이 함께 포함되므로 곱하기 형태로 상태를 쓸 수 없다. 이 경우 큐비트가 얽혀 있다고[entangled] 말한다. 대수적 관점에서 복합 시스템의 상태는 2개의 구성 큐비트의 4차원 텐서-곱 공간의 벡터이다. 2개의 2차원 상태 벡터의 텐서곱을 취하면서 형성된 4차원 상태 벡터는 모든 4차원 상태 벡터의 희소 부분집합[sparse subset]을 형성한다. 이런 의미에서 '대부분의[most]' 2큐비트 상태는 얽혀 있다.

문제 3.3.1 다음과 같은 2-큐비트 상태를 고려하자.

$$|\psi\rangle = \tfrac{1}{\sqrt{2}}|0\rangle|0\rangle + \tfrac{1}{\sqrt{2}}|1\rangle|1\rangle \tag{3.3.2}$$

다음과 같이 α_0, α_1, β_0, β_1값이 가능하지 않음을 증명하라.

$$|\psi\rangle = (\alpha_0|0\rangle + \alpha_1|1\rangle)(\beta_0|0\rangle + \beta_1|1\rangle) \tag{3.3.3}$$

(위 $|\psi\rangle$ 상태는 양자 역학 연구에서 그러한 상태를 고려한 아인슈타인^{Einstein}, 포돌스키^{Podolsky} 및 로젠 ^{Rosen}의 이름을 따서 EPR 쌍이라고 한다.)

2-큐비트 복합 시스템을 가지고 있고 NOT 게이트 X를 첫 번째 큐비트에 적용한다고 가정하자. 항등연산자$^{identity\ operator}$ I를 두 번째 큐비트에 동시에 암묵적으로 적용한다. 따라서 2-큐비트 입력 $|\psi_1\rangle \otimes |\psi_2\rangle$은 $X|\psi_1\rangle \otimes I|\psi_2\rangle = (X \otimes I)(|\psi_1\rangle \otimes |\psi_2\rangle)$으로 그려진다. 즉 이것을 복합 시스템에서 설명하는 선형 연산자는 다음과 같고,

$$X \otimes I \tag{3.3.4}$$

이것을 행렬로 표현하면 다음과 같다.

$$\begin{bmatrix} 0 & 1 \\ 1 & 0 \end{bmatrix} \otimes \begin{bmatrix} 1 & 0 \\ 0 & 1 \end{bmatrix} = \begin{bmatrix} 0 & 0 & 1 & 0 \\ 0 & 0 & 0 & 1 \\ 1 & 0 & 0 & 0 \\ 0 & 1 & 0 & 0 \end{bmatrix} \tag{3.3.5}$$

복합 2-큐비트 시스템에서 작동할지라도 큐비트 중 하나에서만 사소하지 않게 작동하기 때문에 이와 같은 게이트는 실제로 1-큐비트 게이트와 같다.

우리의 시스템이 n개 큐비트의 구성이라면 X 게이트를 첫 번째 큐비트에 적용하는 것은 전체 시스템에 연산 $X \otimes I \otimes I \otimes \cdots \otimes I$($n-1$번 동안 I 반복)를 적용하는 것과 같다. 부분 시스템 구조를 무시하고 n-큐비트 시스템을 $2n$-차원 시스템으로 취급한다면 이 간단한 연산을 설명하기 위해 $2^n \times 2^n$ 차원 행렬이 필요하다.

두 개의 1-큐비트 상태의 곱으로 쓰여질 수 없는 2-큐비트 상태가 있는 것처럼 두 개의 1-큐비트 상태의 텐서곱으로 쓰여질 수 없는 2-큐비트 게이트(두 큐비트에서 단순하지 않게 작동)가 있다. 중요한 예는 양자 제어형 NOT 게이트 또는 CNOT 게이트이다(1.4절에서 정의된 이 게이트의 고전적인 버전을 상기하자). 2-큐비트 시스템의 기저 상태에 대한 동작 측면에서 CNOT 게이트는 다음과 같이 작동한다.

$$|00\rangle \mapsto |00\rangle, \quad |01\rangle \mapsto |01\rangle, \quad |10\rangle \mapsto |11\rangle, \quad |11\rangle \mapsto |10\rangle \quad (3.3.6)$$

($|00\rangle \equiv |0\rangle \otimes |0\rangle$을 상기하라). 계산 기저에서 CNOT 게이트는 첫 번째 큐비트가 $|1\rangle$ 상태에 있으면 두 번째 큐비트의 상태를 반전시키고 다른 경우 아무것도 하지 않는다. 모든 유니타리 연산자와 마찬가지로 CNOT 게이트는 중첩에 선형적으로 작용한다. CNOT 게이트의 행렬 표현은 다음과 같다.

$$\begin{bmatrix} 1 & 0 & 0 & 0 \\ 0 & 1 & 0 & 0 \\ 0 & 0 & 0 & 1 \\ 0 & 0 & 1 & 0 \end{bmatrix} \quad (3.3.7)$$

1.4절에서 텐서곱은 두 개 이상의 부분 시스템으로 구성된 복합 시스템에 대한 단일 설명을 얻는 수학적 도구라는 것을 알았다. 복합 시스템 공준Composition of Systems Postulate 은 복합 양자 역학 시스템을 설명하기 위해 동일한 접근법이 사용될 수 있음을 알려준다.

3.4 측정

단일 큐비트 시스템의 상태가 양자 역학에서 힐베르트 공간의 벡터로 어떻게 표현되는지를 살폈고 그러한 상태가 유니타리 연산자에 따라 어떻게 변화하는지 보았다. 변화 공준은 양자 시스템이 닫혀 있다고 가정한다. 즉 환경과 상호작용할 수 없다. 궁극적으로 시스템의 일부 특성을 측정하는 데 관심이 있으므로 어느 시점에서 시스템이 일부 관찰자의 측정 장치와 상호작용할 수 있도록 해야 한다. 이런 일이 발생하면 원래 시스템은 더 이상 닫혀 있지 않으며 변화 공준은 더 이상 변화를 설명하는 데 적합하지 않다. 시스템 및 측정 장치를 포함해 시스템과 상호작용하는 환경의 다른 부분을 더 큰 닫힌 양자 시스템으로 결합하는 것이 가능하다. 관찰자와 시스템 사이의 상호작용을 완전히 양자 처리하면 논란의 여지가 있는 영역으로 이동해 이 본문의 요점에서 벗어나게 된다. 측정 공준을 도입하고 고전적인 확률 이론에 대한 친숙한 개념에 더욱 의존하는 것이 편리하고 통상적이며 충분하다. 측정 과정 중 시스템 상태의 변화는 유니타리하지 않으며 이러한 프로세스를 설명하기 위해 이 공준을 추가한다.

N개의 구별 가능한 상태를 가진 시스템 $|0\rangle$, $|1\rangle$,...,$|N-1\rangle$과 이러한 N 상태를 확실하게 구별하는 임의의 일부 장치가 있다고 가정해보자. 일반성을 잃지 않으면서 $|i\rangle$이 입력으로 제공될 때 장치가 (고전적인) 표시^{label} 'i'를 관찰된 상태 $|i\rangle$와 함께 출력한다고 가정해보자. 다시 말해 측정 장치는 일부 양자 상태와 함께 측정 결과에 대한 고전적인 설명(i로 단순하게 표기하며 i 지수를 사용해 가능한 측정 결과를 색인화했고 여기서 i는 정수이지 않아도 된다)이다. 전통적으로 고전적인 설명이나 표식은 종종 다이얼의 값을 가리키는 바늘로 설명된다. 그러나 유한 해상도만을 가정한다면 또한 충분히 많은 숫자를 가진 디지털 디스플레이를 가정할 수 있다.

양자 역학은 $\sum_i \alpha_i |i\rangle$ 상태가 이 장치에 입력으로 제공되면 i 표식을 확률 $|\alpha_i|^2$로 출력하고 시스템을 $|i\rangle$ 상태로 유지한다는 것을 보여준다. 이것이 바로 측정 공준의 본질이다. 그러나 위의 간단한 버전에서 변화 공준과 함께 파생될 수 있는 좀 더 일반적인 버전을 언급할 것이다. 그런 다음 측정 공준의 다른 일반적인 공식과 잘 알려진 일부 특징에 대해 설명한다.[4]

측정 공준

시스템 A에 대한 상태 공간 ($\mathcal{H}_A$)의 주어진 정규직교 기저 $B = \{|\varphi_i\rangle\}$에 대해 다음 수식과 같이 시스템 $\mathcal{H}_A$에 대한 확률 $|\alpha_i|^2$로 표시 i를 출력하고 시스템을 $|\varphi_i\rangle$ 상태로 두는 폰 노이만$^{\text{Von Neumann}}$ 측정을 수행할 수 있다.

$$|\psi\rangle = \sum_i \alpha_i |\varphi_i\rangle \tag{3.4.1}$$

---

4 여기서 아래 첨자(예를 들어 $|\varphi_i\rangle$)를 사용해 단일 시스템의 상태 중첩에서 다른 항들을 색인화(index)한다. 이것은 이분 (bipartite) 시스템의 여러 부분 시스템(텐서곱의 성분)에서 상태를 색인화하기 위해 아래 첨자를 사용하는 3.3절의 $|\psi_1\rangle$과 $|\psi_2\rangle$에 사용법과 다르다. 두 규칙이 일반적으로 사용되며 문맥을 보면 어느 규칙을 사용했는지 그 의미가 항상 명확해야 한다.

나아가 이분의 상태 공간 $|\psi\rangle = \sum_i \alpha_i |\varphi_i\rangle |\gamma_i\rangle$으로부터의 $\mathcal{H}_A \otimes \mathcal{H}_B$ 상태가 주어진 경우($|\varphi_i\rangle$은 정규직교하며 $|\gamma_i\rangle$은 단위 노름이 있지만 꼭 직교하지는 않는다) 시스템 A에서 폰 노이만 측정을 수행하면 확률 $|\alpha_i|^2$으로 i가 산출되고 이분 시스템을 $|\varphi_i\rangle |\gamma_i\rangle$ 상태로 둘 것이다.

$|\psi\rangle = \sum_i \alpha_i |\varphi_i\rangle$ 상태에서 $\alpha_i = \langle \varphi_i || \psi \rangle = \langle \varphi_i | \psi \rangle$이며 다음과 같은 수식이 성립한다.

$$|\alpha_i|^2 = \alpha_i^* \alpha_i = \langle \psi | \varphi_i \rangle \langle \varphi_i | \psi \rangle \tag{3.4.2}$$

$|\psi\rangle$과 $e^{i\theta}|\psi\rangle$(전역 위상global phase만이 다를 경우) 상태가 동일함을 알 수 있다. 측정 전 $e^{i\theta}|\psi\rangle = \sum_i \alpha_i e^{i\theta}|\psi\rangle$ 상태를 즉각적으로 고려하자. 결과 i가 하기와 같은 확률과 함께 나올 것이고 그리하여 나오는 확률이 $|\psi\rangle$ 상태의 확률과 같음을 알 것이다.

$$p(i) = \alpha_i^* e^{-i\theta} \alpha_i e^{i\theta} = \alpha_i^* \alpha_i = |\alpha_i|^2 \tag{3.4.3}$$

$|\psi\rangle$ 상태에서 수행할 수 있는 모든 측정 통계는 해당 $e^{i\theta}|\psi\rangle$ 상태에 대한 통계와 동일하다. 이러한 사실은 전역 위상에 물리적인 중요성이 없다는 이전의 주장을 설명한다.

다음과 같은 $|\psi\rangle$ 상태에서 복합 시스템의 두 큐비트를 측정한다고 가정하자.

$$|\psi\rangle = \sqrt{\tfrac{1}{11}}|0\rangle|0\rangle + \sqrt{\tfrac{5}{11}}|0\rangle|1\rangle + \sqrt{\tfrac{2}{11}}|1\rangle|0\rangle + \sqrt{\tfrac{3}{11}}|1\rangle|1\rangle \tag{3.4.4}$$

계산 기저에서 두 큐비트를 측정할 때 결과 00을 얻을 확률은 $\frac{1}{11}$이 되고 01이 될 확률은 $\frac{5}{11}$이며 10을 얻을 확률은 $\frac{2}{11}$이고 11을 얻을 확률은 $\frac{3}{11}$이 된다. 따라서 첫 번째 큐비트에서 0을 측정할 확률은 $\frac{1}{11} + \frac{5}{11} = \frac{6}{11}$과 같다. 첫 번째 큐비트만 측정하면 어떻게 되는지 확인하려면 다음과 같이 $|\psi\rangle$을 다시 쓰는 것이 편리하다.

$$|\psi\rangle = \sqrt{\tfrac{6}{11}}|0\rangle \left(\sqrt{\tfrac{1}{6}}|0\rangle + \sqrt{\tfrac{5}{6}}|1\rangle \right) + \sqrt{\tfrac{5}{11}}|1\rangle \left(\sqrt{\tfrac{2}{5}}|0\rangle + \sqrt{\tfrac{3}{5}}|1\rangle \right) \tag{3.4.5}$$

첫 번째 큐비트만 측정하면 $\frac{6}{11}$ 확률과 함께 0을 얻게 되며 이 경우 두 번째 큐비트의 상태는 중첩 $\left(\sqrt{\tfrac{1}{6}}|0\rangle + \sqrt{\tfrac{5}{6}}|1\rangle \right)$의 상태로 남는다.

교재들을 살펴보면 측정 공준의 다양한 공식을 찾을 수 있다. 그러한 공식들은 모두 간략하게 설명된 간단한 가정에서 파생될 수 있다.

4.5절에서는 폰 노이만 측정을 계산 기저 $\{|\psi_i\rangle\}$로 수행하는 방법과 유니타리 변환을 수행할 수 있는 능력이 주어지면 임의의 기저 $\{|i\rangle\}$로 폰 노이만 측정을 구현하는 방법을 살펴본다.

위의 측정 공준을 다른 공준과 결합하면 더 일반적인 측정 개념을 도출할 수 있다. 특히 순수 상태 $|\psi\rangle$를 측정하고자 한다면 임의의 고정 상태로 초기화된 임의의 크기의 보조 레지스터[5]를 예를 들어 $|00...0\rangle$과 같이 추가할 수 있다. 그런 다음 시스템에서 유니타리 작업을 수행한 후 연결된 시스템의 일부 부분 시스템에서 폰 노이만 측정을 수행해 레이블 i를 얻을 수 있다. 나머지 시스템(즉 측정되지 않은 시스템의 일부)으로 수행되는 작업에 따라 다양한 일반 양자 측정 개념이 도출될 수 있다(부록 A.8 참조). 3.4절에서는 이러한 방식으로 도출할 수 있는 폰 노이만 측정의 일부 일반화에 대해서만 설명한다.

폰 노이만 측정은 특수한 **투영 측정**[6]이다.

직교 투영은 $P^\dagger = P$ 및 $P^2 = P$라는 속성을 가진 연산자 P라는 것을 상기하자. 항등 연산자^{identity operator} $I = \sum_i P_i$를 직교 투영기 P_i로 임의로 분해하는 경우 결과 i를 확률 $p(i) = \langle\psi|P_i|\psi\rangle$로 출력하는 투영 측정이 있고 시스템을 재정규화된 상태 $\frac{P_i|\psi\rangle}{\sqrt{p(i)}}$로 둔다. 다시 말해서 이 측정은 입력 상태 $|\psi\rangle$를 투영 연산자 P_i에 대응하는 직교 부분 공간 중 하나에 투영하고 그 부분 공간 내의 성분의 진폭의 크기의 제곱과 같은 확률로 투영한다.

문제 3.4.1

(a) 연산자 P_i가 $P_i^\dagger = P_i$ 및 $P_i^2 = P_i$를 만족하는 경우 모든 $i = j$에 대해 $P_i P_j = 0$임을 증명하라.

---

5   종종 보조 큐비트의 레지스터를 단순히 '보조자'라고 지칭할 것이다.
6   루더스(Lüders) 측정이라고도 한다. '폰 노이만 측정'이라는 용어는 종종 보다 일반적인 투영 측정 개념을 나타내는 데 사용된다.

(b) 임의의 순수 상태 $|\psi\rangle$가 $|\psi\rangle = \sum_i \alpha_i |\psi_i\rangle$ 및 $\alpha_i = \sqrt{p(i)}$, $p(i) = \langle \psi | P_i | \psi \rangle$일 때 $\frac{P_i |\psi\rangle}{\sqrt{p(i)}}$ 으로 분해될 수 있음을 증명하라.

또한 $\langle \psi_i | \psi_j \rangle = \delta_{i,j}$을 증명하라.

(c) 차원이 N인 힐베르트 공간에서 항등연산자의 분해 $I = \sum_i P_i$가 0이 아닌 투영기 projector의 합으로 P_i가 합의 최대 N항을 가질 수 있음을 증명하라.

('완전' 또는 '최대' 측정으로 설명할 수 있는) 측정 공준에 설명된 폰 노이만 측정은 모든 투영기 P_i가 1의 순위를 갖는(즉, 정규화된 상태 $|\psi_i\rangle\langle\psi_i|$의 형식 $|\psi_i\rangle$이다) 투영 측정의 특별한 경우이다.

완전 폰 노이만 측정의 가장 간단한 예는 계산 기저의 완전 측정이다. 이것은 $P_i = |i\rangle\langle i|$일 때 아래 항등식 분해에 대한 투영 측정으로 볼 수 있다.

$$I = \sum_{i \in \{0,1\}^n} P_i$$

불완전 투영 측정의 간단한 예는 '패리티parity' 측정이다. 여기서 $P_0 = \sum_{\text{parity}(x)=0} |x\rangle\langle x|$ 및 $P_1 = \sum_{\text{parity}(x)=1} |x\rangle\langle x|$이며 여기서 P_0은 짝수 1의 모든 문자열의 합이며 P_1은 홀수 1의 모든 문자열의 합이다(4.5절은 이 투영 측정을 구현하는 방법을 보여준다).

투영 측정은 종종 관측가능량observable이라는 용어로 설명된다. 관측가능량observable은 상태 공간에서 작동하는 에르미트 연산자 M이다. M은 에르미트 연산자이므로 아래와 같이 스펙트럼 분해를 갖는다.

$$M = \sum_i m_i P_i \tag{3.4.6}$$

여기서 P_i는 실제 고윳값이 m_i인 M의 고유 공간에 있는 직교 투영기이다. 관측가능량을 측정하는 것은 측정 결과 i가 고윳값 m_i에 해당하는 분해 $I = \sum_i P_i$에 대해 투영 측정을 수행하는 것에 해당한다.

예제 3.4.1 파울리 관측가능량$^{\text{Pauli observable}}$ Z를 고려해보자. 3.2절을 통해 아래와 같이 파울리 연산자 Z가 정의됨을 상기하자.

$$Z \equiv \begin{bmatrix} 1 & 0 \\ 0 & -1 \end{bmatrix} \tag{3.4.7}$$

3.2절에서 Z를 양자 게이트로 해석했다. 하지만 Z가 에르미트 연산자이고 관측 가능량으로 해석될 수 있음을 알 수 있다. Z의 스펙트럼 분해는 다음과 같다.

$$Z = |0\rangle\langle 0| - |1\rangle\langle 1| \tag{3.4.8}$$

따라서 Z의 고윳값은 각각 고유벡터 $|0\rangle$ 및 $|1\rangle$과 대응하는 1과 -1이다. 따라서 측정 연산자는 $|0\rangle\langle 0|$ 및 $|1\rangle\langle 1|$ 투영기이며 파울리 관측가능량 Z의 측정은 계산 기저의 측정이며 고윳값 $+1$은 $|0\rangle$에 해당하고 고윳값 -1은 $|1\rangle$에 해당한다.

문제 3.4.2 관측가능량 $|1\rangle\langle 1|$을 측정하는 것은 측정 결과의 레이블^{label}을 다시 지정할 때까지 관찰 가능량 Z를 측정하는 것과 같음을 증명하라.

문제 3.4.3 파울리 관측가능량 X의 측정값이 기저 $\left\{ \frac{1}{\sqrt{2}}(|0\rangle + |1\rangle), \frac{1}{\sqrt{2}}(|0\rangle - |1\rangle) \right\}$에 대한 완전 측정과 같은지 증명하라.

문제 3.4.4

(a) n-큐비트 상태에서 (위에 정의된) P_0 및 P_1에 대한 투영 측정을 수행하는 것이 관찰 가능량 $Z^{\otimes n}$ 측정과 동일하다는 것을 증명하라.

(b) 계산 기저와 관련해 완전한 폰 노이만 측정을 수행한 다음 결과 문자열의 패리티를 출력하는 것이 패리티의 투영 측정을 수행하는 것과 다른 이유를 설명하라.

문제 3.4.5 관측 가능한 형식은 양자 측정의 기댓값을 설명하는 편리한 방법을 제공한다. 여기서 고윳값 m_i는 일부 관련 물리량에 해당한다. 이러한 기댓값^{expectation value}은 개별 양자 시스템을 측정하지 않고 독립적이고 동일하게 준비된 많은 시스템의 총체이며 측정 장치가 누적 결과(예를 들어 핵 스핀의 앙상블^{ensemble}에 의해 유도된 자기장)만 제공하는 양자 실험(특히 초기 실험)과 관련이 있다. 투영기 P_i로 설명된 투영 측정을 고려하고 상태 $|\psi\rangle$를 측정한다고 가정하자. m_i의 기댓값이 다음과 같음을 보여라.

$$E(m_i) = \text{Tr}(M|\psi\rangle\langle\psi|)$$

지금까지 (완전한) 폰 노이만 측정이라고 하는 특정 종류의 측정을 설명하는 공준에서 시작해 양자 측정이 어떻게 작동하는지 살펴봤다. 측정 공준에서는 더 큰 복합 양자 시스템의 부분 시스템을 측정할 때 측정의 동작에 대해서도 설명했다. 폰 노이만 측정은 다른 기본 양자 연산과 결합하며 일반적인 투영 측정을 포함해(상태 공간에서 임의의 에르미트 연산자가 될 수 있는) 관측가능량의 측정과 같이 보다 일반적인 측정 유형을 제공할 수 있다.

3.5 혼합 상태 및 양자 연산

3.4절에서 항상 시스템 상태에 명확한 상태 벡터가 있다고 가정했다. 이러한 상태를 일반적으로 순수^{pure} 상태라고 한다. 여기서 알 수 있는 중요한 상황이 있는데 큐비트가 특정 상태 벡터 집합 중 하나에 의해 해당 확률로 설명된다는 것이다(확률은 1에 추가돼야 한다). 예를 들어 큐비트가 확률이 1/3인 순수 상태 $|\psi_1\rangle = \frac{1}{\sqrt{2}}|0\rangle + \frac{1}{\sqrt{2}}|1\rangle$에 있고 확률이 2/3인 순수 상태 $|\psi_2\rangle = \frac{1}{\sqrt{2}}|0\rangle - \frac{1}{\sqrt{2}}|1\rangle$에 있다고 가정하자. 이러한 확률 분포에 의한 상태를 $|\psi_1\rangle$ 및 $|\psi_2\rangle$ 상태의 혼합 또는 앙상블이라고 한다. 이러한 시스템의 상태를 혼합된 상태라고 한다. 3.5절에서는 혼합 상태 및 혼합 상태에서의 작업을 설명하는 데 사용되는 표준 수학 도구를 정의할 것이다. 또한 일반적으로 순수 상태를 혼합 상태로 그리는 부분 대각합을 구하는 작업과 부분 대각합에서 파생될 수 있는 더욱 일반적인

작업 클래스(슈퍼연산자)를 설명한다.

3.5.1 혼합 상태

임의의 n수의 큐비트의 앙상블에서 혼합 상태를 가질 수 있다. n큐비트에서 일반적인 혼합 상태를 나타내는 한 가지 방법은 다음 앙상블과 같다.

$$\left\{ (|\psi_1\rangle, p_1), (|\psi_2\rangle, p_2), \ldots, (|\psi_k\rangle, p_k) \right\} \tag{3.5.1}$$

이것은 $|\psi_i\rangle$일 때 확률 p_i에서 순수(n-큐비트) 상태 $i = 1, 2, \ldots, k$인 것을 의미한다. 순수 상태는 p_i 중 하나를 제외하고 모두 0과 같을 때 혼합 상태의 특수한 경우로 볼 수 있다.

모든 계산에서 (3.5.1)과 같은 표현을 사용하는 것은 상당히 번거로울 것이다. 힐베르트 공간($\mathcal{H}$)의 연산자 측면에서 혼합된 상태를 표현하는 매우 유용한 대안이 있다. 이것을 밀도연산자$^{density\ operator}$라고 한다.[7] 밀도연산자의 행렬 표현을 밀도 행렬이라고 한다.

순수 상태 $|\psi\rangle$의 밀도연산자는 다음과 같이 정의된다.

$$\rho = |\psi\rangle\langle\psi| \tag{3.5.2}$$

유니타리 연산자 U를 $|\psi\rangle$ 상태에 적용하면 밀도연산자 $U|\psi\rangle$가 있는 상태 $|\psi\rangle$가 된다. 밀도연산자 $U|\psi\rangle\langle\psi|U^\dagger$로 상태를 계산 기저로 측정하자. 식 (3.4.2)를 이용하면 0을 얻을 확률은 다음과 같다.

$$\langle 0|\psi\rangle\langle\psi|0\rangle = \langle 0|\rho|0\rangle \tag{3.5.3}$$

$\langle 0|\psi\rangle\langle\psi|0\rangle$은 실수로 계산된다. 임의의 숫자로 대응하는 1×1 행렬의 대각합^{trace}이므로 (입력만 해당 복소수임) 결과 0을 다음과 같이 측정할 확률을 쓸 수 있다.

$$\begin{aligned} \langle 0|\psi\rangle\langle\psi|0\rangle &= \mathrm{Tr}\big(\langle 0|\psi\rangle\langle\psi|0\rangle\big) \\ &= \mathrm{Tr}\big(|0\rangle\langle 0||\psi\rangle\langle\psi|\big) \end{aligned} \tag{3.5.4}$$

---

7   처음에는 상태를 설명하기 위해 '연산자'를 사용하는 것이 드문 것 같을 수 있다. 그럼에도 그러한 수학적 객체를 사용해 시스템의 상태를 설명하는 것이 유용하다.

여기서 마지막 단계는 대각합의 순환성에서 비롯된다(예를 들어 $\mathrm{Tr}(ABC) = \mathrm{Tr}(BCA)$ $= \mathrm{Tr}(CAB)$).

마찬가지로 밀도연산자 $\rho = |\psi\rangle\langle\psi|$로 어떤 상태의 큐비트를 측정하면 $|1\rangle$ 결과를 얻을 확률은 $\mathrm{Tr}(|1\rangle\langle 1||\psi\rangle\langle\psi|)$이다. 순수 상태만 처리하는 경우 이 표기법은 불필요하게 중복된다. 그러나 혼합 상태를 고려하면 이 표기법은 위에 사용된 (3.5.1) 식보다 훨씬 더 간결한 표기법이다.

(3.5.1)과 같은 순수 상태 앙상블의 밀도연산자는 다음과 같으며 시스템의 상태와 관련된 모든 정보를 보여준다.

$$\rho = \sum_{i=1}^{k} p_i |\psi_i\rangle\langle\psi_i| \tag{3.5.5}$$

예를 들어 유니타리 연산자 U를 (3.5.1)에 설명된 혼합 상태에 적용하면 다음과 같은 혼합 상태가 된다.

$$\left\{ \big(U|\psi_1\rangle, p_1\big), \big(U|\psi_2\rangle, p_2\big), \ldots, \big(U|\psi_k\rangle, p_k\big) \right\} \tag{3.5.6}$$

여기서 다음 밀도연산자를 갖는다.

$$\sum_{i=1}^{k} p_i U|\psi_i\rangle\langle\psi_i|U^\dagger = U \left(\sum_{i=1}^{k} p_i |\psi_i\rangle\langle\psi_i| \right) U^\dagger \tag{3.5.7}$$

$$= U\rho U^\dagger \tag{3.5.8}$$

출력 밀도연산자는 입력 밀도연산자의 정확한 분해를 몰라도 입력 밀도연산자와 유니타리 연산자 U로부터 계산할 수 있다.

식 (3.5.5)의 밀도연산자 ρ에 의해 기술된 혼합 상태를 고려할 때 예를 들어 계산 기저로 결과 $|0\rangle$를 얻을 확률은 다음과 같다.

$$\sum_i p_i \mathrm{Tr}\big(|0\rangle\langle 0||\psi_i\rangle\langle\psi_i|\big) \tag{3.5.9}$$

$$= \mathrm{Tr} \sum_i p_i |0\rangle\langle 0||\psi_i\rangle\langle\psi_i| \tag{3.5.10}$$

$$= \mathrm{Tr}\left(|0\rangle\langle 0|\sum_i p_i|\psi_i\rangle\langle\psi_i|\right) \tag{3.5.11}$$

$$= \mathrm{Tr}\left(|0\rangle\langle 0|\rho\right) \tag{3.5.12}$$

시스템의 관찰 가능한 속성을 측정하는 것과 관련된 통계를 계산할 때 중요한 것은 밀도연산자의 정확한 분해가 아니라 밀도연산자 자체이다. 다시 말해서 밀도 행렬이 동일한 두 혼합은 구별할 수 없거나 동등하다(전역 위상만 다른 두 순수 상태가 동일한 방식과 유사하다).

문제 3.5.1　다음 상태의 밀도 행렬을 구하라.

(a)　$\left\{\left(|0\rangle, \frac{1}{2}\right), \left(|1\rangle, \frac{1}{2}\right)\right\}$

(b)　$\frac{1}{\sqrt{2}}|0\rangle + \frac{1}{\sqrt{2}}|1\rangle$

(c)　$\left\{\left(\frac{1}{\sqrt{2}}|0\rangle + \frac{1}{\sqrt{2}}|1\rangle, \frac{1}{2}\right), \left(\frac{1}{\sqrt{2}}|0\rangle - \frac{1}{\sqrt{2}}|1\rangle, \frac{1}{2}\right)\right\}$

문제 3.5.2

(a)　순수 상태 앙상블의 밀도연산자 ρ가 다음 조건을 만족시킴을 증명하라.

　　(i)　$\mathrm{Tr}(\rho) = 1$

　　(ii)　ρ는 양의 연산자이다(예를 들어 임의의 $|v\rangle$에 대해 $\langle v|\rho|v\rangle$이 실수이며 양수일 경우 동일하게 ρ의 고윳값도 양수이다).

(b)　조건 1과 2를 만족시키는 임의의 행렬 ρ에 대해 p_i 확률과 순수 상태 $|\psi_i\rangle$의 유한한 목록이 존재해서 ρ이 다음 혼합 상태의 밀도 행렬임을 보여라.

$$\left\{\left(|\psi_1\rangle, p_1\right), \left(|\psi_2\rangle, p_2\right), \ldots, \left(|\psi_k\rangle, p_k\right)\right\} \tag{3.5.13}$$

문제 3.5.3　차원 N의 힐베르트 공간 $\mathcal{H}$에서 선형 변환 T를 고려해보자. 이 선형 변환 T는 힐베르트 공간 $\mathcal{H}$에서 선형 연산자 집합에 대한 변환 $\rho \mapsto T\rho T^\dagger$을 유도한다. 위

변환도 선형임을 증명하라.

혼합 상태와 블로흐 구

3.1절을 통해 큐비트의 순수 상태는 블로흐^{Bloch} 구체의 표면에 있는 점으로 표현될 수 있음을 알 수 있다. 혼합 상태는 블로흐 구 내부의 점에 해당하며 다음과 같이 볼 수 있다. 만약 $\rho = \sum_i p_i |\psi_i\rangle\langle\psi_i|$이고 $|\psi_i\rangle$을 위한 블로흐 벡터가 $(\alpha_{x,i}, \alpha_{y,i}, \alpha_{z,i})$일 경우 혼합 상태 ρ를 위한 블로흐 벡터는 다음과 같다.

$$\rho = \sum_i p_i(\alpha_{x,i}, \alpha_{y,i}, \alpha_{z,i}) = \left(\sum_i p_i\alpha_{x,i}, \sum_i p_i\alpha_{y,i}, \sum_i p_i\alpha_{z,i}\right) \qquad (3.5.14)$$

당연히 블로흐 구 표면에 동일한 혼합 상태에 해당하는 여러 가지 다른 볼록한 점 조합이 있다. 다음과 같이 밀도 행렬에서 혼합 상태에 대한 블로흐 벡터를 직접 계산할 수 있다. 3.2절에서 단일 큐비트에 있는 모든 연산자가 $\{I, X, Y, Z\}$의 연산자의 선형 조합으로 작성될 수 있음을 확인했다. 연산자 X, Y, Z는 모두 대각합 0을 갖는다. 밀도 행렬의 대각합은 1(문제 3.5.2)이 돼야 하므로 단일 큐비트에 대한 모든 밀도연산자는 다음과 같다.

$$\rho = \tfrac{1}{2}I + \alpha_x X + \alpha_y Y + \alpha_z Z \qquad (3.5.15)$$

벡터 $(\alpha_x, \alpha_y, \alpha_z)$는 상태 ρ에 해당하는 블로흐 구의 점에 대한 좌표를 제공한다. 예를 들어 완전히 혼합된 상태(앙상블 $\{|0\rangle\langle0|, \tfrac{1}{2}), (|1\rangle\langle1|, \tfrac{1}{2})\}$)는 블로흐 구 중심점에 해당한다.

3.5.2 부분 대각합

밀도연산자 공식의 가장 중요한 용도 중 하나는 복합 시스템의 부분 시스템 상태를 설명하는 도구라는 점이다. 두 큐비트의 순수 상태 $|\psi\rangle_{AB} \in \mathcal{H}_A \otimes \mathcal{H}_B$를 고려하자. 이러한 시스템의 일반적인 상태는 얽혀 있을 수 있으므로 첫 번째 큐비트의 상태에 대한 상

태 벡터 $|\psi\rangle_A \in \mathcal{H}_A$를 인수분해하는 것이 불가능할 수 있다. 그러나 제 1큐비트의 상태는 일반적으로 혼합 상태로 기술될 수 있다. 이것은 $\mathcal{H}_A$에서 밀도연산자 ρ^A에 의해 설명될 수 있으며 때로는 환산 밀도연산자reduced densitiy operator라고도 한다. 환산 밀도연산자를 계산하기 위한 수학적 연산을 부분 대각합partial trace이라고 한다. 환산 밀도연산자 ρ_A는 다음 완전 2-큐비트 시스템에 대한 밀도연산자 (ρ^{AB})로 정의된다.

$$\rho^A \equiv \mathrm{Tr}_B\left(\rho^{AB}\right) \tag{3.5.16}$$

여기서 Tr_B는 시스템 B에 대한 부분 대각합이며 다음 기저 상태로 정의된 선형 확장이다.

$$\mathrm{Tr}_B\left(|a_1\rangle\langle a_2| \otimes |b_1\rangle\langle b_2|\right) \equiv |a_1\rangle\langle a_2|\mathrm{Tr}\left(|b_1\rangle\langle b_2|\right) \tag{3.5.17}$$

$$\mathrm{Tr}\left(|b_1\rangle\langle b_2|\right) = \mathrm{Tr}\left(\langle b_2|b_1\rangle\right) = \langle b_2|b_1\rangle \tag{3.5.18}$$

이로 인해 수식 (3.5.17)은 다음과 같이 단순화할 수 있다.

$$\mathrm{Tr}_B\left(|a_1\rangle\langle a_2| \otimes |b_1\rangle\langle b_2|\right) = |a_1\rangle\langle a_2|\langle b_2|b_1\rangle \tag{3.5.19}$$

Tr_B 연산은 때로는 대각합[8] 시스템tracing-out system B라고도 한다. 예를 들어 다음 2-큐비트 얽힌 상태의 두 번째 큐비트의 대각합을 구해서 부분 대각합 연산을 설명한다.

$$\frac{1}{\sqrt{2}}\left(|00\rangle + |11\rangle\right) \tag{3.5.20}$$

이러한 상태의 밀도 함수는 다음과 같다.

$$\rho = \frac{1}{2}\left(|00\rangle\langle 00| + |00\rangle\langle 11| + |11\rangle\langle 00| + |11\rangle\langle 11|\right) \tag{3.5.21}$$

큐비트 B를 대각합을 구해 첫 번째 큐비트에 대한 환산 밀도연산자 B를 계산한다.

$$\begin{aligned}
\rho^A &= \mathrm{Tr}_B(\rho)\\
&= \tfrac{1}{2}\mathrm{Tr}_2\left(|00\rangle\langle 00| + |00\rangle\langle 11| + |11\rangle\langle 00| + |11\rangle\langle 11|\right)\\
&= \tfrac{1}{2}\mathrm{Tr}_2\left(|0\rangle\langle 0| \otimes |0\rangle\langle 0| + |0\rangle\langle 1| \otimes |0\rangle\langle 1| + |1\rangle\langle 0| \otimes |1\rangle\langle 0| + |1\rangle\langle 1| \otimes |1\rangle\langle 1|\right)\\
&= \tfrac{1}{2}\left(|0\rangle\langle 0|\mathrm{Tr}(|0\rangle\langle 0|) + |0\rangle\langle 1|\mathrm{Tr}(|0\rangle\langle 1|) + |1\rangle\langle 0|\mathrm{Tr}(|1\rangle\langle 0|) + |1\rangle\langle 1|\mathrm{Tr}(|1\rangle\langle 1|)\right)\\
&= \tfrac{1}{2}\left(|0\rangle\langle 0|\langle 0|0\rangle + |0\rangle\langle 1|\langle 1|0\rangle + |1\rangle\langle 0|\langle 0|1\rangle + |1\rangle\langle 1|\langle 1|1\rangle\right)
\end{aligned}$$

---

8   trace-out은 대각합을 취해 평균을 취했다는 뜻이다. – 옮긴이

$$= \frac{1}{2}\left(|0\rangle\langle0| + |1\rangle\langle1|\right) \tag{3.5.22}$$

유사한 방식으로 2개 이상의 큐비트로 구성된 복합 시스템에 대해 환산 밀도연산자를 계산할 수 있다.

3.5.3절을 통해 부분 대각합이 양자 상태에 대한 더욱 일반적인 유형의 변환을 유도하기 위해 봤던 양자 상태에 대한 다른 연산과도 결합될 수 있음을 알 수 있으며 이를 슈퍼연산자superoperator라고 한다.

부분 대각합을 다루면서 이번 절을 마치며 시스템의 복합 상태가 폐기되고 유지되는 시스템의 결합 상태가 슈미트Schmidt 형식으로 표현될 때 부분 대각합이 매우 간단하다는 것을 보여준다.

문제 3.5.4

(a) $\mathcal{H}_A \otimes \mathcal{H}_B$의 이분 상태에서 A에 유니타리 연산 U를 적용한 다음 시스템 A에 대한 결과 상태를 제공하기 위해 대각합 시스템 B를 구한다고 가정한다. 시스템 A에 유니타리 연산 U를 적용하면 대각합 시스템 B를 구하는 것과 교환됨을 보여라. 다시 말해 $Tr_B((U \otimes I)\rho(U^\dagger \otimes I)) = U(Tr_B\rho)U^\dagger$임을 보여라.

(b) Tr_B를 계산하는 방법 중 하나는 누군가가 시스템 B를 임의의 정규 직교로 측정했지만 측정 결과를 알려주지 않는다고 가정하는 것임을 증명하라.

참고: (b) 부분은 계산에서 일부 큐비트가 배제되거나 무시될 경우 배제된 큐비트가 측정된 나머지 큐비트의 상태를 분석하기 위해 가정할 수 있음을 보여준다. 예를 들어 6.5, 7.3.3, 7.4 및 7.5절의 알고리듬 분석에서 수행된다.

문제 3.5.5

(a) $\rho_{AB} \in \mathcal{H}_{AB}$과 같은 이분 시스템 AB의 $\rho_{AB} \neq Tr_B(\rho_{AB}) \otimes Tr_A(\rho_{AB})$ 순수 상태를 구하라.

참고: 부분 대각합 시스템 B $\mathrm{Tr}_B(\rho)$가 배제된 경우 시스템 A에 대한 모든 관련 정보를 포함한다. 마찬가지로 $\mathrm{Tr}_A(\rho)$는 시스템 A가 배제된 경우 시스템 B에 대한 모든 관련 정보를 포함한다. 이런 지엽적인 설명에는 일반적으로 전체 시스템의 상태를 재구성하기에 충분한 정보가 포함돼 있지 않다.

(b) 시스템 A의 밀도연산자 ρ에 대해 더 큰 시스템 $A \otimes B$에 $\rho = \mathrm{Tr}_B|\psi\rangle\langle\psi|$ 및 $\dim(A)$ $\geq \dim(B)$가 성립하는 순수 상태 ρ가 있음을 보여라.

부분 대각합과 슈미트 분해

이분 벡터가 슈미트 기반으로 작성되면 어느 한 부분 시스템의 부분 대각합을 계산하는 것이 매우 쉽다. 예를 들어 슈미트 형식으로 작성된 시스템 AB에서 다음과 같은 순수 상태를 고려하자.

$$|\psi\rangle = \sum_i \sqrt{p_i}|\varphi_i^A\rangle|\varphi_i^B\rangle \tag{3.5.23}$$

여기서 $\{|\varphi_i^A\rangle\}$은 $\mathcal{H}_A$를 위한 기저이며 $\{|\varphi_i^B\rangle\}$은 $\mathcal{H}_B$를 위한 기저이다. $|\psi\rangle$을 위한 밀도 행렬은 다음과 같다.

$$
\begin{aligned}
|\psi\rangle\langle\psi| &= \left(\sum_i \sqrt{p_i}|\varphi_i^A\rangle|\varphi_i^B\rangle\right)\left(\sum_j \sqrt{p_j}\langle\varphi_j^A|\langle\varphi_j^B|\right) \\
&= \sum_{i,j} \sqrt{p_i}\sqrt{p_j}\,|\varphi_i^A\rangle|\varphi_i^B\rangle\langle\varphi_j^A|\langle\varphi_j^B| \\
&= \sum_{i,j} \sqrt{p_i}\sqrt{p_j}\,|\varphi_i^A\rangle\langle\varphi_j^A||\varphi_i^B\rangle\langle\varphi_j^B|
\end{aligned}
$$

다음은 대각합 시스템 B를 구해보자.

$$
\begin{aligned}
\mathrm{Tr}_B|\psi\rangle\langle\psi| &= \sum_{i,j} \sqrt{p_i}\sqrt{p_j}\,\mathrm{Tr}_B|\varphi_i^A\rangle\langle\varphi_j^A||\varphi_i^B\rangle\langle\varphi_j^B| \\
&= \sum_{i,j} \sqrt{p_i}\sqrt{p_j}\,|\varphi_i^A\rangle\langle\varphi_j^A|\langle\varphi_i^B|\varphi_j^B\rangle \\
&= \sum_{i,j} \sqrt{p_i}\sqrt{p_j}\,|\varphi_i^A\rangle\langle\varphi_j^A|\delta_{i,j}
\end{aligned}
$$

$$= \sum_i p_i |\varphi_i^A\rangle\langle\varphi_i^A| \tag{3.5.24}$$

비슷하게 $\mathrm{Tr}_A|\psi\rangle\langle\psi| = \sum_i p_i|\varphi_i^B\rangle\langle\varphi_i^B|$이다.

슈미트 기저에서 환산 밀도연산자는 대각 형태이며 밀도연산자의 스펙트럼(즉 고윳값 집합)이 동일하다는 것을 주목하라. 이것으로 슈미트 분해를 계산하는 방법을 알 수 있으며 부록 A.7에 설명돼 있다.

3.5.3 일반적 양자 연산

처음에 순수 상태와 유니타리 변화를 포함하는 닫힌 시스템에 대한 양자 역학의 공준을 언급했다. 이전 절에서 확인한 것처럼 시스템이 외부 시스템과 상호작용할 수 있도록 허용하는 경우 종종 혼합 상태를 사용해 시스템 상태를 설명하는 것이 적절하다. 외부 시스템과 관련된 양자 연산을 설명하기 위한 보다 일반적인 시스템도 있다. 혼합 상태를 설명하는 밀도연산자에 대해보다 일반적인 작업의 동작을 설명하므로 이러한 작업을 슈퍼연산자라고 한다. 측정을 요구하는 슈퍼연산자에 한정해서 논의한다.[9]

슈퍼연산자 또는 '일반 양자 연산'은 차원 N의 힐베르트 공간에 해당하는 밀도연산자 ρ_{in}에 의해 기술된 시스템을 입력으로 받아들일 수 있으며 임의 크기의 보조자ancilla를 추가하며(사실 카라테오도리 정리Caratheodory's Theorem를 사용해 보조자의 차원은 N^2보다 클 필요가 없으며 일반성을 잃지 않고 보조자가 고정된 순수한 상태로 초기화됐다고 가정할 수 있다) 공동 시스템에서 유니타리 연산 U를 수행한 다음 일부 부분 시스템을 배제한다.[10]

보다 명확하게 도식으로 설명될 수 있다.

$$\rho_{\mathrm{in}} \mapsto \rho_{\mathrm{out}} = Tr_B(U(\rho_{\mathrm{in}} \otimes |00\ldots0\rangle\langle00\ldots0|)U^\dagger) \tag{3.5.25}$$

여기서 상태 $|00\ldots0\rangle$는 임의의 크기의 보조자 상태이지만(일반성을 잃지 않고 최대 N^2의 차원을 가짐) U는 공동 시스템에 작용하는 유니타리 연산이며 B는 공동 시스템의 일부

---

9   측정과 관련된 양자 연산에 대한보다 일반적인 개념은 부록 A.8에서 간략하게 설명한다.

10   배제된 시스템은 다시는 사용하지 않는 것이 중요하다. 마찬가지로 일부 일반 상태로 재설정될 수 있다. 그렇지 않으면 부분 대각합이 시스템 A의 상태에 대한 모든 관련 정보를 보여주지 않는다.

부분 시스템이다. 4.1절에서 양자 회로를 정의한 후 그림 4.2의 회로도를 사용해 이러한 동작을 설명할 것이다. B가 원래의 보조자 시스템인 경우 슈퍼연산자는 시스템의 힐베르트 공간을 변경하지 않는다. 일반적으로 상태 공간의 차원을 변경하는 상태를 설명할 수 있다. 문제 10.4.2에서 그러한 슈퍼연산자의 동작(힐베르트 공간을 변경하지 않는 연산자에 관심을 제한했다)은 유한 합으로 설명될 수 있음을 보여준다.[11]

$$\rho_{\text{in}} \mapsto \sum_i A_i \rho_{\text{in}} A_i^{\dagger} \tag{3.5.26}$$

여기서 A_i는 ρ_{in}과 같이 같은 힐베르트 공간에 있는 선형 연산자[12]이며 크라우스 연산자Kraus Operator로 부르고 다음을 만족시킨다.

$$\sum_i A_i^{\dagger} A_i = I \tag{3.5.27}$$

반대로 완전성completeness 조건(식 (3.5.26))을 만족하는 모든 크라우스 연산자는 일부 유니타리 연산 U(대각합을 얻은 시스템에서 최종 유니타리 연산까지 고유함)에 대해 식 (3.5.25) 형식의 사상map으로 실현될 수 있다.

이러한 슈퍼연산자가 '대각합을 유지하는 완전한 양성연산자의 사상'인지 쉽게 확인할 수 있다(문제 3.5.7 참조). 다음을 만족하는 사상이기 때문이다.

- 양성연산자(문제 3.5.2에서 밀도연산자가 양수인 것을 봤다)에서 양성연산자(따라서 '양성연산자' 항이 사상)를 사상한다.
- 항등연산으로 텐서된 경우에도 여전히 양성연산자를 양성연산자에 사상한다 (예를 들어 전치 사상은 양성연산자이지만 완전히 양성연산자인 것은 아니다. 문제 3.5.6 참조)
- 밀도연산자의 대각합을 보존한다(이는 측정 결과의 확률의 합계를 유지하는 것과 같다).

---

11 유한 차원의 보조자로 제한하고 있기 때문에 얻을 수 있는 항의 수는 유한할 것이다. 일반적으로 무한한 수의 A_i항을 고려할 수 있지만 결과로 생성된 슈퍼연산자는 최대 N^2개의 다른 크라우스(Kraus) 항에 대해 동등한 공식을 갖는다.

12 일반적으로 A_i는 N차원의 $\mathcal{H}$에서 D차원의 임의의 다른 힐베르트 공간 $\mathcal{H}'$로의 선형 변환일 수 있다.

문제 3.5.6 $\rho \mapsto \rho^T$를 사상하는 전치 사상이 양성연산자이지만 완전히 양성연산자이지 않은 것을 증명하라.

문제 3.5.7 식 3.5.25에 정의된 슈퍼연산자가 완전히 양수인 사상을 유지하고 있음을 증명하라.

스타인스프링^{Stinespring} 확장 정리를 사용해 임의의 한 (유한 차원) 힐베르트 공간에 있는 연산자에서 대각합 보존적이고 완전 양성인 다른 (유한 차원) 힐베르트 공간에 있는 연산자로의 선형 사상은 위에서 설명한 형태의 슈퍼연산자와 동등하다는 것을 증명할 수 있다. 따라서 선형 대각합 보존 완전 양성 사상은 우리가 설명한 '일반 양자 연산'의 개념의 특성을 정확하게 나타낸다.

04
계산의 양자 모델

4.1 양자 회로 모델

3.1절에서는 (고전적인) 계산의 회로 모델을 소개했다. 가역적인 회로에 한정하여 설명 했는데, 그 이유는 가역적인 회로가 비가역적인 회로를 쉽게 유도할 수 있기 때문이다. 이 모델은 양자 회로 모델로 일반적으로 쓰일 수 있기 때문이다. 양자 회로 모델에서 는 '전선'에서 이동하는 논리적 큐비트와 큐비트에 작동하는 양자 게이트가 있다. n개 의 큐비트에 작용하는 양자 게이트는 n개의 전선에서 이동하는 입력 큐비트를 가지고 있고 n개의 다른 전선들은 출력 큐비트를 게이트에서 밖으로 이동시킨다. 양자 회로는 보통 도식적으로 그림 4.1에 나온 회로도와 같이 표현한다. 전선들은 수평적인 선들과 같이 표현되고 큐비트가 전선을 따라 왼쪽에서 오른쪽으로 시간에 맞춰 전파되는 것을 머릿속에 그려볼 수 있다. 게이트는 직사각형의 블록과 같이 표현된다. 쉽게 하기 위해 (이 역시 가역적인) 유니타리 양자 게이트[1]에 한정해 논의할 것이다. 3.5.3절을 기억해보 면 만약에 보조자를 더하거나 어떤 출력 큐비트를 없애는 가능성을 허용한다면 비유 니타리(비가역적) 양자 연산자는 유니타리(가역적) 양자 게이트로 구현할 수 있다. 유니

---

1   측정을 양자 시스템에서 고전적인 정보를 추출하거나 출력하는 특수한 종류의 게이트로 생각할 수 있다. 그러나 이 책에서 '게 이트'의 의미를 그런 고전적인 정보를 출력하지 않는 연산자에 대한 용어로 제한해 사용할 것이다. 따라서 게이트에 의해 적용 할 수 있는 가장 일반적인 연산은 슈퍼연산자다. 나아가 편의를 위해 유니타리 게이트만 다룰 것이다.

타리 연산자를 이용해 슈퍼연산자가 삽입되는 것을 묘사한 회로도가 그림 4.2에 나와 있다.

그림 4.1의 예에서는 4-큐비트 상태 $|\psi_i\rangle = |0\rangle \otimes |0\rangle \otimes |0\rangle \otimes |0\rangle$가 회로의 왼쪽에서 삽입된다(이 상태를 보통 $|\psi_i\rangle = |0\rangle|0\rangle|0\rangle|0\rangle$ 또는 $|\psi_i\rangle = |0000\rangle$과 같이 표현함을 기억하라). 이 큐비트는 U_1, U_2, U_3 및 U_4와 같은 게이트에 의해서 처리된다. 회로의 출력에서 공통의 (아마도 얽힌) 4-큐비트 상태 $|\psi_f\rangle$를 갖게 된다. 그리하여 측정이 결과로 나오는 상태에 의해 구성된다. 측정은 계산 기저에서 보통 단순한 큐비트 대 큐비트 측정이 될 것이지만 어떤 경우 공동 상태$^{joint\ state}$의 좀 더 일반적인 측정이 될 것이다. 계산 기저에서 단일 큐비트의 측정은 그림 4.1과 같이 회로도에서 조그만 삼각형으로 표현된다(문헌에 따라 다른 기호로 표기돼 있지만 지금은 삼각형으로 표기했다).

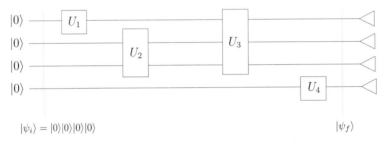

그림 4.1 양자 회로. 4-큐비트 상태 $|0\rangle|0\rangle|0\rangle|0\rangle$는 왼쪽에서 회로에 삽입된다. U_1, U_2, U_3, U_4라고 표기된 상자들은 (왼쪽에서 오른쪽 방향의 순서대로 나타낸) 양자 게이트를 의미한다. 게이트가 적용된 후의 (아마도 얽힌) 4-큐비트의 연결은 $|\psi_f\rangle$이다. 회로의 오른쪽 부분의 작은 삼각형들은 마지막 상태의 각각의 4-큐비트는 회로의 출력을 제공하기 위해 계산 기저에서 측정된다.

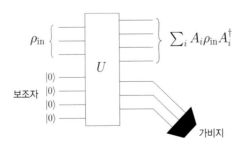

그림 4.2 일반적인 (아마도 비가역적인) 양자 연산이나 슈퍼연산자는 보조자를 더하고 출력 부분의 대각합을 통해 유니타리 연산을 이용해서 실현될 수 있다. 따라서 유니타리 게이트만 다룰 것이다.

삼각형 기호는 다른 종류의 측정이 필요할 때 바뀔 것이다. 측정 공준은 측정이 측정의 결과와 양자 상태 $|\phi_i\rangle$를 나타내는 고전적 레이블^{label} 'i'를 출력한다는 것을 기억하라. 그리하여 그림 4.3과 같이 일반적으로 측정 도식을 측정으로 인해 '양자' 전선이 양자 상태를 운반하는 모습과 동시에 고전적 전선이 고전 레이블을 운반하는 모습으로 그릴 수 있다.

종종 양자 결과는 무시되거나 버려지고 오로지 우리에게 어떤 결과가 일어났는지 알려주는 고전적인 정보가 중요시된다. 이러한 경우 측정 기호로부터 나오는 양자 전선을 그리지 않을 것이다. 마찬가지로 보통 회로도에서 고전적인 전선 또한 생략할 것이다.

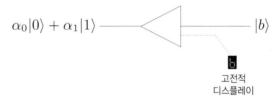

고전적
디스플레이

그림 4.3 양자 상태 $\alpha_0|0\rangle + \alpha_1|1\rangle$의 측정값은 어떤 결과가 나오는지 보여주는 확률도 $|\alpha_b|^2$ ($b \in \{0, 1\}$)와 함께 고전적 레이블 'b'로 양자 출력 $|b\rangle$를 나타낸다. 만약 양자 출력을 무시하거나 버린다면 보통 측정 기호의 오른쪽 부분의 양자 전선을 생략한다. 출력 레이블을 운반하는 고전적 전선 또한 생략된다.

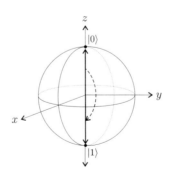

그림 4.4 상태 $|0\rangle$에서 상태 $|1\rangle$로 회전하는 NOT 게이트

4.2 양자 게이트

4.2.1 1-큐비트 게이트

3.2절에서 2차원적 양자 시스템(큐비트)에 작용하는 그 어떠한 유니타리 연산자를 '1-큐비트 양자 게이트'라고 불렀다. (가끔 파울리 X 게이트라고 부르는) 양자 NOT 게이트를 예로 들었다(그리고 다른 파울리 게이트를 언급했다). 3.1절의 블로흐 구를 기억하라. 모든 1-큐비트 순수 상태는 블로흐 구의 표면에서 점으로 나타내거나 동등하게 블로흐 구의 중심이 기준인 단위 벡터로 나타냈다. 1-큐비트 양자 게이트 U는 양자 상태 $|\psi\rangle$를 또 다른 양자 상태 $U|\psi\rangle$로 변환시킨다. 블로흐 구 관점에서 $|\psi\rangle$에 대한 U의 작용은 $|\psi\rangle$를 위한 블로흐 벡터에서 $U|\psi\rangle$를 위한 블로흐 벡터로의 회전으로 볼 수 있다. 그림 4.4와 같이 블로흐 구의 관점에서 이 작용은 x축으로부터 파이 각도로의 회전으로 그려볼 수 있다. 2.5절에서 어떻게 연산자의 (다른 함수를 포함한) 지수함수를 계산했었는지 기억하라. 파울리 게이트를 지수함수에 넣으면 1-큐비트 게이트의 중요한 류^class에 따른 유니타리 연산자를 얻는다. 블로흐 구의 x-, y- 및 z-축 회전에 부합하는 이것을 회전 게이트라 부른다. 파울리 게이트를 이용해 수식을 나타내며 편의를 위해 다음과 같이 파울리 게이트의 정의를 보여준다.

$$I \equiv \begin{bmatrix} 1 & 0 \\ 0 & 1 \end{bmatrix} \qquad X \equiv \begin{bmatrix} 0 & 1 \\ 1 & 0 \end{bmatrix}$$

$$Y \equiv \begin{bmatrix} 0 & -i \\ i & 0 \end{bmatrix} \qquad Z \equiv \begin{bmatrix} 1 & 0 \\ 0 & -1 \end{bmatrix} \tag{4.2.1}$$

회전 게이트는 다음과 같이 정의된다.

$$R_x(\theta) \equiv e^{\frac{-i\theta X}{2}}$$

$$R_y(\theta) \equiv e^{\frac{-i\theta Y}{2}}$$

$$R_z(\theta) \equiv e^{\frac{-i\theta Z}{2}} \tag{4.2.2}$$

문제 4.2.1 x 가 실수이고 A 가 $A^2 = I$ 를 만족시키는 행렬일 때, 다음을 증명하라.

$$e^{iAx} = \cos(x)I + i\sin(x)A$$

파울리 연산자 X, Y 및 Z 가 다음 조건들 $X^2 = I$, $Y^2 = I$, $Z^2 = I$ 을 만족한다는 것을 보여주기 쉽고 문제 4.2.7의 결과를 이용하면 회전 게이트를 다음과 같이 쓸 수 있다.

$$R_x(\theta) \equiv e^{\frac{-i\theta X}{2}} = \cos\left(\frac{\theta}{2}\right)I - i\sin\left(\frac{\theta}{2}\right)X$$
$$R_y(\theta) \equiv e^{\frac{-i\theta Y}{2}} = \cos\left(\frac{\theta}{2}\right)I - i\sin\left(\frac{\theta}{2}\right)Y$$
$$R_z(\theta) \equiv e^{\frac{-i\theta Z}{2}} = \cos\left(\frac{\theta}{2}\right)I - i\sin\left(\frac{\theta}{2}\right)Z \tag{4.2.3}$$

계산 기저에서 I, X, Y 및 Z 의 행렬을 알면 다음과 같이 이제 계산 기저에서 회전 게이트를 행렬로 쓸 수 있다.

$$R_x(\theta) = \begin{bmatrix} \cos\left(\frac{\theta}{2}\right) & -i\sin\left(\frac{\theta}{2}\right) \\ -i\sin\left(\frac{\theta}{2}\right) & \cos\left(\frac{\theta}{2}\right) \end{bmatrix}$$

$$R_y(\theta) = \begin{bmatrix} \cos\left(\frac{\theta}{2}\right) & -\sin\left(\frac{\theta}{2}\right) \\ \sin\left(\frac{\theta}{2}\right) & \cos\left(\frac{\theta}{2}\right) \end{bmatrix}$$

$$R_z(\theta) = \begin{bmatrix} e^{-i\frac{\theta}{2}} & 0 \\ 0 & e^{i\frac{\theta}{2}} \end{bmatrix} \tag{4.2.4}$$

임의의 1 큐비트 상태의 블로흐 벡터 각이 σ 와 τ 인 경우를 고려하라.

$$\cos\left(\frac{\sigma}{2}\right)|0\rangle + e^{i\tau}\sin\left(\frac{\sigma}{2}\right)|1\rangle \tag{4.2.5}$$

계산 기저에서 이것은 열벡터로 나타낼 수 있다.

$$\begin{pmatrix} \cos\left(\frac{\sigma}{2}\right) \\ e^{i\tau}\sin\left(\frac{\sigma}{2}\right) \end{pmatrix} \tag{4.2.6}$$

이 상태에서 $R_z(\theta)$ 을 적용하는 효과는 다음과 같은 행렬 곱을 통해 나타낼 수 있다.

$$\begin{bmatrix} e^{-i\frac{\theta}{2}} & 0 \\ 0 & e^{i\frac{\theta}{2}} \end{bmatrix} \begin{pmatrix} \cos\left(\frac{\sigma}{2}\right) \\ e^{i\tau}\sin\left(\frac{\sigma}{2}\right) \end{pmatrix} = \begin{pmatrix} e^{-i\frac{\theta}{2}}\cos\left(\frac{\sigma}{2}\right) \\ e^{i\frac{\theta}{2}}e^{i\tau}\sin\left(\frac{\sigma}{2}\right) \end{pmatrix}$$

$$= e^{-i\frac{\theta}{2}} \begin{pmatrix} \cos\left(\frac{\sigma}{2}\right) \\ e^{i\theta}e^{i\tau}\sin\left(\frac{\sigma}{2}\right) \end{pmatrix}$$

$$= e^{-i\frac{\theta}{2}} \left(\cos\left(\frac{\sigma}{2}\right)|0\rangle + e^{i(\tau+\theta)}\sin\left(\frac{\sigma}{2}\right)|1\rangle \right) \qquad (4.2.7)$$

전역 위상이 중요하지 않기 때문에 다음과 같은 상태를 갖는다.

$$\cos\left(\frac{\sigma}{2}\right)|0\rangle + e^{i(\tau+\theta)}\sin\left(\frac{\sigma}{2}\right)|1\rangle \qquad (4.2.8)$$

$R_z(\theta)$의 효과가 블로흐 구의 z-축으로부터 $\tau+\theta$ 만큼의 회전과 같은 각을 θ에서 τ으로 바뀐 것임을 알 수 있다. 이러한 회전은 각각 각 $R_x(\theta)$와 각 $R_y(\theta)$의 변화를 포함하기 때문에 σ와 τ가 블로흐 구의 x-축과 y-축의 회전을 수행하는 것을 보는 것이 어렵다.

문제 4.2.2 $R_x(\theta)$와 $R_y(\theta)$가 θ각만큼 블로흐 구의 x-축과 y-축의 회전을 수행하는 것을 각각 보여주시오.

주어진 어떤 1-큐비트 게이트를 블로흐 구의 주요 축들에 대한 일련의 회전으로 분해하는 것을 보이는 것은 유용할 것이다. 다음의 정리는 임의의 1-큐비트 게이트를 적절한 위상 인자에 따라 z-축으로 2개의 회전과 y-축으로 한 개의 회전으로 분리하는 것을 보여준다.

정리 4.2.1 U가 1-큐비트 유니타리 게이트라 가정하라. 그러면 다음과 같이 실수 α, β, γ, δ가 존재하며 다음을 만족한다.

$$U = e^{i\alpha}R_z(\beta)R_y(\gamma)R_z(\delta) \qquad (4.2.9)$$

이 정리는 U가 유니타리 게이트이며 회전 행렬의 정의를 이용해 증명할 수 있다. 블로흐 구의 y-축과 z-축에 관해 특별한 것은 없다. 블로흐 구의 임의의 2개의 비평행한 축들의 회전으로 1-큐비트 게이트의 분해를 할 수 있다.

정리 4.2.2 U가 1-큐비트 유니타리 게이트라 가정하라. l과 m이 블로흐 구의 임의의 비평행축이라 한다. 이러한 경우 다음을 만족하는 실수 α, β, γ 및 δ가 존재한다.

$$U = e^{i\alpha} R_l(\beta) R_m(\gamma) R_l(\delta) \tag{4.2.10}$$

따름정리 4.2.1 임의의 1 큐비트 게이트 U는 다음과 같은 형태로 나타낼 수 있다.

$$U = e^{i\alpha} AXBXC \tag{4.2.11}$$

A, B, C는 유니타리 연산자들이며 $ABC = I$를 만족한다(파울리 게이트 X는 NOT 게이트임을 기억하라).

문제 4.2.3

(a) 다음 $X R_y(\theta) X = R_y(-\theta)$ 및 $X R_z(\theta) X = R_z(-\theta)$을 증명하라.

(b) 따름정리 4.2.1를 증명하라.

　　힌트: 정리 4.2.1를 사용하면

$$U = e^{i\alpha} R_z(\beta) R_y(\gamma) R_z(\delta) \tag{4.2.12}$$

이고, 그 후 다음 $A \equiv R_z(\beta) R_y(\gamma/2)$, $B \equiv R_y(-\gamma/2) R_z(-(\delta+\beta)/2)$, $C \equiv R_z((\delta-\beta)/2)$을 이용하라.

4.2.2 제어형 U 게이트

3.3절에서 제어형 NOT^{CNOT} 게이트를 소개한 점을 기억하라. 이것은 2-큐비트 양자 게이트로서 조건적으로 첫 번째(제어 큐비트)가 상태 $|1\rangle$일 때 NOT 게이트를 2번째 목표^{Target} 큐비트에 적용한다. 이러한 게이트는 양자 중첩의 양자 상태에 작용된다는 것을 기억하라.

문제 4.2.4 다음 기저에 따른 CNOT 게이트의 효과를 설명하라.

(a) $B_1 = \left\{ |0\rangle \left(\frac{|0\rangle + |1\rangle}{\sqrt{2}} \right), |0\rangle \left(\frac{|0\rangle - |1\rangle}{\sqrt{2}} \right), |1\rangle \left(\frac{|0\rangle + |1\rangle}{\sqrt{2}} \right), |1\rangle \left(\frac{|0\rangle - |1\rangle}{\sqrt{2}} \right) \right\}$

(b) $B_2 = \left\{ \left(\frac{|0\rangle + |1\rangle}{\sqrt{2}} \right) \left(\frac{|0\rangle + |1\rangle}{\sqrt{2}} \right), \left(\frac{|0\rangle + |1\rangle}{\sqrt{2}} \right) \left(\frac{|0\rangle - |1\rangle}{\sqrt{2}} \right), \left(\frac{|0\rangle - |1\rangle}{\sqrt{2}} \right) \left(\frac{|0\rangle + |1\rangle}{\sqrt{2}} \right), \right.$
$\left. \left(\frac{|0\rangle - |1\rangle}{\sqrt{2}} \right) \left(\frac{|0\rangle - |1\rangle}{\sqrt{2}} \right) \right\}$

본인의 답을 각각 디랙^{Dirac} 표기법과 행렬로 표현하라.

임의의 1-큐비트 게이트 U가 주어지면 이와 비슷하게 c-U로 표기하는 제어형 U 게이트를 정의할 수 있는데, 이는 다음 연산에 해당하는 2-큐비트 게이트가 될 것이다.

$$\text{c-}U|0\rangle|\psi\rangle = |0\rangle|\psi\rangle$$
$$\text{c-}U|1\rangle|\psi\rangle = |1\rangle U|\psi\rangle \tag{4.2.13}$$

문제 4.2.5 c-U 게이트가 다음 연산자와 일치함을 증명하라.

$$|0\rangle\langle 0| \otimes I + |1\rangle\langle 1| \otimes U$$

문제 4.2.6 U와 $e^{i\theta}U$이 전역 위상으로 인해서만 차이가 나는 이유로 U와 $e^{i\theta}U$이 동일함을 알고 있다. θ가 2π의 정수배가 아닐 경우에 따른 c-$U \neq$ c-$(e^{i\theta}U)$를 증명하라.

양자회로도에서 c-U 게이트로 보통 사용되는 기호는 그림 4.5에 나와 있다.

문제 4.2.7 임의의 1-큐비트 게이트 U에서 따름정리 4.2.1의 결과를 이용해 단지 CNOT 게이트와 단일 큐비트 게이트 사용해 c-U 게이트를 수행하는 회로를 구성하라.

힌트: 목표 큐비트에 제어형 $e^{i\alpha}$를 응용하는 것이 제어 큐비트에 작용하는 1-큐비트 위상 회전 게이트와 동일함을 이용하라.

임의의 1-큐비트 게이트 U에서 제어형 U 게이트를 구성하는 것은 문제 4.2.7의 주제이다. 이와 같이 유니타리 연산 U를 수행하는 어떤 양자 회로의 제어형 버전 진행 허용을 일반적으로 쓸 수 있다. 유니타리 연산 U를 사용하는 양자 회로 C_U가 주어졌고 제어형 U 연산을 위해 회로를 진행하고 싶은 상황을 생각해보자. 기본적인 방법은 그림 4.6과 같이 c-G 게이트에 의해 제어형 C_U에 모든 게이트 G를 대체하는 것이다.

1-큐비트 게이트 G에서 제어형 게이트 c-G는 문제 4.2.7의 방법으로 구성될 수 있다. 4.3절에서 볼 수 있듯이, 일반적인 경우 C_U는 오로지 1-큐비트 게이트와 CNOT 게이트로 구성됨을 알 수 있다. 이러한 경우 남는 것은 CNOT 게이트의 제어형 버전을 구성하는 것이다.

그림 4.5 c-U 게이트

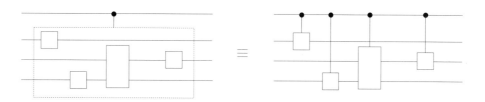

그림 4.6 제어형 U 연산을 위한 회로를 구현하기 위해 유니타리 연산 U를 구현하는 회로 C_U가 주어지면 C_U의 모든 게이트 G를 제어형 게이트 c-G로 대체한다.

그림 4.7 연산의 어느 시점에서 폐기되기 전에 후속 제어형 U_b 조작에서 제어 큐비트로만 사용되는 큐비트가 있다고 가정하자. 계산 기저로 큐비트를 측정한 다음 U_b 게이트를 고전적으로 제어하면 동일한 결과를 얻는다.

1.3절에서 제어형 CNOT 게이트를 토폴리 게이트라고 한 것을 상기하자. 4.3절을 통해 토폴리 게이트는 CNOT 게이트와 일부 1-큐비트 게이트를 포함하는 회로로 구현할 수 있다는 것을 알 수 있다. 따라서 제어형 U 회로 구성에서 생성된 각 토폴리 게이트에 이 대체를 이용할 수 있다. 이것으로 제어형 U 연산을 구현하기 위한 회로 구성이 완료된다.

문제 4.2.8 계산의 어느 시점에서 폐기되기 전에 후속 제어형 U_b 조작에서 제어 큐비트로만 사용되는 큐비트가 있다고 가정하자. 제어형 U_b는 제어 큐비트가 $|0\rangle$ 상태(제어형 게이트의 이전 예에서 $U_0 = I$)인 경우 변환이 계산의 일부 다른 큐비트에 일부 유니타리 연산 U_0을 적용하고 제어 큐비트가 상태 $|1\rangle$에 있을 경우 일부 경우 유니타리 연산 U_1을 적용함을 의미한다. 계산 기저에서 큐비트를 측정한 다음, 고전적으로 U_0 또는 U_1을 적용할지 여부를 제어하는 경우 동일한 결과를 얻는다는 것을 증명하라(그림 4.7에 설명돼 있다).

4.3 양자 게이트의 전체집합

지금까지 본 게이트는 단일 큐비트 또는 두 큐비트에서 작동했다. 흥미로워 보이는 양자 알고리듬은 일반적으로 n-큐비트에 자명하지 않은 작동을 하는 복잡한 유니타리 연산자다. 고전적인 계산에서는 복잡한 작업을 훨씬 간단한 작업 시퀀스로 구현한다. 실제로 일부 간단한 게이트에서 이러한 간단한 동작을 선택할 수 있기를 원한다. 양자 계산에서는 같은 일을 한다. 목표는 유한 게이트 집합을 선택해 해당 집합의 게이트만 사용해 회로를 구성해 자명하지 않은 흥미로운 양자 계산을 구현할 수 있도록 하는 것이다.

양자 게이트 회로를 사용해 원하는 유니타리 연산을 구현할 때 실제로는 원하는 유니타리 연산을 특정 정확도 수준에 가깝게 구현할 수 있다. 유니타리 변환 근사치의 품질에 대해 정확한 개념을 만들어야 한다. 다른 유니타리 변환 V에 의해 원하는 유니타리 변환 U를 근사한다고 가정하자. 근사치의 오류는 다음 식으로 정의된다(노름의 정의에 대한 식 (2.2.11)을 상기하자).

$$E(U, V) \equiv \max_{|\psi\rangle} \big\| (U - V)|\psi\rangle \big\| \qquad (4.3.1)$$

연산자 U가 '임의의 정확도에 근접할 수 있다'고 말할 때 허용 오류 $\varepsilon > 0$이 주어지면 $E(U, V) < \varepsilon$와 같은 일부 유니타리 연산자 V를 구현할 수 있음을 의미한다.

문제 4.3.1 다음을 증명하라.

$$E(U_2 U_1, V_2 V_1) \leq E(U_2, V_2) + E(U_1, V_1) \qquad (4.3.2)$$

문제 4.3.1로부터 다음이 성립한다.

$$E(U_n U_{n-1} \ldots U_1, V_n V_{n-1} \ldots V_1) \leq E(U_n, V_n) + E(U_{n-1}, V_{n-1}) + \cdots + E(U_1, V_1) \qquad (4.3.3)$$

정의 4.3.1 임의의 정수 $n \geq 1$에 대해 임의의 n-큐비트 유니타리 연산자가 그 세트로부터의 게이트만을 사용하는 양자 회로에 의해 임의의 정확도로 근사될 수 있다면 게이트 집합은 보편적이라고 한다.

편리한 보편적 게이트 집합을 찾는 것은 이론적 관심뿐만 아니라 실질적으로 중요하다. 보편적 게이트 집합은 예를 들어 CNOT을 구현할 수 있어야 하므로 둘 이상의 큐비트에 최소한 하나의 자명하지 않은 게이트를 포함해야 한다.

정의 4.3.2 일부 입력 곱 상태 $|\psi\rangle|\phi\rangle$에 대해 게이트의 출력이 곱 상태가 아닌 경우 (즉, 출력 큐비트가 얽힌 경우) 2-큐비트 게이트는 얽힌 게이트라고 한다.

다음의 보편성 결과는 유용한 출발점이다.

정리 4.3.3 모든 1 큐비트 게이트와 함께 임의의 2 큐비트 얽힌 게이트로 구성된 집합은 보편적이다.

예를 들어 정리 4.3.3은 모든 1 큐비트 게이트와 함께 CNOT 게이트가 보편적이라는 것을 암시한다.[2] 얽힌 2 큐비트 게이트 하나와 모든 1 큐비트 게이트를 사용하면 모든 n 큐비트 유니타리 게이트를 정확하게 구현할 수 있다. 정리 4.3.3의 단점은 그것이 제공하는 보편적인 게이트 집합이 무한하다는 것이다. 보편적인 유한 게이트 집합을 찾는 것이 유용하다. 이 방향의 자연스러운 출발점은 임의의 1 큐비트 게이트를 임의의 정확도로 근사화하는 데 사용할 수 있는 유한한 1 큐비트 게이트 집합을 찾는 것이다.

정의 4.3.4 게이트 집합은 게이트 집합만을 사용하는 양자 회로에 의해 임의의 1 큐비트 유니타리 게이트가 임의의 정확도로 근사될 수 있는 경우 1 큐비트 게이트에 대해 보편적이라고 한다.

정리 4.2.2는 블로흐 구의 평행하지 않은 두 축 l과 m에 대해 모든 β, $\gamma \in [0, 2\pi)$에 대한 회전 게이트 $R_l(\beta)$ 및 $R_m(\gamma)$로 구성된 집합은 1 큐비트 게이트에 대해 보편적임을 의미한다. 이것은 다음과 같은 따름정리를 나타낸다(문제 4.3.2 참조).

정리 4.3.5 두 개의 1 큐비트 게이트 집합 (회전) $\mathcal{G} = \{R_l(\beta), R_m(\gamma)\}$가 다음 조건을 충족시키는 경우

(i) l과 m은 블로흐 구의 평행하지 않은 축이며

(ii) $\frac{\beta}{\pi}$ 및 $\frac{\gamma}{\pi}$이 유리수가 아닌 β, $\gamma \in [0, 2\pi)$는 실수인 경우

$\mathcal{G}$는 1-큐비트 게이트에 대해 보편적이다.

문제 4.3.2 $R_m(\theta_1)$, $R_m(\theta_2)$를 같은 축에 대해 1 큐비트 회전으로 한다.

(a) $R_m(\theta_1)$과 $R_m(\theta_2)$ 사이의 거리가 $E(R_m(\theta_1), R_m(\theta_2)) \leq |e^{i\theta_1} - e^{i\theta_2}| \leq |\theta_1 - \theta_2|$을 만족시키는 것을 보여라.

(b) $\frac{\beta}{\pi}$가 유리수가 아닌 $\beta \in [0, 2\pi)$이라고 하자. 임의의 $\varepsilon > 0$ 및 임의의 $\theta \in [0, 2\pi)$일 경우, $E(R_m^n(\beta), R_m(\theta)) \leq \varepsilon$를 만족시키는 정수 n이 존재함을 증명하라.

---

2 가역적 고전 계산의 경우 1비트 및 2비트 가역 게이트는 보편적이지 않았다.

힌트: 다음과 같은 비둘기집의 원리를 사용하라. $N > M$인 경우 N 원소를 M개의 서로 소인 집합으로 분할하면 하나 이상의 원소가 있는 집합이 나온다.

구체적인 예로 정리 4.3.5의 조건을 만족시키는 간단한 집합을 제안한다. 이러한 방향 으로 먼저 두 개의 중요한 1 큐비트 게이트를 도입하기 위해 지름길을 택한다.

아다마르^{Hadamard} 게이트 H는 다음과 같이 계산 기저 상태를 사상하는 게이트로 정의된다.

$$\begin{aligned} H|0\rangle &= \tfrac{1}{\sqrt{2}}\big(|0\rangle + |1\rangle\big) \\ H|1\rangle &= \tfrac{1}{\sqrt{2}}\big(|0\rangle - |1\rangle\big) \end{aligned} \tag{4.3.4}$$

아다마르 게이트는 (계산 기저에 대해) 다음과 같은 행렬 표현을 가지고 있다.

$$\frac{1}{\sqrt{2}}\begin{bmatrix} 1 & 1 \\ 1 & -1 \end{bmatrix} \tag{4.3.5}$$

아다마르 게이트의 유용한 특성 중 하나는 $H = H^{-1}$을 의미하는 자기 역적$^{\text{self inverse}}$이 라는 것이며 다음과 같다.

$$\begin{aligned} H\left(\tfrac{1}{\sqrt{2}}\big(|0\rangle + |1\rangle\big)\right) &= |0\rangle \\ H\left(\tfrac{1}{\sqrt{2}}\big(|0\rangle - |1\rangle\big)\right) &= |1\rangle \end{aligned} \tag{4.3.6}$$

또 다른 중요한 1 큐비트 게이트는 다음과 같이 계산 기저 상태에 작용하는 $\frac{\pi}{8}$ 위상 게 이트 T다.

$$\begin{aligned} T|0\rangle &= |0\rangle \\ T|1\rangle &= e^{i\frac{\pi}{4}}|1\rangle \end{aligned} \tag{4.3.7}$$

$\frac{\pi}{8}$ 위상 게이트는 다음과 같은 행렬 표현으로 나타낼 수 있다.

$$T = \begin{bmatrix} 1 & 0 \\ 0 & e^{i\frac{\pi}{4}} \end{bmatrix} \tag{4.3.8}$$

여기서 T는 (전역 위상까지) 다음과 같으며 따라서 $\frac{\pi}{8}$ 게이트라 한다.

$$\begin{bmatrix} e^{-i\frac{\pi}{8}} & 0 \\ 0 & e^{i\frac{\pi}{8}} \end{bmatrix} \tag{4.3.9}$$

다음과 같은 결과가 나타난다.

보조정리 4.3.6   집합 $G = \{HTHT,\ THTH\}$는 정리 4.3.5의 조건을 만족한다.

이것으로 즉시 다음과 같은 따름정리를 알 수 있다.

따름정리 4.3.1   집합 $\{H,\ T\}$는 1-큐비트 게이트에 보편적이다.

보조정리 4.3.3을 생각해보면 이제 다음과 같은 보편성 결과가 나타난다.

정리 4.3.7   집합 $\{CNOT,\ H,\ T\}$는 게이트의 보편적인 집합이다.

4.4 유니타리 변환 근사의 효율성

4.3절에서는 $\{H,\ CNOT,\ T\}$(정리 4.3.7)와 같은 고정된 보편적 집합의 게이트를 사용해 임의의 유니타리 변환을 모의로 시도할 수 있다고 언급했다. 그러나 이것이 얼마나 효율적으로 수행될 수 있는지에 대해서는 언급하지 않았다. 주어진 유니타리 변환 U(일부 계산에 해당)을 구현하려면 보편적 집합의 다항식 게이트 수를 사용해 이 작업을 수행할 수 있다. 여기서 '다항식'은 '큐비트 n의 수와 $\frac{1}{\epsilon}$에서의 다항식'을 의미하는 것으로 ϵ은 U의 추정치에 대해 바랐던 품질이다.

실제로 대부분의 유니타리 변환은 보편적 집합의 게이트를 사용해 효율적으로 근사화할 수 없다(이것은 효율적인 회로보다 더 많은 변환이 있기 때문에 인수를 계산해 알 수 있다).

만약 게이트의 모든 계수의 n-비트 근사[3]가 n에 대한 다항 시간으로 계산될 수 있을 경우 문제 4.3.2에 설명된 분해가 $\frac{1}{\epsilon}$에 대한 다항 시간으로 수행될 수 있기 때문에 일부 유니타리 변환을 효율적으로 구현하는 어려움은 유한한 1-큐비트 게이트 집합으로부터 임의의 1-큐비트 게이트를 시뮬레이션하는 복잡도에 있지 않다. 솔로베이-키타

---

3   n-비트 근사법은 최대 $\frac{1}{2^n}$ 오류가 있는 $\frac{x}{2^n}$ 형태의 유리함수 근사(rational approximation)를 의미한다.

예프$^{Solovay-Kitaev}$ 정리라고 알려진 하나의 결과는 우리가 더 잘할 수 있고, 임의의 1-큐비트 게이트를 $\mathcal{G}$로부터 일련의 다항 로그 수의 게이트로 임의의 정확도를 가지고 근사할 수 있는 1-큐비트 게이트의 집합 $\mathcal{G}$를 찾을 수 있다고 보장한다. 다시 말해 ε보다 작은 오류로 주어진 유니타리 변환을 근사하려면 $\log\left(\frac{1}{\varepsilon}\right)$에서 다항식인 여러 게이트를 사용하면 된다.

솔로베이-키타예프 정리의 결과에 대해 논의해볼 가치가 있다. 여러 CNOT 게이트와 m개의 1-큐비트 게이트로 구성된 양자 회로가 있다고 가정하고 전체집합 {CNOT} $\cup \mathcal{G}$의 게이트만 사용해 이 회로를 근사한다고 가정한다. 최대 $\frac{\varepsilon}{m}$ 오차로 회로에 각 1-큐비트를 근사한다고 가정한다. 그러면 회로 근사에서의 전체 오류(수식 (4.3.3)을 기억하라) $\frac{\varepsilon}{m}$에 의해 결정된다. 따라서 전체집합 {CNOT} $\cup \mathcal{G}$의 게이트만 사용해 회로를 근사하고 근사의 총 오류를 최대 $\frac{\varepsilon}{m}$로 하려면 회로의 각 1-큐비트 게이트를 최대 $\frac{\varepsilon}{m}$ 오류로 근사해야 한다. 이제 다음과 같은 효율성 문제에 직면하게 된다. '각 1 큐비트 게이트를 최대 $\frac{\varepsilon}{m}$ 오류로 근사하려면 $\mathcal{G}$로부터 얼마나 많은 게이트가 필요할까?' 솔로베이-키타예프 정리의 특별한 경우가 이 질문에 답을 준다.

정리 4.4.1 (솔로베이-키타예프) $\mathcal{G}$가 정리 4.3.5의 조건을 만족하는 1-큐비트 게이트의 유한 집합인 경우 및 다음 조건을 만족할 경우

(iii) 모든 게이트 $g \in \mathcal{G}$에 대해 게이트 g의 역 g^{-1}은 $\mathcal{G}$의 유한 수열 게이트로 정확하게 구현될 수 있다.

모든 1-큐비트 게이트는 $\mathcal{G}$의 $O\left(\log^c\left(\frac{1}{\epsilon}\right)\right)$ 게이트를 사용해 최대 ϵ 오류로 근사될 수 있다. 여기서 c는 양의 상수다.

따라서 솔로베이-키타예프 정리에 따르면 1-큐비트 게이트는 보편적으로 1-큐비트 게이트에 대해 보편적 유한집합 $\mathcal{G}$의 $\frac{\epsilon}{m}$ 게이트를 사용해 1-큐비트 게이트를 최대 $O\left(\log^c\left(\frac{m}{\epsilon}\right)\right)$ 오류로 근사할 수 있으며 (그 역이 $\mathcal{G}$의 유한 게이트 수열로 정확하게 구성되는) 자기의 역을 가진다. $\mathcal{G}$에서 게이트 계수의 n-비트 근사값이 n의 다항 시간으로 계산될 수 있다면 효율적인 분해는 $\log\left(\frac{1}{\epsilon}\right)$에서 다항 시간으로 찾을 수 있다.

집합 $\{H, T\}$는 이러한 조건을 만족한다. m개의 1-큐비트 게이트를 갖는 회로의 경우 이들 게이트의 근사에는 전체집합의 최대 다음 게이트 값이 필요하다.

$$O\left(m \log^c \left(\frac{m}{\epsilon}\right)\right) \tag{4.4.1}$$

이를 통해 원래 회로의 크기에 비해 다항 로그 증가임을 알 수 있다.

4.5 양자 회로를 이용한 측정 구현

4.5절에서는 계산 기저와 유니타리 게이트 전체집합에 대한 큐비트 측정만 사용해(단순화하기 위해 4.5절에서는 임의의 유니타리 연산을 정확히 쓸 수 있다고 가정한다) 3.4절에 설명된 다양한 유형의 양자 측정을 설명하고 구현하기 위해 양자 회로 도표를 사용하는 방법을 알아본다.

간단한 2-상태 시스템 측정의 몇 가지 예 이후 임의의 정규직교 기저 $B = \{|\varphi_j\rangle\}$와 관련해 폰 노이만 측정의 관점에서 공준 4를 언급했다. 이러한 '완전한' 투영 측정은 양자 계산 및 양자 통신에서 일반적으로 사용된다. 다음 절에서 초고밀도 코딩 및 양자 텔레포테이션 프로토콜은 특정 폰 노이만 측정을 수행하는 능력을 이용할 것이다.

정규직교 기저 $|\varphi_j\rangle$가 주어지면 다음과 같이 이 기저로 표현되는 상태 $|\psi\rangle$가 있다고 하자.

$$|\psi\rangle = \sum_j \alpha_j |\varphi_j\rangle \tag{4.5.1}$$

$\{|\varphi_j\rangle\}$ 기저에 대한 $|\psi\rangle$의 폰 노이만 측정은 직교 투영기^{projector} $\{|\varphi_j\rangle\langle\varphi_j|\}$에 의해 설명되고 다음 확률로 '$j$' 결과를 출력하는 것을 기억하자.

$$\begin{aligned}
\text{Tr}(|\psi\rangle\langle\psi||\varphi_j\rangle\langle\varphi_j|) &= \text{Tr}(\langle\varphi_j|\psi\rangle\langle\psi|\varphi_j\rangle) \\
&= \langle\varphi_j|\psi\rangle\langle\psi|\varphi_j\rangle \\
&= \left|\langle\varphi_j|\psi\rangle\right|^2 \\
&= \left|\alpha_j\right|^2
\end{aligned} \tag{4.5.2}$$

계산 기저로 개별 큐비트를 측정하는 장치가 제공되면 양자 회로를 사용해 임의의 정규직교 기저에 대해 다중 큐비트 레지스터의 폰 노이만 측정을 구현할 수 있다.

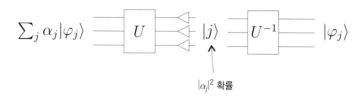

그림 4.8 기저 $\{|\phi_j\rangle\}$에 대한 폰 노이만 측정을 구현하는 회로. 첫 번째 U는 계산 기저에 기저 변경을 수행하기 위해 적용된다. 그런 다음 계산 기저에 측정을 수행해 확률 $|\alpha_j|^2$의 특정적 (고전) 결과 'j'를 얻는다. 이 측정 후 시스템의 상태는 $|j\rangle$이다. 마지막으로 $\{|\varphi_j\rangle\}$ 기저로 다시 바꾸기 위해 U^{-1}을 적용해 사후 측정 상태를 $|\varphi_j\rangle$가 되게 한다.

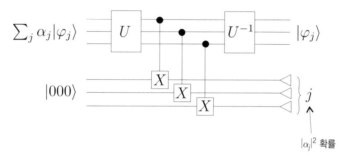

그림 4.9 폰 노이만 측정을 구현하는 다른 회로. 이번에는 U에 의해 영향을 받는 기저 변경 후 상태를 직접 측정하는 대신 측정 결과가 보조 레지스터에 기록돼 $\sum_j \alpha_j |j\rangle |j\rangle$ 상태를 생성한다. 역기저 변환 U^{-1}는 상태 $\sum_j \alpha_j |\phi_j\rangle |j\rangle$를 만든다. 계산 기저로 보조 레지스터를 측정하면 $|\alpha_j|^2$ 확률로 결과 'j'가 나오고 주 레지스터의 상태는 $|\phi_j\rangle$가 된다.

이것은 다음과 같이 수행할 수 있다. 먼저 유니타리 변환을 구현하는 다음 양자 회로를 구성한다(인덱스 j는 n비트 이진수로 기록된 것으로 가정하며 $\{|\varphi_j\rangle\}$은 해당 n 큐비트 계산 기저 상태이다).

$$U|\varphi_j\rangle = |j\rangle \qquad (4.5.3)$$

연산자 U는 $|j\rangle$ 기저에서 계산 기저로 기저 변경을 수행한다. 일반적으로 주어진 상태 $\{|\varphi_j\rangle\}$일 경우 회로를 사용해 기저 변경 U를 수행한 다음 계산 기저로 레지스터를 측정한다. 마지막으로 (U 회로를 역방향으로 실행해 각 게이트를 그 역으로 대체하면서) 역기저 변화 U^{-1}를 수행한다. 이 네트워크는 그림 4.8에 나와 있다. 또한 대안 접근법이 그림 4.9에 설명됐다. 대안 접근법으로 기저 변경 후 (계산 기저에 대한) 상태를 직접 측정하지 않

고 대신 보조 레지스터에 값을 '복사'[4]한 다음 계산 기저로 측정한다.

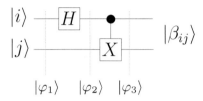

그림 4.10 계산 기저에서 벨(Bell) 기저로 기저 변경을 구현하는 회로

유니타리 기저 변경 U를 구현하는 방법의 예로서 다음과 같은 정규직교 기저 $\{|\beta_{00}\rangle,$ $|\beta_{01}\rangle, |\beta_{10}\rangle, |\beta_{11}\rangle\}$에 대해 2 큐비트 상태의 폰 노이만 측정을 구현하는 것을 가정한다.

$$|\beta_{00}\rangle = \tfrac{1}{\sqrt{2}}|00\rangle + \tfrac{1}{\sqrt{2}}|11\rangle \qquad |\beta_{01}\rangle = \tfrac{1}{\sqrt{2}}|01\rangle + \tfrac{1}{\sqrt{2}}|10\rangle$$
$$|\beta_{10}\rangle = \tfrac{1}{\sqrt{2}}|00\rangle - \tfrac{1}{\sqrt{2}}|11\rangle \qquad |\beta_{11}\rangle = \tfrac{1}{\sqrt{2}}|01\rangle - \tfrac{1}{\sqrt{2}}|10\rangle \qquad (4.5.4)$$

이 기저는 벨 기저로도 알려져 있으며 네 가지 상태 $|\beta_{00}\rangle, |\beta_{01}\rangle, |\beta_{10}\rangle, |\beta_{11}\rangle$는 벨 상태라고도 한다(EPR 쌍이라고도 한다). 이러한 상태는 종종 양자 계산 연구에서 나타난다. 계산 기저에서 벨 기저로의 기저 변경을 구현하는 회로는 그림 4.10에 나와 있다(벨 기저에서 계산 기저로의 기저 변경에 대해서는 이 회로를 뒤로 해서 실행할 수 있다). 그림 4.10의 회로에 대한 입력이 기저 상태라고 가정한다. 회로를 통과할 때의 상태를 고려하자. 아다마르 게이트 후 상태는 다음과 같다.

$$|\varphi_2\rangle = \tfrac{1}{\sqrt{2}}\big(|0\rangle + |1\rangle\big)|0\rangle \qquad (4.5.5)$$
$$= \tfrac{1}{\sqrt{2}}\big(|00\rangle + |10\rangle\big) \qquad (4.5.6)$$

큐비트의 순서는 위와 같이 유지됐다. 다음으로, 제어형-NOT 게이트는 이 상태를 다음과 같이 변환한다.

$$|\varphi_3\rangle = \tfrac{1}{\sqrt{2}}\big(|00\rangle + |11\rangle\big) \qquad (4.5.7)$$

---

4 '복사'란 계산 기저 상태를 복사하는 가역적 (유니타리) 변환을 수행함을 의미한다. 임의의 중첩 상태를 복제하는 것이 아니다.

$|\varphi_3\rangle = |\beta_{00}\rangle$이 있으며 회로가 입력 상태 $|00\rangle$에서 기저 변경을 올바르게 수행하는지 확인했다. 이와 유사하게 회로는 나머지 3개의 계산 기저 상태 $|01\rangle$, $|10\rangle$ 및 $|11\rangle$에 대해 기저 변화를 올바르게 수행하고 이를 $|\beta_{01}\rangle$, $|\beta_{10}\rangle$ 및 $|\beta_{11}\rangle$으로 각각 변환한다.

'벨 측정'(즉 벨 기저에 대한 폰 노이만 측정)을 구현하기 위해 그림 4.9의 회로를 거꾸로 구현하고 계산 기저로 측정한 다음 그림 4.9의 회로를 다시 적용할 수 있다. 두 비트 00, 01, 10 또는 11로 레이블이 지정된 고전 측정 결과만 신경 쓰는 경우 측정 후 벨 기저 변화를 다시 구현할 필요가 없다. 이 동등성은 그림 4.11에 설명돼 있다.

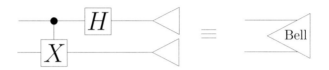

그림 4.11 벨 기저에 대한 측정은 위 회로에 의해 구현될 수 있다. 여기서 결과로 나오는 양자 상태를 폐기(또는 무시)하고 측정 결과를 나타내는 4개의 레이블 00, 01, 10 또는 11 중 하나만 출력한다고 가정한다. 이 두 측정 값은 순 결과 측면에서만 동일하다. 일반적으로 벨 측정은 CNOT 게이트를 구현할 필요가 없다.

양자 계산에서 특히 양자 오차 수정에 있어서 일반적인 투영 측정을 구현할 수 있고 폰 노이만 측정을 완전하지 않게 하는 것은 매우 중요할 것이다. 다음 분해에 대한 투영 측정을 고려하자.

$$I = \sum_i P_i \tag{4.5.8}$$

여기서 P_i는 계수 r_i를 가지며 다음과 같다.

$$P_i = \sum_{j=1}^{r_i} |\psi_{i,j}\rangle\langle\psi_{i,j}|$$

상기 수식에서 상태 $\{|\psi_{i,j}\rangle\}$는 $N = \sum_i r_i$ 차원의 힐베르트 공간에 대한 정규 직교 기저이다.

U_p을 $|\psi_{i,j}\rangle|0\rangle \mapsto |\psi_{i,j}\rangle|i\rangle$을 사상하는 회로로 가정하자. U_p을 구현하는 한 가지 방법(단유일한 방법은 아님)은 기저 변화 $U : |\psi_{i,j}\rangle \mapsto |i, j\rangle$를 수행하고 j를 보조 레지스터에 복사

한 다음 U^{-1}을 적용하는 것이다.

예를 들어 계산 기저에서 이미 대각인 투영기 모음인 (3.4절에서 정의된) 투영기 P_0 및 P_1 패리티parity를 고려한다. 모든 입력 상태 $|\psi\rangle = \sum_x \beta_x |x\rangle$은 $|\psi\rangle = \alpha_0 |\psi_0\rangle + \alpha_1 |\psi_1\rangle$으로 다시 쓸 수 있다. 여기서 $\langle \psi_0 | \psi_1 \rangle = 0$, $\alpha_i = \sqrt{\langle \psi | P_i | \psi \rangle}$ 및 $|\psi_i\rangle = \frac{P_i |\psi\rangle}{\alpha_i}$일 때 그렇다(문제 3.4.1참고). 패리티 측정은 '0'과 확률 $|\alpha_0|^2$의 상태 $|\psi_1\rangle$ 그리고 '1'과 확률 $|\alpha_1|^2$의 상태 $|\psi_0\rangle$를 출력해야 한다.

그림 4.12와 같이 일련의 CNOT 게이트로 U_P을 구현할 수 있다. 따라서 U_P 회로 후에는 상태가 다음과 같다.

$$\sum_x \alpha_x |x\rangle |parity(x)\rangle = \sum_{parity(x)=0} \alpha_x |x\rangle |0\rangle + \sum_{parity(x)=1} \alpha_x |x\rangle |1\rangle$$
$$= \alpha_0 |\psi_0\rangle |0\rangle + \alpha_1 |\psi_1\rangle |1\rangle$$

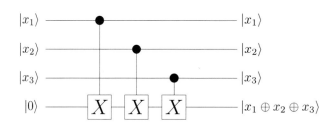

그림 4.12 세 큐비트의 패리티를 계산하는 회로

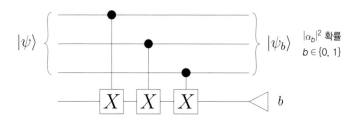

그림 4.13 패리티 측정을 구현하는 회로

따라서 보조 큐비트를 측정하는 것은 필요에 따라 확률 $|\alpha_0|^2$의 상태 $|\psi_0\rangle$ 및 확률 $|\alpha_1|^2$의 상태 $|\psi_1\rangle$로 제1 레지스터가 될 것이다. 따라서 이 회로는 그림 4.13에 표시된 것처

럼 임의의 3 큐비트 상태에서 패리티 측정을 구현한다.

이러한 투영 패리티 측정을 패리티를 계산하기 위한 고전적 사후 처리 후의 폰 노이만 측정과 비교해 무엇이 다른지 알아볼 가치가 있다. 투영 측정은 단지 양자 상태에서 문자열^{string}의 패리티만을 측정하고 다른 정보는 측정하지 않고 중첩 상태 $|\psi_0\rangle$ 또는 $|\psi_1\rangle$ 중 하나를 남긴다. 완전한 폰 노이만 측정은 필요한 것보다 더 많은 정보를 추출했을 것이며 동일한 패리티를 갖는 모든 문자열의 중첩 대신 특정 패리티의 무작위 기저 상태 $|x\rangle$를 유지했을 것이다.

양자 회로의 기본 구성 요소를 소개하고 일반적으로 양자 회로와 양자 동작을 설명하는 유용한 도구로 회로도를 제시했다. 나머지 장에서는 양자 프로토콜과 알고리듬을 구현하기 위해 양자 회로를 구성하는 방법을 보여준다. 양자 알고리듬은 비순환적 ^{acyclic} 양자 회로의 균일한 족^{family}에 의해 설명될 것이며 여기서 균일하게는 고전적인 컴퓨터가 회로 크기에서 시간 다항식으로 양자 회로를 생성할 수 있음을 의미한다.

05
초고밀도 코딩 및 양자 텔레포테이션

이제 양자 정보를 위한 첫 번째 프로토콜을 살펴볼 준비가 됐다. 5장에서는 4장에서 개발한 도구를 사용해 구현할 수 있는 두 가지 통신 프로토콜을 살펴본다. 이러한 프로토콜은 초고밀도 코딩 및 양자 텔레포테이션으로 알려져 있다. 둘 다 본질적으로 양자다. 같은 방식으로 동작하는 고전적인 프로토콜은 없다. 둘 다 그들 사이의 의사소통 작업을 수행하고자 하는 두 당사자를 포함한다. 이러한 통신 프로토콜(특히 암호화)에 대한 설명에서 편의상 두 당사자의 이름을 '앨리스'와 '밥'으로 지정하는 것이 일반적이다. 이 전통을 따를 것이며 반복적으로 통신 채널을 언급할 것이다. 양자 통신 채널은 두 개의 원격 위치 사이에서 큐비트를 전달할 수 있는 통신 회선(예: 광섬유 케이블)을 말한다. 고전적 통신 채널은 고전 비트를 전송할 수 있는 채널이지만 큐비트는 사용할 수 없다.[1] 프로토콜은 (양자 통신에서 많은 것과 마찬가지로) 앨리스와 밥이 다음 벨 상태에서 얽힌 큐비트 쌍을 공유할 것을 요구한다.

$$|\beta_{00}\rangle = \tfrac{1}{\sqrt{2}}\left(|00\rangle + |11\rangle\right) \tag{5.0.1}$$

---

1   종종 '채널(channel)'이라는 용어는 일반적인 양자 연산을 수행할 때 비트 또는 큐비트에서 발생하는 수학적 변환을 나타내는 데 사용된다. 채널을 이와 같은 의미로 10장에서 사용할 것이다.

상기 벨 상태는 때때로 EPR 쌍으로 지칭된다. 그러한 상태는 큐비트가 함께 실험실에 있을 때 큐비트 사이에 얽힘을 일으킬 수 있는 방식으로 상호작용할 수 있을 때 미리 만들어져야 할 것이다. 상태가 생성된 후 앨리스와 밥은 각각 두 큐비트 중 하나를 가져간다. 또는 제3자가 EPR 쌍을 생성하고 한 입자는 앨리스에게 다른 입자는 밥에게 줄 수 있다. 그들이 환경이나 다른 양자 시스템과 상호작용하지 않도록 주의를 기울이면 앨리스와 밥의 공동 상태는 계속 얽혀 있다. 이 얽힘은 앨리스와 밥이 다음과 같은 프로토콜을 달성하는 데 사용할 수 있는 리소스가 된다.

5.1 초고밀도 코딩

앨리스가 밥에게 2개의 고전적인 정보 비트를 보내려 한다고 가정하자. 초고밀도 코딩 superdense coding은 양자 채널을 통해 이 작업을 수행하는 방법으로 앨리스가 밥에게 하나의 큐비트를 보내면 된다. 앨리스와 밥은 처음에 다음 벨 상태를 공유해야 한다.

$$|\beta_{00}\rangle = \tfrac{1}{\sqrt{2}}\big(|00\rangle + |11\rangle\big) \tag{5.1.1}$$

앨리스가 첫 번째 큐비트를 갖고 밥이 두 번째 큐비트를 갖는다고 가정하자. 앨리스는 밥과 통신하고자 하는 2개의 고전 비트에 따라 4개의 1-큐비트 게이트 중 하나를 수행한다. 편의상 파울리 게이트의 정의를 다시 쓰면 다음과 같다.

$$I \equiv \begin{bmatrix} 1 & 0 \\ 0 & 1 \end{bmatrix} \qquad X \equiv \begin{bmatrix} 0 & 1 \\ 1 & 0 \end{bmatrix} \tag{5.1.2}$$

$$Y \equiv \begin{bmatrix} 0 & -i \\ i & 0 \end{bmatrix} \qquad Z \equiv \begin{bmatrix} 1 & 0 \\ 0 & -1 \end{bmatrix} \tag{5.1.3}$$

앨리스가 비트 00을 밥에게 보내려면 큐비트에는 아무것도 하지 않는다(또는 동일하게 항등 게이트identity gate I를 적용함). 01을 보내려면 X 게이트를 큐비트에 적용한다. 10을 보내려면 Z 게이트를 적용한다. 11을 보내려면 $Z \cdot X$를 적용한다(즉 X 게이트를 적용한 다음 Z 게이트를 적용한다). 다음 목록은 각 경우의 공동 2-큐비트 상태 결과이다.

$$I \otimes I: \qquad \frac{1}{\sqrt{2}}\big(|00\rangle + |11\rangle\big) \mapsto \frac{1}{\sqrt{2}}\big(|00\rangle + |11\rangle\big) = |\beta_{00}\rangle$$

$$X \otimes I: \qquad \frac{1}{\sqrt{2}}\big(|00\rangle + |11\rangle\big) \mapsto \frac{1}{\sqrt{2}}\big(|01\rangle + |10\rangle\big) = |\beta_{01}\rangle$$

$$Z \otimes I: \qquad \frac{1}{\sqrt{2}}\big(|00\rangle + |11\rangle\big) \mapsto \frac{1}{\sqrt{2}}\big(|00\rangle - |11\rangle\big) = |\beta_{10}\rangle$$

$$Z \cdot X \otimes I: \frac{1}{\sqrt{2}}\big(|00\rangle + |11\rangle\big) \mapsto \frac{1}{\sqrt{2}}\big(|01\rangle - |10\rangle\big) = |\beta_{11}\rangle$$

위 상태를 확인해야 한다. 적절한 게이트를 적용한 후 앨리스는 큐비트를 밥에게 보낸다. 그런 다음 밥은 앨리스가 자신에게 보내려는 고전적 비트에 따라 4개의 벨 상태 중하나를 가진다. 밥은 이제 벨 기저(즉 기저 $\{|\beta_{00}\rangle, |\beta_{01}\rangle, |\beta_{10}\rangle, |\beta_{11}\rangle\}$)와 관련해 공동 2-큐비트상태를 간단히 측정할 수 있다. 이러한 측정은 기본적으로 벨 기저로의 변화를 수행한다음 계산 기저로 측정을 수행해 4.5절에 설명된 대로 구현될 수 있다(그림 4.11 참조).

벨 측정 결과 밥이 보유한 벨 상태를 알 수 있으므로 앨리스가 자신에게 전달하고자 하는 두 개의 고전 비트를 확실하게 결정할 수 있다. 초고밀도 코딩 프로토콜이 그림 5.1에 나와 있다.

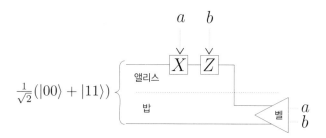

그림 5.1 앨리스가 하나의 물리적 큐비트를 밥에게 전송해 2비트의 고전적 정보를 보내는 초고밀도 코딩 프로토콜이다. 앨리스와 밥은 처음에 EPR 쌍 $\frac{1}{\sqrt{2}}(|00\rangle + |11\rangle)$을 공유한다. 앨리스는 보내려는 고전 비트 a, b에따라 $U_{ab} = Z^b X^a$ 연산을 적용한다. 큐비트를 밥에게 보낸 후 벨 기저로 큐비트 쌍을 측정한다. 이 측정은 밥에게 벨 상태 $|\beta_{ab}\rangle$에 해당하는 'a'와 'b'의 두 가지 값을 제공한다.

5.2 양자 텔레포테이션

양자 텔레포테이션의 경우 앨리스가 큐비트의 상태를 밥에게 알리려고 하는 시나리오다. 앨리스가 자신을 밥과 연결하는 고전 채널만 있다고 가정한다. 큐비트의 상태를 정확하게 보내려면 앨리스가 물리적 큐비트 자체를 보내거나 두 개의 복잡한 진폭을 무한으로 정확하게 통신해야 할 것이다. 그러나 앨리스와 밥이 얽힌 상태를 갖는 경우 이러한 직관은 잘못됐고 고전 채널을 통해 양자 상태를 정확하게 보낼 수 있다.

텔레포테이션은 앨리스가 2비트의 고전 정보만을 전송하여 큐비트를 밥에게 정확하게 전달하는 프로토콜이다. 초고밀도 코딩과 마찬가지로 순간 이동에는 앨리스와 밥이 처음에 다음 벨 상태를 공유해야 한다.

$$|\beta_{00}\rangle = \tfrac{1}{\sqrt{2}}\big(|00\rangle + |11\rangle\big) \tag{5.2.1}$$

앨리스가 상태 $|\psi\rangle = \alpha_0|0\rangle + \alpha_1|1\rangle$를 밥에게 텔레포테이션시키는 것을 가정한다. 그런 다음 그림 5.2에 표시된 회로는 텔레포테이션 프로토콜을 구현하고 상태 $|\psi\rangle$를 앨리스에서 밥으로 전송한다. 처음에 앨리스와 밥이 공동으로 소유한 3-큐비트 상태는 다음과 같다.

$$|\psi\rangle|\beta_{00}\rangle \tag{5.2.2}$$

큐비트를 다시 분류하면 (하지만 같은 순서로 유지할 경우) 상태는 다음과 같이 쓸 수 있다.

$$|\psi\rangle|\beta_{00}\rangle = \tfrac{1}{2}|\beta_{00}\rangle|\psi\rangle + \tfrac{1}{2}|\beta_{01}\rangle(X|\psi\rangle) + \tfrac{1}{2}|\beta_{10}\rangle(Z|\psi\rangle) + \tfrac{1}{2}|\beta_{11}\rangle(XZ|\psi\rangle) \tag{5.2.3}$$

앨리스는 벨 기저로 처음 두 큐비트를 측정한다. 측정 이후 공동 앨리스 밥 상태는 각 $\tfrac{1}{4}$의 확률로 다음 중 하나이다.

$$|\beta_{00}\rangle|\psi\rangle \tag{5.2.4}$$

$$|\beta_{01}\rangle(X|\psi\rangle) \tag{5.2.5}$$

$$|\beta_{10}\rangle(Z|\psi\rangle) \tag{5.2.6}$$

$$|\beta_{11}\rangle(XZ|\psi\rangle) \tag{5.2.7}$$

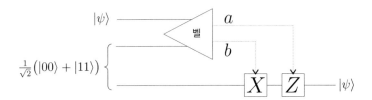

그림 5.2 양자 텔레포테이션을 구현하는 회로. 상단 두 줄은 앨리스의 큐비트를 나타내고 하단 줄은 밥의 큐비트를 나타낸다. 처음에 앨리스는 상태 $|\psi\rangle$를 소유하고 있으며 밥과 EPR 쌍을 공유한다. 앨리스는 벨 기저로 EPR 쌍의 절반과 공동 측정을 수행한다. 그녀는 이 측정 결과 (고전 비트 a 및 b)를 고전 채널(그림에서 점선 화살표로 표시)을 통해 밥에게 보낸다. a와 b의 값은 밥이 자신의 큐비트에서 수행하는 작업을 제어하는 데 사용된다. 밥이 최종 작업을 수행한 후 큐비트는 상태 $|\psi\rangle$로 남아 있다.

앨리스의 측정으로 인한 고전 비트 a와 b는 4가지 상태 중 어느 것이 획득되는지를 나타낸다. 앨리스가 이 두 비트를 밥에게 보내면 큐비트가 상태 $|\psi\rangle$, $X|\psi\rangle$, $Z|\psi\rangle$에 남아 있는지 또는 $XZ|\psi\rangle$에 남아 있는지를 알게 된다. 밥이 보유한 상태에 따라 (즉 고전 비트 값 a 및 b에 따라) 밥은 다음 작업 중 하나를 수행해 상태를 $|\psi\rangle$으로 변환한다.

문제 5.2.1 다음을 증명하라.

$$|\psi\rangle|\beta_{00}\rangle = \tfrac{1}{2}|\beta_{00}\rangle|\psi\rangle + \tfrac{1}{2}|\beta_{01}\rangle(X|\psi\rangle) + \tfrac{1}{2}|\beta_{10}\rangle(Z|\psi\rangle) + \tfrac{1}{2}|\beta_{11}\rangle(XZ|\psi\rangle) \qquad (5.2.8)$$

M_1, M_2에서 밥은 다음을 수행한다.

$$
\begin{array}{llll}
0,0 & I: & \alpha_0|0\rangle + \alpha_1|1\rangle & \mapsto \alpha_0|0\rangle + \alpha_1|1\rangle = |\psi\rangle \\
0,1 & X: & \alpha_0|1\rangle + \alpha_1|0\rangle & \mapsto \alpha_0|0\rangle + \alpha_1|1\rangle = |\psi\rangle \\
1,0 & Z: & \alpha_0|0\rangle - \alpha_1|1\rangle & \mapsto \alpha_0|0\rangle + \alpha_1|1\rangle = |\psi\rangle \\
1,1 & Z \cdot X: & \alpha_0|1\rangle - \alpha_1|0\rangle & \mapsto \alpha_0|0\rangle + \alpha_1|1\rangle = |\psi\rangle
\end{array}
$$

따라서 밥은 조건부로 Z와 X를 각각 값 a와 b에 따라 (고전적으로) 조절된 그의 큐비트에 적용한다. 이 변환 후 밥은 $|\psi\rangle$ 상태를 갖도록 보장되므로 상태는 앨리스에서 밥으로 성공적으로 텔레포테이션된다. 앨리스가 실제로 양자 정보를 보내지 않고 밥에게 정확히 양자 상태를 보낼 수 있다는 점에 주목하자. 그녀는 2비트의 고전 정보만 보내면 된다!

텔레포테이션은 양자 계산 및 양자 통신을 위한 자원으로 얽힘의 힘을 아름답게 보여준다. 이를 통해 큐비트 전송 작업을 하나의 EPR 얽힘 쌍 설정, 두 개의 고전 비트 전송 및 로컬 벨 측정 수행 작업으로 대체할 수 있다. 텔레포테이션할 상태를 손상시키지 않고 성공할 때까지 EPR 쌍 설정을 반복적으로 시도할 수 있다. 고전 비트를 전송하려면 양자 통신 채널이 필요하지 않다. 밥은 앨리스에 대한 양자 채널 없이도 벨 측정을 수행할 수 있다. 따라서 텔레포테이션은 장거리로 분리될 수 있는 위치 간에 양자 정보를 이동시키는 강력한 도구다.

5.3 양자 텔레포테이션의 적용

양자 텔레포테이션은 양자 회로에 흥미롭고 주목할 만한 작용을 하는 것으로 밝혀졌다. 앞에서 본 것처럼 일반적으로 양자 회로를 구현하려면 보편적 양자 게이트 집합에 접근할 수 있어야 한다. 이러한 집합은 항상 2개의 큐비트에서 작동하는 하나 이상의 게이트를 포함한다. CNOT 게이트는 일반적인 경우다. 결합된 양자 시스템을 제어하는 것은 매우 어렵기 때문에 하나 이상의 큐비트에서 작동하는 게이트를 구현하는 것이 기술적으로 훨씬 더 어려운 경우가 많다. CNOT 게이트의 특정 구현이 완벽하지는 않지만 시간이 지남에 따라 실패할 수 있다. 긴 계산 도중 CNOT 게이트가 실패하면 작동 중인 큐비트의 상태가 손상된다. 어떤 형태의 오류 정정이 없으면 계산에 신뢰할 수 없는 결과를 초래할 수 있다.

이 문제를 해결하는 한 가지 방법은 CNOT 게이트를 적용하려는 상태의 사본을 작성하고 사본을 안전한 곳에 보관하는 것이다. CNOT 게이트가 실패하면 안전하게 보관하기 위해 다른 사본을 만들고 CNOT을 다시 시도할 수 있다. 안타깝게도 이는 알려지지 않은 양자 상태를 완벽하게 복사할 회로를 구현하는 것이라는 복제 불가능성 정리no-cloning theorem로 알려진 결과로 불가능하다. 10.4.2절에서 복제 불가능성 정리를 더 자세히 살펴볼 것이다.

우리가 원하는 것은 CNOT 게이트를 비파괴적으로 적용해 CNOT 게이트가 실패하면 관련 큐비트의 양자 상태가 손상되지 않고 다시 CNOT 게이트를 시도할 수 있는 방법

이다. 양자 텔레포테이션은 벨 상태를 준비하고 단일 비트 회전을 수행하고 벨 상태를 직접 측정할 수 있는 능력이 있다면 이를 수행하는 방법을 제공한다. 이 시스템은 CNOT 게이트를 구현하는 기술적 문제를 얽힌 상태를 만드는 기술적 문제로 변환한다. 이는 그림 5.3~5.7의 순서로 설명돼 있다. 상태 $a_0|0\rangle + a_1|1\rangle$의 제어 큐비트와 상태 $\gamma_0|0\rangle + \gamma_1|1\rangle$의 목표 큐비트 사이에 CNOT 게이트를 수행하고자 한다.

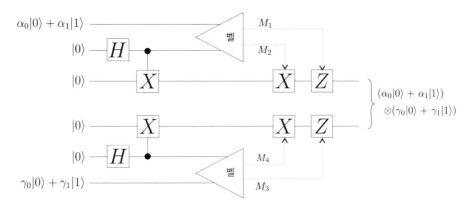

그림 5.3 상태 $\alpha_0|0\rangle + \alpha_1|1\rangle$과 $\gamma_0|0\rangle + \gamma_1|1\rangle$을 텔레포테이션하기 위한 텔레포테이션 회로

두 논리 큐비트의 상태는 이 회로의 영향을 받지 않으므로 항등연산^{identity operation}의 구현으로 볼 수 있다.

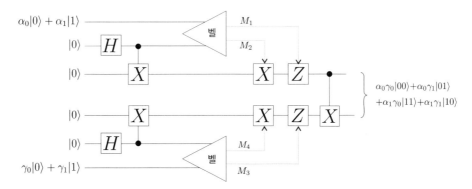

그림 5.4 텔레포테이션된 상태들 사이의 CNOT 게이트. 두 논리 큐비트의 상태에 대한 전반적인 영향은 CNOT 연산이다.

이를 직접 수행할 수 있지만 게이트가 실패할 때 양자 정보가 손상될 위험이 있다. 대신 그림 5.3과 같이 두 개의 텔레포테이션 프로토콜을 사용할 수 있다. 하나는 제어 비트용이고 다른 하나는 목표 비트용이다.

그림 5.4에서는 텔레포테이션된 상태에서 CNOT 게이트를 적용한다.

그림 5.5는 '트릭^{trick}'을 보여준다. 그림과 같이 가운데 두 큐비트에 한 쌍의 CNOT 게이트를 추가할 수 있다. 이러한 큐비트에 대한 두 개의 CNOT 게이트의 결합된 효과가 항등연산이기 때문에 회로의 전반적인 동작은 변하지 않는다. 그림 5.5에서 점선 상자로 표시된 것처럼 CNOT 게이트를 다시 지정할 수 있다. 첫 번째(왼쪽)에서 점선 상자는 4-큐비트 얽힌 상태

$$\frac{|0000\rangle + |0011\rangle + |1110\rangle + |1101\rangle}{2}$$

를 만들기 위한 회로 부분의 영향을 쉽게 확인할 수 있다.

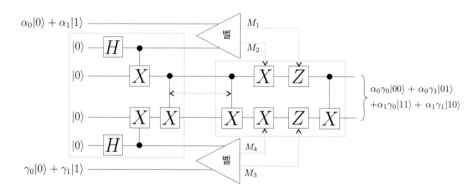

그림 5.5 회로에 추가된 한 쌍의 CNOT 게이트. 한 쌍의 CNOT 게이트는 순수 효과가 없다.

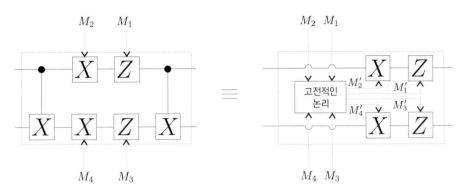

그림 5.6 X 및 Z 게이트의 적용을 제어하는 고전적인 논리를 수정하면 한 쌍의 CNOT 게이트를 제거할 수 있다.

두 번째 (오른쪽) 점선 상자의 회로 부분을 생각해보자. CNOT 게이트의 유일한 영향은 X와 Z 게이트가 두 큐비트에 개별적으로 적용되는 조건을 변경하는 것이다. 예를 들어 $M_1 = 0$, $M_2 = 0$, $M_3 = 1$ 및 $M_4 = 0$인 경우 점선 상자의 회로 효과는 Z를 두 큐비트에 별도로 적용하는 것과 같다. M_1, M_2, M_3, M_4의 임의의 조합에 대해, X 및 Z 게이트의 적절한 조합을 개별적으로 점선 박스 내의 2개의 큐비트에 적용하면서 원하는 효과를 달성할 수 있다. 따라서 X 및 Z 게이트를 제어하는 고전 논리를 적절히 수정하면 이 점선 상자에서 CNOT 게이트를 제거할 수 있다. 그림 5.6에 나와 있다.

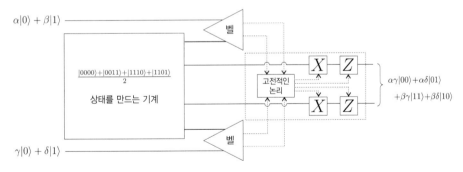

그림 5.7 CNOT 게이트가 실패하는 경우 두 큐비트의 상태를 파괴할 위험 없이 양자 계산에서 두 큐비트 사이에 CNOT 게이트를 적용하기 위한 회로

문제 5.3.1 그림 5.6의 '고전적 논리'를 유도하라(예를 들어 모든 M_1, M_2, M_3, M_4에 있어서 M_1, M_2, M_3, $M_4 \mapsto M_1'$, M_2', M_3', M_4'을 사상^{map}을 구체화하라).

고전적인 결과 M_1, M_2를 제공하는 벨 측정만 필요하다. 그림 4.11의 설명에서 언급한 것과 같이 벨 측정에는 CNOT 게이트를 구현할 필요가 없다. 또한 벨 상태 $\beta M_1 M_2$의 결과가 필요하지 않으므로 이러한 측정을 구현하면 측정 과정에서 벨 상태를 파괴할 수 있다.

그림 5.6의 첫 번째 점선 상자는 CNOT 게이트를 사용한다. 그림 5.6의 점선 상자에서 회로의 효과가 다음 상태를 만드는 것을 쉽게 확인할 수 있다.

$$\frac{|0000\rangle + |0011\rangle + |1110\rangle + |1101\rangle}{2} \tag{5.3.1}$$

위의 상태를 생성하는 기계와 기계가 성공했는지 확인하는 수단이 있으면 충분하다. 이 기계는 CNOT 게이트를 사용하더라도 상태(5.3.1)를 생성하지 못하면 검증 절차에서 이를 알려줄 것이며 상태 $|0\rangle$에서 새로 준비된 4개의 큐비트로 기계를 다시 시도할 수 있다. 따라서 그림 5.6에서 첫 번째 점선 상자를 상태 5.3.1을 생성하기 위한 일반 기계로 교체한다. 일반 기계에서는 상태가 성공적으로 생성됐는지 확인하는 절차도 포함돼 있다고 가정한다.

위에서 설명한 수정으로 두 큐비트에서 CNOT 게이트를 구현하기 위한 회로가 그림 5.7에 표시된다.

06
양자 알고리듬의 도입

6장에서는 초기 양자 알고리듬 중 일부를 설명할 것이다. 이 알고리듬은 간단하며 이후 장에서 설명하는 더 유용하고 강력한 양자 알고리듬의 주요 구성 요소를 보여준다.

양자 알고리듬은 고전적인 확률 알고리듬과 일부 기능을 공유하므로 두 알고리듬 패러다임의 비교부터 시작하겠다.

6.1 양자 알고리듬 대 확률론

고전 확률 알고리듬은 1장에서 소개됐다. 6.1절에서는 양자 계산을 확률 계산의 일반화로 볼 수 있는 방법을 살펴본다.

간단한 확률론적 계산을 고려해보자. 그림 6.1은 정수 0,1,2 및 3으로 레이블이 지정된 4가지 상태 중 하나에 있을 수 있는 레지스터^{register}에서 이러한 계산의 처음 두 단계를 보여준다. 처음에는 레지스터가 상태 0에 있다. 계산에서 레지스터는 확률 $p_{0,j}$를 갖는 상태 j에 있다. 예를 들어 첫 번째 단계 후 계산이 상태 2에 있을 확률은 $p_{0,2}$이다. 계산의 두 번째 단계에서 레지스터는 상태 j에서 확률 $q_{j,k}$로 상태 k로 이동한다. 예를 들어 두 번째 단계에서 계산은 확률 $q_{2,3}$을 가지고 상태 2에서 상태 3으로 진행한다. 두 번째 단계 후에 계산이 상태 3에서 끝나는 총 확률을 찾고 싶다고 가정하자. 이는 먼저 상태 3에 도달할 수 있는 각 계산 '경로'와 관련된 확률을 결정한 다음 이러한 모든 경로에 대한 확률을 추가해 계산한다. 첫 번째 단계 후 상태 3에서 계산을 종료할수 있는 계산 경로는 네 가지다. 계산은 4개의 $j \in \{0, 1, 2, 3\}$ 중 어느 하나에 대해 상태 0에서 상태 j로, 이어서 상태 j에서 상태 3으로 진행될 수 있다. 이러한 경로 중 하나와 관련된 확률은 상태 0에서 상태 j로의 전이 확률 $p_{0,j}$에 상태 j에서 상태 3으로의 전이 확률 $q_{j,3}$을 곱해 구한다. 상태 3에서 끝나는 것은 이 네 가지 가능성을 추가해 주어진다.

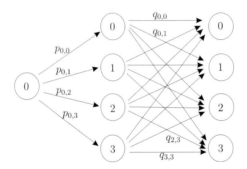

그림 6.1 0, 1, 2, 3으로 레이블이 지정된 4가지 상태 중 하나일 수 있는 레지스터에 작용하는 고전적인 확률 계산 $p_{0,j}$는 첫 번째 단계에서 상태 0에서 상태 j로 진행하는 계산의 확률이다. $q_{j,k}$는 두 번째 단계에서 상태 j에서 상태 k로 진행하는 계산의 확률을 나타낸다.

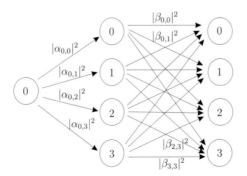

그림 6.2 양자 설정에서 본 고전적인 확률론적 계산. 양자 확률 진폭의 제곱 노름으로서의 전이(transition) 확률. $p_{0,j} = |\alpha_{0,j}|^2$ 및 $q_{j,k} = |\beta_{j,k}|^2$가 있다. 이를 통해 각 단계 후에 상태가 측정되는 양자 계산으로 볼 수 있다.

따라서 다음을 갖는다.

$$\mathrm{prob}(\text{최종 결과는 3이다}) = \sum_j p_{0,j} q_{j,3} \qquad (6.1.1)$$

이 계산을 보는 또 다른 방법은 레지스터가 두 개의 큐비트로 구성돼 있고 레이블 0, 1, 2, 3이 각각 네 가지 기저 상태 $|00\rangle$, $|01\rangle$, $|10\rangle$, $|11\rangle$을 참조하게 하는 것이다. 그런 다음 $p_{0,j} = |\alpha_{0,j}|^2$ 및 $q_{j,k} = |\beta_{j,k}|^2$가 되도록 양자 확률 진폭의 제곱 노름으로 정의되도록 각 전환 확률을 본다. 이 접근 방식은 그림 6.2에 나와 있으며 각 단계 후에 상태를 측정하는 양자 계산으로 볼 수 있다.

계산의 첫 번째 단계 직후 (계산 기저로) 상태를 계산하면 결과 2와 관련된 확률은 다음과 같다.

$$\mathrm{prob}(\text{첫 단계 후 측정은 2를 줌}) = |\alpha_{0,2}|^2 = p_{0,2} \qquad (6.1.2)$$

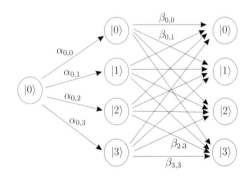

그림 6.3 완전 양자 계산. 여기서 상태는 두 번째 단계가 끝날 때까지 측정되지 않는다.

전과 같이 두 번째 단계 후 결과 3을 측정할 총 확률은 다음과 같으며 이는 식 (6.1.1)과 같은 확률이다.

$$\mathrm{prob}(\text{최종 결과는 3이다}) = \sum_j |\alpha_{0,j}|^2 |\beta_{j,3}|^2 \qquad (6.1.3)$$

$$= \sum_j |\alpha_{0,j}\beta_{j,3}|^2 \qquad (6.1.4)$$

이 예제에서는 각 단계 후에 상태가 측정됐다고 가정하고 중간 상태 j를 알 수 있으므로 최종 상태 3으로 이어지는 계산 경로를 알 수 있다. 최종 상태 3에 도달할 수 있는 총 확률은 각 경로와 관련된 확률 진폭 $\alpha_{0,j}\beta_{j,3}$의 제곱 노름을 추가해 결정된다(즉 확률 진폭이 아닌 4개의 경로에 대한 확률을 추가한다).

완전 양자 알고리듬에서는 첫 번째 단계 직후 상태를 측정하지 않는다. 이런 식으로 양자 확률 진폭이 간섭할 수 있다. 예를 들어 일부 음의 진폭은 일부 양의 진폭으로 취소돼 주어진 결과와 관련된 최종 확률에 크게 영향을 줄 수 있다. 위 알고리듬의 양자 버전은 그림 6.3에 나와 있다.

이번에는 두 번째 단계 후 측정에서 결과 3과 관련된 총 확률의 계산이 다르다. 계산의 첫 번째 단계 후에 측정이 없으므로 계산에서 최종 상태 3으로 이동하는 경로를 배우지 않는다. 즉 출력 3을 얻을 때 4개의 경로 중 어느 것을 이용했는지 알려주는 정보가 없다. 이 경우 네 가지 경로 각각과 관련된 확률을 추가하는 대신 확률 진폭을 추가해야 한다. 결과 3을 제공하는 제2단계 후의 측정 확률은 총 확률 진폭의 제곱 노름을 취해 얻어진다.

$$\text{prob}(\text{최종 결과는 } 3\text{이다}) = \left| \sum_j \alpha_{0,j}\beta_{j,3} \right|^2 \tag{6.1.5}$$

식 (6.1.4)와 (6.1.5)의 차이점에 유의하자. 문제 6.1.2에서는 두 식이 크게 다른 결과를 나타내는 확률 진폭 집합을 확인할 것이다.

문제 6.1.1 그림 1.1에 예시된 고전적 확률 알고리듬의 전이 확률 $q_{i,j}$는 모든 j에 대해 $\sum_i q_{i,j} = 1$인 4×4 확률 행렬을 형성한다.

(a) 임의의 유니타리 행렬 $U = [u_{i,j}]$에 대해 행렬 $S = [|u_{i,j}|^2]$는 확률 행렬임을 증명하라.

(b) 이전의 문제에서 설명한 대로 모든 확률 행렬이 유니타리 행렬 U로부터 도출될 수 있는 것은 아님을 증명하라.

이는 6장에서 양자 알고리듬으로 모든 고전적인 확률 알고리듬을 시뮬레이션할 수 있는 것은 아님을 보여준다. 그러나 다음 문제는 양자 알고리듬이 임의의 고전을 시뮬레이션할 수 있는 간단한 방법을 보여준다.

(c) 추가적인 M-상태 '보조자^{ancilla}' 시스템을 추가하고, 연결 시스템에 유니타리 연산을 적용한 다음 보조자를 측정하고 배제해 양자 알고리듬에 의해 M-상태 시스템의 고전 확률적 전이를 어떻게 시뮬레이션할 수 있는지 보여라.

문제 6.1.2

(a) 다음을 만족시키는 복소수 α_i, $i = 0, 1, \ldots, N-1$을 보여라.

$$\sum_i |\alpha_i|^2 = 1 \text{과} \left| \sum_i \alpha_i \right|^2 = 0$$

(b) 다음을 만족시키는 복소수 α_i, $i = 0, 1, \ldots, N-1$을 보여라.

$$\sum_i |\alpha_i|^2 = \frac{1}{N} \text{과} \left| \sum_i \alpha_i \right|^2 = 1$$

양자 간섭은 광자 및 빔 분리기^{splitter} 장치를 검사한 1.6절에서 이미 확인됐다. 양자 계산에서 간섭의 구체적인 예를 제공하기 위해 양자 회로의 언어로 이 예를 다시 살펴볼 수 있다. 그림 6.4의 양자 회로를 생각해보자. 그림 6.4의 회로는 순수한 양자 계산을 수행하지 않는다. 그 이유는 첫 번째 아다마르 게이트 바로 다음에 측정을 하기 때문이다(4.3 절의 아다마르 게이트 H의 정의를 기억하자).

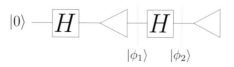

그림 6.4 양자 간섭을 안보이는 양자 회로

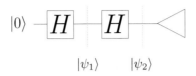

그림 6.5 양자 간섭을 보이는 양자 회로

상태 $|\phi_1\rangle$는 이러한 측정 후 즉시 다음과 같다.

$$|\phi_1\rangle = \begin{cases} |0\rangle & \frac{1}{2} \text{ 확률} \\ |1\rangle & \frac{1}{2} \text{ 확률} \end{cases} \tag{6.1.6}$$

이 상태는 두 번째 아다마르 게이트 직후 다음과 같다.

$$|\phi_2\rangle = \begin{cases} \frac{1}{\sqrt{2}}(|0\rangle + |1\rangle) & \frac{1}{2} \text{ 확률} \\ \frac{1}{\sqrt{2}}(|0\rangle - |1\rangle) & \frac{1}{2} \text{ 확률} \end{cases} \tag{6.1.7}$$

두 경우 모두 최종 측정은 결과에 동일한 확률로 0 또는 1을 제공한다.

위 경우를 그림 6.5에 표시된 양자 회로와 비교하라. 이번에는 첫 번째 아다마르 게이트 이후 측정이 없으며 두 번째 아다마르 게이트를 적용하면 양자 진폭에서 간섭이 발생한다. 첫 아다마르 게이트 직후의 상태는 다음과 같다.

$$|\psi_1\rangle = \frac{1}{\sqrt{2}}|0\rangle + \frac{1}{\sqrt{2}}|1\rangle \tag{6.1.8}$$

이 상태는 두 번째 아다마르 게이트에 직접 입력되며 두 번째 아다마르 게이트 이후의 상태는 다음과 같다.

$$|\psi_2\rangle = H\left(\frac{1}{\sqrt{2}}|0\rangle + \frac{1}{\sqrt{2}}|1\rangle\right) \tag{6.1.9}$$

$$= \frac{1}{\sqrt{2}}H|0\rangle + \frac{1}{\sqrt{2}}H|1\rangle \tag{6.1.10}$$

$$= \frac{1}{\sqrt{2}}\left(\frac{1}{\sqrt{2}}|0\rangle + \frac{1}{\sqrt{2}}|1\rangle\right) + \frac{1}{\sqrt{2}}\left(\frac{1}{\sqrt{2}}|0\rangle - \frac{1}{\sqrt{2}}|1\rangle\right) \tag{6.1.11}$$

$$= \frac{1}{2}|0\rangle + \frac{1}{2}|1\rangle + \frac{1}{2}|0\rangle - \frac{1}{2}|1\rangle \tag{6.1.12}$$

$$= |0\rangle \tag{6.1.13}$$

|0⟩과 관련된 총 확률 진폭은 0이며 이는 결과 '1'을 제공하는 두 번째 측정의 확률이 이제 0임을 의미한다. 두 번째 아다마르 게이트는 중첩 상태의 기저 상태 |0⟩과 |1⟩에 영향을 미쳤으며 이 중첩의 두 경로에 대한 상태의 진폭이 간섭됐고 결국 상쇄되어 사라졌다.

그림 6.5에서 아다마르 게이트 H를 다음과 같은 'NOT의 제곱근 게이트'로 교체하면 1.6절의 광자/빔 분리기 실험을 보는 것과 같음을 알 수 있다.

$$\begin{bmatrix} 1 & i \\ i & 1 \end{bmatrix} \tag{6.1.14}$$

고전적 확률 알고리듬은 양자 알고리듬으로 쉽게 시뮬레이션할 수 있다(문제 6.1.1c 참조). 그러나 고전적인 확률 알고리듬이 양자 알고리듬을 효율적으로 시뮬레이션할 수 있을까? 각 양자 게이트를 확률론적 고전 게이트로 순진하게 대체하는 것이 어떻게 극적으로 다른 결과를 낳을 수 있으며 따라서 일반적으로 작동하지 않을 것임을 보았다. 주어진 결과로 이어지는 다항수의 경로를 샘플링^{sampling}해 주어진 결과의 총 진폭을 추정하는 것과 같은 간단한 시도도 일반적으로 비효율적이다. 그러나 CNOT, H, X, Y, Z 및 T 게이트만 사용하는 양자 회로와 같은 일부 제한된 경우(클리포드군$^{Clifford\ group}$이라고 알려진 것)는 (고테스만-닐$^{Gottesman-Knill}$ 정리라고 하는) 고전 컴퓨터에서 효율적으로 시뮬레이션할 수 있다. 얽힘이 없거나 충분히 적은 양의 얽힘이 없다면 양자 시스템을 시뮬레이션하기 위한 효율적인 고전 알고리듬도 있다. 그러나 양자 시스템(및 특히 양자 컴퓨터)을 시뮬레이션하기 위해 알려진 보편적 고전 알고리듬은 없다. 이것은 양자 알고리듬이 기존의 확률론적 알고리듬보다 더 효율적으로 일부 계산 문제를 해결할 수 있는 가능성을 열어둔다.

6.2 위상 반동(Phase Kick-Back)

문제 4.2.4에서 비록 고전적인 기저에서 CNOT 게이트가 제어 큐비트에 아무런 영향을 미치지 않는 것처럼 보이지만 실제로 목표 큐비트만큼 제어 큐비트에 영향을 줄 수 있는 방법을 보았다. 예를 들어 다음과 같이 아다마르 기저에서 제어 및 목표 큐비트의 역할이 효과적으로 전환된다.

$$\text{CNOT}: \left(\frac{|0\rangle + |1\rangle}{\sqrt{2}}\right)\left(\frac{|0\rangle - |1\rangle}{\sqrt{2}}\right) \longmapsto \left(\frac{|0\rangle - |1\rangle}{\sqrt{2}}\right)\left(\frac{|0\rangle - |1\rangle}{\sqrt{2}}\right) \qquad (6.2.1)$$

$\left(\frac{|0\rangle - |1\rangle}{\sqrt{2}}\right)$은 고윳값 -1을 갖는 $X(\text{NOT})$ 게이트의 고유 벡터(또는 고유 상태)이고 고윳값 $+1$을 갖는 고유 게이트의 고유 벡터이다. 첫 번째 큐비트가 상태 $|1\rangle$에 있는 경우 CNOT은 목표 큐비트에 NOT 게이트를 적용하므로 다음을 얻는다.

$$\text{CNOT}: |1\rangle\left(\frac{|0\rangle - |1\rangle}{\sqrt{2}}\right) \longmapsto |1\rangle\left(\text{NOT}\left(\frac{|0\rangle - |1\rangle}{\sqrt{2}}\right)\right) \qquad (6.2.2)$$

$$= |1\rangle\left((-1)\left(\frac{|0\rangle - |1\rangle}{\sqrt{2}}\right)\right) \qquad (6.2.3)$$

$$= -|1\rangle\left(\frac{|0\rangle - |1\rangle}{\sqrt{2}}\right) \qquad (6.2.4)$$

(여기서 두 번째 줄은 2.6절에서 본 텐서곱의 첫 번째 원칙에서 나온 것이다.) CNOT은 첫 번째 큐비트가 상태 $|0\rangle$인 경우 항등 게이트(즉 '아무것도 하지 않음')를 목표 큐비트에 적용하기 때문에 다음을 얻는다.

$$\text{CNOT}: |0\rangle\left(\frac{|0\rangle - |1\rangle}{\sqrt{2}}\right) \longmapsto |0\rangle\left(\frac{|0\rangle - |1\rangle}{\sqrt{2}}\right) \qquad (6.2.5)$$

목표 큐비트는 고유 상태이므로 변경되지 않으며 고윳값을 제어 레지스터로 '반동'한 것으로 효과적으로 처리할 수 있다.

이것을 다음과 같이 요약할 수 있다.

$$\text{CNOT}: |b\rangle\left(\frac{|0\rangle - |1\rangle}{\sqrt{2}}\right) \longmapsto (-1)^b|b\rangle\left(\frac{|0\rangle - |1\rangle}{\sqrt{2}}\right) \qquad (6.2.6)$$

여기서 $b \in \{0, 1\}$이다. 제어 큐비트가 $|0\rangle$과 $|1\rangle$의 중첩 상태에 있을 때 다음과 같다.

$$\text{CNOT}: (\alpha_0|0\rangle + \alpha_1|1\rangle)\left(\frac{|0\rangle - |1\rangle}{\sqrt{2}}\right) \longmapsto (\alpha_0|0\rangle - \alpha_1|1\rangle)\left(\frac{|0\rangle - |1\rangle}{\sqrt{2}}\right) \quad (6.2.7)$$

(이는 Z 게이트가 제어 큐비트에 영향을 미치는 것에 해당한다).

임의의 함수 $f : \{0, 1\} \rightarrow \{0, 1\}$을 임의의 함수 f로 구현하는 좀 더 일반적인 2-큐비트 게이트 U_f의 효과를 $|x\rangle|y\rangle \mapsto |x\rangle|y \oplus f(x)\rangle$의 사상을 살펴보자(1.5절에서 본 것과 같이 함수 f 자체가 가역적이지 않더라도 이 사상은 가역적이다).

목표 레지스터를 상태 $\frac{1}{\sqrt{2}}(|0\rangle - |1\rangle)$로 고정하고 제어 큐비트에서 임의의 기저 상태에서 U_f의 동작을 분석한다.

$$U_f : |x\rangle \left(\frac{|0\rangle - |1\rangle}{\sqrt{2}} \right) \longmapsto \left(\frac{U_f|x\rangle|0\rangle - U_f|x\rangle|1\rangle}{\sqrt{2}} \right) \tag{6.2.8}$$

$$= \left(\frac{|x\rangle|0 \oplus f(x)\rangle - |x\rangle|1 \oplus f(x)\rangle}{\sqrt{2}} \right) \tag{6.2.9}$$

$$= |x\rangle \left(\frac{|0 \oplus f(x)\rangle - |1 \oplus f(x)\rangle}{\sqrt{2}} \right) \tag{6.2.10}$$

$f(x) = 0$(즉, $b \oplus 0 = b$)인 경우 '$\oplus f(x)$'의 동작은 단일 비트에 영향을 미치지 않으며 '$\oplus f(x)$'는 $f(x) = 1$인 경우 비트의 상태를 뒤집는다.

$\frac{1}{\sqrt{2}}(|0 \oplus f(x)\rangle - |1 \oplus f(x)\rangle)$의 표현을 두 경우 $f(x) = 0$ 및 $f(x) = 1$에서 고려하자.

$$f(x) = 0 : \quad \frac{|0 \oplus f(x)\rangle - |1 \oplus f(x)\rangle}{\sqrt{2}} = \frac{|0\rangle - |1\rangle}{\sqrt{2}} \tag{6.2.11}$$

$$f(x) = 1 : \quad \frac{|0 \oplus f(x)\rangle - |1 \oplus f(x)\rangle}{\sqrt{2}} = \frac{|1\rangle - |0\rangle}{\sqrt{2}} = - \left(\frac{|0\rangle - |1\rangle}{\sqrt{2}} \right) \tag{6.2.12}$$

이 두 가지 가능성은 $f(x)$의 값에 따르는 (-1)의 계수에 따라 다르다.

$$\frac{|0 \oplus f(x)\rangle - |1 \oplus f(x)\rangle}{\sqrt{2}} = (-1)^{f(x)} \left(\frac{|0\rangle - |1\rangle}{\sqrt{2}} \right) \tag{6.2.13}$$

따라서 위 상태는 다음과 같이 다시 쓰일 수 있다.

$$|x\rangle(-1)^{f(x)} \left(\frac{|0\rangle - |1\rangle}{\sqrt{2}} \right) \tag{6.2.14}$$

$(-1)^{f(x)}$ 계수를 첫 번째 큐비트와 연결하면 다음과 같다.

$$U_f : |x\rangle \left(\frac{|0\rangle - |1\rangle}{\sqrt{2}} \right) \mapsto (-1)^{f(x)} |x\rangle \left(\frac{|0\rangle - |1\rangle}{\sqrt{2}} \right) \tag{6.2.15}$$

제어 큐비트가 $|0\rangle$과 $|1\rangle$의 중첩 상태에 있으면 다음과 같다.

$$U_f : (\alpha_0 |0\rangle + \alpha_1 |1\rangle) \left(\frac{|0\rangle - |1\rangle}{\sqrt{2}} \right) \mapsto \left((-1)^{f(0)} \alpha_0 |0\rangle + (-1)^{f(1)} \alpha_1 |1\rangle \right) \left(\frac{|0\rangle - |1\rangle}{\sqrt{2}} \right) \tag{6.2.16}$$

U_f를 그림 6.6과 같이 첫 번째 레지스터의 상태 $|x\rangle$에 의해 제어되는 두 번째 큐비트에 작용하는 ($|b\rangle \mapsto |b \oplus f(x)\rangle$을 사상하는) 1-큐비트 연산자 $\widehat{U}_{f(x)}$로 생각할 수 있다. 때로는 U_f 대신 c-$\widehat{U}_{f(x)}$를 쓸 수도 있다.

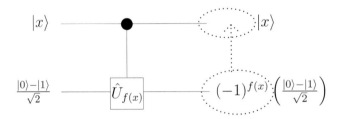

그림 6.6　2-큐비트 게이트 $U_f : |x\rangle|y\rangle \mapsto |x\rangle|y \oplus f(x)\rangle$는 첫 번째 큐비트에 의해 제어되는 두 번째 큐비트에 작용하는 1-큐비트 게이트 $\widehat{U}_{f(x)}$로 생각할 수 있다.

그림 6.7　목표 레지스터의 상태 $\frac{|0\rangle - |1\rangle}{\sqrt{2}}$는 고유 상태 $\widehat{U}_{f(x)}$이다. 고윳값 $(-1)^{f(x)}$은 대상 레지스터 앞에서 '반동'될 수 있다.

식 (6.2.15)에서 두 번째 레지스터의 상태는 $\frac{|0\rangle - |1\rangle}{\sqrt{2}}$의 고유 벡터이다.

$\widehat{U}_{f(x)}$와 같은 연산자의 목표 큐비트에 고유 상태를 입력하고 고윳값을 제어 레지스터(그림 6.7 참조)의 상태와 연관시키는 이러한 기술은 6장의 나머지 부분과 7장에서 반복

적으로 사용될 것이다.

6.3 도이치 알고리듬

이제 첫 번째 양자 알고리듬을 살펴보겠다. 도이치[Deutsch] 알고리듬은 (7장에서 정의할) 양자 푸리에 변환[Quantum Fourier Transform]을 기반으로 하는 양자 알고리듬의 매우 간단한 예다. 도이치 알고리듬은 매우 간단하고 이해하기 쉬우면서 유용한 양자 알고리듬에 사용되는 양자 병렬 및 양자 간섭의 핵심 아이디어를 설명하기 때문에 시작하기에 좋은 주제다.

도이치 알고리듬으로 해결된 문제는 다음과 같다. 임의의 1-비트 함수 $f : \{0, 1 \rightarrow \{0, 1\}$을 계산하기 위한 가역 회로가 있다고 가정한다(가역 회로에 대한 설명은 1.5절을 참조하라). 이 가역 회로를 '블랙박스[black box]' 또는 '오라클[oracle]'로 취급한다. 이것은 주어진 입력 x에 대해 $f(x)$의 값을 얻기 위해 회로를 적용할 수 있지만 함수 f에 대해 배우기 위해 회로의 내부 동작에 대한 정보를 얻을 수는 없다. 문제는 $f(0) \oplus f(1)$의 값을 결정하는 것이다. $f(0) \oplus f(1) = 0$이라고 결정하면 $f(0) = f(1)$을 알고 있지만 (값을 모르더라도) f는 '상수'라고 말한다. 반면에 $f(0) \oplus f(1) = 1$이라고 판단하면 $f(0) \neq f(1)$을 알 수 있으며 함수가 '균형'이라고 한다. 따라서 $f(0) \oplus f(1)$을 결정하는 것은 함수 f가 상수인지 균형인지를 결정하는 것과 같다.

도이치 문제

입력: 임의의 함수 $f : \{0, 1\} \rightarrow \{0, 1\}$를 계산하는 블랙박스

문제: f에 쿼리들[queries]을 해 $f(0) \oplus f(1)$의 값을 결정하라.

$f(0) \oplus f(1)$을 결정하기 위해 f에 대한 오라클에 대한 쿼리는 몇 번이나 해야 할까? 정답은 2이다. 하나의 (고전적) 쿼리를 사용해 $f(0)$을 계산한다고 가정한다. 그런 다음 $f(1)$의 값은 0이 돼 $f(0) \oplus f(1) = 0$이 되거나 $f(1)$의 값은 1이 돼 $f(0) \oplus f(1) = 1$이 될 수 있다. $f(1)$의 값을 결정하기 위해 오라클에 두 번째 쿼리를 하지 않으면 $f(0) \oplus f(1)$

의 값에 대한 결론을 내릴 수 없다. 도이치 알고리듬은 f에 대한 양자 오라클에 단일 쿼리를 만들어 $f(0) \oplus f(1)$의 값을 결정할 수 있는 양자 알고리듬이다.

주어진 회로의 모든 가역적 고전 게이트를 유사한 유니타리 양자 게이트로 대체해 f에 대한 주어진 가역 회로로 양자 회로를 만들 수 있다. 이 양자 회로는 유니타리 연산자로 표현할 수 있다.

$$U_f : |x\rangle|y\rangle \mapsto |x\rangle|y \oplus f(x)\rangle \qquad (6.3.1)$$

f에 대한 회로의 양자 버전을 만들었으므로 양자 비트를 입력으로 공급할 수 있다. 두 번째 입력 큐비트를 $|y\rangle = |0\rangle$ 상태로 설정하면 첫 번째 입력 큐비트의 $|0 \oplus f(0)\rangle = |f(0)\rangle$이 두 번째 출력 비트의 $|x\rangle = |1\rangle$을 제공하고 첫 번째 입력 큐비트의 $|f(1)\rangle$이 $|x\rangle = |0\rangle$을 제공하도록 U_f를 정의한다. 따라서 $|x\rangle = |1\rangle$을 (고전적) 입력 비트 0의 양자 버전과 입력 비트 1의 양자 버전으로 생각할 수 있다. 물론 입력 큐비트의 상태는 $|0\rangle$과 $|1\rangle$의 중첩일 수 있다. 여전히 두 번째 입력 큐비트 $|y\rangle = |0\rangle$를 유지하면서 첫 번째 입력 큐비트를 중첩 상태로 설정했다고 가정한다.

$$\frac{1}{\sqrt{2}}|0\rangle + \frac{1}{\sqrt{2}}|1\rangle \qquad (6.3.2)$$

그러면 다음 U_f에 대한 두 큐비트 입력은 다음과 같다.

$$\left(\frac{1}{\sqrt{2}}|0\rangle + \frac{1}{\sqrt{2}}|1\rangle \right) |0\rangle \qquad (6.3.3)$$

$$= \frac{1}{\sqrt{2}}|0\rangle|0\rangle + \frac{1}{\sqrt{2}}|1\rangle|0\rangle \qquad (6.3.4)$$

U_f의 출력은 다음 상태가 될것이다.

$$U_f \left(\frac{1}{\sqrt{2}}|0\rangle|0\rangle + \frac{1}{\sqrt{2}}|1\rangle|0\rangle \right) \qquad (6.3.5)$$

$$= \frac{1}{\sqrt{2}}U_f|0\rangle|0\rangle + \frac{1}{\sqrt{2}}U_f|1\rangle|0\rangle \qquad (6.3.6)$$

$$= \frac{1}{\sqrt{2}}|0\rangle|0 \oplus f(0)\rangle + \frac{1}{\sqrt{2}}|1\rangle|0 \oplus f(1)\rangle \qquad (6.3.7)$$

$$= \frac{1}{\sqrt{2}}|0\rangle|f(0)\rangle + \frac{1}{\sqrt{2}}|1\rangle|0 \oplus f(1)\rangle \qquad (6.3.8)$$

어떤 의미에서 U_f는 중첩으로 가능한 입력 0과 1 모두에서 f의 값을 동시에 계산했다. 그러나 3.4절에서 양자 측정이 어떻게 작동하는지 기억해서 이제 계산 기저로 출력 상태를 측정하면 $|0\rangle|f(0)\rangle$(0.5의 확률) 또는 $|1\rangle|f(1)\rangle$(0.5의 확률)을 관찰할 것이다. 측정 후 출력 상태는 또는 출력 상태에 대한 모든 후속 측정에서 동일한 결과를 얻을 수 있다. 따라서 이것은 중첩으로 두 값을 성공적으로 계산했지만 계산 기저 양자 측정을 통해 해당 값 중 하나만 알 수 있음을 의미한다. 다행히 이것은 이야기의 끝이 아니다.

도이치 문제에 대해 궁극적으로 $f(x)$의 개별 값에 관심이 없지만 $f(0) \oplus f(1)$의 값을 결정하려고 한다. 도이치 알고듬은 양자 간섭을 사용해 함수 f에 대한 이러한 전역 global 정보를 얻는 방법과 기존보다 더 효율적으로 수행할 수 있는 방법을 보여준다. 도이치 알고듬은 그림 6.8에 표시된 양자 회로에 의해 구현된다.

두 번째 입력 비트는 상태 $\frac{|0\rangle - |1\rangle}{\sqrt{2}}$로 초기화됐다. 이 상태는 단일 아다마르 게이트를 적용해 상태 $|1\rangle$에서 쉽게 만들 수 있다. 그러나 이 알고듬의 특징인 특정 대칭을 강조하기 위해 이 게이트를 표시하지 않는다. 양자 알고듬의 동작을 분석하는 편리한 방법은 회로의 각 단계에서 상태를 통해 작업하는 것이다. 먼저 입력 상태는 다음과 같다.

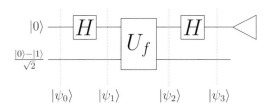

그림 6.8 도이치 알고듬을 구현하는 회로. 측정된 값은 $f(0) \oplus f(1)$과 같다.

$$|\psi_0\rangle = |0\rangle \left(\frac{|0\rangle - |1\rangle}{\sqrt{2}} \right) \qquad (6.3.9)$$

첫 번째 큐비트에 첫 번째 아다마르 게이트가 적용된 후 상태는 다음과 같아진다.

$$|\psi_1\rangle = \left(\frac{1}{\sqrt{2}}|0\rangle + \frac{1}{\sqrt{2}}|1\rangle \right) \left(\frac{|0\rangle - |1\rangle}{\sqrt{2}} \right) \tag{6.3.10}$$

$$= \frac{1}{\sqrt{2}}|0\rangle \left(\frac{|0\rangle - |1\rangle}{\sqrt{2}} \right) + \frac{1}{\sqrt{2}}|1\rangle \left(\frac{|0\rangle - |1\rangle}{\sqrt{2}} \right) \tag{6.3.11}$$

식 (6.2.15)를 보면 U_f 게이트를 적용 후 다음과 같은 상태가 된다.

$$|\psi_2\rangle = \frac{(-1)^{f(0)}}{\sqrt{2}}|0\rangle \left(\frac{|0\rangle - |1\rangle}{\sqrt{2}} \right) + \frac{(-1)^{f(1)}}{\sqrt{2}}|1\rangle \left(\frac{|0\rangle - |1\rangle}{\sqrt{2}} \right) \tag{6.3.12}$$

$$= \left(\frac{(-1)^{f(0)}|0\rangle + (-1)^{f(1)}|1\rangle}{\sqrt{2}} \right) \left(\frac{|0\rangle - |1\rangle}{\sqrt{2}} \right) \tag{6.3.13}$$

$$= (-1)^{f(0)} \left(\frac{|0\rangle + (-1)^{f(0) \oplus f(1)}|1\rangle}{\sqrt{2}} \right) \left(\frac{|0\rangle - |1\rangle}{\sqrt{2}} \right) \tag{6.3.14}$$

여기서 마지막 등호는 $(-1)^{f(0)}(-1)^{f(1)} = (-1)^{f(0) \oplus f(1)}$ 이라는 사실을 이용한다.

f가 상수함수인 경우(예를 들어 $f(0) \oplus f(1) = 0$) 다음과 같다.

$$|\psi_2\rangle = (-1)^{f(0)} \left(\frac{|0\rangle + |1\rangle}{\sqrt{2}} \right) \left(\frac{|0\rangle - |1\rangle}{\sqrt{2}} \right) \tag{6.3.15}$$

첫 번째 큐비트의 최종 아다마르 게이트는 상태를 다음과 같이 바꾼다.

$$|\psi_3\rangle = (-1)^{f(0)}|0\rangle \left(\frac{|0\rangle - |1\rangle}{\sqrt{2}} \right) \tag{6.3.16}$$

첫 번째 큐비트에서 기저 상태 $|0\rangle$의 제곱 노름은 1이다. 이는 상수함수의 경우 첫 번째 큐비트의 측정 값이 $0 = f(0) \oplus f(1)$값을 반환해야 함을 의미한다.

f가 균형함수(예를 들어 $f(0) \oplus f(1) = 1$)이면 다음과 같다.

$$|\psi_2\rangle = (-1)^{f(0)} \left(\frac{|0\rangle - |1\rangle}{\sqrt{2}} \right) \left(\frac{|0\rangle - |1\rangle}{\sqrt{2}} \right) \tag{6.3.17}$$

첫 번째 큐비트의 최종 아다마르 게이트는 상태를 다음과 같이 변환한다.

$$|\psi_3\rangle = (-1)^{f(0)}|1\rangle \left(\frac{|0\rangle - |1\rangle}{\sqrt{2}} \right) \tag{6.3.18}$$

이 경우 첫 번째 큐비트에서 기저 상태 $|1\rangle$의 제곱 노름은 1이다. 이는 균형함수의 경우 첫 번째 큐비트의 측정 값이 $1 = f(0) \oplus f(1)$ 값을 반환해야 함을 의미한다.

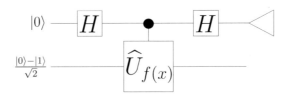

그림 6.9 U_f 대신 c-$\widehat{U}_{f(x)}$을 사용한 도이치 알고리듬 회로도. c-$\widehat{U}_{f(x)}$이 적용될 때 제어 큐비트는 $|0\rangle$과 $|1\rangle$의 중첩에 있으며 이는 $x = 0$ 및 1에 대한 $\widehat{U}_{f(x)}$의 고윳값에 해당하는 $(-1)^{f(0)}$과 $(-1)^{f(1)}$의 위상 계수를 가져간다. 계산 기저의 측정 후 아다마르 게이트는 $|0\rangle$과 $|1\rangle$ 사이의 상대 위상 계수를 결정한다.

따라서 도이치 알고리듬의 회로 끝에서 첫 번째 큐비트의 측정으로 값 $f(0) \oplus f(1)$이 결정되므로 함수의 상수 또는 균형 여부가 결정된다.

도이치 알고리듬이 일반화되는 방법에 대한 통찰력을 얻으려면 도이치 알고리듬의 연산자 $U_f : |x\rangle|y\rangle \mapsto |x\rangle|y \oplus f(x)\rangle$가 단일 큐비트 연산자 $\widehat{U}_{f(x)}$로 볼 수 있으며 두 번째 큐비트의 동작은 첫 번째 큐비트의 상태에 의해 제어된다(그림 6.9 참조). 상태 $\left(\frac{|0\rangle - |1\rangle}{\sqrt{2}}\right)$는 고윳값이 $(-1)^{f(x)}$인 $\widehat{U}_{f(x)}$의 고유 상태이다. 제어 큐비트의 위상 계수에서 이러한 고윳값을 인코딩해 $|0\rangle$과 $|1\rangle$ 사이의 상대 위상 계수를 결정해 $f(0) \oplus f(1)$을 결정할 수 있다. 아다마르 게이트를 사용해 $\left(\frac{|0\rangle + |1\rangle}{\sqrt{2}}\right)$ 및 $\left(\frac{|0\rangle - |1\rangle}{\sqrt{2}}\right)$ 구별을 한다.

위상 계수(고윳값에 해당)를 제어 레지스터와 연관시킨 다음 양자 간섭을 사용해 6장과 7장에서 적용되는 상대 위상을 결정하는 이러한 기법을 살펴볼 것이다.

문제 6.3.1 도이치 알고리듬에서 U_f를 단일 큐비트 연산자 $\widehat{U}_{f(x)}$로 간주할 때 $\frac{|0\rangle - |1\rangle}{\sqrt{2}}$은 $\widehat{U}_{f(x)}$의 고유 상태이고 관련 고윳값은 도이치 문제에 대한 답변을 제공한다. 이 고유 상태를 직접 준비할 수 없다고 가정해보자. 대신 목표 큐비트에 $|0\rangle$을 입력하고 동일한 알고리듬을 실행하면 $\frac{3}{4}$ 확률(이것은 우리가 두 번째 큐비트에 $|1\rangle$을 입력하는 경우에도 작동한다)에 맞는 정답을 제공하는 알고리듬이 표시된다는 것을 보여라. 또한 $\frac{1}{2}$의 확률로 알고리듬이 정답을 만들어냈다는 것을 확실하게 알고 있음을 보여라.

힌트: U_f의 고유 벡터의 기저로 $|0\rangle$을 써라.

참고: 도이치는 원래 U_f 연산자와 관련해 자신의 알고리듬을 두 번째 큐비트에 대한 $|0\rangle$ 입력과 함께 제공했다. 쇼어^{Shor}는 유사한 방식으로 위수(인수분해)를 찾기 위해 자신의 알고리듬을 분석했다. 나중에 적절한 제어 연산자의 고유 기저에서 이러한 알고리듬을 분석하는 것이 종종 편리하다는 것이 밝혀졌다(부록 A.6에서 이 문제에 대해 설명한다. 연산자는 이 문제에서 설명하는 $\hat{U}_{f(x)}$ 연산자와 다르다). 많은 알고리듬의 경우 (7장에서 설명할 차수를 찾기 위한 알고리듬을 포함) 원하는 고유 상태를 직접 입력하는 트릭^{trick}을 구현하는 것은 불가능하다.

6.4 도이치-조사 알고리듬

도이치-조사$^{\text{Deutsch-Jozsa}}$ 알고리듬은 도이치 알고리듬으로 해결된 문제를 간단하게 일반화하는 문제를 해결한다. 알고리듬의 구조는 동일하다. 도이치 알고리듬과 마찬가지로 알 수 없는 함수 f를 구현하는 가역 회로가 제공되지만 이번에는 f는 n비트 문자열에서 단일 비트로 보내는 함수이다. 즉 다음과 같다.

$$f: \{0,1\}^n \to \{0,1\} \tag{6.4.1}$$

또한 f가 상수이거나($f(x)$는 모든 x에 대해 동일함을 의미함) f가 균형을 이룬다(입력 문자열 x의 정확히 절반에 대해 $f(x) = 0$을 의미하고 나머지 절반의 입력에서 $f(x) = 1$를 의미함). 여기서 문제는 f에 대한 회로에 쿼리^{query}해 f가 상수인지 또는 균형인지를 결정하는 것이다.

도이치-조사 문제

입력: 임의의 함수 $f: \{0, 1\}^n \to \{0, 1\}$를 계산하는 블랙박스

약속: f는 상수 또는 균형함수

문제: f에 쿼리해 f가 상수인지 균형인지 결정하라.

고전적 알고리듬으로 이 문제를 해결해보자. 오라클[Oracle]을 사용해 가능한 입력 x의 정확히 절반에 대한 $f(x)$를 결정하고 (즉, 2^{n-1}개의 쿼리를 f로 만든 경우) 모든 쿼리가 $f(x) = 0$을 반환했다고 가정한다. 여기서 f가 일정 상수라는 것을 강력히 의심할 것이다. 그러나 나머지 2^{n-1}개 입력에서 f를 쿼리하면 매번 $f(x) = 1$을 얻을 수 있다. 따라서 f가 여전히 균형일 가능성이 있다. 따라서 최악의 경우 고전적인 알고리듬을 사용하면 $2^{n-1} + 1$개 미만의 쿼리를 사용해 f가 상수인지 균형인지를 확실하게 결정할 수 없다. 상수이거나 균형이 되는 특징은 f의 전역[global] 특징이다. 도이치 문제에 있어서 양자 알고리듬은 양자 중첩 및 간섭을 이용해 f의 이러한 전역 특성을 결정할 수 있다. 도이치-조사 알고리듬은 f가 상수인지 균형인지를 결정해 f에 대한 가역 회로의 양자 버전에 대해 하나의 쿼리만 만든다.

도이치 알고리듬에서 수행한 작업과 유사하게 양자 연산을 정의한다.

$$U_f : |\mathbf{x}\rangle|y\rangle \mapsto |\mathbf{x}\rangle|y \oplus f(\mathbf{x})\rangle \tag{6.4.2}$$

이번에는 n 비트 문자열을 참조하기 때문에 $\mathbf{x}$를 굵은 글씨로 쓴다. 이전과 같이 U_f를 1-큐비트 연산자라고 생각한다. 이번에는 상태 $\widehat{U}_{f(\mathbf{x})}$에서 큐비트의 레지스터에 의해 제어된다. $\frac{|0\rangle - |1\rangle}{\sqrt{2}}$이 고윳값이 $(-1)^{f(\mathbf{x})}$인 $\widehat{U}_{f(\mathbf{x})}$의 고유 상태임을 알 수 있다.

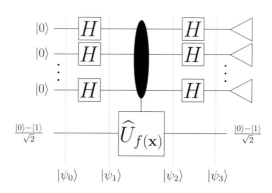

그림 6.10 도이치-조사 알고리듬을 위한 회로. 측정된 비트 열이 모두 0이면 함수는 상수다. 그렇지 않으면 균형이다.

도이치-조사 알고리듬의 회로는 그림 6.10에 나와 있다.

도이치 알고리듬 회로와 도이치-조사 알고리듬 회로 사이의 유사성을 주목하자. 간단한 1-큐비트 아다마르 게이트 대신 이제 n개의 1-큐비트 아다마르 게이트의 텐서곱(병렬로 작동)을 가진다. 이것은 $H^{\otimes n}$으로 표시된다. $|0\rangle^{\otimes n}$ 또는 $|\mathbf{0}\rangle$을 사용해 각 상태 $|0\rangle$에 있는 n 큐비트의 텐서곱인 상태를 나타낸다.

도이치 알고리듬에서 했던 것처럼 회로를 통해 상태를 따른다. 초기 상태는 다음과 같다.

$$|\psi_0\rangle = |0\rangle^{\otimes n} \left(\frac{|0\rangle - |1\rangle}{\sqrt{2}} \right) \tag{6.4.3}$$

상태 $|0\rangle^{\otimes n}$에서 n-큐비트 아다마르 변환의 동작을 고려하면 다음과 같다.

$$H^{\otimes n}|0\rangle^{\otimes n} = \left(\frac{1}{\sqrt{2}} \right)^n \underbrace{(|0\rangle + |1\rangle) \otimes (|0\rangle + |1\rangle) \otimes \cdots \otimes (|0\rangle + |1\rangle)}_{n} \tag{6.4.4}$$

텐서곱을 확장하면 다음과 같이 다시 작성할 수 있다.

$$H^{\otimes n}|0\rangle^{\otimes n} = \frac{1}{\sqrt{2^n}} \sum_{\mathbf{x} \in \{0,1\}^n} |\mathbf{x}\rangle \tag{6.4.5}$$

위 수식은 이 상태를 작성하는 매우 일반적이고 유용한 방법이다. 모든 제로의 n-큐비트 상태에 작용하는 n-큐비트 아다마르 게이트는 모든 동일한 n-큐비트 기저 상태의 중첩을 제공하며 모두 동일한 진폭 $\frac{1}{\sqrt{2^n}}$(동일 가중 중첩'이라고 한다)이다. 따라서 도이치-조사 알고리듬에서 첫 번째 $H^{\otimes n}$ 직후의 상태는 다음과 같다.

$$|\psi_1\rangle = \frac{1}{\sqrt{2^n}} \sum_{\mathbf{x} \in \{0,1\}^n} |\mathbf{x}\rangle \left(\frac{|0\rangle - |1\rangle}{\sqrt{2}} \right) \tag{6.4.6}$$

쿼리 레지스터는 이제 가능한 모든 n비트 입력 문자열의 가중치가 동일하게 중첩돼 있다. 이제 U_f(즉 $\widehat{U}_{f(x)}$) 게이트 바로 다음의 상태를 고려하자. 상태는 다음과 같다.

$$|\psi_2\rangle = \frac{1}{\sqrt{2^n}} U_f \left(\sum_{\mathbf{x} \in \{0,1\}^n} |\mathbf{x}\rangle \left(\frac{|0\rangle - |1\rangle}{\sqrt{2}} \right) \right)$$

$$= \frac{1}{\sqrt{2^n}} \sum_{\mathbf{x} \in \{0,1\}^n} (-1)^{f(\mathbf{x})} |\mathbf{x}\rangle \left(\frac{|0\rangle - |1\rangle}{\sqrt{2}} \right) \qquad (6.4.7)$$

여기서 $(-1)^{f(x)}$의 위상 이동을 첫 번째 큐비트와 연관시켰다(6.2절을 기억하라).

두 번째 아다마르 게이트가 간섭을 완료한 후 상태를 쉽게 분석할 수 있도록 n 큐비트 기저 상태 $|\mathbf{x}\rangle$에서 n 큐비트 아다마르 게이트의 동작을 고려하자.

1-큐비트 아다마르 게이트가 1-큐비트 기저 상태에 미치는 영향을 다음과 같이 쓸 수 있음을 쉽게 확인할 수 있다.

$$H|x\rangle = \frac{1}{\sqrt{2}} \left(|0\rangle + (-1)^x |1\rangle \right) \qquad (6.4.8)$$

$$= \frac{1}{\sqrt{2}} \sum_{z \in \{0,1\}} (-1)^{xz} |z\rangle \qquad (6.4.9)$$

그러면 n-큐비트 기저 상태 $|x\rangle$에서 아다마르 변환의 동작을 다음과 같이 주어짐을 볼 수 있다.

$$H^{\otimes n} |\mathbf{x}\rangle = H^{\otimes n} (|x_1\rangle |x_2\rangle \cdots |x_n\rangle) \qquad (6.4.10)$$

$$= H|x_1\rangle H|x_2\rangle \cdots H|x_n\rangle \qquad (6.4.11)$$

$$= \frac{1}{\sqrt{2}} \left(|0\rangle + (-1)^{x_1} |1\rangle \right) \frac{1}{\sqrt{2}} \left(|0\rangle + (-1)^{x_2} |1\rangle \right) \cdots \frac{1}{\sqrt{2}} \left(|0\rangle + (-1)^{x_n} |1\rangle \right) \qquad (6.4.12)$$

$$= \frac{1}{\sqrt{2^n}} \sum_{z_1 z_2 \ldots z_n \in \{0,1\}^n} (-1)^{x_1 z_1 + x_2 z_2 + \cdots + x_n z_n} |z_1\rangle |z_2\rangle \cdots |z_n\rangle \qquad (6.4.13)$$

문제 6.4.1 다음을 증명하라.

$$\left(\frac{|0\rangle + (-1)^{x_1} |1\rangle}{\sqrt{2}} \right) \left(\frac{|0\rangle + (-1)^{x_2} |1\rangle}{\sqrt{2}} \right) \cdots \left(\frac{|0\rangle + (-1)^{x_n} |1\rangle}{\sqrt{2}} \right) \qquad (6.4.14)$$

$$= \frac{1}{\sqrt{2^n}} \sum_{z_1 z_2 \ldots z_n \in \{0,1\}^n} (-1)^{x_1 z_1 + x_2 z_2 + \cdots + x_n z_n} |z_1\rangle |z_2\rangle \cdots |z_n\rangle \qquad (6.4.15)$$

위 방정식은 다음과 같이 더 간결하게 쓸 수 있다.

$$H^{\otimes n}|\mathbf{x}\rangle = \frac{1}{\sqrt{2^n}} \sum_{\mathbf{z} \in \{0,1\}^n} (-1)^{\mathbf{x} \cdot \mathbf{z}} |\mathbf{z}\rangle \tag{6.4.16}$$

여기서 $\mathbf{x} \cdot \mathbf{z}$는 $\mathbf{x}$와 $\mathbf{z}$의 비트별 내적, 모듈로^{modulo} 2를 나타낸다($(-1)^2 = 1$이므로 모듈로 2를 환산할 수 있다). 모듈로 2 덧셈은 XOR 연산과 동일하다. 도이치-조사 알고리듬에서 최종 n-큐비트 아다마르 게이트 이후의 상태는 다음과 같다.

$$|\psi_3\rangle = \left(\frac{1}{\sqrt{2^n}} \sum_{\mathbf{x} \in \{0,1\}^n} (-1)^{f(\mathbf{x})} \frac{1}{\sqrt{2^n}} \sum_{\mathbf{z} \in \{0,1\}^n} (-1)^{\mathbf{x} \cdot \mathbf{z}} |\mathbf{z}\rangle \right) \left(\frac{|0\rangle - |1\rangle}{\sqrt{2}} \right)$$

$$= \frac{1}{2^n} \sum_{\mathbf{z} \in \{0,1\}^n} \left(\sum_{\mathbf{x} \in \{0,1\}^n} (-1)^{f(\mathbf{x}) + \mathbf{x} \cdot \mathbf{z}} \right) |\mathbf{z}\rangle \left(\frac{|0\rangle - |1\rangle}{\sqrt{2}} \right) \tag{6.4.17}$$

알고리듬의 끝에서 첫 번째 레지스터의 측정은 계산 기저로 이루어진다(도이치 알고리듬에서와 동일). 어떤 일이 발생하는지 보려면 상태 $|\psi_3\rangle$의 첫 번째에서 레지스터 $|\mathbf{z}\rangle = |0\rangle^{\otimes n}$의 총 진폭(계수)을 고려하자. 이 진폭은 다음과 같다.

$$\frac{1}{2^n} \sum_{\mathbf{x} \in \{0,1\}^n} (-1)^{f(\mathbf{x})} \tag{6.4.18}$$

f 상수와 f 균형의 두 가지 경우에서 이러한 진폭을 고려하자. f가 상수이면 진폭은 $+1$ 또는 -1이다($f(x)$ 값에 따라 다름). 따라서 f가 상수인 경우 첫 번째 레지스터의 측정값은 모든 0을 반환해야 한다('모두 0'으로 이진 문자열 $00 \cdots 0$을 의미함). 반면에 f가 균형이면 진폭의 양과 음의 기여가 상쇄되고 $|0\rangle^{\otimes n}$의 전체 진폭이 0임을 쉽게 알 수 있다. 따라서 f가 균형이면 첫 번째 레지스터의 측정은 확실히 모든 0을 반환하지 않는다. 따라서 f가 상수이거나 균형이 맞는지 확인하기 위해 첫 번째 레지스터가 측정된다. 측정 결과가 모두 0이면 알고리듬이 '상수'를 출력하고 그렇지 않으면 '균형'을 출력한다.

문제 6.4.2

(a) f에 대해 2개의 산출을 하는 확률적 고전 알고리듬이 적어도 $\frac{2}{3}$의 확률로 f가 상수인지 또는 균형인지 결정할 수 있음을 보여라.

　힌트: 당신의 접근이 두 쿼리의 결과에 대한 결정적인 함수일 필요는 없다. 결과가 상수이거나 균형함수일 특정 확률을 먼저 가정해서는 안 된다.

(b) $O(n)$개의 쿼리를 만드는 확률적 고전 알고리듬이 적어도 확률 $1 - \frac{1}{2^n}$ 이상으로 f가 상수인지 균형인지를 판단할 수 있음을 보여라.

　힌트: 체르노프^{Chernoff} 경계(부록 A.1)를 사용하라.

문제 6.4.2에 나온 것처럼 결정론적 고전 알고리듬이 최악의 경우 $2^{n-1} + 1$개의 쿼리가 필요하지만 (이 양자 알고리듬에 대한 단 하나의 쿼리에 비해) 확률론적 고전 알고리듬은 도이치-조사 문제를 2개의 쿼리로 최대 $\frac{1}{3}$ 확률 오류로 해결할 수 있다. 오류의 확률은 $n + 1$개의 쿼리만으로 적어도 $\frac{1}{2^n}$ 확률보다 적게 줄일 수 있다. 따라서 결정론적 고전과 '정확한' 양자 쿼리 복잡도 사이에 지수적 격차가 있지만 (정의 9.4.1. 및 9.4.2 참조) 고전적 확률론적 쿼리 복잡도와 양자 계산 쿼리 복잡도 사이의 간격은 일정 오류의 경우 상수이며 오류가 지수적으로 작은 경우 선형 간극으로 증폭될 수 있다. 다음 절에서는 양자 알고리듬이 다항식 쿼리 수의 문제를 해결할 수 있는 첫 번째 예 중 하나를 제공한다. 여기서 고전 알고리듬은 제한적인 오류를 동반해 성공하기 위해 지수적 숫자의 쿼리가 필요하다.

6.5 사이먼의 알고리듬

유한 집합 X의 경우 함수 $f: \{0, 1\}^n \to$ X를 고려하자. 여기서 '숨은' 문자열 $s = s_1 s_2 \cdots s_n$이 있음을 전제하면 $x = y$ 또는 $x = y \oplus s$인 경우에만 $f(\mathbf{x}) = f(\mathbf{y})$이다. 6.5절에

서는 f의 도메인 $\{0, 1\}^n$을 Z_2 위의 벡터 공간 Z_2^{n1}으로 취급한다(일반적으로 덧셈군으로 취급할 수 있다). 편의상 $X \subseteq \{0, 1\}^n$이라고 가정하겠다.

사이먼의 문제

입력: 미지^{unknown}의 함수 $f: \{0, 1\}^n \to X$를 계산하기 위한 블랙박스. 여기서 X는 어떤 유한집합이다.

약속: $\mathbf{x} = \mathbf{y}$ 또는 $\mathbf{x} = \mathbf{y} \oplus \mathbf{s}$인 경우에만 $f(\mathbf{x}) = f(\mathbf{y})$가 되도록 하는 문자열 $\mathbf{s} = s_1 s_2 \cdots s_n$이 있다.

문제: f에 쿼리해 문자열 $\mathbf{s}$를 알아내라.

사이먼의 문제는 고전적인 컴퓨터에서 지수적인 숫자의 쿼리를 요구한다.

정리 6.5.1 이러한 문제에 대해 적어도 $\frac{2}{3}$ 확률로 이 문제를 해결하는 임의의 모든 고전적인 알고리듬은 $\Omega(2^{n/3})$ 단위로 f의 수치를 여러 번 구해야 한다.

사이먼의 알고리듬을 설명하기 전에 n-큐비트 아다마르 변환에 대해 다시 살펴보겠다. 이미 다음과 같이 봤다.

$$H^{\otimes n}|\mathbf{x}\rangle = \frac{1}{\sqrt{2^n}} \sum_{\mathbf{z} \in \{0,1\}^n} (-1)^{\mathbf{x} \cdot \mathbf{z}} |\mathbf{z}\rangle \tag{6.5.1}$$

두 가지 기저 상태의 중첩 $H^{\otimes n}$에 $|\mathbf{0}\rangle + |\mathbf{s}\rangle$을 적용하면 어떻게 될까?

$$H^{\otimes n}\left(\frac{1}{\sqrt{2}}|\mathbf{0}\rangle + \frac{1}{\sqrt{2}}|\mathbf{s}\rangle\right) = \frac{1}{\sqrt{2^{n+1}}} \sum_{\mathbf{z} \in \{0,1\}^n} |\mathbf{z}\rangle + \frac{1}{\sqrt{2^{n+1}}} \sum_{\mathbf{z} \in \{0,1\}^n} (-1)^{\mathbf{s} \cdot \mathbf{z}} |\mathbf{z}\rangle \tag{6.5.2}$$

$$= \frac{1}{\sqrt{2^{n+1}}} \sum_{\mathbf{z} \in \{0,1\}^n} (1 + (-1)^{\mathbf{s} \cdot \mathbf{z}}) |\mathbf{z}\rangle \tag{6.5.3}$$

---

1   잠재적인 혼란을 피하기 위해 두 가지 유형의 벡터 공간에 대해 이야기하고 있음을 지적할 가치가 있다. 한편으로 우리는 0과 1의 n-튜플로 구성된 Z_2 위의 벡터 공간 Z_2^n을 말한다. 이 벡터 공간은 $k = 1, 2, ..., n$에 대해 k번째 위치에서 정확히 1을 갖는 n-튜플로 구성된 n개의 선형 독립 벡터에 의해 생성될 수 있기 때문에 차원 n을 갖는다. 양자 알고리듬은 기저 성분이 벡터 공간의 성분으로 레이블이 지정된 복소수 벡터 (즉 힐베르트) 공간에서 실행된다. 이 힐베르트 공간은 2^n차원이다.

$\mathbf{s}\cdot\mathbf{z} = 1$이면 $1 + (-1)^{\mathbf{s}\cdot\mathbf{z}}$이고 기저 상태 $|\mathbf{z}\rangle$는 위의 중첩에서 사라지고 그렇지 않으면 $|\mathbf{z}\rangle$은 진폭 $\frac{1}{\sqrt{2^{n-1}}}$으로 유지된다. $\mathbf{s}^{\perp} = \{\mathbf{z} \in \{0,\ 1\}^{n} | \mathbf{s}\cdot\mathbf{z} = 0\}$을 정의해보자. $\mathbf{s}^{\perp}$은 'S의 직교 여집합'이라고도 하며 부분 공간 Z_{2}^{n}과 직교하는 벡터 부분 공간 $S = \{\mathbf{0},\ \mathbf{s}\}$이며 $S^{\perp}$으로 표시한다. 이는 $\dim(S) + \dim(S^{\perp}) = \dim(Z_{2}^{n})$이므로 $\mathbf{s}^{\perp}$은 $n - 1$차원이다.

$$H^{\otimes n}\left(\frac{1}{\sqrt{2}}|\mathbf{0}\rangle + \frac{1}{\sqrt{2}}|\mathbf{s}\rangle\right) = \frac{1}{\sqrt{2^{n-1}}}\sum_{\mathbf{z}\in\{\mathbf{s}\}^{\perp}}|\mathbf{z}\rangle \tag{6.5.4}$$

문제 6.5.1 $\mathbf{x}, \mathbf{y} \in \{0,\ 1\}^{n}$과 $\mathbf{s} = \mathbf{x} \oplus \mathbf{y}$일 경우 다음을 보여라.

$$H^{\otimes n}\left(\frac{1}{\sqrt{2}}|\mathbf{x}\rangle + \frac{1}{\sqrt{2}}|\mathbf{y}\rangle\right) = \frac{1}{\sqrt{2^{n-1}}}\sum_{\mathbf{z}\in\{\mathbf{s}\}^{\perp}}(-1)^{\mathbf{x}\cdot\mathbf{z}}|\mathbf{z}\rangle \tag{6.5.5}$$

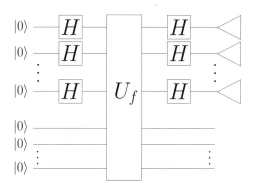

그림 6.11 사이먼 알고리듬의 양자 부분 회로도. 측정된 비트 값은 $\mathbf{w}_{i}$의 $\mathbf{s}^{\perp}$ 문자열과 일치한다.

문제 6.5.1에서 아다마르 게이트가 어떻게 $\frac{1}{\sqrt{2}}|\mathbf{x}\rangle + \frac{1}{\sqrt{2}}|\mathbf{x} \oplus \mathbf{s}\rangle$을 일정한 상태 $\mathbf{z} \in \mathbf{s}^{\perp}$의 중첩에 사상^{map}시키는지 볼 수 있다. 이것이 사이먼의 문제를 해결하기 위해 다음 알고리듬을 분석하는 주요 요소이다.

f를 구현하기 위한 다음과 같은 뒤집을 수 있는 블랙박스가 있다고 가정한다.

$$U_{f} : |\mathbf{x}\rangle|\mathbf{b}\rangle \longmapsto |\mathbf{x}\rangle|\mathbf{b} \oplus f(\mathbf{x})\rangle$$

사이먼의 알고리듬은 그림 6.11에 나와 있으며 다음 작업을 수행한다.

사이먼 문제를 위한 알고리듬

1. 카운터 $i = 1$를 설정한다.

2. $\frac{1}{\sqrt{2^n}} \sum_{\mathbf{x} \in \{0,\, 1\}^n} |\mathbf{x}\rangle |\mathbf{0}\rangle$을 준비한다.

3. U_f을 만들기 위해

$$\sum_{\mathbf{x} \in \{0,1\}^n} |\mathbf{x}\rangle |f(\mathbf{x})\rangle$$

   을 적용한다.

4. (선택 사항[2]) 두 번째 레지스터를 측정하라.

5. $H^{\otimes n}$을 첫 번째 레지스터에 적용한다.

6. 첫 번째 레지스터를 측정 후 $\mathbf{w}_i$값을 적어라.

7. $\{\mathbf{w}_i\}$ 생성span의 차원이 $n-1$과 같다면 8번 항목으로 가고 그렇지 않다면 i를 증가시킨 후 2번 항목으로 돌아간다.

8. 선형 방정식 $\mathbf{W}\mathbf{s}^T = \mathbf{0}^T$을 풀고 $\mathbf{s}$를 고유한 0이 아닌 해답이 되게 하라.

9. $\mathbf{s}$를 출력하라.

$\{0,\, 1\}^n$은 $\{\mathbf{x},\, \mathbf{x} \oplus \mathbf{s}\}$ 형식의 2^{n-1}쌍의 문자열로 분할될 수 있다(군론Group theory 용어에서는 덧셈군 $\{0,\, 1\}^n$에 있는 부분군 $\{\mathbf{0},\, \mathbf{s}\}$의 잉여류coset이다). I를 이 쌍들 각각으로부터 하나의 대표자로 구성된 $\{0,\, 1\}^n$의 부분집합으로 정하자(그룹 이론 언어에서 이들은 $\{\mathbf{0},\, \mathbf{s}\}$의 잉여류를 대표하는 잉여류이다).

3단계의 상태는 다음과 같이 다시 작성할 수 있다.

$$\frac{1}{\sqrt{2^{n-1}}} \sum_{\mathbf{x} \in I} \frac{1}{\sqrt{2}} (|\mathbf{x}\rangle + |\mathbf{x} \oplus \mathbf{s}\rangle) |f(\mathbf{x})\rangle \qquad (6.5.6)$$

---

2   이 항목은 불필요하나 분석에 도움이 될 수 있다.

따라서 4단계에서 두 번째 레지스터를 측정해 일부 값 $f(\mathbf{x})$를 얻은 후 첫 번째 레지스터는 $\frac{1}{\sqrt{2}}(|\mathbf{x}\rangle + |\mathbf{x} \oplus \mathbf{s}\rangle)$으로 중첩된다. 문제 6.5.1은 5단계에서 아다마르 변환 후 첫 번째 레지스터가 $\mathbf{s}^{\perp}$ 성분의 가중치가 동일하게 중첩됨을 보여준다. 따라서 6단계에서 측정된 값 $\mathbf{w}_i$는 임의로 균일하게 선택된 $\{\mathbf{x}, \mathbf{x} \oplus \mathbf{s}\}$의 성분일 것이다. 이는 7단계에서 $\{\mathbf{w}_i\}$의 범위의 차원이 $n-1$인 경우 $\mathrm{span}\{\mathbf{w}_i\} = \mathbf{s}^{\perp}$임을 의미한다. $\mathbf{0}$과 $\mathbf{s}$는 8단계에서 선형 방정식에 대한 유일한 해법이며 n의 시간 다항식으로 모듈로 2에 관한 가우시안 소거법으로 구할 수 있다.

문제 6.5.2 $\mathbf{s}^{\perp}$을 정의했지만 좀 더 일반적으로 S를 벡터 부분 공간 Z_2^n으로 하고 모든 $\mathbf{s} \in S$에 대해 $S^{\perp} = \{\mathbf{t} \in Z_2^n \,|\, \mathbf{t} \cdot \mathbf{s} = 0\}$을 정의할 수 있다. 따라서 이전에 정의된 $\mathbf{s}^{\perp}$은 $S^{\perp}$에 해당한다. 여기서 $S = \{\mathbf{0}, \mathbf{s}\}$는 $\mathbf{s}$로 생성된 2차원 벡터 공간이다.

(a) $|S\rangle = \sum_{\mathbf{s} \in S} \frac{1}{\sqrt{2^m}} |\mathbf{s}\rangle$을 정의하라. $H^{\otimes n} |S\rangle = \sum_{\mathbf{w} \in S^{\perp}} \frac{1}{2^{n-m}} |\mathbf{w}\rangle$을 증명하라.

(b) 임의의 $\mathbf{y} \in \{0, 1\}^n$에 대해 $|\mathbf{y} + S\rangle = \sum_{\mathbf{s} \in S} \frac{1}{\sqrt{2^m}} |\mathbf{s}\rangle$을 정의하라. $H^{\otimes n} |\mathbf{y} + S\rangle$은 무엇인가?

문제 6.5.3 W를 차원 m의 $\{0, 1\}^n$의 벡터 부분 공간으로 하자.

$\mathbf{w}_1$, $\mathbf{w}_2,...$를 무작위로 균일하게 선택된 W의 일련의 성분이라 하자. V_i를 $\mathbf{w}_1$, $\mathbf{w}_2,..., \mathbf{w}_i$로 확장된 부분 공간으로 둔다.

V_i가 j차원을 가질 때, 가장 낮은 인덱스 i를 나타내는 확률변수가 되도록 X_j를 정의하라. 따라서 V_i가 차원 m을 가질 때, X_m은 가장 낮은 인덱스 i를 나타낸다. 그러므로 $V_i = W$이다. X_m의 기댓값이 $m+1$보다 작음을 보여라.

힌트: $Y_1 = X_1$, $Y_j = X_j - X_{j-1}$에 대해 $j > 1$을 정의하고 $X_j = Y_1 + Y_2 + \cdots + Y_j$을 상기하라.

문제 6.5.3에 나온 것과 같이 알고리듬 멈추기 전 $\mathbf{s}^{\perp}$의 기대되는 수는 $m + 1 = n$보다 적다.

정리 6.5.2 위의 알고리듬은 사이먼의 문제에서 숨은 문자열 $\mathbf{s}$를 찾는다. 알고리듬 실행에서 f의 예상 산출 수는 n보다 작으며 다른 기본 게이트의 예상 수는 $O(n^3)$이다.

다항식 예상 실행 시간에 만족하지 못할 수도 있다. 그러나 답을 얻지 못할 확률이 적다면 다항식 최악의 실행 시간도 있다. 이는 예상되는 실행 시간 T를 가진 알고리듬을 $O(T)$에서 명확한 실행 시간을 가진 알고리듬으로 변환할 수 있고 정답을 성공적으로 출력할 수 있는 한계가 있기 때문이다. 이러한 유형의 알고리듬을 '제로 오류' 알고리듬이라고 한다. 답을 제공할 때 항상 정확하기 때문이다.

마르코프Markov의 부등식inequality에 따르면 T와 같은 예상 쿼리 수로 종료되는 알고리듬은 최소한 $3T$ 쿼리 이후에 적어도 확률로 종료된다(부록 A.1 참조). 즉, $3n$ 쿼리 후에도 사이먼의 알고리듬이 중단되지 않고 단순히 사이먼의 알고리듬을 포기하면 적어도 $\frac{2}{3}$의 확률로 알고리듬이 사이먼 문제를 성공적으로 해결할 수 있다. 특정 알고리듬의 경우 마르코프의 부등식이 제공하는 것보다 더 나은 작업을 수행할 수 있다. 예컨대 좀 더 신중하게 분석하면 $\mathbf{s}^{\perp}$에서 $n + 3$개의 균일한 무작위 표본이 적어도 $\frac{2}{3}$ 확률로 $\mathbf{s}^{\perp}$을 생성할 것이다(A.3 참조). 따라서 실행 시간이 제한된 다음의 제로 오류 버전의 사이먼 알고리듬을 대안으로 설명할 수 있다.

사이먼 문제에 대한 제로 오류 알고리듬

1. $i = 1$ 카운터를 준비한다.

2. $\frac{1}{\sqrt{2^n}} \sum_{\mathbf{x} \in \{0,1\}^n} |\mathbf{x}\rangle |\mathbf{0}\rangle$을 준비한다.

3. U_f을 만들기 위해

$$\sum_{\mathbf{x} \in \{0,1\}^n} |\mathbf{x}\rangle |f(\mathbf{x})\rangle$$

을 적용한다.

4. (선택 사항[3]) 두 번째 레지스터를 측정하라.

5. $H^{\otimes n}$을 첫 번째 레지스터에 적용한다.

6. 첫 번째 레지스터를 측정 후 $\mathbf{w}_i$값을 적어라.

7. $i = n + 3$일 경우 8번 항목으로 가고, 그렇지 않다면 i를 증가시킨 후 2번 항목으로 돌아간다.

8. 선형 시스템 $\mathbf{W}\mathbf{s}^T = \mathbf{0}^T$을 풀고 s_1, s_2,...를 해답 공간의 생성자^{generator}가 되게 하라.

9. $\mathbf{s}_1$에 의해 해답 공간이 1차원을 가질 경우 $\mathbf{s} = \mathbf{s}_1$을 출력하라. 그렇지 않을 경우 '실패'를 출력하라.

정리 6.5.3 위의 알고리듬은 f와 $O(n^3)$의 다른 기본 연산에 대한 $n + O(1)$ 산출을 사용해 적어도 $\frac{2}{3}$의 확률로 사이먼 문제를 해결한다.

자연스럽게 사이먼 문제를 다음과 같이 일반화할 수 있다.

---

3 이 항목은 불필요하나 분석에 도움이 될 수 있다.

일반화한 사이먼 문제

입력: 임의의 함수 $f: \{0, 1\}^n \rightarrow X$를 계산하기 위한 블랙박스. 여기서 X는 유한집합이다.

약속: 일부 부분 공간 $S \leq Z_2^n$에 대한 $\mathbf{x} - \mathbf{y} \in S$인 경우에만 $f(\mathbf{x}) = f(\mathbf{y})$

문제: S에 대한 기저 $\mathbf{s}_1, \mathbf{s}_2,...,\mathbf{s}_m$을 찾으라(여기서 m은 부분 공간 S의 차원임).

일반화한 사이먼의 문제를 해결하기 위한 알고리듬은 본질적으로 사이먼 문제를 위한 알고리듬과 동일하다. $S = \{\mathbf{0}, \mathbf{x}_1,...,\mathbf{x}_{2m-1}\}$이 Z_2 이상의 m-차원 부분 공간 $Z_2^n = \{0, 1\}^n$인 경우 집합 2^{n-m}은 $\{\mathbf{y}, \mathbf{y} \oplus \mathbf{x}_1, \mathbf{y} \oplus \mathbf{x}_2,...,\mathbf{y} \oplus \mathbf{x}_{2m-1}\}$(종종 $\mathbf{y} + S$로 표시) 형식의 $\{0, 1\}^n$개의 부분집합으로 분할될 수 있음에 유의한다. I가 2^{n-m}개의 비연속 부분집합 각각으로부터 하나의 대표자로 구성된 $\{0, 1\}^n$의 부분집합이 되게 하자. 따라서 3단계에서 다음과 같은 상태를 볼 수 있다.

$$\sum_{\mathbf{x} \in \{0,1\}^n} |\mathbf{x}\rangle |f(\mathbf{x})\rangle = \frac{1}{\sqrt{2^{n-m}}} \sum_{\mathbf{y} \in I} |\mathbf{y} + S\rangle |f(\mathbf{y})\rangle \tag{6.5.7}$$

(문제 6.5.2에서와 같이) $|\mathbf{y} + S\rangle = \sum_{\mathbf{s} \in S} \frac{1}{\sqrt{2^m}} |\mathbf{s}\rangle$을 정의한다. 따라서 4단계에서 두 번째 레지스터를 측정한 후 첫 번째 레지스터는 임의의 $\mathbf{y}$에 대해 $|\mathbf{y} + S\rangle$형태의 상태로 남는다. 문제 6.5.2에서 5 단계에서 아다마르 변환을 적용한 후 첫 번째 레지스터에 $S^\perp$ 성분의 균일한 중첩이 포함돼 있음을 알 수 있다. 따라서 단계 6에서의 제1 레지스터의 측정은 $S^\perp$으로부터 무작위로 균일하게 샘플링된 값 $\mathbf{w}_i$의 결과를 얻는다. 약간 변경되는 알고리듬의 유일한 부분은 마지막 세 단계.

S의 차원 m을 안다면 $S^\perp$의 차원이 $n - m$이라는 것을 알 수 있으며 사이먼 문제에 대한 첫 번째 알고리듬에서 7, 8, 9단계를 대체할 수 있다.

7′. $\{\mathbf{w}_i\}$의 생성span의 차원이 $n - m$과 같으면 8단계로 이동하고 그렇지 않으면 i를 증가시키고 2단계로 이동하라.

8′. 선형 방정식 $\mathbf{W}\mathbf{s}^T = \mathbf{0}^T$을 풀고 $\mathbf{s}_1, \mathbf{s}_2,...,\mathbf{s}_m$을 해답 공간의 생성자generator로 둔다.

9′. $\mathbf{s}_1, \mathbf{s}_2,\ldots,\mathbf{s}_m$를 출력하라.

정리 6.5.4 위에서 설명한 수정된 알고리듬은 m차원이 주어졌을 때 일반화한 사이먼 문제를 해결한다. 알고리듬 실행에서 f의 예상 산출 수는 $n-m+1$과 $O(n^3)$보다 작으며 다른 기본 연산이 사용된다.

m을 모르면 m이 무엇이든 적어도 $\frac{2}{3}$ 확률로 $S^{\perp}$을 생성하기 위해 $m+4$ 샘플이면 충분하므로 $n+4$ 샘플이 확실히 적합하다는 것을 여전히 알고 있다. 따라서 일반화된 사이먼 문제에 대해서는 다음과 같이 교체해 사이먼 문제에 대해 제로 오류 알고리듬을 실행할 수 있다.

7″. $i=n+4$이면 8단계로 이동하고 그렇지 않으면 i를 증가시키고 2단계로 이동하라.

8″. 선형 방정식 $\mathbf{W}\mathbf{s}^T=\mathbf{0}^T$을 풀고 $\mathbf{s}_1, \mathbf{s}_2,\ldots$를 해답 공간의 생성자로 둔다.

9″. $f(\mathbf{0})$, $f(\mathbf{s}_1)$, $f(\mathbf{s}_2)$,...를 평가하라. 출력이 모두 $f(\mathbf{0})$와 같으면 $\mathbf{s}_1, \mathbf{s}_2,\ldots,\mathbf{s}_m$을 출력한다. 그렇지 않으면 '실패'를 출력하라.

다음 정리는 부록 A.3에서 증명됐다.

정리 6.5.5 사이먼 문제에 대한 수정된 제로 오류 알고리듬에서 얻은 $\mathbf{w}_i$에 의해 포함된 부분 공간은 $\langle \mathbf{w}_1, \mathbf{w}_2,\ldots,\mathbf{w}_{n+4}\rangle$의 부분 공간이다. 확률이 $\frac{2}{3}$ 이상이면 $\langle \mathbf{w}_1, \mathbf{w}_2,\ldots,\mathbf{w}_{n+4}\rangle = S^{\perp}$이다.

모든 i에 대해 $f(\mathbf{s}_i)=0$인지 테스트할 수 있으므로 f의 $n+O(1)$ 산출을 사용해 시험할 수 있다.

따름정리 6.5.6 f의 숨겨진 부분 공간 S는 $\mathbf{s}_1, \mathbf{s}_2,\ldots$의 범위에 포함된다. 적어도 $\frac{2}{3}$의 확률로 $S=\langle \mathbf{s}_1, \mathbf{s}_2,\ldots \rangle$이 있다.

모든 i에 대해 $f(\mathbf{s}_i)=0$인지 시험할 수 있으므로 f의 $n+O(1)$ 산출로 $S=\langle \mathbf{s}_1, \mathbf{s}_2,\ldots \rangle$인지 시험할 수 있다.

정리 6.5.7 위에서 설명한 수정된 알고리듬은 오류가 없으며 최소 $\frac{2}{3}$ 확률로 일반화한 사이먼 문제를 해결하고 f와 $O(n^3)$의 $n-m+O(1)$ 산출을 사용한다.

4단계에서 측정 결과를 사용하지 않기 때문에 측정 단계가 실제로 필요하지 않다(문제 3.5.4를 기억하라). 알고리듬 분석을 돕기 위해서만 포함한다.

군론$^{Group theory}$ 용어로 이 문제를 볼 때 7.5절에서 자세히 설명하는 것처럼 군^{Group} S를 보통 '숨은 부분군'이라고 한다. 다음 절의 뒷부분에서 Z_2^n을 정수군 Z로 바꾸는 방법으로 큰 정수를 효율적으로 인수분해하는 방법에 대해 설명한다.

07

초다항식 속도를 가진 알고리듬

7장에서 두 가지 주요 알고리듬 중 하나인 동일한 문제에 대해 가장 잘 알려진 고전 알고리듬의 복잡도보다 초다항적으로 덜 복잡도를 갖는 문제를 해결하는 양자 알고리듬을 검토한다. 즉 가장 잘 알려진 고전적인 알고리듬의 복잡도는 양자 알고리듬의 복잡도에서 임의의 다항식에 의해 제한될 수 없다. 자세히 설명할 알고리듬은 양자 푸리에 변환Quantum Fourier Transform을 사용한다.

양자 위상 추정 문제를 다루면서 7장을 시작하는데, 이는 자연스럽게 QFT로 이어진다. 7.1절에서는 주기적인 상태 주기를 찾기 위해 QFT를 사용하는 방법을 살펴보고 양자 알고리듬을 후처리하는 데 필요한 몇 가지 기초 정수론을 소개한다. 7.2절에서는 유니타리 연산자의 고윳값을 추정하기 위해 위상 추정을 적용한다. 그런 다음 7.3절에서 양자 인수분해 알고리듬을 도출하기 위해 고윳값 추정 알고리듬을 적용하고 7.4절에서 이산 로그 문제를 해결하기 위해 고윳값 추정 알고리듬을 적용한다. 7.5절에서는 위수 찾기와 이산 로그 문제뿐만 아니라 다른 많은 문제를 포함하는 숨은 부분군 문제를 소개한다. 7장은 알려진 고전 알고리듬보다 초다항적으로 빠른 양자 알고리듬을 철저히 다루지는 않지만 가장 잘 알려진 알고리듬을 다룬다. 7.6절에서 초다항식의 이점을 제공하는 것으로 보이는 다른 양자 알고리듬에 대해 간략하게 논의한다.

7.1 양자 위상 추정 및 양자 푸리에 변환

위상 추정의 아이디어를 소개하기 위해 도이치 알고리듬의 최종 아다마르 게이트와 도이치-조사 알고리듬이 상태의 상대적 위상으로 인코딩된 정보를 얻는 데 사용됐다는 점에 주목한다. 아다마르 게이트는 자기 역이고 그 반대도 마찬가지로 자기 역이어서 정보를 위상으로 인코딩하는 데 사용된다. 이를 구체적으로 만들기 위해서는 먼저 기저 상태 $|x\rangle$($x \in \{0, 1\}$일 때)에서 H가 작용하는 것을 고려하자. 다음을 쉽게 볼 수 있다.

$$H|x\rangle = \frac{1}{\sqrt{2}}|0\rangle + \frac{(-1)^x}{\sqrt{2}}|1\rangle \tag{7.1.1}$$

$$= \frac{1}{\sqrt{2}} \sum_{y \in \{0,1\}} (-1)^{xy}|y\rangle \tag{7.1.2}$$

아다마르 게이트는 x의 값에 대한 정보를 기저 상태 $|0\rangle$와 $|1\rangle$ 사이의 상대 위상으로 인코딩한 것으로 생각할 수 있다. 아다마르 게이트는 자기 역이기 때문에 수식 (7.1.2)의 오른쪽에 있는 상태에 적용하면 $|x\rangle$가 다시 돌아온다.

$$H\left(\frac{1}{\sqrt{2}}|0\rangle + \frac{(-1)^x}{\sqrt{2}}|1\rangle\right) = |x\rangle \tag{7.1.3}$$

여기서 아다마르 게이트는 위상에서 인코딩된 x의 값에 대한 정보를 디코딩하는 것으로 생각할 수 있다.

좀 더 일반적으로 6.4절에서 본 n-큐비트 기저 상태 $|\mathbf{x}\rangle$에서 작동하는 $H^{\otimes n}$을 다음과 같이 고려하자.

$$H^{\otimes n}|\mathbf{x}\rangle = \frac{1}{\sqrt{2^n}} \sum_{\mathbf{y} \in \{0,1\}^n} (-1)^{\mathbf{x} \cdot \mathbf{y}}|\mathbf{y}\rangle \tag{7.1.4}$$

n-큐비트 아다마르 변환은 $\mathbf{x}$ 값에 대한 정보를 기저 상태 $(-1)^{\mathbf{x} \cdot \mathbf{y}}$의 위상 $|\mathbf{y}\rangle$로 인코딩한 것으로 생각할 수 있다. 이 상태에 $H^{\otimes n}$을 적용하면 다음과 같이 $H^{\otimes n}$을 다시 얻는다.

$$H^{\otimes n} \frac{1}{\sqrt{2^n}} \sum_{\mathbf{y} \in \{0,1\}^n} (-1)^{\mathbf{x} \cdot \mathbf{y}} |\mathbf{y}\rangle = H^{\otimes n} \left(H^{\otimes n} |\mathbf{x}\rangle \right) \tag{7.1.5}$$

$$= \left(H^{\otimes n} H^{\otimes n} \right) |\mathbf{x}\rangle \tag{7.1.6}$$

$$= \mathbb{I} |\mathbf{x}\rangle \tag{7.1.7}$$

$$= |\mathbf{x}\rangle \tag{7.1.8}$$

여기서 n-큐비트 아다마르 게이트는 위상으로 인코딩된 $\mathbf{x}$의 값에 대한 정보를 디코딩하는 것으로 생각할 수 있다.

문제 7.1.1 (번스타인-바지라니$^{\text{Bernstein-Vazirani}}$ 문제) 임의의 $b \in \{0, 1\}$에 대해 $\mathbf{a} \in Z_2^n$을 사상하는 블랙박스를 한 번 적용해 $|\mathbf{x}\rangle|b\rangle \mapsto |\mathbf{x}\rangle|b \oplus \mathbf{x} \cdot \mathbf{a}\rangle$를 찾는 방법을 보여라.

물론 $(-1)^{\mathbf{x} \cdot \mathbf{y}}$는 매우 특정한 형태의 위상이다. 일반적으로 위상은 실수 $e^{2\pi i \omega}$에 대해 $\omega \in \{0, 1\}$ 형태의 복소수이다. 위상 -1은 $\omega = \frac{1}{2}$에 해당한다. n-큐비트 아다마르 변환은 좀 더 일반적인 방식으로 인코딩된 정보에 완전히 접근할 수 없다. 7.1절에서는 또 다른 특별한 방법으로 단계적으로 인코딩된 정보를 결정할 수 있도록 아다마르 게이트를 일반화하는 방법을 탐구한다.

$\omega \in \{0, 1\}$일 때 다음과 같은 상태가 주어진다고 가정한다.

$$\frac{1}{\sqrt{2^n}} \sum_{y=0}^{2^n - 1} e^{2\pi i \omega y} |y\rangle \tag{7.1.9}$$

이전에는 n-비트 문자열 $\mathbf{y}$를 이진 값의 n-튜플^{tuple}로 간주했지만 이제 n-비트 문자열을 0에서 $2^n - 1$ 사이의 정수로 간주한다. $|y\rangle$을 쓸 때 $|\mathbf{y}\rangle$으로 표시된 기저 상태로 쓰인다는 것을 의미한다. 여기서 $|\mathbf{y}\rangle$는 정수 y의 이진 인코딩이다.

위상 추정 문제

입력: 상태 $\frac{1}{\sqrt{2^n}} \sum_{y=0}^{2^n-1} e^{2\pi i \omega y} |y\rangle$

문제: 위상 매개변수 ω의 적절한 추정 값을 구하라.

위상 추정 문제를 해결하기 위한 양자 알고리듬이 있다. 아래에 다음과 같이 설명한다.

우리가 가질 표현의 종류를 작성하기 위한 표준 표기법을 보여 주면서 시작한다. 먼저 ω는 다음과 같이 이진수로 쓸 수 있다.

$$\omega = 0.x_1 x_2 x_3 \cdots \tag{7.1.10}$$

(이는 다음을 의미한다. $x_1 \cdot 2^{-1} + x_2 \cdot 2^{-2} + x_3 \cdot 2^{-3} + \cdots$).

마찬가지로 ω에 2의 거듭제곱을 곱한 것을 다음과 같이 쓸 수 있다.

$$2^k \omega = x_1 x_2 x_3 \cdots x_k . x_{k+1} x_{k+2} \cdots \tag{7.1.11}$$

임의의 정수 k에 대해 $e^{2\pi i k} = 1$이기 때문에 다음과 같다.

$$
\begin{aligned}
e^{2\pi i (2^k \omega)} &= e^{2\pi i (x_1 x_2 x_3 \cdots x_k . x_{k+1} x_{k+2} \cdots)} \\
&= e^{2\pi i (x_1 x_2 x_3 \cdots x_k)} e^{2\pi i (0.x_{k+1} x_{k+2} \cdots)} \\
&= e^{2\pi i (0.x_{k+1} x_{k+2} \cdots)}
\end{aligned}
\tag{7.1.12}
$$

상태 $\sum_{y=0}^{2^n-1} e^{2\pi i \omega y} |y\rangle$가 입력으로 주어지면 양자 회로를 사용해 ω를 결정하는 방법을 고려해보자. 입력이 1-큐비트 상태(따라서 $n=1$)이고 $\omega = 0.x_1$이면 상태를 다음과 같이 쓸 수 있다.

$$\frac{1}{\sqrt{2}} \sum_{y=0}^{1} e^{2\pi i (0.x_1) y} |y\rangle = \frac{1}{\sqrt{2}} \sum_{y=0}^{1} e^{2\pi i \left(\frac{x_1}{2}\right) y} |y\rangle \tag{7.1.13}$$

$$= \frac{1}{\sqrt{2}} \sum_{y=0}^{1} e^{\pi i (x_1 y)} \tag{7.1.14}$$

$$= \frac{1}{\sqrt{2}} \sum_{y=0}^{1} (-1)^{x_1 y} |y\rangle \tag{7.1.15}$$

$$= \frac{1}{\sqrt{2}} \left(|0\rangle + (-1)^{x_1} |1\rangle \right) \qquad (7.1.16)$$

방정식 (7.1.3)을 기억하면 단일 큐비트 아다마르 게이트를 사용해 x_1(따라서 ω)의 값을 결정할 수 있다.

$$H \left(\frac{1}{\sqrt{2}} \left(|0\rangle + (-1)^{x_1} |1\rangle \right) \right) = |x_1\rangle \qquad (7.1.17)$$

더 복잡한 상태에 대해 $\omega = 0.x_1 x_2 \cdots$를 결정하기 전에 다음과 같은 매우 유용한 항등식을 기록해놓자.

$$\frac{1}{\sqrt{2^n}} \sum_{y=0}^{2^n-1} e^{2\pi i \omega y} |y\rangle = \left(\frac{|0\rangle + e^{2\pi i (2^{n-1}\omega)} |1\rangle}{\sqrt{2}} \right) \otimes \left(\frac{|0\rangle + e^{2\pi i (2^{n-2}\omega)} |1\rangle}{\sqrt{2}} \right) \otimes \cdots$$
$$\cdots \otimes \left(\frac{|0\rangle + e^{2\pi i (\omega)} |1\rangle}{\sqrt{2}} \right)$$
$$= \left(\frac{|0\rangle + e^{2\pi i (0.x_n x_{n+1} \cdots)} |1\rangle}{\sqrt{2}} \right) \otimes \left(\frac{|0\rangle + e^{2\pi i (0.x_{n-1} x_n x_{n+1} \cdots)} |1\rangle}{\sqrt{2}} \right) \otimes \cdots$$
$$\cdots \otimes \left(\frac{|0\rangle + e^{2\pi i (0.x_1 x_2 \cdots)} |1\rangle}{\sqrt{2}} \right)$$
$$(7.1.18)$$

문제 7.1.2 항등식 (7.1.18)을 증명하라.

2-큐비트 상태 $\frac{1}{\sqrt{2^2}} \sum_{y=0}^{2^2-1} e^{2\pi i \omega y} |y\rangle$이고 $\omega = 0.x_1 x_2$라고 가정하자. 위 항등식을 이용해 상태를 다음과 같이 쓸 수 있다.

$$\frac{1}{\sqrt{2^2}} \sum_{y=0}^{2^2-1} e^{2\pi i (0.x_1 x_2) y} |y\rangle = \left(\frac{|0\rangle + e^{2\pi i (0.x_2)} |1\rangle}{\sqrt{2}} \right) \otimes \left(\frac{|0\rangle + e^{2\pi i (0.x_1 x_2)} |1\rangle}{\sqrt{2}} \right)$$
$$(7.1.19)$$

x_2는 아다마르 게이트를 적용해 첫 번째 큐비트에서 확인할 수 있다(이전 예와 동일). 여전히 x_1을 결정할 필요가 있으며 이것은 분명히 두 번째 큐비트에서 나온 것이다.

$x_2 = 0$이면 두 번째 큐비트는 $\frac{1}{\sqrt{2}}|0\rangle + e^{2\pi i(0.x_1)}|1\rangle$ 상태에 있으며 (x₂와 마찬가지로) 아다마르 게이트를 사용해 x_1을 결정할 수 있다. 그러나 $x_2 = 1$이면 작동하지 않으므로 먼저 다른 작업을 수행해야 한다. (계산 기저와 관련해) 다음 행렬로 1 큐비트 위상 회전 연산자 R_2를 정의하라.

$$R_2 = \begin{bmatrix} 1 & 0 \\ 0 & e^{\frac{2\pi i}{2^2}} \end{bmatrix} = \begin{bmatrix} 1 & 0 \\ 0 & e^{2\pi i(0.01)} \end{bmatrix} \tag{7.1.20}$$

여기서 지수의 0.01은 밑이 2로 쓰인다(따라서 $0.01 = 2^{-2}$). R_2의 역은 다음과 같다.

$$R_2^{-1} = \begin{bmatrix} 1 & 0 \\ 0 & e^{-2\pi i(0.01)} \end{bmatrix} \tag{7.1.21}$$

$x_2 = 1$인 경우 다음과 같이 R_2^{-1}을 두 번째 큐비트에 적용하는 효과를 고려하자.

$$R_2^{-1}\left(\frac{|0\rangle + e^{2\pi i(0.x_1 1)}|1\rangle}{\sqrt{2}}\right) = \frac{|0\rangle + e^{2\pi i(0.x_1 1 - 0.01)}|1\rangle}{\sqrt{2}}$$
$$= \frac{|0\rangle + e^{2\pi i(0.x_1)}|1\rangle}{\sqrt{2}} \tag{7.1.22}$$

R_2^{-1}이 적용된 후 아다마르 게이트는 x_1을 결정하는 데 사용될 수 있다. 아다마르 게이트를 적용하기 전에 두 번째 큐비트에 R_2^{-1}을 적용할지 여부는 $x_2 = 1$인지 또는 $x_2 = 0$인지에 의해 결정된다. 따라서 첫 번째 큐비트의 상태에 의해 제어되는 두 번째 큐비트에서 제어형 R_2^{-1} 게이트를 사용할 수 있다. 요약하면 $\omega = 0.x_1 x_2$인 2-큐비트 상태의 경우 그림 7.1에 나와 있는 회로는 위상 추정 문제를 해결한다(여기서는 '추정'이 정확하다).

모든 위상 회전 게이트 R에 대해 제어형 R 게이트는 그림 7.2에 표시된 것처럼 제어 비트와 목표 비트를 교체하는 것과 관련해 대칭이라는 점에 주목할 필요가 있다. 그러나 위상 추정을 수행할 때는 위상을 제어형 위상 이동이라고 생각하면 편리하다.

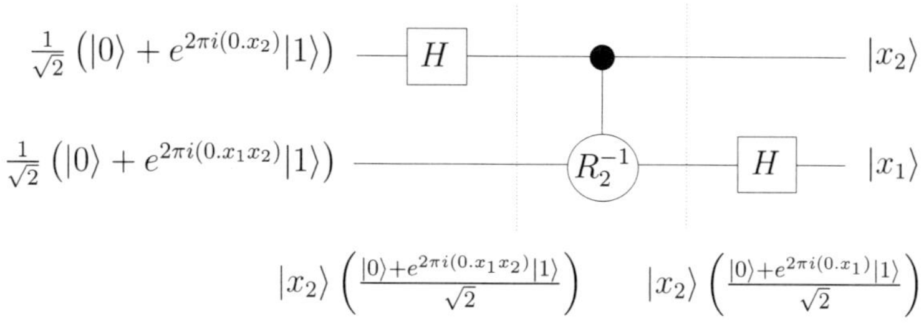

$$\frac{1}{\sqrt{2}}\left(|0\rangle + e^{2\pi i(0.x_2)}|1\rangle\right) \quad \boxed{H} \quad\bullet\quad |x_2\rangle$$

$$\frac{1}{\sqrt{2}}\left(|0\rangle + e^{2\pi i(0.x_1x_2)}|1\rangle\right) \quad R_2^{-1} \quad \boxed{H} \quad |x_1\rangle$$

$$|x_2\rangle\left(\frac{|0\rangle + e^{2\pi i(0.x_1x_2)}|1\rangle}{\sqrt{2}}\right) \qquad |x_2\rangle\left(\frac{|0\rangle + e^{2\pi i(0.x_1)}|1\rangle}{\sqrt{2}}\right)$$

그림 7.1 2-큐비트 위상 추정 알고리듬의 회로

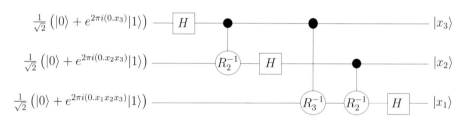

그림 7.2 $e^{i\phi}$의 제어형 위상 이동은 제어 비트와 목표 비트를 서로 바꾸는 것과 관련해 대칭이다.

$$\frac{1}{\sqrt{2}}\left(|0\rangle + e^{2\pi i(0.x_3)}|1\rangle\right) \quad \boxed{H} \quad\bullet\quad\bullet\quad |x_3\rangle$$

$$\frac{1}{\sqrt{2}}\left(|0\rangle + e^{2\pi i(0.x_2x_3)}|1\rangle\right) \quad R_2^{-1} \quad \boxed{H} \quad\bullet\quad |x_2\rangle$$

$$\frac{1}{\sqrt{2}}\left(|0\rangle + e^{2\pi i(0.x_1x_2x_3)}|1\rangle\right) \quad R_3^{-1}\quad R_2^{-1} \quad \boxed{H} \quad |x_1\rangle$$

그림 7.3 3-큐비트 위상 추정 알고리듬의 회로

위상 추정에 대한 상기 접근법은 일반화될 수 있다. 이를 설명하기 위해 한 가지 예를 더 제시한다. 3-큐비트 상태 $\frac{1}{\sqrt{2^3}}\sum_{y=0}^{2^3-1}e^{2\pi i(0.x_1x_2x_3)y}|y\rangle$를 위한 $\omega = 0.x_1x_2x_3$을 결정한다고 가정하자. 이 상태는 다음과 같이 쓸 수 있다.

$$\sum_{y=0}^{2^3-1} e^{2\pi i(0.x_1x_2x_3)y}|y\rangle \tag{7.1.23}$$

$$= \left(\frac{|0\rangle + e^{2\pi i(0.x_3)}|1\rangle}{\sqrt{2}}\right) \otimes \left(\frac{|0\rangle + e^{2\pi i(0.x_2x_3)}|1\rangle}{\sqrt{2}}\right) \otimes \left(\frac{|0\rangle + e^{2\pi i(0.x_1x_2x_3)}|1\rangle}{\sqrt{2}}\right)$$

일반적인 1-큐비트 위상 회전 게이트 R_k를 다음과 같이 정의한다.

$$R_k = \begin{bmatrix} 1 & 0 \\ 0 & e^{\frac{2\pi i}{2^k}} \end{bmatrix} \tag{7.1.24}$$

그 역인 R_k^{-1}은 기저 상태에 다음과 같은 영향을 미친다.

$$\begin{aligned} R_k^{-1} &: |0\rangle \mapsto |0\rangle \\ R_k^{-1} &: |1\rangle \mapsto e^{-2\pi i (0.0\ldots 01)} |1\rangle \end{aligned} \tag{7.1.25}$$

여기서 지수의 1은 k번째 위치에 있는 경우이다.

위 2-큐비트 사례와 마찬가지로 다음을 다룬다. 이번에는 세 번째 큐비트에 대해 x_2와 x_3을 조건부로 '회전 해제'해야 한다. 그림 7.3의 회로는 3-큐비트 상태 (7.1.23)에 대한 위상 추정 알고리듬을 구현한다. 회로의 출력 상태를 측정하면 $\omega = 0.x_1x_2x_3$이 된다.

이 위상 추정 회로가 어떻게 일반화되는지 분명해야 한다.

위상이 $\omega = 0.x_1x_2\cdots x_n$ 형식일 때 위의 위상 추정 알고리듬이 n-큐비트 상태 $\frac{1}{\sqrt{2^n}}$ $\sum_{y=0}^{2^n-1} e^{2\pi i \omega y} |y\rangle$에 대해 작동한다고만 주장했다. 즉 위상 추정 알고리듬은 ω가 $\frac{x}{2^n}$ 형식일 때 임의의 정수 x에 대해 x를 반환한다는 것을 알았다. 다음 절에서 볼 수 있듯이 임의의 ω에 대해 위상 추정 회로는 $\frac{x}{2^n}$이 확률이 높은 ω에 가장 가까운 x를 반환한다(이 알고리듬에 '추정'이라는 단어를 사용하는 이유다). 따라서 우리는 이 추정치가 충분히 가까워질 수 있도록 n(즉 우리가 사용할 큐비트 수)을 선택해야 한다.

그림 7.3의 출력은 $|x\rangle = |x_3x_2x_1\rangle$ 상태이다. $x = 0.x_1x_2\cdots x_n$ 형식의 위상을 추정하는 n 큐비트의 유사한 회로의 경우 회로의 출력은 상태 $|x_1x_2\cdots x_n\rangle$이다. 마지막에 큐비트의 순서를 반대로 하기 위해 게이트를 추가하면 다음과 같이 구현하는 효율적인 회로($O(n^2)$ 게이트 포함)가 있다.

$$\frac{1}{\sqrt{2^n}} \sum_{y=0}^{2^n-1} e^{2\pi i \frac{x}{2^n} y} |y\rangle \longmapsto |x\rangle \tag{7.1.26}$$

실제 상황에선 실제로 큐비트 순서의 역전을 구현할 필요는 없다. 큐비트에 논리적으로 레이블을 다시 (역순으로) 지정하기만 하면 된다.

(7.1.26)의 역을 생각해보자.

$$|x\rangle \longmapsto \frac{1}{\sqrt{2^n}} \sum_{y=0}^{2^n-1} e^{2\pi i \frac{x}{2^n} y} |y\rangle \tag{7.1.27}$$

이것은 단순히 위상 추정 회로를 뒤로[1] 적용해 실현되는 유니타리 변환이다. 식 (7.1.27) 은 과학과 공학에서 종종 나타나는 이산 푸리에 변환과는 매우 유사하다. QFT_{2^n}으로 쓰여진 n 큐비트에서 QFT(양자 푸리에 변환$^{Quantum\ Fourier\ Transform}$)를 식 (7.1.27)이라고 부른다. 의도된 의미가 분명할 때 종종 QFT_{2^n} 대신 QFT를 쓴다. QFT는 기저 상태의 임의적 중첩으로 선형 확장한다.

QFT는 위상 추정 동작의 역수이기 때문에 QFT를 수행하기 위한 효율적인 회로가 있다(위상 추정 회로는 거꾸로 됨). 참고로 QFT의 양자 회로는 그림 7.4에 나와 있다.

일반적으로 QFT_m은 다음에 따라 기저 상태 $|0\rangle, |1\rangle, \ldots, |m-1\rangle$에 정의된 QFT를 나타내는 데 사용된다.

$$QFT_m : |x\rangle \mapsto \frac{1}{\sqrt{m}} \sum_{y=0}^{m-1} e^{2\pi i \frac{x}{m} y} |y\rangle \tag{7.1.28}$$

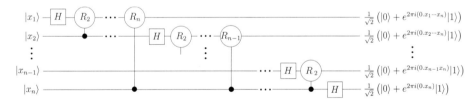

그림 7.4 순서를 반대로 하기 위한 출력 큐비트의 순열까지의 QFT 회로. 실제로 이 순열을 구현할 필요는 없지만 큐비트를 논리적으로 레이블을 지정해 원하는 결과를 얻을 수 있다.

그러나 그림 7.4와 같은 회로는 QFT_m만 구현된다. 여기서 $m = 2^n$은 2의 거듭제곱이다.

---

1 '뒤로' 회로를 실행하거나 적용한다는 것은 각 게이트를 역으로 대체하고 회로를 역순으로 실행하는 것을 의미한다.

정리 7.1.1 $\frac{1}{T}$보다 작은 오류[2]로 QFT_m을 구현하는 $\log m$과 $\log T$의 크기 다항식을 가진 균일한 회로군인 $C_{m,T}$가 있다.

참고로 기저 상태 $|0\rangle, |1\rangle, \ldots, |m-1\rangle$에 따라 역 $\text{QFT}(\text{QFT}_m^{-1}$으로 표시)의 동작을 다음과 같이 설명한다.

$$\text{QFT}_m^{-1} : |x\rangle \mapsto \frac{1}{\sqrt{m}} \sum_{y=0}^{m-1} e^{-2\pi i \frac{x}{m} y} |y\rangle \tag{7.1.29}$$

7.1.1 임의 위상 추정을 위한 오류 분석

위상 추정에 대한 논의에서 우리는 ω가 $\omega = \frac{x}{2^n}$ 형식이라고 가정했다.

QFT^{-1}은 n-큐비트 상태로 이진수로 인코딩된 정수 x를 반환한다. 7.1절에서는 ω가 $\frac{1}{2^n}$의 정수 배가 아닌 경우 발생하는 오류를 검사한다.

일반적으로 QFT^{-1}은 일부 중첩 $|\tilde{\omega}\rangle = \sum_x \alpha_x(\omega)|x\rangle$을 출력하며 측정 후 x는 확률 $|\alpha_x(\omega)|^2$로 x를 출력한다. 출력 x는 추정값 $\tilde{\omega} = \frac{x}{2^n}$에 해당한다. 본절에서 높은 확률로 추정값 $\tilde{\omega}$이 ω의 좋은 추정치가 된다는 것을 보여준다. $\tilde{\omega}$은 확률 분포에 따라 출력되는 특정 값이지만 측정될 때 높은 확률로 ω의 좋은 추정치를 제공하는 값 x의 중첩을 위해 $|\tilde{\omega}\rangle$을 축약형으로 사용한다(즉, $|\tilde{\omega}\rangle$은 값이 $\tilde{\omega}$인 계산 기저 상태를 나타내지 않는다).

n 큐비트를 사용하면 위상 추정 알고리듬이 정수 $\hat{x}$을 반환해 $\frac{\hat{x}}{2^n}$이 $\frac{1}{2^n}$과 ω의 가장 가까운 정수 배가 되도록 하고 적어도 $\frac{4}{\pi^2}$ 확률로 표시한다(ω가 $\frac{1}{2^n}$의 두 정수 곱의 중간에 정확히 있다면 위상 추정 알고리듬은 적어도 $\frac{4}{\pi^2}$ 확률로 이들 각각을 반환한다). 그런 다음 사전 지정된 수준 이하의 오류 확률로 n 비트까지 ω를 정확하게 얻기 위해 얼마나 많은 큐비트를 사용해야 하는지 조사할 것이다. 논의를 설명하기 위해 원주 1을 갖는 원에 위상 값을 표현하는 것이 편리하다. (위상 매개변수 $2\pi\omega$에 해당하는) 값 ω는 $[0, 1)$ 간격의 실수이다. 원에서 기준점을 선택해 값 0을 나타내고 원 주위의 지점을 시계 반대 방향으로 세고 시작점으로 돌아가는 값 1까지 계산할 수 있다. n-큐비트 양자 컴퓨터에서 인코딩될 수

---

2   식 4.3.1에서 이 오류의 정의를 기억해보자.

있는 위상 값을 나타내기 위해 $\frac{1}{2^n}$의 각 정수 배수에서 원에 점을 놓는다. 원에 2^n개의 점이 있을 것이다. 물론, 실제 위상 매개변수 (ω)는 $\frac{1}{2^n}$의 정수 배가 아니므로 원의 점들 사이에 놓일 수 있다. 이 단계의 표현은 그림 7.5에 설명돼 있다.

추정되는 위상이 ω라고 가정하고 그림 7.6에 표시된 것처럼 $\hat{\omega}$은 $\frac{1}{2^n}$의 가장 가까운 정수 배가 되도록 한다. 즉, $\hat{x}$은 0과 2^n-1 사이의 정수로 선택돼 $\hat{\omega} = \frac{\hat{x}}{2^n}$은 ω에 대한 이 수의 가장 가까운 수가 된다. ω가 이 형식의 두 숫자 사이의 정확히 절반이면 $\hat{\omega} = \frac{\hat{x}}{2^n}$을 선택해 두 가지 중 하나가 되도록 한다. 표기법의 편의를 위해이 본 절에서는 일반적인 절대 값 표기법을 다르게 이용해 단위원에서 임의의 실수 ω, $\hat{\omega} = [0,\ 1)$에 대해 $|\omega - \tilde{\omega}|$이 예를 들어 $2\pi|\omega - \tilde{\omega}|$이 $e^{2\pi i\omega}$와 $e^{2\pi i\tilde{\omega}}$ 사이의 최단 호의 길이가 되도록 한다. 즉, $|\omega - \tilde{\omega}|$으로 $\min\{|\omega - \tilde{\omega}|,\ |\omega - \tilde{\omega} + 1|,\ |\omega - \tilde{\omega} - 1|\}$을 표기하도록 한다.

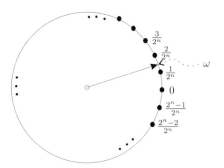

그림 7.5 원의 점으로 위상 ω 표현

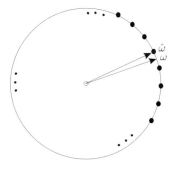

그림 7.6 $\hat{\omega} = \frac{\hat{x}}{2^n}$은 $\frac{1}{2^n}$에서 ω의 가장 가까운 정수배이다.

첫 번째 목표는 위상 추정 알고리듬이 적어도 $\frac{4}{\pi^2}$ 확률로 정수 $\hat{x}$를 반환한다는 것을 보여주는 것이다. 간단한 기하학적 합을 계산하고 그 $|1 - e^{i2\theta}| = |e^{-i\theta} - e^{i\theta}| = 2|\sin(\theta)|$을 상기시켜서 쉽게 따르는 것으로 시작한다.

보조정리 7.1.2 $\omega = \frac{x}{2^n} = 0.x_1 x_2 \ldots x_n$을 고정된 숫자로 둔다. 입력 상태 $|\psi\rangle = \frac{1}{\sqrt{2^n}} \sum_{y=0}^{2^n-1} e^{2\pi i \omega y} |y\rangle$에 적용된 위상 추정 알고리듬은 다음과 같이 확률 x를 갖는 정수 x를 출력한다.

$$p(x) = \frac{1}{2^{2n}} \frac{\sin^2\left(\pi(2^n \omega - x)\right)}{\sin^2\left(\pi(\omega - x/2^n)\right)} \tag{7.1.30}$$

뒤에 따라 나오는 보조정리는 유용하다.

보조정리 7.1.3 임의의 $M \geq 1$에 대해 $|\theta| \leq \frac{x}{2^n}$이면 $\frac{1}{M^2} \frac{\sin^2(M\theta)}{\sin^2(\theta)^n} \geq \frac{4}{\pi^2}$이다.

보조정리 7.1.3과 함께 보조정리 7.1.2는 다음 정리를 의미한다.

정리 7.1.4 $\hat{\omega} = \frac{\hat{x}}{2^n}$을 ω에 가장 가까운 정수의 $\frac{1}{2^n}$배가 되도록 하자. 위상 추정 알고리듬은 적어도 $\frac{4}{\pi^2}$ 확률로 $\hat{x}$를 반환한다.

다시 말해 적어도 $\frac{4}{\pi^2}$ 확률의 위상 추정 알고리듬은 $\tilde{x}$과 같은 추정치 $|\frac{\hat{x}}{2^n} - \omega| \leq \frac{1}{2^{n+1}}$을 출력한다. ω가 정확히 $\frac{x}{2^n}$과 $\frac{x+1}{2^n}$(즉, $\omega = \frac{k}{2^n} + \frac{1}{2^{n+1}}$) 사이에 있으면 적어도 $\frac{8}{\pi^2}$ 확률로 ω의 가장 가까운 두 추정치 중 하나를 측정한다. 사실, 다음 정리에서 요약할 때 모든 ω에 해당된다.

정리 7.1.5 $\frac{x}{2^n} \leq \omega \leq \frac{x+1}{2^n}$이면 위상 추정 알고리듬은 적어도 $\frac{8}{\pi^2}$일 확률로 x 또는 $x+1$ 중 하나를 반환한다.

다시 말해 적어도 $\frac{8}{\pi^2}$의 위상 추정 알고리듬은 $|\frac{\hat{x}}{2^n} - \omega| \leq \frac{1}{2^n}$과 같은 추정치 $\hat{x}$를 출력한다.

적어도 $1 - \frac{1}{2(k-1)}$ 확률로 위상 추정 알고리듬이 $\frac{1}{2^n}$의 $2k$ 가장 가까운 정수 배수 중 하나를 출력할 것임을 쉽게 확인할 수 있다(그림 7.7 참조). 이는 적어도 $1 - \frac{1}{2(k-1)}$의 확률로 위상 추정 알고리듬의 출력 $\tilde{\omega}$가 $|\omega - \tilde{\omega}| \leq \frac{k}{2^n}$을 만족할 것임을 암시한다. 다시 말해

적어도 $\tilde{\omega}$의 확률로 $1 - \frac{1}{2^m}$을 갖는 추정치 $|\tilde{\omega} - \omega| \leq \frac{1}{2^r}$를 얻기 위해서는 $n = m + r + 1$의 위상 추정을 수행하면 충분하다. $\frac{1}{2^r}$보다 오류가 훨씬 작은 추정치를 얻을 가능성이 높다. 예를 들어 확률이 최소한 $\frac{8}{\pi^2}$인 경우 오류는 최대 $\frac{1}{2^{r+m}}$이다. 최대 $\frac{1}{2^r}$ 오류가 있는 추정값만 신경 쓰는 경우 문제 7.1.3에서는 매개변수 $n = m$인 위상 추정 알고리듬의 $O(\log r)$번 반복을 사용해 수행하는 방법을 보여줄 것이다.

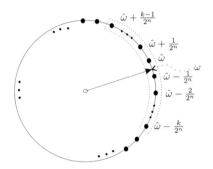

그림 7.7 위상 추정 알고리듬은 적어도 $\frac{1}{2^r}$ 확률로 $1 - \frac{1}{2(k-1)}$의 $2k$ 가장 가까운 정수 배수 중 하나를 출력한다.

고차 위상 이동 계산의 고유 비용에 따라 훨씬 효율적인 알고리듬이 될 수 있다.

문제 7.1.3 $n = m$을 갖는 $O(\log_2(r))$ 위상 추정치와 가장 자주 발생하는 결과를 취하면 적어도 $1 - \frac{1}{2^r}$에 오류가 있을 수 있는 위상 ω의 추정값 $|\omega - \tilde{\omega}| \leq \frac{1}{2^m}$을 제공한다는 것을 증명하라.

힌트: 가장 가까운 두 추정치 중 하나를 얻을 확률에 대한 상계를 찾은 다음 높은 확률로 결과가 가장 가까운 두 추정치 중 하나임을 보장한다.

문제 7.1.4

(a) QFT의 제곱에 의해 수행되는 동작에 대해 간결하게 설명하라.

(b) QFT의 고윳값은 무엇인가?

7.1.2 주기적 상태

계산 기저 상태 및 다음과 같은 형식의 상태에 대한 QFT의 동작을 자세히 연구했다.

$$\sum_x e^{2\pi i \omega x} |x\rangle \tag{7.1.31}$$

주기적 상태라고 부르는 것에 대한 QFT의 행동을 연구하는 것도 흥미롭고 유용하다. 상태의 주기적인 중첩은 다음과 같은 형식 중 하나이다.

$$|\phi_{r,b}\rangle = \frac{1}{\sqrt{m}} \sum_{z=0}^{m-1} |zr + b\rangle \tag{7.1.32}$$

주기 r, 이동^{shift} b 및 m의 반복을 통해 상태가 주기적이라고 말한다. 다음 문제를 생각해보자.

---

mr이 주어진 주기적인 상태의 주기 a 찾기

입력:

- 정수 mr
- 블랙박스를 만드는 양자 상태

$$|\phi_{r,b}\rangle = \frac{1}{\sqrt{m}} \sum_{z=0}^{m-1} |zr + b\rangle \tag{7.1.33}$$

여기서 b는 균일하게 $\{0, 1, \ldots, r-1\}$에서 무작위적으로 선택된다.

문제: r을 찾아라.

계산 기저로 $|\phi_{r,b}\rangle$을 측정하면 임의의 값으로 균일하게 선택된 $z \in \{0, 1, \ldots, m-1\}$에 대해 $zr + b$를 얻는다. $b \in \{0, 1, \ldots, r-1\}$도 무작위로 균일하게 선택되기 때문에 특정 정수 $x \in \{0, 1, \ldots, mr-1\}$을 생성하는 측정 확률은 균일하게 $\frac{1}{mr}$이고 따라서 이 결과는 r의 값에 대한 유용한 정보를 제공하지 않는다.

문제 7.1.5 다음을 증명하라.

$$\mathrm{QFT}_{mr}^{-1}|\phi_{r,b}\rangle = \frac{1}{\sqrt{r}} \sum_{k=0}^{r-1} e^{-2\pi i \frac{b}{r} k} |mk\rangle \tag{7.1.34}$$

그러나 QFT_{mr}^{-1}을 $|\phi_{r,b}\rangle$에 적용하면[3] 결과 상태는 중첩 $\mathrm{QFT}_{mr}^{-1}|\phi_{r,b}\rangle = \frac{1}{\sqrt{r}} \sum_{k=0}^{r-1} e^{-2\pi i \frac{b}{r} k} |mk\rangle$이다. 이 상태를 측정하면 0과 $r-1$ 사이의 임의의 정수 k에 대해 $x = mk$ 값을 얻게 된다. mr을 알고 있기 때문에 $\frac{x}{mr} = \frac{k}{r}$을 계산하고 가장 낮은 항으로 표현할 수 있다. 그러나 k와 r이 자명하지 않은 공통인수를 공유하는 경우 $\frac{x}{mr} = \frac{k}{r}$에 대해 환산된 분수의 분모는 r이 아니라 r의 일부 제수가 된다. 예를 들어 $m = 3$, $r = 20$, $x = 24$; 다시 말해 처음에 $mr = 60$을 알고 있으며 $\frac{24}{60} = \frac{8}{20}$을 측정하면 $x = 24$의 숫자를 얻게 된다. 이 경우 $\mathrm{QFT}_{60}^{-1}|\phi_{r,b}\rangle$과 $k = 8$이다. 그러나 $mr = 60$과 $x = 24$만 알고 있기 때문에 최저 항으로 환산하고 $\frac{24}{60} = \frac{2}{5}$을 얻는다. 분모 5는 $r = 20$의 제수이지만 4는 $k = 24$의 인수였으므로 4의 인수를 '잃는다'.

이 잠재적 문제에 대한 한 가지 답은 $\Omega\left(\frac{1}{\log r \log r}\right)$의 확률로 정수 k가 r과 자명하지 않은 공통인수를 갖지 않는다는 것이다. 따라서 r을 찾기 전에 $O(\log \log r)$에서 이 전체 절차를 예상 횟수만큼 반복하면 된다.

다음 절에서는 r을 찾는 더 나은 방법을 제공하는 수학 표기법과 기본 기술을 소개할 것이며 이는 본 장의 다른 곳에서도 유용할 것이다.

중요한 기술적 질문 중 하나는 올바른 r을 가지고 있는지 아는 것이다. 나중에 사용하는 이 주기 찾기 도구의 적용에는 올바른 r을 확인하기 위한 손쉬운 고전적인 방법이 있다. 본절의 예에서 환산한 분수의 각 분모는 r의 제수이므로 r이 결국 목록에 나타나야 할 때 목록에서 가장 큰 인수가 된다. 따라서 우리 알고리듬은 r의 추측으로 목록에서 가장 큰 값을 출력해야 한다. 문제 7.1.6에서 r의 정확한 값을 가지고 있는지 테스트하는 또 다른 방법을 제공하는 흥미로운 도구를 소개한다(우리의 추측은 r의 제수가 될

---

3   QFT_{mr}도 작동힌다. 위상 추정 알고리듬과의 일관성을 위해 QFT_{mr}^{-1}을 사용하는 것을 선택한다.

것이므로 r과 같다는 것을 증명하기에 r의 배수인지 확인하는 것도 충분하다).

문제 7.1.6 상태 $|\phi_{r,b}\rangle$와 r' 후보가 주어진다고 가정하자. r'이 r의 배수이면 항상 0을 출력하고 그렇지 않으면 확률이 최소 50%인 1을 출력하는 '단면[1-sided]' 검정[test]을 고안하라.

힌트: $|\phi_{r,b}\rangle$의 기저 상태에 $r' \bmod mr$을 추가하면 어떻게 될까?

지금은 실제로 mr 곱을 모르는 경우로 넘어가서 다음과 같은 문제가 있다.[4]

주기적 상태의 주기 찾기

입력:

- 정수 n
- 블랙박스를 만드는 다음 양자 상태

$$|\phi_{r,b}\rangle = \sqrt{\frac{1}{m_b}} \sum_{z:0 \leq zr+b < 2^n} |zr + b\rangle \qquad (7.1.35)$$

여기서 b는 균일하게 $\{0, 1, \ldots, r-1\}$에서 무작위적으로 선택되며 $m_b = \frac{2^n}{r}$은 상태가 1[4]과 동일한 노름을 갖게 하는 값이다.

문제: r을 구하라.

$\text{QFT}_{2^n}^{-1}$을 적용하면 확률이 높은 측정 값에 임의의 정수 $k \in \{0, 1, 2, \ldots, r\}$에 대해 $\frac{x}{2^n}$이 $\frac{k}{r}$에 가까워지도록 값 x가 주어진다. 좀 더 구체적으로는 다음과 같은 정리가 있다.

정리 7.1.6 x를 $\text{QFT}_{2^n}^{-1}|\phi_{r,b}\rangle$ 측정의 결과라고 하자. 다음과 같이 만족되는 각 값 x에 대해 임의의 정수 k에 관해 x를 얻을 확률은 적어도 $\frac{m_b}{2^n}\frac{4}{\pi^2}$이다.

---

4 상태가 정규화되기 위해서는 $m_b \equiv |\{z : 0 \leq zr+b < 2^n\}| = \left\lfloor \frac{2^n - b - 1}{r} \right\rfloor + 1$이 있어야 한다. 이것은 또한 $m_b = \frac{2^n - (2^n \bmod r)}{r} + 1$, $0 \leq b < (2^n \bmod r)$인 경우 $m_b = \frac{2^n - (2^n \bmod r)}{r}$, $(2^n \bmod r) \leq b \leq r$으로 쓰여질 수 있다.

$$\left| \frac{x}{2^n} - \frac{k}{r} \right| \leq \frac{1}{2m_b r} \tag{7.1.36}$$

이 정리는 간단한 기하 합을 계산하고 보조정리 7.1.3을 사용해 얻을 수 있다.

오류에 대한 이 한계에 대한 중요한 부분은 $m \geq r(2^n \geq 2r^2$을 갖기에 충분하다)이면, $\frac{1}{2m_b r}$ $\leq \frac{1}{2r^2}$이 된다는 것이다. 이를 통해 연분수$^{continued\ fraction}$ 알고리듬을 사용해 분수 $\frac{k}{r}$을 찾을 수 있다.

연분수 알고리듬은 일련의 유리함수 근사치로 실수를 근사하는 알고리듬이다. 이 교과서와 관련된 연분수에 대한 사실을 요약할 것이다.

정리 7.1.7   각 유리수 $\frac{x}{2^n}$은 근사분수 $\frac{a_1}{b_1}, \frac{a_2}{b_2}, \dots, \frac{a_m}{b_m}$이라고 하는 $O(n)$ 유리함수 근사 순서를 가지며, 여기서 $\frac{a_m}{b_m} = \frac{x}{2^n}$은 다음과 같은 특성을 갖는다.

- $a_1 < a_2 < \dots < a_m$, $b_1 < b_2 < \dots < b_m$
- $\frac{x}{2^n}$의 근사분수^{convergent} 목록은 n의 시간 다항식 (n)으로 계산할 수 있다.
- 어떤 분수 $\frac{k}{r}$이 다음을 만족할 경우

$$\left| \frac{x}{2^n} - \frac{k}{r} \right| \leq \frac{1}{2r^2}$$

$\frac{k}{r}$은 $\frac{x}{2^n}$의 근사분수 목록에 나타난다.

정리 7.1.7은 $2^n \geq 2r^2$이면서 $\frac{k}{r}$의 가장 가까운 두 추정치 중 하나를 측정하면 어느 근사분수가 $\frac{k}{r}$과 같은지 알 수 있음을 의미한다(문제 7.1.7을 확인하라).

문제 7.1.7   (a) $\left| \frac{x}{2^n} - \frac{a_i}{b_i} \right| \leq \frac{1}{2r^2}$ 및 $b_i \geq r$를 만족하는 최대 1개의 근사분수 $\frac{a_i}{b_i} \neq \frac{x}{2^n}$가 존재함을 증명하라.

(b) $2^n \geq 2r^2$ 및 $\left| \frac{x}{2^n} - \frac{k}{r} \right| \leq \frac{1}{2^n}$이면 $\frac{a_i}{b_i} = \frac{k}{r}$이 $b_i \leq 2^{\frac{(n-1)}{2}}$일 때, $\frac{x}{2^n}$이 유일한 근사분수임을 증명하라.

7.1.3 GCD, LCM, 확장된 유클리드 알고리듬

기본적인 정수론에서 몇 가지 기본 정의를 검토한 다음, 7장에서 볼 수 있는 특히 임의의 정수 k에 대한 $\frac{k}{r}$에 가까운 추정이 주어질 경우 r을 찾는 데 유용한 고전적인 환산에 유용한 알고리듬을 다룬다.

정의 7.1.8 $y = xz$가 되도록 다른 정수 z가 존재하면, 정수 x는 정수 y를 $x \mid y$로 나눈다고 한다.

정의 7.1.9   GCD(x, y)로 표시되는 두 정수 x와 y의 최대공약수^{GCD, Greatest Common Divisor}는 x와 y를 모두 나누는 최대 양의 정수 z이다. $x = y = 0$인 경우 GCD$(x, y) = 0$으로 정의한다.

GCD(x, y)로 표시된 x와 y의 GCD가 1과 같으면 두 개의 숫자 x와 y는 서로소 또는 서로 나눌 수 없는 소수라고 한다.

정의 7.1.10   LCM(x, y)로 표시되는 두 정수 x와 y의 최소공배수^{LCM, Lowest Common Multiple}는 x와 y로 나눌 수 있는 가장 작은 정수 z이다.

확장된 유클리드 알고리듬^{EEA, Extended Euclidean Algorithm}[5]이라고 하는 잘 알려진 알고리듬은 LCM과 GCD를 효율적으로 계산하는 방법을 제공한다.

확장된 유클리드 알고리듬

EEA는 두 개의 양의 정수 x, $y < 2^n$을 취하고 다음 속성을 다음과 같이 세 개의 정수 a, b, $d < 2^n$을 출력한다.

$$d = \text{GCD}(x, y) \tag{7.1.37}$$
$$ax + by = d \tag{7.1.38}$$

총 실행 시간은 $O(n^2)$이다.

---

5   확장된 유클리드 알고리듬(EEA: Extended Euclidean Algorithm)은 이후부터 EEA라고 쓰겠다. – 옮긴이

따름정리 7.1.11 (EEA): 0이 아닌 정수 x와 y가 주어지면 EEA를 사용해 다음을 효율적으로 찾을 수 있다.

1. $\mathrm{GCD}(x, y)$
2. $\mathrm{LCM}(x, y) = \dfrac{xy}{\mathrm{GCD}(x, y)}$
3. 가장 낮은 항으로 환산한 분수 x/y(즉, $x/y = x_1/y_1$ 및 $\mathrm{GCD}(x_1, y_1) = 1$이 되도록 하는 x_1, y_1을 찾아라. $x_1 = \dfrac{x}{\mathrm{GCD}(x, y)}$, $y_1 = \dfrac{y}{\mathrm{GCD}(x, y)}$에 유의하라).
4. x 모듈로 y의 역수($\mathrm{GCD}(x, y) = 1$이라고 가정).

무작위로 균일하게 선택된 정수 $k \in \{0, 1, 2, \ldots, r-1\}$에 대해 가장 낮은 항으로 표현된 분수 $\frac{k}{r}$이 주어지면 r을 찾는 문제로 돌아가보자.

0에서 $r-1$ 사이의 정수 k_1, k_2에 대해 $\frac{x_1}{mr} = \frac{k_1}{r}$ 및 $\frac{x_2}{mr} = \frac{k_2}{r}$가 임의로 균일하게 선택된 두 개의 측정 결과 x_1 및 x_2를 얻기 위해 절차를 반복한다고 가정한다.

$\mathrm{GCD}(c_1, r_1) = \mathrm{GCD}(c_2, r_2) = 1$이서 $\frac{k_1}{r} = \frac{c_1}{r_1}$ 및 $\frac{k_2}{r} = \frac{c_2}{r_2}$을 만족하는 정수 c_1, r_1, c_2, r_2를 효율적으로 찾을 수 있다. 이것은 r_1과 r_2가 모두 r을 나눈다는 것을 의미한다(즉, r은 r_1과 r_2의 공배수이다).

정리 7.1.12 r을 양의 정수로 하자. 정수 k_1 및 k_2가 독립적으로 그리고 $\{0, 1, 2, \ldots, r-1\}\}$에서 무작위로 균일하게 선택됐다고 가정하자. c_1, r_1, c_2, r_2는 $\mathrm{GCD}(r_1, c_1) = \mathrm{GCD}(r_2, c_2) = 1$이고 $\frac{k_1}{r} = \frac{c_1}{r_1}$ 및 $\frac{k_2}{r} = \frac{c_2}{r_2}$이 되도록 정수로 설정하자.

그런 다음 적어도 $\frac{6}{\pi^2}$ 확률로 $r = \mathrm{LCM}(r_1, r_2)$를 갖는다. 또한 숫자 c_1, r_1, c_2, r_2 및 r은 $O(\log^2 r)$의 시간으로 계산될 수 있다.

7.2 고윳값 추정

도이치 알고리듬(유사하게 도이치-조사 및 사이먼 알고리듬)을 살펴보면 연산자 U_f를 제어형 연산자 c-$\widehat{U}_{f(x)}$로 생각할 수 있다고 언급했다. 목표 큐비트의 상태 $\frac{|0\rangle - |1\rangle}{\sqrt{2}}$이 대응하는 고윳값 $\widehat{U}_{f(x)}$과 함께 $(-1)^{f(x)}$의 고유 벡터인 것을 봤고 이 고윳값을 제어 큐비트와 연관시킬 수 있음을 보여줬다. 여기에서 이 아이디어를 일반화하고 주어진 다중 큐비트 유

니타리 연산자 U의 고웃값을 추정하기 위해 양자 회로를 구성하는 방법을 보여준다.

고유벡터 $|\psi\rangle$ 및 해당 고웃값 $e^{2\pi i\omega}$을 갖는 n 큐비트 유니타리 연산자 U를 고려하자. 우리가 U를 구현하기 위한 효율적인 양자 네트워크를 가지고 있다고 가정하자. 이제 제어형 U 게이트를 고려해보자(U 게이트, 즉 단일 '게이트'로 묶고 표현하기로 한 제어형 U 동작을 수행하기 위한 회로. 이걸 어떻게 구현했는지는 문제 4.2.7을 기억해보자). 두 번째 (목표) 레지스터가 고유 상태 $|\psi\rangle$로 준비됐다고 가정한다. 제어 큐비트가 $|0\rangle$ 상태인 경우, U는 두 번째 레지스터의 큐비트에 적용되지 않는다. 제어 비트가 $|1\rangle$ 상태이면 U가 적용된다. 이 경우, 제어형 U 게이트를 c-U로 표시하면 다음과 같다.

$$
\begin{aligned}
\text{c-}U|1\rangle|\psi\rangle &= |1\rangle U|\psi\rangle \\
&= |1\rangle e^{2\pi i\omega}|\psi\rangle \\
&= e^{2\pi i\omega}|1\rangle|\psi\rangle
\end{aligned}
\tag{7.2.1}
$$

아래 그림 7.8에 나와 있다.

제어 큐비트가 중첩 $\alpha|0\rangle + \beta|1\rangle$으로 준비됐다고 가정한다. 그런 다음 제어된 U를 적용하면 제어 큐비트 상태의 기저 상태 $|0\rangle$과 $|1\rangle$ 사이의 상대 위상 매개변수로 U의 고웃값을 인코딩한다. 상대 위상으로서 (양자 간섭을 통해) 측정 가능한 양이 된다. 제어된 U 연산의 제어 레지스터의 위상으로 U의 고웃값을 인코딩하는 이 효과는 그림 7.9에 나와 있다.

7.2절에서는 다음 문제를 해결하기 위해 위상 추정 알고리듬과 함께 제어 큐비트의 위상에서 고웃값을 인코딩하는 아이디어를 적용할 것이다.

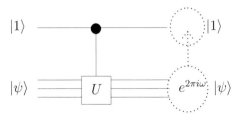

그림 7.8　고웃값 $|1\rangle|\psi\rangle$을 갖는 고유 상태 $|\psi\rangle$에 대한 상태 $e^{2\pi i\omega}$에 대한 제어-U의 작용을 분석할 때 $|1\rangle$ $(e^{2\pi i\omega}|\psi\rangle) = (e^{2\pi i\omega}|1\rangle)|\psi\rangle$ 즉 $|\psi\rangle$의 고웃값은 제어 큐비트에 '반동(kicked back)'한 것으로 간주될 수 있다.

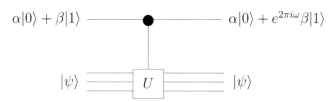

그림 7.9 제어 비트가 $|0\rangle$ 및 $|1\rangle$의 중첩에 있을 때 구성 성분은 $|0\rangle$의 위상을 선택하지 않고 $e^{2\pi i\omega}$ 구성 성분이 수행한다. 따라서 고윳값은 제어 비트 중첩의 $|0\rangle$과 $|1\rangle$ 구성 성분 사이의 상대 위상으로 나타난다.

고윳값 추정 문제

입력: 연산자 U를 구현하는 양자 회로, 및 대응하는 고윳값 $|\psi\rangle$을 갖는 고윳값 $e^{2\pi i\omega}$

문제: ω에 대한 적절한 추정치를 구하라.

(위상 추정을 위한 좋은 알고리듬을 보여줬던) 역QFT는 다음과 같이 상태를 고려해 ω를 추정할 수 있음을 상기하자.

$$\frac{1}{\sqrt{2^n}} \sum_{y=0}^{2^n-1} e^{2\pi i\omega y}|y\rangle \tag{7.2.2}$$

$$= \left(\frac{|0\rangle + e^{2\pi i(2^{n-1}\omega)}|1\rangle}{\sqrt{2}}\right) \left(\frac{|0\rangle + e^{2\pi i(2^{n-2}\omega)}|1\rangle}{\sqrt{2}}\right) \cdots \left(\frac{|0\rangle + e^{2\pi i(\omega)}|1\rangle}{\sqrt{2}}\right) \tag{7.2.3}$$

따라서 이러한 상태를 생성하는 양자 회로를 고안할 수 있다면 고윳값을 추정하기 위한 QFT^{-1}를 이용할 수 있다. QFT^{-1}를 이용하는 작업을 수행하는 방법을 확인하려면 $|\psi\rangle$도 고윳값이 $(e^{2\pi i\omega})^2 = e^{2\cdot 2\pi i\omega}$인 U^2의 고유 벡터임을 확인하라. 마찬가지로 모든 정수 x에 대해 $|\psi\rangle$은 해당 고윳값 $\frac{|0\rangle + |1\rangle}{\sqrt{2}}$을 가진 U^x의 고유 벡터라는 것을 알고 있다. 그래서 제어형-U^{2^j}을 구현하고 제어 큐비트를 $|\psi\rangle$으로 설정하고 목표 큐비트를 고유 상태로 설정하면 결과는 다음과 같다.

$$\text{c-}U^{2^j}\left(\left(\frac{|0\rangle + |1\rangle}{\sqrt{2}}\right)|\psi\rangle\right) = \left(\frac{|0\rangle + e^{2\pi i(2^j\omega)}|1\rangle}{\sqrt{2}}\right)|\psi\rangle \tag{7.2.4}$$

이러한 관찰을 통해 그림 7.10의 회로가 상태 (7.2.2)를 생성한다는 것을 쉽게 알 수 있다.

보다시피 이제 그림 7.10에 도시된 회로의 출력에 QFT^{-1}을 적용하면, 고윳값 매개변수 ω의 좋은 추정치를 제공하는 상태 $|\tilde{\omega}\rangle$을 얻을 수 있다. 따라서 그림 7.11에 표시된 회로는 고윳값 추정 문제를 해결한다.

$k=1,\,2,\dots,n$ 각각에 대해 $x=2^{n-1}x_{n-1}+\cdots+2x_1+x_0$의 k번째 유효 비트 x_k에서 제어되는 일련의 제어형 U^{2^k} 연산이 있다. 이것이 U를 총 x번 적용하는 전반적인 효과가 있음을 쉽게 알 수 있다(U의 거듭제곱). 이것을 단일 U^x 연산자로 작성할 수 있다. 따라서 다음과 같이 사상되는 c-U^x 연산자를 정의한다.

$$\text{c-}U^x : |x\rangle|\phi\rangle \mapsto |x\rangle U^x|\phi\rangle \tag{7.2.5}$$

문제 7.2.1 $N\leq 2^n$이라고 하자. $a\in\{2,\dots,N-2\}$가 주어지면, $a^{2^m}\bmod N$이 $m+n$의 시간 다항식으로 계산되고 $O(n)$의 공간으로 어떻게 계산될 수 있는지 설명하라.

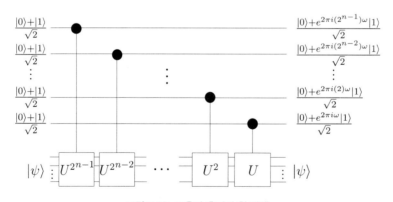

그림 7.10 고윳값 추정의 첫 단계

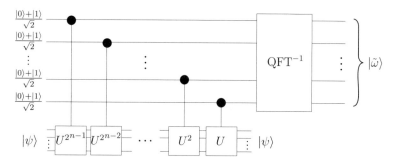

그림 7.11 고윳값 추정을 위한 회로. 상태 $|\tilde{\omega}\rangle$을 측정하고 정수의 이진 표현에 해당하는 문자열 x를 얻는다. ω에 대한 추정치는 $2\pi\frac{x}{2^n}$이다.

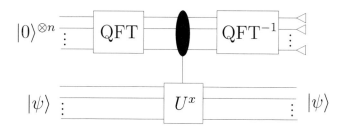

그림 7.12 고윳값에 대한 연산자 U의 고윳값 $e^{2\pi i\omega}$를 추정하기 위한 회로 $|\psi\rangle$

상태 $|0\rangle^{\otimes n}$로 시작하고 n-큐비트 아다마르 변환 $H^{\otimes n}$을 적용해 다음과 같은 상태에서 첫 번째 (제어) 레지스터의 큐비트를 준비할 수 있다.

$$\left(\frac{|0\rangle + |1\rangle}{\sqrt{2}}\right)\left(\frac{|0\rangle + |1\rangle}{\sqrt{2}}\right)\cdots\left(\frac{|0\rangle + |1\rangle}{\sqrt{2}}\right) \tag{7.2.6}$$

텐서곱 성분이 확장될 수 있으며 결과를 다음과 같이 더 간결하게 작성할 수 있음을 알 수 있다.

$$H^{\otimes n}|0\rangle^{\otimes n} = \frac{1}{\sqrt{2^n}}\sum_{x=0}^{2^n-1}|x\rangle \tag{7.2.7}$$

QFT의 정의에서 다음과 같이 아다마르 게이트 대신 QFT를 사용할 수 있는지 쉽게 확인할 수 있다.

$$\mathrm{QFT}|0\rangle^{\otimes n} = H^{\otimes n}|0\rangle^{\otimes n} \tag{7.2.8}$$

위의 관찰을 통해 고윳값 추정을 위한 회로를 그림 7.12와 같이 더 간결하게 그릴 수 있다.

그림 7.12의 회로로 구현된 고윳값 추정 알고리듬을 다음과 같이 요약할 수 있다.

고윳값 추정 알고리듬

1. n-큐비트 레지스터를 $|0\rangle^{\otimes n}$으로 초기화하라. 이것을 제어 레지스터라고 부른다.

2. QFT를 제어 레지스터에 적용한다.

3. 제어 레지스터의 상태에 의해 제어되는 주어진 고유 상태 $|\psi\rangle$에 c-U^x를 적용한다.

4. QFT^{-1}을 제어 레지스터에 적용한다.

5. 정수 x를 인코딩하는 비트 열을 얻기 위해 제어 레지스터를 측정한다. ω의 추정값으로 $\frac{x}{2^n}$값을 출력한다.

---

n-큐비트 연산자 U의 고유 벡터가 아닌 임의의 상태 $|\psi\rangle$에서 처음에 두 번째 레지스터를 갖는 고윳값 추정 회로를 적용한다고 가정하자. 스펙트럼 정리(2.4 절 참조)에 의해 U의 고유 벡터는 기본을 형성 U가 작용하는 2^n-차원 벡터 공간 즉, 이 공간의 모든 상태는 U의 고유 벡터의 선형 조합으로 작성될 수 있다. 따라서 다음과 같다.

$$|\psi\rangle = \sum_{j=0}^{2^n-1} \alpha_j |\psi_j\rangle \tag{7.2.9}$$

여기서 $|\psi_j\rangle$은 $i=0,\ 1,\dots,2^n-1$에 대해 대응하는 고윳값 $e^{2\pi i \omega_j}$를 갖는 U의 고유 벡터이다. 고윳값 추정 알고리듬은 $|0\rangle^{\otimes n}|\psi_j\rangle \mapsto |\tilde{\omega}_j\rangle|\psi_j\rangle$을 사상한다. 따라서 선형성에 의해 고윳값 추정을 적용하면 $|\psi\rangle = \sum_{j=0}^{2^n-1} \alpha_j|\psi_j\rangle$ 상태의 두 번째 레지스터가 있는 회로를 사용하면 다음과 같이 중첩된다.

$$\sum_{j=0}^{2^n-1} \alpha_j |\tilde{\omega}_j\rangle |\psi_j\rangle. \tag{7.2.10}$$

이는 그림 7.13에 설명돼 있다. 이 아이디어는 다음 절에서 적용된다.

첫 번째 레지스터를 측정하는 것은 $|\alpha_j|^2$ 확률로 $|\tilde{\omega}_j\rangle |\psi_j\rangle$을 지정한 다음 첫 번째 레지스터를 측정하는 것과 같다.

문제 3.5.4(a)에서 첫 번째 레지스터를 측정한 다음 두 번째 레지스터를 추적(즉 폐기 또는 무시)하는 것은 첫 번째 레지스터를 측정하기 전에 두 번째 레지스터를 추적하는 것과 같다.

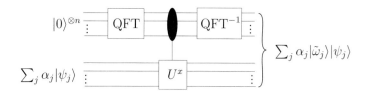

그림 7.13 U의 고유 상태의 중첩인 상태 $|\psi\rangle$에서 두 번째 레지스터를 사용해 적용된 고윳값 추정 회로

문제 3.5.4(b)에서는 두 번째 시스템을 추적하는 것이 측정 결과를 공개하지 않고 이를 측정한 다음 폐기하는 것과 동일한지 확인한다. 그러므로 편의상 두 번째 레지스터가 고유 상태를 기반으로 측정된 다음 추적됐다고 가정할 수 있다. 따라서 수식 (7.2.10)의 상태의 경우 두 번째 레지스터를 추적하면 $|\tilde{\omega}_j\rangle$ 확률로 상태 $|\alpha_j|^2$으로 구성된 혼합물에 첫 번째 레지스터가 남는다. 첫 번째 레지스터의 상태를 설명하는 이 방법은 7장에서 많은 알고리듬을 분석하는 유용한 방법이 될 것이다.

문제 7.2.2

(a) 4.5절에서 양자 회로를 사용해 패리티[parity6] 측정을 구현하는 방법을 살펴봤다. 문제 3.4.4에서 패리티 측정이 관찰 가능한 $Z^{\otimes n}$ 측정과 어떻게 동일한지 보여줬

---

6 '반전성'이라고도 한다. – 옮긴이

다. c-$(Z \otimes Z \otimes Z)$ 게이트를 한 번 적용해 관찰 가능한 $Z \otimes Z \otimes Z$를 측정하기 위한 대체 알고리듬을 설명하라(해당 회로도를 그려라).

(b) 편의상 $m_i \in \{0, 1, 2, \ldots, N-1\}$이라고 가정하는 관측 가능한 $M = \sum_i m_i P_i$을 고려하자. $U = e^{\frac{2\pi i}{N} M}$으로 하자. $x \in \{0, 1, \ldots, N-1\}$을 $|x\rangle|\psi\rangle \mapsto |x\rangle U^x|\psi\rangle$에 사상하는 c-$U^x$를 한 번 적용해 관찰 가능한 M을 측정하기 위한 알고리듬을 설명하라(해당 회로도를 그려라).

7.3 위수 찾기

7.3.1 위수 찾기 문제

이전 7.2절에서 양자 계산 역사에서 가장 중요한 발전 중 하나인 알고리듬을 설명할 수 있는 도구를 개발했다. 이것은 1994년 피터 쇼어$^{Peter\ Shor}$에 의해 발견된 양자 인수분해 알고리듬이다. RSA 암호화 시스템은 민감한 정보를 암호화하기 위해 업계와 정부에서 널리 사용되는 공개 키 프로토콜이다. RSA의 보안은 컴퓨터가 많은 수를 고려하기 어렵다는 가정에 기초한다. 즉, n에서 다항식인 시간상 n-비트 수의 인수를 찾는 것으로 알려진 (고전적인) 컴퓨터 알고리듬이 없다. 그러한 알고리듬이 발견되면 RSA의 보안을 약화시킬 수 있다. 그래서 피터 쇼어가 양자 컴퓨터가 많은 수를 효율적으로 분해할 수 있다는 것을 발견했을 때 이것은 많은 흥분을 불러일으켰고 양자 계산의 잠재력에 대한 산업과 정부의 관심을 촉진했다.

이 알고리듬과 다른 유사한 알고리듬을 더 자세히 설명하기 전에 논의할 관련 수학에 대해 설명하는 짧은 절을 포함한다.

7.3.2 몇 가지 수학적 배경지식

정수 mod N은 정수 집합 $\{0, 1, 2, \ldots, N-1\}$이며, $\mathbb{Z}_N$으로 표시한다. 두 개의 정수 s와 t는 N이 $s-t$를 나머지 0으로 나누면 mod N과 동등하다고 한다. 이 경우 다음과 같

이 쓴다.

$$s \equiv t \pmod{N} \tag{7.3.1}$$

모든 정수 k는 k를 N으로 나눈 후 나머지 r을 취함으로써 mod N을 환산할 수 있다. 이 경우 다음과 같다.

$$r = k \bmod N \tag{7.3.2}$$

한 가지 중요한 속성은 $GCD(a, N) = 1$이면 숫자 1이 결국 $a \bmod N$, $a^2 \bmod N$, $a^3 \bmod N, \ldots$ 시퀀스에 나타나고 시퀀스는 주기적인 형태로 계속 반복된다는 것이다. 이것은 다음 정의에 의미를 부여한다.

정의 7.3.1 $GCD(a, N) = 1$이 되는 정수 a와 N이 주어지면 $a \pmod{N}$의 위수란 $a^r \equiv 1 \pmod{N}$이 되는 가장 작은 양의 정수 r이다.

문제 7.3.1 및 7.3.2는 모듈러 산술로 작업하는 몇 가지 연습 제공과 기본 결과를 증명한다.

문제 7.3.1

(a) 118 mod 5를 계산하라.

(b) $xy \bmod N = (x \bmod N)(y \bmod N) \bmod N$을 증명하라.

문제 7.3.2

(a) 2 mod 5의 위수는 무엇인가?

(b) $2^{2005} \bmod 5$는 무엇인가?

(c) 2 mod 11의 위수는 무엇인가?

(d) r을 2 mod 55의 위수라고 하자.

    (i) r을 구하시오.

(ii) $\text{GCD}(55, 2^{\frac{r}{2}} - 1)$과 $\text{GCD}(55, 2^{\frac{r}{2}} + 1)$을 구하라.

---

p가 소수인 경우 $\mathbb{Z}_p$, 덧셈 모듈로 p 및 곱셈 모듈로 p는 유한 필드^{field} 또는 갈루아^{Galois} 체^{Field}는 종종 $\mathbb{F}_p$ 또는 $GF(p)$로 표시한다. N이 소수가 아니면 $\mathbb{Z}_N$은 유한체가 아니다. 임의의 정수 N에 대해 $\mathbb{Z}_N^*$은 $\mathbb{Z}_N$에서 x와 N이 서로소일 때 숫자 x 집합을 나타낸다. 이것들은 정확하게 $x \in \{0, 1, 2,\ldots, N-1\}$ 정수이고 $xy \equiv yx \equiv 1 \pmod{N}$; 각 x에 대해 y는 고유하며 x 모듈로 N의 역이라고 한다. $\mathbb{Z}_N^*$(mod N의 곱하기 연산으로)을 $\mathbb{Z}_N$ 환^{ring}의 곱셈군^{Group}이라고 부른다.

모든 소수 곱 p^m, $m>1$에 대해 그 순서의 유한체 $\mathbb{F}_{p^m}$도 존재하지만 $\mathbb{Z}_{p^m}$과 동일하지는 않다. 이 입문 교과서의 대부분에서 군^{Group}, 환^{Ring} 및 체^{Field}에 대한 좀 더 일반적인 개념으로 작업할 필요가 없으며 일반적으로 $\mathbb{Z}_N$과 같은 객체의 매우 간단한 구체적인 예제로 작업한다. 지수와 이산 로그(다음 절에서 설명)를 찾는 문제는 $\mathbb{F}_{p^m}^*$(유한체의 곱셈군 $\mathbb{F}_{p^m}$), $\mathbb{Z}_N^*$ 및 타원 곡선의 점의 덧셈군(오늘날 공개 키 암호화에서 많이 사용된다)과 같은 매우 다른 모양의 군을 포함한 더욱 일반적인 군에서 정의할 수 있음을 지적한다. 7장의 알고리듬을 이해하기 위해 군 이론에 대한 지식($\mathbb{Z}_N^*$과 같은 군의 가장 기본적인 속성을 넘어서는)이 필요하지 않다. $\mathbb{Z}_N^*$ 형식의 간단한 구체적인 군을 사용해 이러한 알고리듬의 메커니즘을 설명할 것이다.

인수분해 문제

입력: 정수 N

문제: 양의 정수 p_1, $p_2,\ldots, p_l$, r_1, $r_2,\ldots, r_l$ 여기서 p_i는 별개의 소수이며 $N = p_1^{r_1} p_2^{r_2} \cdots p_l^{r_l}$일 경우를 출력하라.

정수 N을 인수분해한다고 가정한다. 2의 인수를 제거하기 쉽기 때문에 N이 홀수라고 가정한다. 또한 소수의 거듭제곱인 정수 N을 쉽게 인수분해할 수 있다(문제 7.3.3 참조). 따라서 N의 분해에 적어도 두 개의 서로 다른 홀수 소인수가 포함돼 있다고 가정한다. 홀수 비소수 정수를 두 개의 자명하지 않은 인수로 분해할 수 있다면 최대 $\log N$ 분해

를 사용해 N을 소인수로 완전히 분해할 수 있다. 소수성을 테스트하기 위한 효율적인 고전적 확률 알고리듬과 다항식 시간 고전 결정론적 알고리듬(현재 다항식의 지수가 상당히 높음)이 있으므로 인수분해 시도를 멈출 수 있는 때를 알 수 있다. 따라서 N을 인수분해하는 문제는 비홀수 소수곱 인수분해하는 문제의 $O(\log N)$ 사례로 환산될 수 있다.

홀수 비소수 곱 정수 분할

입력: 두 개 이상의 서로 다른 소인수가 있는 홀수 정수 N

문제: $1 < N_1 < N, 1 < N_2 < N$을 만족하는 두 정수 N_1 및 N_2를 구하라. $N = N_1 \times N_2$

문제 7.3.3 임의의 정수 $m > 1$ 및 $n > 1$에 대해 $N = m^n$이라고 가정한다. $\log(N)$의 시간 다항식에서 N의 자명하지 않은 인수분해를 찾는 방법을 보여라.

밀러^{Miller}는 1975년에 정수 분할 문제가 어떻게 위수 찾기 문제로 확률적으로 환산하는지 보여줬다. 즉, 위수 찾기를 위한 효율적인 알고리듬이 있으면 인수분해를 위한 효율적인 확률 알고리듬을 제공할 수 있다(인수분해 알고리듬은 위수 찾기 알고리듬을 보조 방법으로 사용한다). 이제 이러한 환산을 보여줄 것이다.

위수 찾기 문제

입력: $GCD(a, N) = 1$이 되는 정수 a와 N(즉, a는 N에 대해 상대적으로 소수이다).

문제: a 모듈로^{modulo} N의 위수를 찾아라.

N을 분할하려면 N과 서로소인 임의의 정수 a의 순서를 찾는 것으로 시작한다. 이를 수행하려면 먼저 그러한 정수 a를 찾는 수단이 필요하다. a가 N과 서로소가 아니라면 $GCD(a, N)$로 표시된 a와 N의 GCD는 N의 자명하지 않은 원소이다. 7.1.3절에서 확인한 것과 같이 EEA를 효율적으로 사용해 두 숫자의 GCD를 찾을 수 있다. 따라서 $\{2, 3, \ldots, N-2\}$을 균일하게 샘플링한 다음 EEA를 적용해 샘플링된 정수가 N과 서

로소인지 시험해 원소를 N에 대해 균일하게 샘플링할 수 있다(만약 $GCD(a, N) > 1$이면 이미 N의 자명하지 않은 원소를 찾았으므로 운이 좋은 것이다). a가 $GCD(a, N) = 1$로 무작위로 선택되면 a의 위수 r은 적어도 $\frac{1}{2}$의 확률로 짝수이다. r이 짝수이면 $b = a^{r/2}$은 $b^2 - 1 = 0 \bmod N$을 충족하므로 N은 $(b-1)(b+1)$을 나눈다. $GCD(b-1, N)$가 N의 자명하지 않은 인수가 될 것이길 빈다. N에 두 개 이상의 별개의 소인수가 있으면 정수 a에 대해 짝수 r로 무작위로 균일하게 선택된 경우 $GCD(a^{r/2} - 1 \bmod N, N)$은 N의 중요하지 않은 인수일 확률은 적어도 $\frac{1}{2}$이다. 따라서 높은 확률로 N을 성공적으로 분할하려면 일정한 수의 값만 시도하면 된다.

정리 7.1.12를 상기하면 찾기 문제를 1과 $r-1$ 사이에서 무작위로 균일하게 선택된 정수 k에 대한 분수 $\frac{k}{r}$ 샘플링 위수 작업으로 환산할 수 있다. 연분수 이론(정리 7.1.7을 상기하라)인 아름다운 수 이론을 사용해 분수 $\frac{k}{r}$을 정확하게 결정하는 작업을 $\frac{x}{2^n}$으로 추정 $\left|\frac{k}{r} - \frac{x}{2^n}\right| \leq \frac{1}{2r^2}$을 찾는 작업으로 환산할 수 있다.

위의 모든 환산이 고전적이라는 점에 유의하는 것이 중요하다. 따라서 요약하면 경계 오류가 있는 모듈로 N의 위수 r을 찾는 것은 다음 샘플링 문제로 환산될 수 있다.

1/r의 거의 균일한 무작위 정수 배수로 샘플링 추정

입력: $GCD(a, N) = 1$이 되는 정수 a와 N. r이 a의 (알 수 없는) 위수를 나타낸다.

문제: 각 $k \in \{0, 1, \ldots, r-1\}$에 대해 다음과 같이 숫자 $x \in \{0, 1, 2, \ldots, 2^{n-1}\}$을 출력한다.

임의의 상수 $c > 0$ 에 대해 다음과 같다.

$$\Pr\left(\left|\frac{x}{2^n} - \frac{k}{r}\right| \leq \frac{1}{2r^2}\right) \geq c\frac{1}{r}$$

사실: $a \Longrightarrow b$를 써서 문제 a가 문제 b로 환산한다는 것을 의미한다. 이는 다음과 같다.

임의의 정수 인수분해

⇓ 결정론적 고전적 다항 시간 환산

홀수 비소수 곱 N 분할

$\Downarrow$ 확률론적 고전적 다항 시간 환산

$\frac{1}{r}$의 무작위 정수 배수로 샘플링 추정(여기서 r은 임의의 정수 $a \bmod N$의 위수이다.)

이 샘플링 문제는 양자 알고리듬이 사용되는 분야이다. 다음 절에서는 고윳값 추정이 위의 샘플링 문제 (따라서 인수분해 문제)를 어떻게 해결할 수 있는지 보여준다.

7.3.3 위수 찾기에 대한 고윳값 추정 접근법

나중에 언급될 예정이지만 쇼어^{Shor}의 위수 찾기 알고리듬은 7.2절에서 본 고윳값 추정 알고리듬의 응용프로그램으로 볼 수 있다.

U_a를 다음으로 사상하는 연산자로 두자.

$$U_a : |s\rangle \mapsto |sa \bmod N\rangle, \qquad 0 \le s < N \tag{7.3.3}$$

a는 N과 서로소이므로 a는 역모듈로 N을 가지고, 따라서 U_a에 의해 수행되는 변환은 가역적이고 유니타리^{Unitary}이다. 또한 U_a를 효율적으로 구현할 수 있다. 이 작업을 구현할 때 $2^m > N$인 m 큐비트를 사용하면 U_a의 동작을 가역적인 방식으로 확장할 수 있다. 예를 들어 다음과 같다.

$$\begin{aligned} U_a : |s\rangle &\mapsto |sa \bmod N\rangle, \qquad s < N \\ |s\rangle &\mapsto |s\rangle, \qquad 0 \le s \ge N \end{aligned} \tag{7.3.4}$$

$\{|0\rangle, |1\rangle, \ldots, |N-1\rangle\}$에 포함된 상태 공간으로 제한된 U_a의 동작만 다룰 것이다.

$a^r \equiv 1 \ (\bmod\ N)$이므로 다음과 같다.

$$U_a^r : |s\rangle \mapsto |sa^r \bmod N\rangle = |s\rangle \tag{7.3.5}$$

즉, U_a는 항등연산의 r 제곱근이다.

다시 말해, 모듈로 N을 곱하는 방법을 알고 있으므로 항등연산의 r 제곱근인 유니타리 변환을 구현하는 방법을 알고 있다. 문제 7.3.4에서 항등연산의 r 제곱근인 유니타리

연산의 고윳값이 1의 r 제곱근 즉 일부 정수 k에 대해 $e^{2\pi i \frac{k}{r}}$ 형식이어야 함을 확인할 것이다.

문제 7.3.4 연산자 U가 $U^r = I$를 충족하면 U의 고윳값이 1의 r 제곱근이어야 함을 증명하라.

다음 상태를 고려하자.

$$|u_k\rangle = \frac{1}{\sqrt{r}} \sum_{s=0}^{r-1} e^{-2\pi i \frac{k}{r} s} |a^s \bmod N\rangle \tag{7.3.6}$$

그러면 다음과 같다.

$$
\begin{aligned}
U_a |u_k\rangle &= \frac{1}{\sqrt{r}} \sum_{s=0}^{r-1} e^{-2\pi i \frac{k}{r} s} U_a |a^s \bmod N\rangle \\
&= \frac{1}{\sqrt{r}} \sum_{s=0}^{r-1} e^{-2\pi i \frac{k}{r} s} |a^{s+1} \bmod N\rangle \\
&= e^{2\pi i \frac{k}{r}} \frac{1}{\sqrt{r}} \sum_{s=0}^{r-1} e^{-2\pi i \frac{k}{r}(s+1)} |a^{s+1} \bmod N\rangle \\
&= e^{2\pi i \frac{k}{r}} |u_k\rangle
\end{aligned}
\tag{7.3.7}
$$

따라서 $|u_k\rangle$은 고윳값 $e^{2\pi i \frac{k}{r}}$을 갖는 U_a의 고유 상태이다. 위 방정식의 마지막 등식은 $e^{2\pi i \frac{k}{r} r} |a^r \bmod N\rangle = e^{2\pi i \frac{k}{r} 0} |a^0 \bmod N\rangle$인 점을 이용한 것이다.

문제 7.3.5 b를 N과 함께 정수 서로소라고 하자. $|\psi_j^b\rangle$이 되도록 U_a의 고유 벡터 집합을 구하라. $|b\rangle = \sum_{j=0}^{r-1} \frac{1}{\sqrt{r}} |\psi_j^b\rangle$

0과 $r-1$ 사이의 k값에 대해 상태 $|u_k\rangle$이 주어지면 고윳값 추정 알고리듬을 적용하고 다음과 같이 수행할 수 있다.

$$|0\rangle|u_k\rangle \longmapsto |\widetilde{k/r}\rangle|u_k\rangle \tag{7.3.8}$$

정리 7.1.5를 참조하면 이 상태의 첫 번째 레지스터를 측정하면 샘플링 문제가 해결되므로 위수 찾기 문제를 해결할 수 있다.

r을 모르면 그러한 상태 $|u_k\rangle$를 준비하는 방법을 알지 못한다. 다행히도 그럴 필요가 없다. 핵심은 다음과 같다. 무작위로 선택된 $k \in \{0, \dots, r-1\}$에 대해 고윳값 $e^{2\pi i \frac{k}{r}}$을 갖는 고유 상태를 준비하는 대신 충분한 가중치를 가진 각 고윳값을 포함하는 중첩 또는 혼합물을 준비하는 것으로 충분하다. 예를 들어 고유 상태의 균일한 중첩으로 충분하다. 그런 다음 고윳값 추정 알고리듬은 고윳값 추정값과 얽힌 이러한 고유 상태의 중첩을 생성하고 측정이 수행되면 결과는 임의의 고윳값 추정값이다. r을 알지 못해도 이러한 고유 상태의 중첩이 준비될 수 있음을 알게 될 것이다. 다음을 고려해보자.

$$\frac{1}{\sqrt{r}} \sum_{k=0}^{r-1} |u_k\rangle = \frac{1}{\sqrt{r}} \sum_{k=0}^{r-1} \frac{1}{\sqrt{r}} \sum_{s=0}^{r-1} e^{-2\pi i \frac{k}{r} s} |a^s \bmod N\rangle \tag{7.3.9}$$

$|a^s \bmod N\rangle = |1\rangle$일 경우 $s = 0 \pmod r$에 주목하자. 위 상태의 $|1\rangle$의 진폭은 $s = 0$인 항에 대한 총합이다. 다음과 같다.

$$\frac{1}{\sqrt{r}} \frac{1}{\sqrt{r}} \sum_{k=0}^{r-1} e^{-2\pi i \frac{k}{r} 0} = \frac{1}{r} \sum_{k=0}^{r-1} (1)$$
$$= 1 \tag{7.3.10}$$

따라서 상태 $|1\rangle$의 진폭은 1이므로 다른 모든 기저 상태의 진폭은 0이어야 한다. 따라서 다음과 같다.

$$\frac{1}{\sqrt{r}} \sum_{k=0}^{r-1} |u_k\rangle = |1\rangle \tag{7.3.11}$$

이는 고윳값 추정 알고리듬이 입력 상태를 다음과 같이 사상함을 의미한다.

$$|0\rangle|1\rangle = |0\rangle \left(\frac{1}{\sqrt{r}} \sum_{k=0}^{r-1} |u_k\rangle \right) \tag{7.3.12}$$

$$= \frac{1}{\sqrt{r}} \sum_{k=0}^{r-1} |0\rangle |u_k\rangle \qquad\qquad (7.3.13)$$

출력 상태는 다음과 같다.

$$\frac{1}{\sqrt{r}} \sum_{k=0}^{r-1} |\widetilde{k/r}\rangle |u_k\rangle \qquad\qquad (7.3.14)$$

두 번째 레지스터를 추적하거나 무시하면 첫 번째 레지스터가 $k \in \{0, 1, \ldots, r-1\}$에 대해 상태 $|\widetilde{k/r}\rangle$ 동일한 가중치 혼합에 있음을 알 수 있다. 따라서 고윳값 추정 알고리듬의 끝에 있는 첫 번째 레지스터를 측정하면 무작위로 균일하게 $\frac{x}{2^n}$이 선택된 $k \in \{0, 1, \ldots, r-1\}$에 대한 $\frac{k}{r}$의 추정치가 되는 정수 x가 생성된다. 위에서 언급했듯이 높은 확률로 이 추정값을 사용하면 연분수 알고리듬을 사용해 분수 $\frac{k}{r}$을 정확하게 결정할 수 있다.

위수 찾기 알고리듬의 양자 부분을 구현하는 양자 회로는 그림 7.14에 나와 있다.

위수 찾기 알고리듬은 다음과 같이 요약할 수 있다.

위수 찾기 알고리듬

1. $2^n \geq 2r^2$가 되도록 정수 n을 선택한다. $n = \lceil 2 \log N \rceil$값이면 충분하다.

2. n-큐비트 레지스터를 $|0\rangle^{\otimes n}$으로 초기화한다. 이를 제어^{control} 레지스터라고 부른다.

3. n-큐비트 레지스터를 초기화한다. 이를 목표^{target} 레지스터라고 부른다.

4. 제어 레지스터에 QFT를 적용한다.

5. c-U_a^x 제어 및 목표 레지스터를 적용한다.

6. 제어 레지스터에 QFT^{-1}을 적용한다.

7. 제어 레지스터를 측정해 $\frac{x}{2^n}$의 임의 정수배 추정치 $\frac{1}{r}$를 얻는다.

8. 연분수 알고리듬을 사용해 $|\frac{x_1}{2^n} - \frac{c_1}{r_1}| \leq \frac{1}{2^{\frac{n-1}{2}}}$과 같은 정수 c_1과 r_1을 얻는다. 이러한 정수 쌍이 없으면 '실패'를 출력한다.

---

9. 1–7 단계를 반복해 $\left|\frac{x_2}{2^n} - \frac{c_2}{r_2}\right| \leq \frac{1}{2^{\frac{n-1}{2}}}$과 같은 다른 정수 x_2와 정수 c_2 및 r_2 쌍을 얻는다. 이러한 정수 쌍이 없으면 '실패'를 출력한다.

10. $r = \text{LCM}(r_1, r_2)$을 계산한다. $a^r \bmod N$을 계산한다.

11. $a^r \bmod N = 1$이면 r을 출력한다. 그렇지 않으면 '실패'를 출력한다.

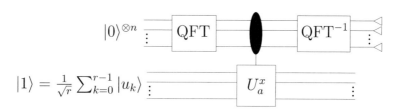

그림 7.14 위수 찾기 문제를 해결하는 데 사용할 수 있는 $\frac{1}{r}$의 임의의 정수 배수로 추정값을 샘플링하는 회로. 측정된 비트는 임의의 정수 k에 대한 $\frac{x}{2^n}$이 추정치 $\frac{k}{r}$인 정수 x의 이진 표현이다.

이 알고리듬이 작동하는 이유를 확인하려면 6단계에서 $\{0, 1,...,r-1\}$에서 무작위로 균일하게 선택된 정수 k에 대해 $\left|\frac{k}{r}\right\rangle$을 효과적으로 측정함을 보자. 따라서 다음 정리는 7.3.2절에 주어진 환산을 따른다.

정리 7.3.2 위수 찾기 알고리듬은 최소 확률로 a의 정확한 위수 r을 출력하고 그렇지 않으면 복수의 r 또는 '실패'를 출력한다. $\frac{384}{\pi^6} > 0.399$

이 알고리듬의 계산 병목 현상은 제어형 U_a 연산자의 지수 부분이 일으킨다. 즉, 7.2절의 고윳값 추정에서 확인한 것과 같이 c-U_a^x을 구성하는 $j = 0, 1, 2,...,2^{n-1}$에 대한 c-$U_a^{2^j}$ 연산이다. c-$U_a^{2^j}$을 계산하는 확실한 방법에는 c-U_a 연산의 2^j 응용이 필요하다. 중요한 점은 c-$U_a^{2^j} =$ c-$U_{a^{2^j}}$, 즉 모듈로 N에 총 2^j를 곱하는 것은 a^{2^j}을 한 번만 곱하는 것과 같다는 것이다. (고전적으로) 모듈로 N(a로 시작하는 반복 제곱 모듈로 N)만으로 a^{2^j}을 미리 계산할 수 있으며 이는 모듈로 N을 총 2^j배 곱하는 것보다 지수적인 향상을 제공한다. 구현할 양자 회로는 단순히 숫자 $a^j \bmod N$(1과 $N-1$ 사이의 숫자)을 곱하는 회로일 것이다. 표준 산술 기술은 $O((\log N) \log \log(N) \log \log \log(N))$ 기본 게이트 만으로 이 곱셈을 구현할 수 있다. 따라서 필요한 지수화는 $O((\log N)^2 \log \log(N) \log$

log log(N)) 기본 게이트로만 수행할 수 있다. QFT에는 $O((\log N)^2)$ 게이트가 필요하다. 따라서 이 양자 회로에는 $O((\log N)^2 \log \log(N) \log \log \log(N))$ 기본 양자 게이트만 필요하다. 성공 확률이 높은 두 가지 중요하지 않은 요인으로 N을 성공적으로 인수분해하려면 일정한 횟수만 반복하면 된다.

반면 가장 잘 알려진 '휴리스틱heuristic' 고전 알고리듬은 $e^{O((\log N)^{\frac{1}{3}}(\log \log N)^{\frac{2}{3}})}$ 기본 고전 게이트를 사용한다. 가장 잘 알려진 엄밀한 고전 알고리듬은 $e^{O((\log N)^{\frac{1}{2}}(\log \log N)^{\frac{1}{2}})}$ 을 사용한다.

위수 찾기 알고리듬은 군 원소를 고유하게 표현하고 군 연산을 수행할 수 있는 모든 군에 대해 작동한다는 점에 유의하는 것이 중요하다. 즉, 위수 찾기 알고리듬은 '블랙박스군'(고유 인코딩 사용[7])에 대해 작동한다. 블랙박스군 모델에서 각 원소는 길이 n의 문자열로 인코딩되며, 블랙박스를 통해 이러한 인코딩에 대해 그룹 연산(곱셈, 역 및 군 항등원 인식)을 수행할 수 있다. 이 모델의 알고리듬은 블랙박스를 통하지 않는 한 군의 구조에 대한 정보에 접근할 수 없다. 블랙박스 모델에서 알고리듬의 복잡도는 블랙박스의 응용프로그램 수(및 기타 작업 수)로 측정할 수 있다. 부록 A.6에서는 블랙박스군 모델에 대해 자세히 설명한다.

위수 찾기에 대한 고전적 및 양자적 복잡도는 다음과 같이 요약돼 있다.

위수 찾기의 복잡도

- Z_N^*에서 임의의 원소 위수 찾기
  - 양자 복잡도는 $O((\log N)^2 \log \log(N) \log \log \log(N))$에 있다.
  - 가장 잘 알려진 엄밀한 확률적 고전 알고리듬은 $O(\sqrt{\log N \log \log N})$에서 복잡도를 가진다.
  - 가장 잘 알려진 휴리스틱[6] 확률론적 고전 알고리듬은 $e^{O((\log N)^{\frac{1}{3}}(\log \log N)^{\frac{2}{3}})}$에 복잡도가 있다.

---

7 양자 간섭이 발생하려면 각 군 원소가 고유한 양자 인코딩으로 표시돼야 한다. 따라서 각 군 원소에 고유한 고전 인코딩이 있으면 충분하다. 그러나 각 군 원소가 모든 유효한 고전 인코딩의 균일한 중첩으로 표현되도록 하는 것과 같이 보다 정교한 고유 양자 인코딩도 가능할 수 있다.

- 블랙박스군에서 위수 찾기
  - 양자 블랙박스 복잡도(군 원소의 고유한 인코딩을 가진 군의 경우)는 $O(\log r)$ 블랙박스 곱셈 및 기타 기본 연산이다. $O(n + \log^2 r)$
  - 고전적인 블랙박스 복잡도는 $\Theta(\sqrt{r})$ 블랙박스 곱셈이다.

7.3.4 위수 찾기에 대한 쇼어의 접근 방식

위의 내용은 인수분해에 관한 1994년의 획기적인 논문에서 나온 쇼어가 설명한 분석이 아니다. 그러나 본 절에서 보여줄 것처럼 동일하다. 두 가지 접근 방식을 모두 이해하는 것은 다른 문제를 해결하기 위해 알고리듬을 일반화하려고 할 때 유용하다.

위수 찾기(특히 $\frac{1}{r}$의 임의 정수 배수 추정)에 대한 원래 접근 방식은 다음과 같다.

1/r의 임의 정수 배수를 추정하는 원래 접근 방식

1. 다음 상태를 만들어라.

$$|\psi_0\rangle = \sum_{x=0}^{2^n-1} \frac{1}{\sqrt{2^n}} |x\rangle |a^x \bmod N\rangle \tag{7.3.15}$$

위 상태를 다음과 같이 다시 쓸 수 있다(문제 7.3.6 참조).

$$|\psi_0\rangle = \sum_{b=0}^{r-1} \left(\frac{1}{\sqrt{2^n}} \sum_{z=0}^{m_b-1} |zr + b\rangle \right) |a^b \bmod N\rangle \tag{7.3.16}$$

여기서 m_b가 가장 큰 정수이며 따라서 $(m_b - 1)r + b \le 2^n - 1$과 같다(수식 (7.1.35)를 참조).

---

2. 두 번째 레지스터를 측정한다. $\{0, 1, \ldots, r-1\}$에서 거의[7] 균일하게 무작위로 선택된 b에 대해 $a^b \bmod N$ 값을 얻는다. 첫 번째 레지스터는 다음과 같은 형태의 중첩에 남는다.

$$\frac{1}{\sqrt{m_b}} \sum_{z=0}^{m_b-1} |zr + b\rangle \tag{7.3.17}$$

$\mathrm{QFT}_{m_b r}^{-1}$을 구현하고 위의 상태에 적용할 수 있다면 (7.1.2절 참조) 다음과 같이 중첩을 생성한다.

$$\sum_{j=0}^{r-1} e^{-2\pi i \frac{b}{r} j} |m_b j\rangle \tag{7.3.18}$$

즉, 일부 정수 j에 대해 $\frac{x}{rm_b} = \frac{j}{r}$이 되는 값 x만 측정한다. 그러나 r과 m_b가 무엇인지 모르기 때문에 $\mathrm{QFT}_{2^n}^{-1}$을 쓴다.

3. 첫 번째 레지스터에 $\mathrm{QFT}_{2^n}^{-1}$을 적용한 다음 측정한다. x는 측정된 값을 나타낸다.

4. $\frac{x}{2^n}$을 출력하라.

나머지 알고리듬은 7.3.3절 알고리듬과 동일하게 진행할 수 있다.

정리 7.3.3 위의 알고리듬은 각 $j \in \{0, 1, 2, \ldots, r-1\}$에 대해 $\frac{4}{r\pi^2}$에서 적어도 $|\frac{x}{2^n} - \frac{j}{r}| \leq \frac{1}{2^{n+1}}$의 확률로 정수 $x \in \{0, 1, 2, \ldots, 2^n - 1\}$을 출력한다.

따라서 이 알고리듬은 $\frac{1}{r}$의 거의 균일한 임의의 정수배를 추정하는 문제를 해결한다.

---

8 '휴리스틱' 알고리듬이란 실행 시간의 증가가 그럴듯 하지만 입증되지 않은 가정을 한다는 것을 의미한다.

9 $0 \leq b < (2^n \bmod r)$을 만족하는 b값의 경우 a^b를 측정할 확률은 $\frac{1}{r} + \frac{r - (2^n \bmod r)}{r 2^n}$이고, $(2^n \bmod r) \leq b < r$을 만족하는 b값의 경우 a^b를 측정할 확률은 $\frac{1}{r} - \frac{(2^n \bmod r)}{r 2^n}$이다. 즉, 확률은 구간 $(\frac{1}{r} - \frac{1}{2^n}, \frac{1}{r} + \frac{1}{2^n})$ 구간에 있다.

문제 7.3.6

(a) 모든 정수 $x \in \{0, 1, 2, \ldots, 2^n - 1\}$에 대해 $x = z_x r + b_x$ 및 $0 \leq b_x < r$일 때 z_x 및 b_x 가 고유한 정수임을 보여라.

(b) 위 (a)의 결과를 사용해 방정식 (7.3.15)를 방정식 (7.3.16)으로 다시 작성할 수 있음을 보여라.

사이먼 알고리듬의 경우와 마찬가지로 2단계에서 측정한 값을 절대 사용하지 않기 때문에 해당 단계를 무시할 수 있다는 점을 유의한다. 뿐만 아니라 1단계의 상태를 만드는 아주 자연스러운 방법은 우선 다음과 같은 상태를 준비하고

$$|\psi_0\rangle = \sum_{x=0}^{2^n - 1} \frac{1}{\sqrt{2^n}} |x\rangle |1\rangle \tag{7.3.19}$$

$|x\rangle|y\rangle \mapsto |x\rangle|ya^x \bmod N\rangle$로 사상하는 연산을 하는 것이다.

따라서 쇼어의 알고리듬은 그림 7.15의 회로에 의해 구현된다. 해당 회로는 이전의 절에서 설명한 것과 정확히 동일한 회로라는 점에 유의한다. 두 접근법 사이의 유일한 차이점은 시스템 상태를 분석하는 기저다. 앞의 절에서는 두 번째 레지스터의 상태를 고유 벡터 기저로 나타냈다. 본 절에서는 두 번째 레지스터의 상태를 계산 기저로 나타냈다. 이러한 유사성은 그림 7.16에 설명돼 있다.

$c\text{-}U_a^x : |x\rangle|y\rangle \mapsto |x\rangle|ya^x \bmod N\rangle$를 구현하는 회로를 구성할 필요는 없다는 점에 유의한다. 대신 $\sum_x |x\rangle|a^x\rangle$을 구현하는 회로를 사용해 쉽게 구성할 수 있는 상태인 $V_a : |x\rangle|y\rangle \mapsto |x\rangle|y \oplus a^x\rangle$을 생성하는 것으로 충분하다. 부록 A.6에서는 이러한 서로 다른 유형의 블랙박스 사이의 관계를 설명한다.

문제 7.3.7 주기 찾기 문제의 특수한 경우를 해결하기 위해 위수 찾기 알고리듬을 일반화할 수 있는 방법을 보여라. 구체적으로 일부 유한 집합 X에 대해 $f : Z \to X$를 주

기 r의 주기 함수가 되도록 하라. 즉, 임의의 x에 대해서도 $f(x) = f(x+r) = f(x+2r)$ = ...가 된다. 다시 말해 $r|x-y$일 경우 $f(x) = f(y)$가 된다(이때 $r|x-y$는 r이 $x-y$를 나누는 조건을 의미한다). 또한 $r|x-y$가 아니면 $f(x) \neq f(y)$이고, 오직 $r|x-y$인 경우에만 $f(x) = f(y)$라고 가정한다. 블랙박스 U_f가 $|x\rangle|0\rangle \mapsto |x\rangle|f(x)\rangle$로 사상할 때 f의 주기를 찾기 위한 알고리듬을 기술하고 그 유효성을 증명하라.

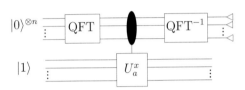

그림 7.15 쇼어 알고리듬의 양자 부분을 구현하기 위한 회로. 측정된 문자열 x는 $\frac{1}{r}$의 임의 정수 배수의 추정치인 $\frac{x}{c^n}$을 준다.

위수 찾기 알고리듬 분석에 대한 두 가지 접근 방법의 유사성

	쇼어의 분석	고윳값 추정 분석
초기 상태	$\lvert0\rangle\lvert1\rangle$	$\sum_k \lvert0\rangle\lvert u_k\rangle$
$\xrightarrow{\text{QFT}}$	$\sum_x \lvert x\rangle\lvert1\rangle$	$\sum_k \sum_x \lvert x\rangle\lvert u_k\rangle$
$\xrightarrow{\text{c-}U_a^x}$	$\sum_b \left(\sum_z \lvert zr+b\rangle\right)\lvert a^b\rangle$	$\sum_k \left(\sum_x e^{2\pi i \frac{kx}{r}}\lvert x\rangle\right)\lvert u_k\rangle$
$\xrightarrow{\text{QFT}^{-1}}$	$\sum_b \lvert \text{(그림)} \rangle\lvert a^b\rangle$	$\sum_s \lvert \text{(그림)} \rangle\lvert u_k\rangle$
$\xrightarrow{\text{Tr}_2}$	$\sum_b \lvert \text{(그림)} \rangle\langle \text{(그림)} \rvert$	$\sum_k \lvert \text{(그림)} \rangle\langle \text{(그림)} \rvert$

그림 7.16 쇼어의 분석과 위수 찾기 알고리듬의 고윳값 추정 분석의 유사성. 각 열은 알고리듬의 각 단계에서 두 분석 각각에서 보여진 것과 동일한 상태를 표현한다. 마지막 줄은 두 번째 레지스터를 추적한 후 상태를 보여준다. 표의 마지막 두 줄에서는 확률 진폭이 집중될 지점을 정점으로 그려서 상태의 진폭을 그림으로 보여준다.

7.4 이산 로그 찾기

현재 사용 중인 모든 공용 키 암호 시스템가 인수분해를 하기 어렵다는 사실에 기반을 두는 것은 아니다. 현재 사용 중인 많은 암호 시스템을 풀면 유한체의 곱셈군^{multiplicative} ^{group} 또는 타원 곡선상의 점의 덧셈군과 같은 군에서 이산 로그 찾기로 환산될 수 있다. 쇼어는 또한 $\mathbb{Z}_p^*$에서 이산 로그들을 찾는 방법을 제시했으며, 알고리듬은 널리 사용되는 타원 곡선군을 포함한 다른 군으로 쉽게 확장된다.

$\mathbb{Z}_p^*$에서 이산 로그 문제는 다음과 같다.

이산 로그 문제

입력: t는 $\{0, 1, 2, \ldots, r-1\}$ 중 하나의 정수이고 r은 a의 위수일 때 $\mathbb{Z}_p^*$에서 원소 b 및 $a = b^t$

문제: t를 찾아라(숫자 t는 기저 a에 대한 b의 이산 로그라고 부른다).

7.3.3절과 같이 U_a를 다음을 사상하는 연산자라고 하고,

$$U_a : |s\rangle \mapsto |sa \bmod N\rangle, \qquad s < N \tag{7.4.1}$$

U_b를 다음을 사상하는 연산자라고 하자.

$$U_b : |s\rangle \mapsto |sb \bmod N\rangle, \qquad s < N \tag{7.4.2}$$

b의 위수인 r을 알고 있다고 가정한다.

양자 인수분해 알고리듬 때문에 r을 소인수로 인수분해할 수 있다고 가정하고, 따라서 소인수의 원소 a'에 대한 이산 로그 문제의 로그 r 인스턴스^{instance}보다 작은 기저 a로 이산 로그 문제를 환산할 수 있다(부록 A.2 참조). 따라서 편의상 r이 인수라고 가정하겠지만 알고리듬은 약간 더 복잡한 분석과 함께 합성수 r에도 적용된다.

연산자 U_a와 U_b는 각 고윳값 $e^{2\pi i \frac{k}{r}}$과 $e^{2\pi i \frac{kt}{r}}$에 관해 7.3.3절에서 정의된 고유 벡터 $|u_k\rangle$를 공유한다. 개념은 $\frac{k}{r}$과 $\frac{kt \bmod r}{r}$을 모두 결정할 수 있을 정도로 정확하게 이 두

고윳값을 추정하기 위해[10] 고윳값 추정 알고리듬을 적용하는 것이다. (위수 찾기 문제와 달리) r을 알고 있기 때문에 정확한 분자($n \geq \log_2 r + 1$만 필요)를 찾기 위해서는 이러한 고윳값을 최대 $\frac{1}{2r}$의 오류로 추정하기만 하면 된다. 특히 r을 알기 때문에 ($n \geq \log_2^2 r + 1$을 사용한) 연분수 알고리듬을 적용할 필요가 없다. 만약 $k \neq 0$(확률 $1 - \frac{1}{r}$일 때 발생하는)라면 간단히 다음 수식을 계산할 수 있다.

$$t \equiv k^{-1}kt \bmod r \equiv (k \bmod r)^{-1}(kt \bmod r) \bmod r \tag{7.4.3}$$

따라서 이산 로그를 찾기 위해 그림 7.17에 나타난 것과 같이 고윳값 추정 알고리듬을 두 번 적용할 수 있다.

그림 7.17의 회로는 $|0\rangle^{\otimes n}|0\rangle^{\otimes n}|u_k\rangle$에서 $|\widetilde{\frac{k}{r}}\rangle|\widetilde{\frac{kt \bmod r}{r}}\rangle|u_k\rangle$을 사상한다. 그러므로 $|0\rangle^{\otimes n}|0\rangle^{\otimes n}|1\rangle = |0\rangle^{\otimes n}|0\rangle^{\otimes n}\sum_{k=0}^{r-1}|u_k\rangle$으로 시작해 다음과 같은 상태를 산출한다.

$$\sum_{k=0}^{r-1}|\widetilde{\frac{k}{r}}\rangle|\widetilde{\frac{kt \bmod r}{r}}\rangle|u_k\rangle \tag{7.4.4}$$

마지막 레지스터를 추적하면 처음 두 레지스터는 $k \in \{0, 1, \ldots, r-1\}$에 대해 상태 $|\widetilde{\frac{k}{r}}\rangle|\widetilde{\frac{kt \bmod r}{r}}\rangle$의 가중치가 동일한 혼합 상태에 있다.

적어도 $\left(\frac{8}{\pi^2}\right)^2$의 확률이면 측정되는 두 값 x와 y는 동시에 다음을 만족한다는 점에 유의한다.

$$\left|\frac{x}{2^n} - \frac{k}{r}\right| \leq \frac{1}{2^n} \tag{7.4.5}$$

$$\left|\frac{y}{2^n} - \frac{kt \bmod r}{r}\right| \leq \frac{1}{2^n} \tag{7.4.6}$$

다시 말하면 다음을 만족하는 것이다.

$$\left|\frac{xr}{2^n} - k\right| \leq \frac{r}{2^n} \tag{7.4.7}$$

---

10 실제로 정리 7.1.1에서는 r을 알기 때문에 QFT$_r$을 임의의 정밀도로 효율적으로 근사치를 낸다. 따라서 우리는 편의를 위해 QFT$_r$과 QFT$_r^{-1}$을 정확하게 구현할 수 있다고 가정할 수 있고, 그렇게 되면 k와 $kt \bmod r$을 정확하게 얻을 수 있다. 숨은 부분군 알고리듬에 대해서는 나중에 이러한 r에 대한 가정을 할 것이지만, 본 절에서는 구현 방법을 자세히 나타낸 QFT$_{2^n}$을 고수할 것이다.

$$\left| \frac{yr}{2^n} - kt \bmod r \right| \le \frac{r}{2^n} \tag{7.4.8}$$

따라서 $2r \le 2^n$이 되도록 n을 선택하면 $\frac{x}{2^n}$과 $\frac{y}{2^n}$을 가장 가까운 정수로 반올림해 정수 k와 $kt \bmod r$을 결정할 수 있다.

요약하면 그림 7.17에 나타난 양자 회로에 이어 위의 후처리에서는 적어도 $\frac{r-1}{r}\left(\frac{8}{\pi^2}\right)^2$ $> 0.657\frac{r-1}{r}$의 확률로 t의 정확한 값을 찾을 수 있을 것이다. 위수 찾기 회로와 마찬가지로 본 양자 회로에는 $O((\log N)^2 \log\log(N) \log\log\log(N))$의 기초 양자 게이트만 필요하다.

이산 로그 알고리듬은 다음에 요약돼 있다.

이산 로그 알고리듬

1. n-큐비트 레지스터 2개를 $|0\rangle^{\otimes n}$으로 초기화하라. 이것을 각각 첫 번째 및 두 번째 제어 레지스터라고 한다.

2. n-큐비트 레지스터를 $|1\rangle = |00\ldots01\rangle$로 초기화하라. 이것을 목표 레지스터라고 부른다.

3. 첫 번째 레지스터와 두 번째 레지스터 각각에 QFT를 적용하라.

4. c-U_a^x을 목표 레지스터와 첫 번째 제어 레지스터에 적용하라.

5. c-U_b^x을 목표 레지스터와 두 번째 제어 레지스터에 적용하라.

6. 첫 번째 레지스터와 두 번째 레지스터 각각에 QFT^{-1}을 적용하라.

7. 임의로 선택한 $k \in \{0, 1, \ldots, r-1\}$에 대한 $\frac{x}{2^n}$의 추정치 $\frac{k}{r}$을 얻기 위해 첫 번째 레지스터를 측정하라.

8. $\frac{y}{2^n}$의 추정치 $\frac{kt \bmod r}{r}$을 얻기 위해 두 번째 레지스터를 측정하라(k는 이전 단계에서 얻은 것과 같다).

9. $\frac{ry}{2^n}$을 가장 가까운 정수 $\tilde{y}$으로 반올림하라. $\frac{xr}{2^n}$을 가장 가까운 정수 $\tilde{x}$으로 반올림하라. $\tilde{x}=0$이면 '실패'를 출력하라. $\tilde{x} \ne 0$이면 $\tilde{t} = \tilde{y}\tilde{x}^{-1}$을 계산하라. $b = a^{\tilde{t}}$ $\bmod p$인 경우 $\tilde{t}$를 출력하라. 그렇지 않으면 '실패'를 출력하라.

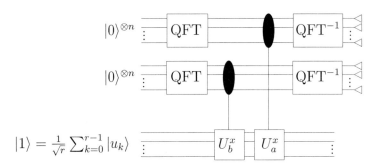

그림 7.17 기저 b에 대한 a의 이산 로그 찾기를 위한 회로. 첫 번째 레지스터에서 측정한 값 x는 무작위의 $k \in \{0, 1,\ldots,r-1\}$에 대한 $\frac{x}{2^n}$의 추정치 $\frac{k}{r}$를 제공하고 두 번째 레지스터에서 측정한 결과는 동일한 무작위 k에 대한 $\frac{(kt \bmod r)}{r}$의 추정치를 제공한다.

위수 찾기 알고리듬의 경우와 마찬가지로, 이산 로그 알고리듬은 군 원소를 특유의 형태로 표현하고 군 연산을 수행할 수 있는 모든 군에 대해 작동할 것이다. 즉, 이산 로그 알고리듬은 '블랙박스군'(독특한 인코딩 포함)에서 작동한다. 따라서 이 알고리듬은 공개 키 암호화에 흔히 사용되는 타원 곡선의 덧셈군에도 적용된다.

또한 (식 7.4.4의 상태와 동일한) 상태인 $\sum_{x,y} |x\rangle|y\rangle \, |b^x a^y\rangle$을 생성하는 회로를 사용하면 충분한데 예를 들면 사상하는 $V_{a,b} : |x\rangle|y\rangle|z\rangle \mapsto |x\rangle|y\rangle|z \oplus a^x b^y\rangle$을 사용하는 것 또한 충분하다(부록 A.6에서 설명한 바와 같이).

이산 로그 문제에 대한 고전 및 양자 복잡도는 다음에 요약돼 있다.

이산 로그 문제의 복잡도

- F_q^*에서 이산 로그 찾기
  - 양자 복잡도는 $O((\log q)^2 \log\log(q) \log\log\log(q))$이다.
  - 가장 잘 알려진 엄격한 확률론적 고전 알고리듬은 $e^{O(\sqrt{\log q \log\log q})}$인 복잡도가 있다.
  - 가장 잘 알려진 발견적 확률론적 고전 알고리듬은 $e^{O((\log q)^{\frac{1}{3}} (\log\log q)^{\frac{2}{3}})}$인 복잡도가 있다.

- 길이 n의 문자열로 표시된 블랙박스군의 이산 로그
  - (군 원소의 고유한 인코딩이 있는 군에 대해) 양자 블랙박스 복잡도는 $O(\log r)$번의 블랙박스 곱셈과 $O(n + \log^2 r)$번의 기타 기초 연산이다.
  - 고전적인 블랙박스 복잡도는 $\Theta(\sqrt{r})$에 속한다.

이산 로그 알고리듬은 원래 7.3.4절의 위수 찾기 알고리듬 서술과 유사한 방식으로 쇼어에 의해 발견됐다. 다음 절에서는 위수 찾기 및 이산 로그 알고리듬의 일반화를 제시하며 일반화를 그러한 방식으로 분석한다.

7.5 숨은 부분군

6.5절에서는 '숨은 부분군 문제'의 특별한 경우인 사이먼의 문제에 대한 일반화된 설명을 명시했다.

그 문제는 어느 군 G에 대해서도 제시될 수 있다.

숨은 부분군 문제

$f : G \to X$는 $x + S = y + S$가 참인 경우에만 임의의 $x, y \in G$, $f(x) = f(y)$가 참인 경우에 일부 부분군 $S \leq G$가 존재하는 성질을 가진 어떤 유한 집합 X에 군 G를 사상한다. 즉, f는 S의 잉여류에서 일정하며 서로 다른 잉여류에서 다른 잉여류와 구분된다.

이미 논의한 대부분의 문제를 다른 문제들과 함께 이 틀에서 어떻게 바꾸어 말할 수 있는지 주목하라.

숨은 부분군 문제

도이치의 문제:

f가 균형함수일 때 $G = \mathbb{Z}_2$, $X = \{0, 1\}$ 및 $S = \{0\}$이고, f가 상수함수일 때 $S = \mathbb{Z}_2$이다.

일반화한 사이먼의 문제:

$G = \mathbb{Z}_2^n$, $X = \{0, 1\}$ 및 S는 $\mathbb{Z}_2^n$의 임의의 부분군이다.

위수 찾기:

$G = \mathbb{Z}$, $X =$ 임의의 유한군 H, r은 $a \in H$의 위수다. 부분군 $S = r\mathbb{Z}$은 G의 숨은 부분군이며, S에 대한 생성자는 주기 r을 나타낸다.

함수 주기 찾기:

$G = \mathbb{Z}$, $X =$ 임의의 집합, r은 f의 주기다(문제 7.3.7 참조). 부분군 $S = r\mathbb{Z}$은 G의 숨은 부분군이며, S에 대한 생성자는 주기 r을 나타낸다.

임의의 군의 이산 로그:

$G = \mathbb{Z}_r \times \mathbb{Z}_r$, $X =$ 임의의 군 H라 하자. a를 $a^r = 1$인 H의 원소라 하고 $b = a^k$이라고 가정하라. 함수 $f(x_1, x_2) = a^{x_1} b^{x_2}$에 대해 생각해보라. $(x_1, x_2) - (y_1, y_2) \in \{(t, -tk), t = 0, 1, \ldots, r-1\}$인 경우에만 $f(x_1, x_2) = f(y_1, y_2)$이 된다. 숨은 부분군 S는 $(1, -k)$ (k는 이산 로그)에 의해 생성된 부분군이다.

숨은 선형함수:

$G = \mathbb{Z} \times \mathbb{Z}$이라고 하자. 어떠한 정수 N에 대해 g를 $\mathbb{Z}_N$의 순열이라 하자. h를 $h(x, y) = x + ay \bmod N$으로 정의된 $\mathbb{Z} \times \mathbb{Z}$에서 $\mathbb{Z}_N$까지의 함수라 하자. $f = g \circ h$라고 하자. 부분군 S는 $(-a, 1)$에 의해 생성된 숨은 부분군이며, 생성자는 숨은 선형함수 h를 나타낸다.

자기-이동-등가 다항식:

$\mathbb{F}_q$(q 원소가 있는 유한체)에 대해 l 변수 X_1, $X_2,\ldots,X_l$에 다항식 P가 주어지면, $(a_1,$ $a_2,\ldots,a_l) \in \mathbb{F}_q^l$를 $P(X_1 - a_1,\ X_2 - a_2,\ldots,X_l - a_l)$로 사상하는 함수 f는 $\mathbb{F}_q^l$의 부분 군 S의 잉여류에서 상수함수다. 이 부분군 S는 다항식 P의 자기 이동 등가성의 집합이다.

아벨리안(Abelian) 안정화 문제:

G를 유한 집합 X에 작용하는 임의의 군이라 하자. 즉, G의 각 원소는 모든 $x \in X$에 대해 a, $b \in G$, $a(b(x)) = (ab)(x)$가 되도록 X에서 X까지의 맵으로 작용한다. 특정 원소 $x \in X$의 경우, x를 고정하는 원소 집합(즉, $a(x) = x$가 되는 원소 $a \in G$)이 부분군을 형성한다. 이 부분군은 G에서 x의 안정자라 부르며, $\text{St}_G(x)$로 표시된다. f_x는 $g \in G$를 $g(x)$에 사상하는 G에서 X로의 함수를 나타낸다. f_x의 숨은 부분군은 $\text{St}_G(x)$이다.

그래프 자기동형 문제(Graph automorphism problem):

$\{1,\ 2,\ldots,n\}$의 순열에 해당하는 n개의 원소에 대한 대칭군인 $G = S_n$을 생각해보라. $\mathbf{G}$를 $\{1,\ 2,\ldots,n\}$으로 표시된 n개의 정점에 대한 그래프라고 하자. 순열 $\sigma \in S_n$에 대해 $f_\mathbf{G}(\sigma) = \sigma(\mathbf{G})$를 사상해 $f_\mathbf{G}$가 S_n을 n-정점 그래프의 집합에 사상하도록 하며, 이때 $\sigma(\mathbf{G})$는 σ에 따라 $\mathbf{G}$의 정점 레이블을 순열해 얻은 그래프다. $f_\mathbf{G}$함수의 경우 $\mathbf{G}$의 숨은 부분군은 $\mathbf{G}$의 자기동형군이다.

위의 그래프 자기동형 문제에 대해 군 G은 비아벨리안[11]이라는 점에 유의하라. 유한한 아벨군Abelian group[12], 또는 보다 일반적으로는 유한하게 생성된 아벨군으로 주의를 제한하면 숨은 부분군 문제를 효율적으로 해결할 수 있다. 아래에서는 유한한 아벨군에 대해 알고리듬이 어떻게 작용하는지 개략적으로 설명한다.

---

11 두 군 원소 x, y에 대해 xy = yx이면(즉, 군 연산이 가환성이면) 그 군은 아벨리안이라고 한다.
12 아벨군(Abelian group)은 가환군이라고도 한다. – 옮긴이

7.5.1 양자 푸리에 변환에 대한 추가 정보

아다마르 변환의 두 가지 일반화를 확인했다. 첫 번째는 여러 가지 아다마르 변환의 텐서곱 $H^{\otimes n} = H \otimes H \otimes \cdots \otimes H$를 취함으로써 형성됐다. 두 번째 일반화는 $\mathrm{QFT}_2 = H$인 임의의 큰 N에 대해 QFT_N을 부여하면서 단일 시스템의 차원을 증가시킴으로써 형성됐다.

두 유형의 일반화를 동시에 수행할 수 있으며, 가능한 다른 N_i에 대해 $\mathrm{QFT}_N^{\otimes n} = \mathrm{QFT}_N \otimes \mathrm{QFT}_N \otimes \cdots \otimes \mathrm{QFT}_N$ 또는 훨씬 더 일반적으로 $\mathrm{QFT}_{N_1} \otimes \mathrm{QFT}_{N_2} \otimes \cdots \otimes \mathrm{QFT}_{N_k}$를 제공한다.

$$\mathrm{QFT}_{N_1} \otimes \mathrm{QFT}_{N_2} \otimes \cdots \otimes \mathrm{QFT}_{N_k} \tag{7.5.1}$$

위 수식은 벡터 공간 $H_{N_1} \otimes H_{N_2} \otimes \cdots \otimes H_{N_k}$에서 작동한다는 점에 유의하며 이를 $QFT_{N_1, N_2, \ldots, N_k}$로도 표기한다.

다음 수식을 입증할 수 있다.

$$\mathrm{QFT}_{N_1, N_2, \ldots, N_k}|x_1\rangle|x_2\rangle \cdots |x_k\rangle = \sum_{\substack{(y_1, y_2, \ldots, y_k) \\ \in Z_{N_1} \times Z_{N_2} \times \cdots \times Z_{N_k}}} e^{2\pi i (\frac{y_1 x_1}{N_1} + \frac{y_2 x_2}{N_2} + \cdots + \frac{x_k y_k}{N_k})}|y_1\rangle|y_2\rangle \cdots |y_k\rangle$$

$$\tag{7.5.2}$$

만약 $N_1 = N_2 = \cdots = N_k$라면 $\mathbf{x} \cdot \mathbf{y} = x_1 y_1 + x_2 y_2 + \cdots + x_k y_k \bmod N$의 경우 다음과 같이 수식을 간결하게 쓸 수 있다.

$$\mathrm{QFT}_N^{\otimes k}|\mathbf{x}\rangle = \frac{1}{\sqrt{N^k}} \sum_{\mathbf{y} \in Z_N^k} e^{\frac{2\pi i}{N} \mathbf{x} \cdot \mathbf{y}}|\mathbf{y}\rangle \tag{7.5.3}$$

S를 Z_n^k의 부분군이라고 하고 다음 수식을 정의하라.

$$|S\rangle = \frac{1}{\sqrt{|S|}} \sum_{\mathbf{s} \in S} |\mathbf{s}\rangle \tag{7.5.4}$$

$S^\perp$이 {모든 $\mathbf{s} \in S$에 대해 $\mathbf{t} : \mathbf{t} \cdot \mathbf{s} = 0$}를 나타내도록 한다. $\mathrm{QFT}_N^{\otimes k}|S\rangle = \sum_{\mathbf{t} \in S^\perp}|\mathbf{t}\rangle$을 입증할 수 있다. 임의의 $\mathbf{b} \in Z_n^k$에 대해 $\mathbf{b} + S = \{\mathbf{b} + \mathbf{s} : \mathbf{s} \in S\}$ 및 다음 수식을 정의한다.

$$|\mathbf{b} + S\rangle = \frac{1}{\sqrt{|S|}} \sum_{\mathbf{s} \in S} |\mathbf{b} + \mathbf{s}\rangle \tag{7.5.5}$$

$\text{QFT}_N^{\otimes k}|\mathbf{b} + S\rangle = \frac{1}{\sqrt{|S^\perp|}} \sum_{\mathbf{t} \in S^\perp} e^{\frac{2\pi i}{N} \mathbf{t} \cdot \mathbf{b}} |\mathbf{t}\rangle$을 입증할 수 있다.

좀 더 일반적으로 임의의 아벨군 $G = Z_{N_1} \times Z_{N_2} \times \cdots \times Z_{N_k}$를 고려할 수 있으며, 어떤 부분군 $S \leq G$에 대해서도 비슷하게 다음 수식을 정의하고

$$|S\rangle = \frac{1}{\sqrt{|S|}} \sum_{s \in S} |s\rangle \tag{7.5.6}$$

임의의 잉여류 $\mathbf{b} + S$에 대해서 다음 수식을 정의한다.

$$|\mathbf{b} + S\rangle = \sum_{\mathbf{s} \in S} |\mathbf{b} + \mathbf{s}\rangle \tag{7.5.7}$$

$S^\perp$를 {모든 $\mathbf{s} \in S$에 대해 $\mathbf{t} : \frac{t_1 s_1}{N_1} + \frac{t_2 s_2}{N_2} + \cdots + \frac{t_k s_k}{N_k} = 0 \bmod 1$} 집합으로 정의할 수 있으며, 이때 $x \in Z$일 경우 $x = 0 \bmod 1$이다. 조건을 표현하는 또 다른 방법은 다음 수식을

$$\frac{t_1 s_1}{N_1} + \frac{t_2 s_2}{N_2} + \cdots + \frac{t_k s_k}{N_k} = 0 \bmod 1 \tag{7.5.8}$$

아래의 수식이라고 말하는 것이다.

$$e^{2\pi i \left(\frac{t_1 s_1}{N_1} + \frac{t_2 s_2}{N_2} + \cdots + \frac{t_k s_k}{N_k} \right)} = 1 \tag{7.5.9}$$

편의상 다음 수식을 나타낸다.

$$\chi_{\mathbf{t}}(\mathbf{s}) = e^{2\pi i \left(\frac{t_1 s_1}{N_1} + \frac{t_2 s_2}{N_2} + \cdots + \frac{t_k s_k}{N_k} \right)} \tag{7.5.10}$$

군표현론에 정통한 독자에게 있어서 함수 $\chi_{\mathbf{t}}$는 아벨군 G의 특징이며 아벨군에는 명확한 대응 $\mathbf{t} \leftrightarrow \chi_{\mathbf{t}}$에 의한 G 및 G의 지표 간에 일대일 대응이 성립한다. QFT_G는 $|\mathbf{x}\rangle \mapsto \sum_{\mathbf{y} \in \mathbf{G}} \chi_{\mathbf{y}}(\mathbf{x})|\mathbf{y}\rangle$을 사상한다.

한 가지 중요하게 관찰해야 하는 사실은 다음 수식이다.

$$\text{QFT}_G^{-1}|\mathbf{b} + S\rangle = \sum_{\mathbf{t} \in S^\perp} \chi_{\mathbf{t}}(\mathbf{b})|\mathbf{t}\rangle \tag{7.5.11}$$

문제 7.5.1 등식 (7.5.11)을 증명하라.

7.5.2 유한한 아벨리안의 숨은 부분군 문제에 대한 알고리듬

편의를 위해 어떤 N에 대해서도 QFT_N을 정확하게 수행할 수 있다고 가정할 것이다. 실제로 정리 7.1.1에서 설명한 대로 임의의 정밀도로 수행할 수 있다.

$N = \prod_i N_i$이라 하자. $N = p_1^{n_1} p_2^{n_2} \cdots p_l^{n_l}$을 N의 소인수분해라 하고, $n = \sum_j n_j$이라 하자. 유한한 아벨리안의 숨은 부분군 문제에 대해 다음과 같은 알고리듬을 가지고 있다. $\mathcal{H}_X$가 U_f의 출력 레지스터의 힐베르트 공간을 나타내도록 한다.

유한한 아벨리안의 숨은 부분군 문제에 대한 알고리듬

1. $i = 1$이라 설정하라.

2. 먼저 다음 수식에서 시작하라.

$$|0\rangle|0\rangle \cdots |0\rangle|0\rangle \in \mathcal{H}_{N_1} \otimes \mathcal{H}_{N_2} \otimes \ldots \otimes \mathcal{H}_{N_k} \otimes \mathcal{H}_X \tag{7.5.12}$$

3. $\text{QFT}_{N_1, N_2, \ldots, N_k}$를 입력 레지스터에 적용하라.

4. U_f를 다음의 상태를 생성하는 데 적용하라.

$$\sum_{\mathbf{x}} |\mathbf{x}\rangle|f(\mathbf{x})\rangle \tag{7.5.13}$$

5. (선택) 두 번째 레지스터를 측정하라.

6. $\text{QFT}_{N_1, N_2, \ldots, N_k}^{-1}$를 입력 레지스터에 적용하라.

7. $\mathbf{t}_i$ 값을 얻기 위해 첫 번째 레지스터를 측정하라.

8. $i < n + 4$인 경우 i를 증분하고 1단계로 이동하며, 그렇지 않으면 7단계로 간다.

9. $\mathbf{k}_1, \mathbf{k}_2, \ldots$가 i개 행이 $(\frac{t_{i,1}}{N_i}, \frac{t_{i,2}}{N_i}, \ldots, \frac{t_{i,k}}{N_i})$인 행렬일 때

$$\mathbb{T}\mathbf{x}^T = \mathbf{0} \bmod 1 \tag{7.5.14}$$

위 등식의 해공간에 대한 생성자 $\mathbf{k}_1$, $\mathbf{k}_2$,...를 찾아라.

10. $\mathbf{k}_1$, $\mathbf{k}_2$,...를 출력하라.

군 $G = Z_{N_1} \times Z_{N_1} \times \cdots \times Z_{N_k}$은 부분군 S의 잉여류 $y + S$로 나눌 수 있으며, 3단계의 상태를 다음 수식으로 다시 작성할 수 있으며 이때 합계는 잉여류 대푯값의 집합 이상이다.

$$\sum_{\mathbf{y}} |\mathbf{y} + S\rangle |f(\mathbf{y})\rangle \tag{7.5.15}$$

따라서 4단계의 (선택적) 측정은 첫 번째 레지스터를 무작위 잉여류 상태 $|y + S\rangle$로 남겨둔다. 식 (7.5.11)에서 봤듯이 최종 QFT_G^{-1}은 $S^{\perp}$(이때 잉여류 대푯값 y의 값은 위상 계수로 인코딩된다)의 원소의 균일한 중첩을 생성한다. 따라서 7단계에서 측정한 값 $\mathbf{t}_i$는 $S^{\perp}$의 원소가 돼 식 (7.5.8)의 선형 방정식을 만족시킬 것이다. 높은 확률로(정리 7.5.1 참조), $\mathbf{t}_1, \mathbf{t}_2, \ldots, \mathbf{t}_{n+4}$값은 $S^{\perp}$를 생성하며, 이 경우 S의 원소는 식 (7.5.14)의 선형 시스템에 대한 유일한 해법이 될 것이다. 선형 시스템은 n의 시간 다항식으로 풀 수 있다.

정리 7.5.1 $\mathbf{t}_i$에 의해 생성된 군 $\langle \mathbf{t}_1, \mathbf{t}_2, \ldots, \mathbf{t}_{n+4} \rangle$은 K의 부분군이다. 적어도 $\frac{2}{3}$ 확률로 $\langle \mathbf{t}_1, \mathbf{t}_2, \ldots, \mathbf{t}_{n+4} \rangle = K^{\perp}$을 갖는다.

이 정리의 증명은 부록 A.3의 정리 A.3.1의 증명에 사용된 것과 유사한 주장(사이먼의 알고리듬의 제로 오류 설명을 분석하는 데 사용됐다)에 따른다.

따름정리 7.5.2 f의 숨은 부분군 K는 $\mathbf{k}_1$, $\mathbf{k}_2$,...의 범위에 포함돼 있다. 적어도 $\frac{2}{3}$의 확률로 $K = \langle \mathbf{k}_1, \mathbf{k}_2, \ldots \rangle$를 얻을 수 있다.

모든 i에 대해 $f(\mathbf{k}_i) = 0$인지 시험할 수 있으므로 f의 $n + O(1)$번 산출(계산)로 $K = \langle \mathbf{k}_1, \mathbf{k}_2, \ldots \rangle$인지를 시험할 수 있다는 것에 유의하라.

따름정리 7.5.3 f의 $O(\log N)$번 산출과 $O(\log^3 N)$개의 다른 기본 연산을 이용하여 f의 숨은 부분군 $K \leq G = Z_{N_1} \times Z_{N_2} \times \cdots \times Z_{N_l}$에 대한 생성자를 찾는 유계 오류 양자 알고리듬이 존재한다.

문제 7.5.2 N이 소수라고 가정해보라.

(a) $|f(\mathbf{x})\rangle \mapsto |f(\mathbf{xy})\rangle$ 사상의 고유 벡터로 구성된 $\{|f(\mathbf{x})\rangle : \mathbf{x} \in Z_N^{\otimes k}\}$에 의해 확장되는 힐베르트 공간의 기저를 찾아라.

힌트: 이 고유 벡터와 $S^{\perp}$의 원소들 사이에는 일대일 대응이 있다.

(b) 이 새로운 기저로 두 번째 레지스터의 상태를 표현해 수식 7.5.13을 다시 작성하라.

(c) $\text{QFT}_N^{\otimes k}$의 역수를 첫 번째 레지스터에 적용하고 두 번째 레지스터를 이 새로운 기저로 표현한 결과는 무엇인가?

문제 7.5.3 G가 무한히 생성되고 생성자 $g_1, g_2, \ldots, g_n$이 주어지며, X가 유한할 때 숨은 부분군 문제를 유한한 아벨리안의 숨은 부분군 문제로 환산할 수 있음을 보여라.

7.6 관련 알고리듬 및 기법

아벨리안의 숨은 부분군 문제를 해결하기 위한 양자 알고리듬의 큰 성공은 그것이 비아벨군의 숨은 부분군 문제를 풀 수 있을지에 대한 자연스러운 의문으로 이어진다. 이 문제는 많은 연구자들이 연구해왔으며, 비아벨군에 대해 양자 알고리듬을 찾을 수 있다. 그러나 대칭군(자기동형사상 문제를 직접 해결할 수 있는)과 같은 대부분의 비아벨군에 대한 알고리듬은 없다. QFT는 비아벨군으로 일반화할 수 있으며, 경우에 따라 효율적으로 구현할 수 있다. 그러나 군에 대한 숨겨진 부분군 문제를 효율적으로 해결하기 위해 군에 관한 효율적인 QFT가 충분한지 여부는 아직 명확하지 않다.

또한 '숨은 이동hidden shift' 문제와 존스 다항식Jones polynomial에 근접한 소수의 문제들이 있는데, 양자 알고리듬은 가장 잘 알려진 고전 알고리듬에 비해 초다항식적 우위가 있다. 이러한 알고리듬은 숨은 부분군 문제의 특별한 경우가 아닌 것 같다.

파인만이 양자 컴퓨터의 개념을 발명하도록 동기를 부여한 매우 중요한 문제 중 하나는 양자 역학 시스템을 시뮬레이션하는 것이다. 양자 역학 시스템을 어떤 알려진 고전 알고리듬보다 더 효율적이게 기하급수적으로 시뮬레이션할 수 있는 양자 알고리듬이 있다.

마지막으로 고전적 문제 해결을 위한 양자 알고리듬에 주목했다. 그러나 이 교과서에서는 입력과 출력이 모두 양자이므로 고전적인 계산을 사용해 전혀 할 수 없는 얽힘 농도나 양자 데이터 압축과 같은 정보 처리 과제가 많다.

08

진폭 증폭에 기반한 알고리듬

8.1 그로버의 검색 알고리듬

이 절에서는 다양한 종류의 중요한 문제에 대해 가장 잘 알려진 고전 알고리듬에 있어 다항의 속도 증가를 제공하는 광범위하게 적용되는 양자 알고리듬에 대해 논의한다.

양자 검색 알고리듬은 매우 광범위한 문제에 대한 해를 위해 포괄적 검색을 수행한다. 좋은 솔루션을 효율적으로 인식할 수 있고 좋은 솔루션을 찾기 위해 잠재적 솔루션 목록을 검색하는 문제를 생각해보라. 예를 들어 큰 정수 N이 주어진다면 정수 p가 N의 자명하지 않은 인수^{factor}인지 효율적으로 인식할 수 있으며, 따라서 N의 자명하지 않은 원소를 찾기 위한 하나의 순진한 전략은 인수가 발견될 때까지 단순히 집합 $\{2, 3, 4, \ldots, \lfloor\sqrt{N}\rfloor\}$을 검색하는 것이다. 7장에서 설명한 소인수분해 알고리듬은 문제의 구조를 심오하게 활용하기 때문에 그렇게 순진한 알고리듬은 아니다. 그러나 많은 흥미로운 문제들에 대해서는 문제의 구조를 많이 활용하는 알려진 기법이 없으며, 이러한 문제를 해결하기 위한 가장 잘 알려진 알고리듬은 한 가지가 발견될 때까지 잠재적인 해를 순진하게 탐색하는 것이다. 일반적으로 잠재적 해의 수는 문제 인스턴스의 크기가 기하급수적이기 때문에 순진한 알고리듬은 효율적이지 않다. 흔히 가장 잘 알려진 고전적인 검색은 문제의 구조를 매우 제한적으로 사용하게 되는데, 아마도 몇몇 명백히 불가능한 후보들을 배제하거나 또는 몇몇 더 가능성이 있는 후보들을 우선시하기 위해서일 것이다. 하지만 검색의 전체적인 복잡도는 여전히 기하급수적이다.

양자 검색은 잠재적 해의 공간을 통해 이러한 종류의 포괄적 검색 속도를 높이기 위한 도구이다.

문제에 대한 해를 인식하고 가능한 해결책의 집합을 아는 수단이 있다는 것은 어떤 의미에서 그 해를 '알고 있다'는 것을 의미한다는 점에 주목할 필요가 있다. 그러나 반드시 효율적으로 해를 도출할 수는 없다.

예를 들어 숫자의 인수를 인식하는 것은 쉽지만 그러한 인수를 찾는 데는 오랜 시간이 걸릴 수 있다.

이 문제에 대해 다음과 같이 더욱 일반적인 수학적 구조를 제시한다. 해들을 길이 n의 이항 문자열로서 표현 가능하다고 가정한다. x가 '좋은' 문자열의 이진 코드일 경우 (즉, 검색 문제의 해) $f(x) = 1$이고, 그렇지 않은 경우 $f(x) = 0$이 되도록 하기 위해 함수 $f : \{0, 1\}^n \rightarrow \{0, 1\}$를 정의하라.

검색 문제

입력: 미지의 함수 $f : \{0, 1\}^n \rightarrow \{0, 1\}$을 계산하기 위한 블랙박스 U_f

문제: $f(x) = 1$일 때 입력 $x \in \{0, 1\}^n$을 찾아라.

함수 f가 이러한 블랙박스로만 제공되는 경우, 입력에 대한 높은 확률로 검색 문제를 해결하기 위해 블랙박스의 $\Omega(\sqrt{2^n})$ 적용이 필요하다(9.2절 참조). 따라서 양자 알고리듬은 고전적인 철저한 검색에 비해 최대 2차 속도 증가를 제공할 수 있다.

편의를 위해 처음에는 정확히 하나의 해 $x = w$를 갖는 함수에만 제한해서 논의한다. 절차가 그러한 모든 함수 f에 대해 적어도 $\frac{2}{3}$ 확률로 해결책을 찾기를 원한다고 가정해 보자.[1]

---

1   부록 A.1에서 지적한 바와 같이 성공 확률에 대한 값 $\frac{2}{3}$의 선택은 임의적이다. $\frac{1}{2}$과 1 사이에 제한된 어떤 상수도 충분할 것이다.

만약 하나의 쿼리만 만들 수 있다면 알고리듬이 할 수 있는 최선은 해 x_1을 무작위로 균일하게 추측한 다음 쿼리를 사용해 $f(x_1) = 1$인지 확인하는 것이다. x_1이 정답이라면 x_1을 출력한다. 그렇지 않으면 집합 $\{0, 1\}^n - \{x_1\}$에서 임의로 문자열 x_2를 추측하고 x_2를 출력하라. 이 절차에서는 확률 $\frac{2}{2^n}$에 대한 정확한 값 $x = w$를 출력한다는 점에 유의하라.

만약 두 개의 쿼리를 가지고 있다면 할 수 있는 최선은 위의 절차를 계속하고 두 번째 쿼리를 사용해 $f(x_2) = 1$인지 시험하는 것이다. 만약 $f(x_2) = 1$이면 x_2를 출력하고, 그렇지 않으면 문자열 x_3을 $\{0, 1\}^n - \{x_1, x_2\}$에서 무작위로 균일하게 추측하고 추정값 x_3을 출력한다. 이 절차에서는 확률 $\frac{3}{2^n}$일 때 $x = w$를 출력한다.

$k < 2^n$일 때 k 쿼리로 위의 절차를 계속하면 절차에서 확률 $\frac{k+1}{2^n}$일 때 정확한 값 $x = w$를 출력한다. 어떠한 쿼리도 없이 확률 $\frac{1}{2^n}$일 때 정답을 추측할 수 있으며, 각각의 추가적인 쿼리가 정답을 출력할 확률을 $\frac{1}{2^n}$만큼 증가시킨다는 점에 주목하라.

어떤 쿼리도 만들지 않고 추측을 하는 순진한 알고리듬의 양자 버전을 생각해보라. 이 절차는 확률 $\frac{1}{2^n}$에서 정답을 추측하므로 양자 버전은 확률 진폭 $\frac{1}{\sqrt{2^n}}$에서 추측한다. 각각의 쿼리 후에 $\frac{1}{\sqrt{2^n}}$으로 진폭을 증가시킬 수 있는 양자적인 방법이 있다면, $O(\sqrt{2^n})$ 질의만으로 검색 문제를 해결할 수 있을 것이다. 그러한 양자 증강 알고리듬을 찾는 것은 양자 역학의 법칙에 의해 제약되기 때문에 간단하지 않다. 따라서 복제와 같은 편리한 도구를 사용할 수 없다. 그로버는 이 진폭 증가를 달성하는 양자 알고리듬을 고안했다.

그로버의 알고리듬은 고전적으로 할 수 있는 것보다 2차식으로 더 빠르게 검색을 수행한다. 만약 정확히 하나의 해결책이 있다면, 고전적인 결정론적 무차별 대입 검색은 최악의 경우 $2^n - 1$ 쿼리를 취한다. 실제로 어떤 함수에 대해 적어도 $\frac{2}{3}$의 확률로 해결책을 찾는 고전 알고리듬은 최악의 경우 $\Omega(2^n)$ 쿼리를 만들어야 한다. 그로버의 양자 검색 알고리듬은 $O(\sqrt{2^n}) = O(2^{\frac{n}{2}})$ 쿼리만 취한다.

비록 이것이 소인수분해에 대한 쇼어의 알고리듬에 의해 달성된 지수적인 양자 우위만큼 극적이지는 않지만, 검색 문제의 극히 넓은 적용성은 그로버의 알고리듬을 흥미롭고 중요하게 만든다. 특히 그로버의 알고리듬은 NP-완전 문제의 해에서 2차의 속도를 높이며(9.1.1절 참조), 이는 컴퓨터 과학에서 중요한 어려운 문제들 중 많은 부분을 차지한다. 그로버의 알고리듬은 본 절의 나머지 부분에 기술하고자 한다.

해를 인식할 수 있는 수단을 가지고 있다고 가정하면, 일반성을 잃지 않고 다음과 같이 f에 대한 양자 블랙박스 U_f를 가질 수 있다고 가정할 수 있다.

$$U_f : |x\rangle|b\rangle \mapsto |x\rangle|b \oplus f(x)\rangle \tag{8.1.1}$$

목표 레지스터 $|b\rangle$(단일 큐비트로 구성됨)를 $|0\rangle$로 설정한다고 가정하자. 그러면 $|x\rangle$로 쿼리 레지스터에 인코딩된 쿼리 값 x를 고려해볼 때 U_f를 질의한다고 가정해보자. 결과는 다음 수식과 같고

$$|x\rangle|0\rangle \xrightarrow{U_f} |x\rangle|f(x)\rangle \tag{8.1.2}$$

목표 큐비트를 측정해 오라클 쿼리에 대한 답을 f로 얻는다. 그러나 이것은 단지 전형적인 방법으로 오라클을 적용하는 것과 다를 바 없다. QFT 알고리듬의 경우처럼 '양자적 우위'를 얻기 위해서는 양자적 중첩을 사용해야 한다.

첫 번째 레지스터는 가능한 모든 쿼리 값 $\frac{1}{\sqrt{N}}\sum_{x=0}^{N-1}|x\rangle$($N = 2^n$일 때)을 중첩해 쉽게 만들 수 있다.

합 $\frac{1}{\sqrt{N}}\sum_{x=0}^{N-1}|x\rangle$을 두 부분으로 나눌 수 있다. 첫 번째 부분은 $f(x) = 0$인 모든 x에 대한 합이다. 즉, 검색 문제에 대한 해가 아닌 아닌 '나쁜' x이다. X_{bad}를 그러한 나쁜 x의 집합이라 하자. 두 번째 부분은 $f(x) = 1$인 모든 x에 대한 합이다. 즉, 검색 문제에 대한 '좋은' 해이다. X_{good}는 그러한 좋은 x의 집합이라 하자. 편의를 위해 일단 해결책이 w, 그러니까 $X_{\text{good}} = \{w\}$밖에 없다고 가정해보자.

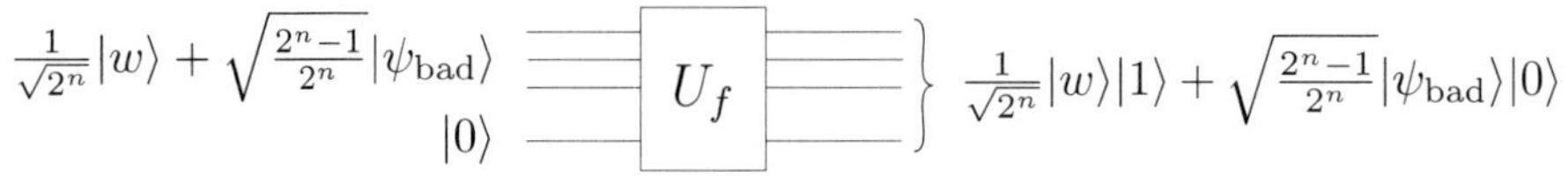

그림 8.1 양자 검색에 대한 오라클 U_f

다음 상태를 정의하라.

$$|\psi_{\text{good}}\rangle = |w\rangle$$

$$|\psi_{\text{bad}}\rangle = \frac{1}{\sqrt{N-1}} \sum_{x \in X_{\text{bad}}} |x\rangle \tag{8.1.3}$$

U_f의 목표 큐비트를 상태 $|0\rangle$로, 쿼리 레지스터를 그림 8.1에서 나타난 것과 같이 다음 형식의 중첩으로 만든다고 가정하자.

$$\frac{1}{\sqrt{N}} \sum_{x=0}^{N-1} |x\rangle = \frac{1}{\sqrt{N}} |w\rangle + \sqrt{\frac{N-1}{N}} |\psi_{\text{bad}}\rangle \tag{8.1.4}$$

이제 확률 $\frac{1}{N}$에 대해 목표 큐비트의 측정은 $|1\rangle$이 될 것이고, 쿼리 큐비트는 좋은 상태인 $|w\rangle$가 될 것이다. 이 절차는 양자 중첩 원리를 사용하지만 양자 간섭을 전혀 사용하지 않으며 고전적 무작위성을 사용해 쉽게 시뮬레이션할 수 있다. 이 절차는 입력 x를 무작위로 균일하게 추출하고 $f(x)$를 계산하는 것과 같다.

양자 검색 알고리듬은 쿼리 레지스터를 측정하기 전에 양자 간섭을 사용해 좋은 상태 $|w\rangle$의 진폭을 소폭 상승시키는 반복적 절차이다.

6장에서 쿼리 레지스터를 일부 쿼리 지표 $|x\rangle$로 설정하고, 목표 큐비트를 $\frac{1}{\sqrt{2}}(|0\rangle + |1\rangle)$으로 설정하면 오라클의 효과는 다음과 같다.

$$|x\rangle \left(\frac{|0\rangle - |1\rangle}{\sqrt{2}} \right) \overset{U_f}{\longmapsto} (-1)^{f(x)} |x\rangle \left(\frac{|0\rangle - |1\rangle}{\sqrt{2}} \right) \tag{8.1.5}$$

두 번째 레지스터는 고유 상태에 있기 때문에 첫 번째 레지스터에 미치는 영향만 생각하면 무시할 수 있다.

$$U_f : |x\rangle \longmapsto (-1)^{f(x)} |x\rangle \tag{8.1.6}$$

따라서 그 효과는 위상 이동에서 오라클 쿼리에 대한 답변을 인코딩하는 것이다(양자 위상에서 답을 인코딩하는 이 개념은 QFT 알고리듬의 작동에도 핵심이었다). 8장의 나머지 부분에서는 U_f를 (8.1.6)의 변환을 수행하는 n-큐비트 연산자로 재정의하는 것이 편리하다.

문제 8.1.1 $f(0) = 0$이라는 조건하에 $f : \{0, 1, \ldots N\} \to \{0, 1\}$를 가정하라. 어떻게 $|x\rangle \mapsto (-1)^{f(x)}|x\rangle$를 사상하는 오라클의 한 적용이 $|x\rangle|b\rangle \mapsto |x\rangle|b \oplus f(x)\rangle$를 사상하는 오라클을 구현하는지 보여라.

또한 다음과 같이 작용하는 n-큐비트 위상 이동 연산자 $U_{0^\perp}$을 정의할 것이다.

$$U_{0^\perp} : \begin{cases} |x\rangle \mapsto -|x\rangle, & x \neq 0 \\ |0\rangle \mapsto |0\rangle \end{cases} \tag{8.1.7}$$

이 연산자는 상태 $|00\ldots0\rangle$에 직교하는 모든 n-큐비트 상태에 -1의 위상 이동을 적용한다. V_0에 의해 기저 상태 $|0\rangle$에 걸쳐 있는 벡터 공간을 표시하면 V_0에 직교하는 벡터 공간은 모든 기저 상태 $|x\rangle \neq |00\ldots0\rangle$에 걸쳐 있는 공간이며 $V_0^\perp$으로 표시될 수 있다. 연산자 $U_{0^\perp}$은 $V_0^\perp$의 벡터에 -1의 위상 이동을 적용한다.

이제 $|\psi_{\text{good}}\rangle = |x\rangle$의 진폭을 증가시키는 연산자를 정의할 수 있다. 이 연산자 $G = HU_{0^\perp}HU_f$는 그로버 반복 또는 양자 검색 반복이라고 한다. 이러한 반복은 다음과 같은 변환 순서로 정의된다.

그로버 반복 G

1. 오라클 U_f를 적용하라.
2. n-큐비트 아다마르 게이트 H를 적용하라.
3. $U_{0^\perp}$을 적용하라.
4. n-큐비트 아다마르 게이트 H를 적용하라.

그로버 반복을 구현하는 회로는 그림 8.2와 같다. 위의 방정식 (8.1.6)에서 설명한 U_f의 단순화된 정의를 사용하고 있기 때문에 오라클^{Oracle} 연산자 U_f에 대한 목표 큐비트 (고유상태 $\frac{1}{\sqrt{2}}(|0\rangle - |1\rangle)$에서 작성한 것)은 그림 8.2에 생략돼 있다.

이제 그로버 반복을 정의했으니 그로버의 양자 검색 알고리듬은 다음과 같이 간결하게 쓸 수 있다.

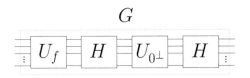

그림 8.2 그로버 반복

그로버의 양자 검색 알고리듬

1. n-큐비트 상태 $|00\ldots0\rangle$로 시작하라.

2. 상태 $\frac{1}{\sqrt{N}}|\psi\rangle = \sum_{x=0}^{N-1}|x\rangle$($N = 2^n$일 때)을 준비하기 위해 n-큐비트 아다마르 게이트 H를 적용하라.

3. 총 $\left\lfloor \frac{\pi}{4}\frac{1}{\sqrt{N}} \right\rfloor$ 횟수만큼 그로버 반복 G를 적용하라.

4. 결과 상태를 측정하라.

그로버의 알고리듬은 그림 8.3에 도식적으로 나타나 있다.

다음은 그로버 반복 G가 실제로 $|w\rangle$ 진폭의 확률 진폭을 증가시키는 작업을 수행한다는 것을 보여준다.

$$|\psi\rangle = H|00\ldots0\rangle \tag{8.1.8}$$

위 수식이 연산자의 작용을 고려하도록 한다. 다음에 수식이 있다.

$$HU_{0\perp}H \;:\; |\psi\rangle \mapsto |\psi\rangle \tag{8.1.9}$$

$V_\psi^\perp$은 $|\psi\rangle$에 직교하는 벡터 공간을 나타낸다고 하자. 이 공간은 $x \neq 00\ldots0$에 대한 상태 $H|x\rangle$에 의해 확장되며 이러한 모든 상태에 대해 다음 수식이 있다.

$$HU_{0\perp}H \;:\; H|x\rangle \mapsto -H|x\rangle \tag{8.1.10}$$

그러므로 연산자 $HU_{0\perp}H$는 $V_\psi^\perp$의 벡터에 -1의 위상 이동을 적용한다.

$$U_{\psi^\perp} = HU_{0^\perp}H \qquad (8.1.11)$$

따라서 위 수식을 나타내고 그로버 반복을 다음과 같이 더 간결하게 작성할 수 있다.

$$G = U_{\psi^\perp}U_f \qquad (8.1.12)$$

문제 8.1.2 $|\psi\rangle = \frac{1}{\sqrt{N}}\sum_{x=0}^{N-1}|x\rangle$이라 하자. 연산자 $HU_{0^\perp}H$가 $(2|\psi\rangle\langle\psi| - \mathbb{I})$으로도 쓰일 수 있음을 보여라.

문제 8.1.3 $H|00\ldots0\rangle$에 직교하는 모든 n-큐비트 상태 $|\phi\rangle$의 진폭 합계가 0임을 증명하라.

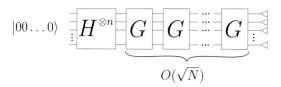

그림 8.3 그로버의 양자 검색 알고리듬

문제 8.1.4 $U_{\psi^\perp}$이 '평균값을 도치시킨다'는 것을 증명하라. 보다 정확하게는

$$|\phi\rangle = \sum_x \alpha_x|x\rangle$$

이 진폭의 평균인 중첩

$$\mu = \frac{1}{N}\sum_x \alpha_x$$

을 고려하라. $U_{\psi^\perp}|\phi\rangle = \sum_x (\mu - \alpha_x)|x\rangle$임을 보여라.

힌트: $|\overline{\psi}\rangle$이 $|\psi\rangle$에 직교할 때 $|\phi\rangle$를 $|\phi\rangle = \alpha|\psi\rangle + \beta|\overline{\psi}\rangle$으로 분해하라.

$H|00\ldots0\rangle$은 실제 진폭만을 가지고 있고 그로버 반복은 어떤 복잡한 위상을 도입하지 않으므로 진폭은 항상 실제 상태로 유지된다. 이는 그림 8.4에서와 같이 N개의 가능한 입력으로 표시된 축인 위(양진폭의 경우) 또는 아래(음진폭의 경우)의 선으로 진폭을 나타낼 수 있게 만든다. 처음에는 상태가 $|\psi\rangle = H|00\ldots0\rangle$이므로, 따라서 1 진폭의 평균값은 간단히 $\frac{1}{\sqrt{N}}$이다.

U_f를 적용한 후 $|w\rangle$의 진폭은 -1 위상 이동을 선택하므로 그림 8.5와 같이 진폭의 평균값이 약간 아래로 이동한다.

연산자 $U_{\psi^{\perp}}$은 '평균값의 도치'로 볼 수 있는데, 이는 그림 8.6에서 볼 수 있듯이 $|w\rangle$의 진폭 크기를 거의 3배로 늘리고 다른 모든 기본 상태의 진폭을 약간 낮춘다.

U_f의 또 다른 적용은 $|w\rangle$의 진폭을 다시 음의 값으로 만들어 진폭의 평균값을 약간 떨어뜨리고, 평균 연산에 대한 도치는 $|w\rangle$의 진폭 크기에 대략 다른 $\frac{2}{\sqrt{N}}$을 더하고 다른 모든 기본 상태의 진폭을 약간 더 아래로 내린다.

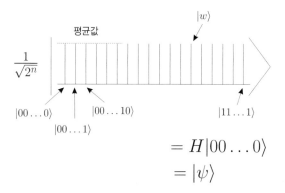

그림 8.4 실수값 진폭은 검색 문제에 대한 N개의 가능한 입력으로 표시된 수평축 위와 아래 선으로 표시된다. 위에 묘사된 상태 $|\psi\rangle$는 가능한 모든 입력에 대한 균일한 중첩이다.

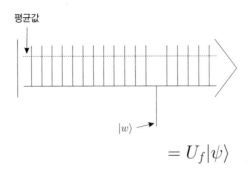

$$= U_f|\psi\rangle$$

그림 8.5 U_f를 한 번 적용한 후의 상태(정규화 인자 생략)

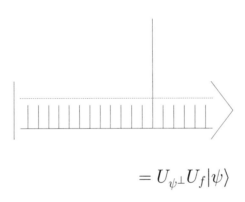

$$= U_{\psi^\perp}U_f|\psi\rangle$$

그림 8.6 평균값의 도치

그로버 반복의 대략적인 $\frac{\sqrt{N}}{2}$ 반복이 $|w\rangle$의 진폭을 1에 가깝게 증가시켜야 한다는 것을 알 수 있다. 다음은 정밀한 분석이다.

먼저 $|w\rangle$와 $|\psi_{\text{bad}}\rangle$에 대해 $|\psi\rangle = H|00\ldots0\rangle$으로 쓸 수 있다는 것에 유의하라.

$$|\psi\rangle = \tfrac{1}{\sqrt{N}}|w\rangle + \sqrt{\tfrac{N-1}{N}}|\psi_{\text{bad}}\rangle \tag{8.1.13}$$

$|\psi\rangle$ 상태에서 시작해 U_f와 $U_{\psi^\perp}$을 반복적으로 적용하면 $|w\rangle$와 $|\psi_{\text{bad}}\rangle$, 즉 $N = 2^n$차원 상태 공간의 2차원 부분 공간에 시스템 상태가 남는다는 것을 관찰할 필요가 있다.

그로버의 알고리듬을 분석하기 위해서는 이러한 2차원 부분 공간에 대한 두 가지 기저를 정의하는 데 도움이 된다.

$$\{|w\rangle, |\psi_{\text{bad}}\rangle\} \tag{8.1.14}$$

및

$$\{|\psi\rangle, |\overline{\psi}\rangle\} \tag{8.1.15}$$

이때 $|\psi\rangle$에 직교하는 상태 $|\overline{\psi}\rangle$을 정의한다.

$$|\overline{\psi}\rangle = \sqrt{\tfrac{N-1}{N}}|w\rangle - \tfrac{1}{\sqrt{N}}|\psi_{\text{bad}}\rangle \tag{8.1.16}$$

$|\overline{\psi}\rangle$의 진폭의 평균값은 0이라는 점에 유의한다(문제 8.1.3 참조).

$$\sin(\theta) = \frac{1}{\sqrt{N}} \tag{8.1.17}$$

위 수식이 되도록 θ를 정의하라. 그러면 $\cos(\theta) = \sqrt{\tfrac{N-1}{N}}$을 얻게 된다.

$$|\psi\rangle = \sin(\theta)|w\rangle + \cos(\theta)|\psi_{\text{bad}}\rangle \tag{8.1.18}$$

$$|\overline{\psi}\rangle = \cos(\theta)|w\rangle - \sin(\theta)|\psi_{\text{bad}}\rangle \tag{8.1.19}$$

및

$$|w\rangle = \sin(\theta)|\psi\rangle + \cos(\theta)|\overline{\psi}\rangle \tag{8.1.20}$$

$$|\psi_{\text{bad}}\rangle = \cos(\theta)|\psi\rangle - \sin(\theta)|\overline{\psi}\rangle \tag{8.1.21}$$

이므로 두 기저 사이에서 쉽게 전환할 수 있다는 것에 유의하라.

그림 8.7과 8.8은 $|w\rangle$과 $|\psi_{\text{bad}}\rangle$에 대한 상태 $|\psi\rangle$과 $|\overline{\psi}\rangle$을 보여준다. 양자 검색 알고리듬은 다음 상태

$$|\psi\rangle = \sin(\theta)|w\rangle + \cos(\theta)|\psi_{\text{bad}}\rangle$$

에서 시작된다.

연산자 U_f는 그림 8.9 및 8.10에서 나타난 상태를 갖게 한다.

$$U_f|\psi\rangle = -\sin(\theta)|w\rangle + \cos(\theta)|\psi_{\text{bad}}\rangle = \cos(2\theta)|\psi\rangle - \sin(2\theta)|\overline{\psi}\rangle$$

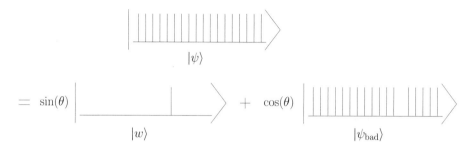

그림 8.7 $|w\rangle$과 $|\psi_{\text{bad}}\rangle$에 대한 상태 $|\psi\rangle$. θ가 $\sin(\theta) = \frac{1}{\sqrt{2^n}}$을 만족한다는 것에 유의하라.

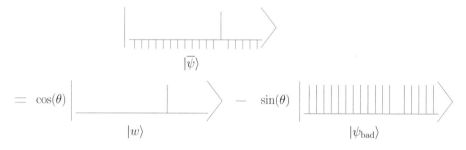

그림 8.8 $|w\rangle$과 $|\psi_{\text{bad}}\rangle$에 대한 상태 $|\overline{\psi}\rangle$

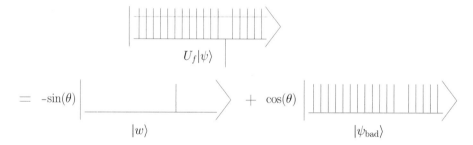

그림 8.9 U_f를 한 차례 적용한 상태. 그림 8.7과 비교해보라.

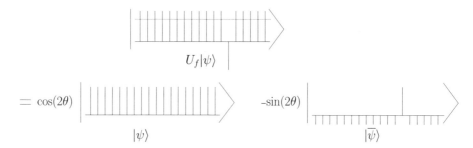

그림 8.10 그림 8.9의 상태는 $\{|\psi\rangle, |\overline{\psi}\rangle\}$ 기저에 대해 표현될 수 있다.

평균의 도치인 $U_\psi^\perp$은 그림 8.11과 8.12에서 나타난 상태인

$$U_\psi^\perp U_f|\psi\rangle = \cos(2\theta)|\psi\rangle + \sin(2\theta)|\overline{\psi}\rangle = \sin(3\theta)|w\rangle + \cos(3\theta)|\psi_{\text{bad}}\rangle$$

을 부여한다.

$|\psi\rangle = H|00\ldots0\rangle$에서 시작해서 그로버 반복을 k번 반복 후에는 그림 8.13에서 나타난 다음 수식의 상태가 남는다는 것을 수학적 귀납법으로 쉽게 입증할 수 있다.

$$\begin{aligned}(U_\psi^\perp U_f)^k|\psi\rangle &= \cos(2k\theta)|\psi\rangle + \sin(2k\theta)|\overline{\psi}\rangle \\ &= \sin\big((2k+1)\theta\big)|w\rangle + \cos\big((2k+1)\theta\big)|\psi_{\text{bad}}\rangle \end{aligned} \tag{8.1.22}$$

문제 8.1.5 실수 j에 대해 다음 수식을 증명하라.

$$\sin((2j+1)\theta)|w\rangle + \cos((2j+1)\theta)|\psi_{\text{bad}}\rangle = \cos(2j\theta)|\psi\rangle + \sin(2j\theta)|\overline{\psi}\rangle$$

$|w\rangle$을 얻을 확률을 높이기 위해 $\sin((2k+1)\theta) \approx 1$이 되도록 k를 선택하고자 하는데, 이는 $(2k+1)\theta \approx \frac{\pi}{2}$과 따라서 $k \approx \frac{\pi}{4\theta} - \frac{1}{2} \approx \frac{\pi}{4}\sqrt{N}$을 만들고 싶다는 것과 같다.

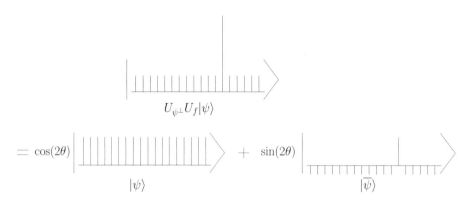

그림 8.11 평균값의 도치 후의 상태

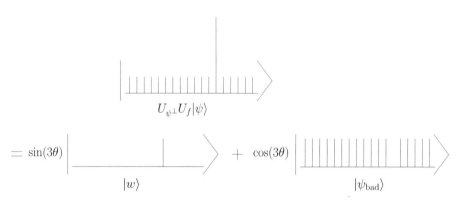

그림 8.12 $\{|w\rangle, |\psi_{\text{bad}}\rangle\}$ 기저에 대해 그림 8.11에서 표현된 상태

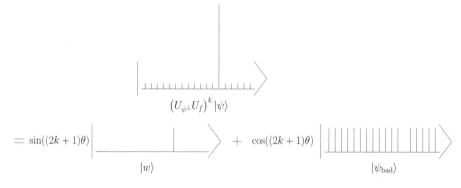

그림 8.13 그로버 반복의 k번 반복 이후의 상태

$\tilde{k}$이 $(2\tilde{k}+1)\theta = \frac{\pi}{2}$을 만족한다고 하자. $k = \lfloor\tilde{k}\rfloor$이라 하자.

$(2k+1)\theta = \frac{\pi}{2} + \varepsilon$일 때 $|\varepsilon| = O\left(\frac{1}{\sqrt{N}}\right)$이라는 점에 유의하라. 따라서 $\sin(\frac{\pi}{2} + \varepsilon) = \cos(\varepsilon)$ $\geq \frac{\varepsilon^2}{2} \in 1 - O\left(\frac{1}{N}\right)$이 된다.

반올림

실수 x에 대해 각각 x보다 큰 정수(x를 올림)와 x보다 작은 정수(x를 내림)를 나타내기 위해 표준 표기법 $\lceil x \rceil$과 $\lfloor x \rfloor$을 사용한다.

또한 x에 가장 가까운 정수를 나타내기 위해 $[x]$라는 표기법을 사용한다(x가 정확히 두 정수 사이에 있는 경우, 이 교과서의 목적을 위해 둘 중 하나로 반올림한다).

몇몇 경우 기술한 알고리듬은 $\frac{\pi}{2}\sqrt{N}$, $\arcsin\left(\frac{1}{\sqrt{N}}\right)$ 또는 $N\sin^2\left(\frac{x}{M}\right)$과 같은 표현으로 주어진 실수 x를 반올림하도록 요구하기 때문에, x를 사용하는 어떤 환경에서도 계산상의 장애물이 아니라는 것을 언급할 가치가 있다.

알고리듬이 반올림하는 데 필요한 모든 함수는 정밀도 $\epsilon > 0$로 효율적으로 근사할 수 있다(즉, $\log(\frac{1}{\epsilon})$의 시간 다항식 및 N, M 및 N에서 로그인 x의 묘사 길이 및 위 예시의 x에서). 즉, $\epsilon > 0$에 대해 $y - \epsilon \leq x \leq y + 1$($\lfloor x \rfloor$의 대략적인 버전) 또는 $|y - x| \leq \frac{1}{2} + \epsilon$($[x]$의 대략적인 버전)이 되는 정수 y를 효율적으로 계산할 수 있다.

단순성을 위해 알고리듬의 고전적인 부분의 효율성에 관심이 있다면 대략적인 반올림이면 충분하다는 이해와 함께 알고리듬 설명에 $\lceil x \rceil$, $\lfloor x \rfloor$ 또는 $[x]$ 표기법을 사용할 것이다.

정리 8.1.1 f는 정확히 하나의 해를 가진 함수라 하자. $k = \lfloor\tilde{k}\rfloor$에 대해 $\tilde{k} = \frac{\pi}{4\theta} - \frac{1}{2}$이라 하자. 그로버 반복의 k 적용으로 양자 검색 알고리듬을 실행하면 적어도 $1 - O\left(\frac{1}{N}\right)$의 확률로 $f(x) = 1$에 대한 해를 찾을 수 있을 것이다.

하나의 해만 갖는다는 가정은 필요치 않다. 둘 이상의 해가 있을 때 알고리듬이 어떻게 작동하는지 분석하기 전에 보다 일반적인 버전의 양자 검색에 대해 설명하고자 한다.

8.2 진폭 증폭

그로버의 검색 알고리듬은 해를 '추측'하기 위해 모든 알고리듬 A에 적용하도록 실질적으로 일반화될 수 있다. 이전 절에서는 가능한 모든 해의 균일한 중첩을 설정해 해를 추측한 $A = H^{\otimes n}$을 사용했다. 보다 일반적으로 추가 작업 공간을 포함할 수 있는 일반 입력 상태 $|00 \dots 0\rangle$로 시작하는 알고리듬 A와 작업 공간 큐비트에 일부 '쓸모없는' 정보가 남아 있을 수 있는 추측값 $|\psi\rangle = \sum_x \alpha_x |x\rangle \text{junk}(x)\rangle$의 중첩을 사상하는 알고리듬 A를 고려하라. 즉, 다음 수식과 같다.

$$|\psi\rangle \equiv A|00 \dots 0\rangle = \sum_x \alpha_x |x\rangle |\text{junk}(x)\rangle \qquad (8.2.1)$$

자연스럽게 $|\psi\rangle$를 두 부분으로 분할할 수 있다는 점에 유의하라.

$$|\psi\rangle = \sum_{x \in X_{\text{good}}} \alpha_x |x\rangle |\text{junk}(x)\rangle + \sum_{x \in X_{\text{bad}}} \alpha_x |x\rangle |\text{junk}(x)\rangle \qquad (8.2.2)$$

$$p_{\text{good}} = \sum_{x \in X_{\text{good}}} |\alpha_x|^2 \qquad (8.2.3)$$

위의 수식은 좋은 상태 x를 측정할 확률이고,

$$p_{\text{bad}} = \sum_{x \in X_{\text{bad}}} |\alpha_x|^2 = 1 - p_{\text{good}} \qquad (8.2.4)$$

위의 수식은 나쁜 상태 x를 측정할 확률이라는 것에 유의하라.

$p_{\text{good}} = 1$이면 증폭할 필요가 없고, $p_{\text{good}} = 0$이면 증폭할 만한 좋은 진폭이 없기 때문에 증폭이 도움이 되지 않는다. $0 < p_{\text{good}} < 1$이라는 흥미로운 경우, 좋거나 나쁜 성분을 다시 다음 수식으로 재정규화할 수 있다.

$$|\psi_{\text{good}}\rangle = \sum_{x \in X_{\text{good}}} \frac{\alpha_x}{\sqrt{p_{\text{good}}}} |x\rangle |\text{junk}(x)\rangle \qquad (8.2.5)$$

및

$$|\psi_{\text{bad}}\rangle = \sum_{x \in X_{\text{bad}}} \frac{\alpha_x}{\sqrt{p_{\text{bad}}}} |x\rangle |\text{junk}(x)\rangle \qquad (8.2.6)$$

그러면 $\theta \in \left(0, \frac{\pi}{2}\right)$이 $\sin^2(\theta) = p_{\text{good}}$을 만족할 때 다음 수식과 같이 쓸 수 있다.

$$|\psi\rangle = \sqrt{p_{\text{good}}}|\psi_{\text{good}}\rangle + \sqrt{p_{\text{bad}}}|\psi_{\text{bad}}\rangle \tag{8.2.7}$$

및

$$|\psi\rangle = \sin(\theta)|\psi_{\text{good}}\rangle + \cos(\theta)|\psi_{\text{bad}}\rangle \tag{8.2.8}$$

$|\psi\rangle$에 직교하는 모든 상태 $|\phi\rangle$에 대해 $U_\psi^\perp|\psi\rangle = |\psi\rangle$ 및 $U_\psi^\perp|\phi\rangle = -|\phi\rangle$을 먼저 정의한 사실이 있으므로 $Q = AU_0^\perp A^{-1}U_f$과 동등하다는 것을 쉽게 확인할 수 있는 $U_\psi^\perp U_f$으로 보다 일반적인 검색 반복을 정의한다.

Q를 처음 적용하기 직전의 상태는 중첩이다.

$$|\psi\rangle = \sin(\theta)|\psi_{\text{good}}\rangle + \cos(\theta)|\psi_{\text{bad}}\rangle \tag{8.2.9}$$

편의상 $|\psi\rangle$과 직교하는 다음 수식의 상태를 정의하자.

$$|\overline{\psi}\rangle = \cos(\theta)|\psi_{\text{good}}\rangle - \sin(\theta)|\psi_{\text{bad}}\rangle \tag{8.2.10}$$

다음 두 수식은 동일한 2차원 부분 공간을 위한 정규화된 기저라는 점에 유의하라.

$$\{|\psi_{\text{good}}\rangle, |\psi_{\text{bad}}\rangle\} \tag{8.2.11}$$

및

$$\{|\overline{\psi}\rangle, |\psi\rangle\} \tag{8.2.12}$$

만일 $|\psi\rangle$ 상태로 시작할 경우, U_f와 $U_\psi^\perp$를 번갈아 적용하면 $|\psi_{\text{good}}\rangle$과 $|\psi_{\text{bad}}\rangle$로 확장된 실수에 걸쳐 2차원 부분 공간에 있는 시스템에 남게 된다는 것을 보여주고 있다.

진폭은 실수가 될 것이기 때문에(어떤 복잡한 위상이든 $|\psi_{\text{good}}\rangle$, $|\psi_{\text{bad}}\rangle$, $|\psi\rangle$, $|\overline{\psi}\rangle$등의 정의에 흡수됨) 그림 8.14와 같이 평면 내 단위 원 위에 편리하게 상태를 그릴 수 있다.

U_f는 그림 8.15와 같이 다음 수식을 사상할 것임에 유의하라.

$$\sin(\theta)|\psi_{\text{good}}\rangle + \cos(\theta)|\psi_{\text{bad}}\rangle \mapsto -\sin(\theta)|\psi_{\text{good}}\rangle + \cos(\theta)|\psi_{\text{bad}}\rangle \tag{8.2.13}$$

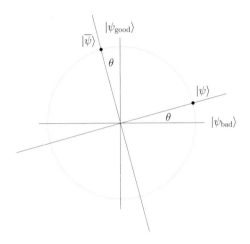

그림 8.14 상태 $|\psi\rangle = A|00...0\rangle = \sin(\theta)|\psi_{\text{good}}\rangle + \cos(\theta)|\psi_{\text{bad}}\rangle$와 $|\overline{\psi}\rangle = \cos(\theta)|\psi_{\text{good}}\rangle - \sin(\theta)|\psi_{\text{bad}}\rangle$는 평면상의 단위 원에 나타나 있다.

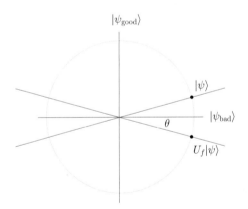

그림 8.15 상태 $U_f|\psi\rangle = -\sin(\theta)|\psi_{\text{good}}\rangle + \cos(\theta)|\psi_{\text{bad}}\rangle$

$U_{\psi}^{\perp}$의 작용은 기저에서 쉽게 볼 수 있기 때문에

$$\{|\overline{\psi}\rangle, |\psi\rangle\} \tag{8.2.14}$$

먼저 다음 수식으로 다시 쓰는 것이 편리하고,

$$U_f|\psi\rangle = -\sin(\theta)|\psi_{\text{good}}\rangle + \cos(\theta)|\psi_{\text{bad}}\rangle \tag{8.2.15}$$

$$= \cos(2\theta)|\psi\rangle - \sin(2\theta)|\overline{\psi}\rangle \tag{8.2.16}$$

다음 수식이라는 것이 명백하며

$$U_\psi^\perp U_f |\psi\rangle = U_\psi^\perp \left(-\sin(\theta)|\psi_{\text{good}}\rangle + \cos(\theta)|\psi_{\text{bad}}\rangle\right) \tag{8.2.17}$$

$$= \cos(2\theta)|\psi\rangle + \sin(2\theta)|\overline{\psi}\rangle \tag{8.2.18}$$

$\{|\psi_{\text{good}}\rangle, |\psi_{\text{bad}}\rangle\}$ 기저에서 다음 수식으로 표현될 수 있다.

$$U_\psi^\perp U_f |\psi\rangle = \sin(3\theta)|\psi_{\text{good}}\rangle + \cos(3\theta)|\psi_{\text{bad}}\rangle \tag{8.2.19}$$

이 상태는 그림 8.16에 나타나 있다.

더 일반적으로 실수 ϕ에 대해 연산 U_f는 다음을 수행하고

$$U_f \left(\sin(\phi)|\psi_{\text{good}}\rangle + \cos(\phi)|\psi_{\text{bad}}\rangle\right) = -\sin(\phi)|\psi_{\text{good}}\rangle + \cos(\phi)|\psi_{\text{bad}}\rangle \tag{8.2.20}$$

따라서 U_f는 벡터 $|\psi_{\text{bad}}\rangle$로 정의된 축에 대해 반사를 수행한다.

마찬가지로 연산 $U_\psi^\perp$는 일반적으로 다음 수식과 같고

$$U_\psi^\perp \left(\sin(\phi)|\psi\rangle + \cos(\phi)|\overline{\psi}\rangle\right) = \sin(\phi)|\psi\rangle - \cos(\phi)|\overline{\psi}\rangle \tag{8.2.21}$$

따라서 $U_\psi^\perp$은 $|\psi\rangle$로 정의된 축에 대해 반사를 수행한다.

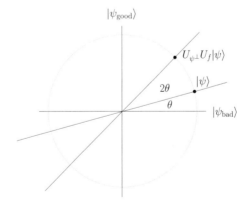

그림 8.16 상태 $U_\psi^\perp U_f |\psi\rangle = \sin(3\theta)|\psi_{\text{good}}\rangle + \cos(3\theta)|\psi_{\text{bad}}\rangle$

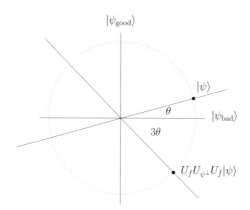

그림 8.17 상태 $U_f U_\psi^\perp U_f |\psi\rangle = -\sin(3\theta)|\psi_{\text{good}}\rangle + \cos(3\theta)|\psi_{\text{bad}}\rangle$

이러한 두 가지 반사는 2차원 부분 공간에서 각도 2θ를 통한 회전에 해당한다. 따라서 $Q = U_\psi^\perp U_f$을 총 k번 반복하면 그림 8.17~8.19에서 나타난 것과 같이 초기 상태 $|\psi\rangle$가 다음 수식으로 회전한다.

$$Q^k|\psi\rangle = \cos\big((2k+1)\theta\big)|\psi_{\text{bad}}\rangle + \sin\big((2k+1)\theta\big)|\psi_{\text{good}}\rangle \qquad (8.2.22)$$

진폭 증폭에 의한 검색은 측정이 높은 확률로 $|\psi_{\text{good}}\rangle$에 걸쳐 있는 부분 공간의 성분을 산출할 수 있는 상태가 될 때까지 Q를 적절한 횟수로 적용해 작동한다. Q의 반복이 얼마나 필요한지 분석하는 것이 남아 있다.

좋은 값을 측정할 확률을 높이기 위해 선택할 수 있는 가장 작은 양의 k는 $(2k+1)\theta \approx \frac{\pi}{2}$이 되는 $k \approx \Omega\left(\frac{1}{\theta}\right)$을 의미한다. 작은 θ의 경우 $\sin(\theta) \approx \theta$ 및 $\sin(\theta) = \sqrt{p_{\text{good}}}$이므로 진폭 증폭을 통한 검색은 U_f에 대한 $O\left(\sqrt{\frac{1}{p_{\text{good}}}}\right)$ 쿼리[2]만 사용한다. $p_{\text{good}} \geq \frac{1}{2^n}$이라고 가정하면 모든 기존 알고리듬은 U_f에 대한 $\Omega\left(\frac{1}{p_{\text{good}}}\right)$ 쿼리[3]가 필요하거나 추측값은 알고리듬 A를 사용한다.

---

2 K가 2^n을 초과하면 A로 진폭 증폭을 포기하고 완전 검색으로 $p_{\text{good}} < \frac{1}{2^n}$이 더 잘 될 수 있다.

3 여기서 쿼리는 횟수를 나타낸다. – 옮긴이

문제 8.2.1 t를 알 수 있는 $0 < t < N$인 $f(x) = 1$에 대한 t개의 해가 있다고 가정하라. U_f의 $O\left(\sqrt{\frac{N}{t}}\right)$ 응용프로그램을 사용해 어떻게 진폭 증폭을 통해 확률이 $\frac{2}{3}$ 이상인 해를 찾는지 보여라.

이 알고리듬을 적용하려면 Q를 적용해야 하는 횟수를 미리 알아야 한다는 것을 눈치챘을 것이다. A가 입력을 균일하게 샘플링하는 경우, 검색 문제에 대한 해의 수를 알아야 한다. 보다 일반적인 A의 경우, A가 $f(x) = 1$에 대한 솔루션을 추측할 확률, 즉 $\sin^2(\theta)$를 알아야 한다. 그러나 관심 있는 많은 검색 문제에서 얼마나 많은 해결책이 있는지 미리 알 수 없다. 나중에 8.4절에서 얼마나 많은 검색 반복이 이상적인지 미리 알지 못한 채 검색하는 기술적 문제를 다룰 것이다. 다음 절에서는 A가 해의 부분 공간에 $|00\ldots0\rangle$을 사상하는 진폭을 근사화하는 관련 질문을 연구할 것이다. 즉, 진폭 $\sin(\theta)$을 추정하는 문제를 연구한다(또는 동등하게 확률 $A|00\ldots0\rangle = \sin(\theta)|\psi_{\text{good}}\rangle + \cos(\theta)|\psi_{\text{bad}}\rangle$).

문제 8.2.2 U_f가 $U_f : |\mathrm{x}\rangle|\mathrm{b}\rangle \mapsto |\mathrm{x}\rangle|\mathrm{b}\rangle$을 구현하는 블랙박스라고 하자.

(a) $f : \{00, 01, 10, 11\} \to \{0, 1\}$에 정확히 하나의 문자열 x가 $f(x) = 1$을 충족하는 속성이 있다고 가정하라.

   U_f에 대한 단 하나의 응용프로그램으로 $f(x) = 1$을 충족하는 고유한 x를 확실하게 찾는 방법을 보여라.

(b) $f : \{0, 1\}^n \to \{0, 1\}$과 유니타리 연산자 A가 $A|00\ldots0\rangle$ 측정 시 양호한 문자열 x를 측정할 확률은 $\frac{1}{4}$이라는 속성이 있는 $A|00\ldots0\rangle = \sum_x \alpha_x|x\rangle|\text{junk}(x)\rangle$ 속성을 가졌다고 가정하라.

   U_f에 대한 단 하나의 응용프로그램으로 $f(x) = 1$을 충족하는 고유한 x를 확실하게 찾는 방법을 보여라.

(c) $f: \{0, 1\}^n \rightarrow \{0, 1\}$과 유니타리 연산자 A가 $A|00\ldots0\rangle$ 측정 시 양호한 문자열 x를 측정할 확률은 $\frac{1}{2}$이라는 속성이 있는 $A|00\ldots0\rangle = \sum_x \alpha_x|x\rangle|\text{junk}(x)\rangle$ 속성을 가졌다고 가정하라.

U_f에 대한 단 하나의 응용프로그램으로 $f(x) = 1$을 충족하는 x를 확실하게 찾는 방법을 보여라.

힌트: 상태 $\frac{1}{2}|1\rangle + \sqrt{\frac{3}{4}}|0\rangle$에 추가 큐비트를 더하고 $b \in \{0, 1\}$일 때 새로운 함수 $f(a, b) = b \cdot f(x)$을 정의하라.

(d) $f: \{0, 1\}^n \rightarrow \{0, 1\}$과 유니타리 연산자 A가 $A|00\ldots0\rangle$ 측정 시 양호한 문자열 x를 측정할 확률은 $p > 0$라는 속성이 있는 $A|00\ldots0\rangle = \sum_x \alpha_x|x\rangle|\text{junk}(x)\rangle$ 속성을 가졌다고 가정하라.

만약 p를 알고 있다면 U_f의 $O\left(\frac{1}{\sqrt{p}}\right)$ 적용을 통해 확실하게 $f(x)$에 대한 해를 찾을 수 있는 회로를 정의할 수 있다는 것을 보여라.

문제 8.2.3 $\frac{1}{4} - \varepsilon$ 확률로 좋은 해를 출력하는 알고리듬 A가 있다고 가정하라. 검색 반복의 한 번의 반복이 어떻게 $1 - O(\varepsilon^2)$ 확률로 성공하는 알고리듬을 만들 수 있는지 보여라.

참고: $1 - O(\varepsilon^3)$ 확률로 성공하는 알고리듬도 있다.

8.3 양자 진폭 추정 및 양자 계산

양자 검색 및 진폭 증폭에 관한 8.1절과 8.2절의 자료는 현재 양자 진폭 추정 및 계산에 관한 전제 조건이라는 점에 유의한다.

검색 문제에 대한 해를 찾는 대신에 얼마나 많은 해가 존재하는지 세는 데 관심이 있다고 가정해보자. 즉, $\{0, 1, \ldots, N-1\}$에 의해 색인화된 N 원소가 있는 검색 공간이 주어질 때 $f(x) = 1$에 대한 해인 t를 결정하고자 한다. 이것은 f와 관련된 셈 문제이다.

또한 대략적으로 t를 세는 더 쉬운 문제를 고려할 것이다.

8.1절에서와 같이 X_{bad}를 검색 문제에 대한 해가 아닌 x의 집합으로, X_{good}을 검색 문제에 대한 해인 x의 집합으로 설정하자. 다시 $|\psi_{\text{good}}\rangle$ 및 $|\psi_{\text{bad}}\rangle$를 방정식 (8.2.5) 및 (8.2.6)에서와 같이 정의했다.

여기서 설명하는 계산 알고리듬은 n-큐비트 회로 A가 $f(x) = 1$에 대한 부분공간에 사상하는 진폭을 추정하는 특별한 진폭 추정 사례다.

진폭 추정 문제

입력:

- $A|00\ldots0\rangle = \sin(\theta)|\psi_{\text{good}}\rangle + \cos(\theta)|\psi_{\text{bad}}\rangle$, $0 \leq \theta \leq \frac{1}{2}$의 특성을 가진 연산자 A

- $|\psi_{\text{good}}\rangle \mapsto -|\psi_{\text{good}}\rangle$ 및 $|\psi_{\text{bad}}\rangle \mapsto |\psi_{\text{bad}}\rangle$을 사상하는 연산자 U_f

문제: $\sin(\theta)$를 추정하라(또는 동일하게 $\sin 2(\theta)$).

양자 계산은 양자 진폭 추정의 특별한 경우로서, $A|00\ldots0\rangle = \frac{1}{\sqrt{N}}\sum_{j=0}^{N-1}|j\rangle$를 위해 A를 선택한다.[4]

그래서 만약 $A|0\rangle = \frac{1}{\sqrt{N}}\sum_{j=0}^{N-1}|j\rangle$이고 $0 < t < N$일 경우, 다음 수식과 같다.

$$|\psi_{\text{good}}\rangle = \sum_{j \in X_{\text{good}}} \frac{1}{\sqrt{t}}|j\rangle \tag{8.3.1}$$

$$|\psi_{\text{bad}}\rangle = \sum_{j \in X_{\text{bad}}} \frac{1}{\sqrt{N-t}}|j\rangle \tag{8.3.2}$$

$$A|00\ldots0\rangle = \sqrt{\frac{t}{N}}|\psi_{\text{good}}\rangle + \sqrt{\frac{N-t}{N}}|\psi_{\text{bad}}\rangle \tag{8.3.3}$$

따라서 $\sin^2(\theta) = \frac{t}{N}$이 있으므로 $\sin^2(\theta)$의 추정을 통해 t를 추정할 수 있다.

---

4   사실, 모든 $\phi_j \in [0, 2\pi]$에 대해서도 $A|00\ldots0\rangle = \frac{1}{\sqrt{N}}\sum_{j=0}^{N-1}e^{i\phi_j}|j\rangle$이면 충분하다.

모든 n-큐비트 회로 A가 $A|00\ldots0\rangle = \frac{1}{\sqrt{N}}\sum_{j=0}^{2^n-1}\alpha_j|j\rangle$이 되도록 생각해볼 수 있다. 다음 수식을 만족하도록 θ, $0 \leq \theta \leq \frac{\pi}{2}$를 정의하라.

$$\sum_{j \in X_{\text{good}}} |\alpha_j|^2 = \sin^2\theta \tag{8.3.4}$$

$$\sum_{j \in X_{\text{bad}}} |\alpha_j|^2 = \cos^2\theta \tag{8.3.5}$$

처음에는 $0 < \sin(\theta) < 1$인 경우에만 주의를 제한할 것이기 때문에 다음 수식과 같다.

$$A|00\ldots0\rangle = \sin\theta|\psi_{\text{good}}\rangle + \cos\theta|\psi_{\text{bad}}\rangle \tag{8.3.6}$$

$\sin(\theta) = 0$이고 $\sin(\theta) = 1$인 경우는 쉽게 따로 분석할 수 있다. 자명하지 않은 경우 진폭 증폭 Q는 각도 2θ를 통해 $|\psi_{\text{bad}}\rangle$ 및 $|\psi_{\text{good}}\rangle$에 의해 확장된 공간에서의 회전임을 상기하라. 따라서 $\{|\psi_{\text{bad}}\rangle, |\psi_{\text{good}}\rangle\}$에 걸쳐 있는 부분 공간에서 Q는 다음 수식과 같은 회전 행렬로 설명된다.

$$\begin{bmatrix} \cos\theta & -\sin\theta \\ \sin\theta & \cos\theta \end{bmatrix} \tag{8.3.7}$$

간단한 계산은 이 행렬에 대한 두 개의 독립 고유 벡터가 각각 대응하는 고윳값 $e^{i2\theta}$ 및 $e^{-i2\theta}$를 갖는 다음 행렬임을 보여준다.

$$\begin{pmatrix} \frac{i}{\sqrt{2}} \\ \frac{1}{\sqrt{2}} \end{pmatrix}, \quad \begin{pmatrix} -\frac{i}{\sqrt{2}} \\ \frac{1}{\sqrt{2}} \end{pmatrix} \tag{8.3.8}$$

위의 고유 벡터는 $\{|\psi_{\text{bad}}\rangle, |\psi_{\text{good}}\rangle\}$ 기저로 표현되는데, 이는 다음 수식(8.3.9)이 각각 고윳값 $e^{i2\theta}$ 및 $e^{-i2\theta}$에 해당하는 Q에 대한 고유 벡터임을 의미한다.

$$|\psi_+\rangle = \frac{1}{\sqrt{2}}|\psi_{\text{bad}}\rangle + \frac{i}{\sqrt{2}}|\psi_{\text{good}}\rangle$$
$$|\psi_-\rangle = \frac{1}{\sqrt{2}}|\psi_{\text{bad}}\rangle - \frac{i}{\sqrt{2}}|\psi_{\text{good}}\rangle \tag{8.3.9}$$

다음 수식은 확인하기 쉽다.

$$|\psi\rangle = \frac{1}{\sqrt{N}} \sum_{x=0}^{N-1} |x\rangle$$
$$= e^{i\theta} \frac{1}{\sqrt{2}} |\psi_+\rangle + e^{-i\theta} \frac{1}{\sqrt{2}} |\psi_-\rangle \tag{8.3.10}$$

따라서 $|\psi\rangle$는 고윳값이 $e^{i2\theta}$ 및 $e^{-i2\theta}$인 Q에 대한 고유 벡터의 동일 가중치 중첩이다. 양자 진폭 추정 알고리듬은 다음 수식인 중첩의 두 번째 레지스터와 함께 고윳값 추정 (7.2절)을 적용해 작동한다. $|\psi\rangle = e^{i\theta} \frac{1}{\sqrt{2}} |\psi_+\rangle + e^{i\theta} \frac{1}{\sqrt{2}} |\psi_-\rangle$ 이때 2θ 또는 -2θ의 추정치를 알 수 있고, 여기서 $\sin^2(\theta) = \sin^2(-\theta)$의 추정치를 계산할 수 있다. 양자 진폭 추정 회로는 그림 8.20에 나와 있다.

회로는 정수 $y \in \{0, 1, 2, \ldots, M-1\}$을 출력하는데, 이때 $M = 2^m$, $m \geq 1$이고 $p = \sin^2(\theta)$의 추정치는 $\tilde{p} = \sin^2\left(\pi \frac{y}{M}\right)$이다.

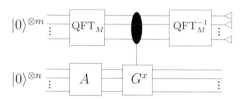

그림 8.20 검색 반복의 $M = 2^m$ 응용. 따라서 U_f의 M 응용이 사용되는 양자 진폭 추정 회로. 상단 레지스터의 측정은 정수 y를 나타내는 문자열을 제공한다. $\frac{2\pi y}{M}$ 값은 2θ 또는 $2\pi - 2\theta$의 추정치다.

$\theta = \frac{\pi}{2}$인 $A|00\ldots0\rangle = |\psi_{\text{good}}\rangle$일 때 $QA|00\ldots0\rangle = -A|00\ldots0\rangle$임에 유의하라. 따라서 고윳값 추정은 고윳값 $-1 = e^{2i\frac{1}{2}}$을 추정할 것이다. M이 짝수이기 때문에 고윳값 추정은 확실하게 $y = 2$를 출력하므로 정확한 고윳값 $-1 = e^{i\pi}$을 확실성을 갖고 결정할 것이다. 그래서 추정치 $\tilde{p} = \sin^2\left(\pi\frac{1}{2}\right) = 1$은 확실히 정확할 것이다.

$\theta = 0$인 $A|00\ldots0\rangle = |\psi_{\text{bad}}\rangle$일 때 $QA|00\ldots0\rangle = -A|00\ldots0\rangle$이며, 따라서 고윳값 추정은 고윳값 1을 추정할 것임에 유의하라. 따라서 고윳값 추정은 확실하게 $y = 0$을 출력하고 확실성을 갖고 올바른 고윳값 $1 = e^{i0}$을 결정할 것이다. 그래서 추정치 $\tilde{p} = \sin^2(0) = 0$은 확실히 정확할 것이다.

진폭 추정 알고리듬

1. 정밀도 매개변수 m을 선택한다. $M = 2^m$이라 하자.

2. $Q = A^{-1} U_{0\perp} A U_f$이라 하자.

3. m-큐비트 제어 레지스터와 상태 $A|00\ldots 0\rangle$을 포함하는 두 번째 레지스터를 준비하라.

4. 첫 번째 레지스터에 QFT_M을 적용하라.

5. 제어된 Q^x를 적용하라.

6. 첫 번째 레지스터에 QFT_M^{-1}을 적용하라.

7. 일부 정수 $y \in \{0, 1, \ldots, M-1\}$을 나타내는 문자열을 구하기 위해 첫 번째 레지스터를 측정하라.

8. $\sin^2\left(\pi \frac{y}{M}\right)$을 출력하라.

정리 8.3.1 양의 정수 k 및 m, $M = 2^m$에 대해 진폭 추정 알고리듬은 $\tilde{p}$, $0 \le \tilde{p} \le 1$을 출력해 $k = 1$일 때 확률이 $\frac{8}{\pi^2}$ 이상이고 $k \ge 2$일 때 $1 - \frac{1}{2(k-1)}$보다 큰 확률로 다음 수식을 출력한다. $p = 0$이면 확실하게 $\tilde{p} = 0$, $p = 1$이면 확실하게 $\tilde{p} = 1$이다.

$$|\tilde{p} - p| \le 2\pi k \frac{\sqrt{p(1-p)}}{M} + k^2 \frac{\pi^2}{M^2} \tag{8.3.11}$$

$O(\sqrt{t})$에서 오류의 셈(Counting)[5]

1. 검색 반복의 $M = \lceil \sqrt{N} \rceil$ 반복으로 진폭 추정을 실행해 추정치 $\tilde{p}$을 얻으라.

2. $\tilde{t} = [\tilde{p}N]$이라 하자. $\tilde{t}$를 출력하라.

따름정리 8.3.2 위의 알고리듬은 적어도 $\frac{8}{\pi^2}$의 확률로 다음 수식을 갖도록 값 $\tilde{t}$를 출력한다.

---

5 $O(\sqrt{t})$에서 오류 크기의 추정치를 계산한다. – 옮긴이

$$|\tilde{t} - t| < 2\pi\sqrt{\frac{t(N-t)}{N}} + 11 \in O(\sqrt{t}) \tag{8.3.12}$$

매개변수 M을 변경해 다음과 같은 특성으로 대략적인 계산 알고리듬을 얻을 수도 있다. 진폭 추정을 서브루틴으로 사용하는 이러한 계산 알고리듬을 설계할 때 까다로운 부분은 필요한 것보다 훨씬 큰 것으로 판명된 값 M을 사용할 가능성이 매우 낮다는 것을 보장하는 것이다. 이 알고리듬의 상세한 수행에 대한 증거는 생략하고자 한다.

정확도 ε의 셈(Counting)

1. $l = 0$이라 설정하라.

2. l를 1씩 증가시켜라.

3. 검색 반복의 $M = 2^l$ 반복으로 진폭 추정을 실행하고 $\tilde{t} = [\tilde{p}N]$이라 하라.

4. $\tilde{t} = 0$이고 $2^l < 2\sqrt{N}$인 경우 2단계로 가라.

5. 추정치 $\tilde{p}$을 얻기 위해 매개변수 $M = \lceil \frac{20\pi^2}{\varepsilon} 2^l \rceil$으로 진폭 추정 알고리듬을 실행하라.

6. $\tilde{t} = [\tilde{p}N]$이라 하라. $\tilde{t}$를 출력하라.

따름정리 8.3.3　위의 알고리듬은 최소한 $\frac{2}{3}$의 확률로 $|\tilde{t} - t| \leq \varepsilon t$과 같은 값 $\tilde{t}$를 출력한다. f에 대한 예상 산출 횟수는 $O\left(\frac{1}{\varepsilon}\sqrt{\frac{N}{t}}\right)$에 있다. $t = 0$일 경우 알고리듬은 $\tilde{t} = t = 0$을 확실하게 출력하고 f는 $O(\sqrt{N})$의 횟수만큼 산출된다.

정확한 셈(Counting)

1. $\tilde{p}_1$과 $\tilde{p}_2$을 $M = \lceil 14\pi\sqrt{N} \rceil$으로 두 번의 독립적인 진폭 추정 실행의 결과라고 하자.

2. $M_1 = \lceil 30\sqrt{(N\tilde{p}_1 + 1)(N - N\tilde{p}_1 + 1)} \rceil$이라 하자.

   $M_2 = \lceil 30\sqrt{(N\tilde{p}_2 + 1)(N - N\tilde{p}_2 + 1)} \rceil$이라 하자.

   $M = \min\{M_1, M_2\}$이라 하자.

3. 검색 반복을 M회 반복해 진폭 추정을 실행해 얻은 추정치를 $\tilde{p}$이라고 하자.

4. $\tilde{t} = [\tilde{p}N]$이라 하자. $\tilde{t}$를 출력하라.

정리 8.3.4 정확한 계산 알고리듬은 $O(\sqrt{(t+1)(N-t+1)})$의 예상 U_f 응용 횟수가 필요하고 최소 $\frac{2}{3}$ 확률로 t의 정확한 값을 출력한다.

9.2절에서 이 알고리듬이 U_f의 응용에 대해 (상수 인자까지) 최적 숫자를 사용하는 것을 확인할 것이다.

문제 8.3.1 해의 수가 0 또는 일부 정수 t(주어진)인 것 같다고 가정해보라.

U_f의 $O\left(\sqrt{\frac{N}{t}}\right)$ 응용을 통해 f가 확실한 해를 가지고 있는지 여부를 결정하는 방법을 보여라.

힌트: 문제 8.2.2(d)를 떠올려보라.

예제 8.3.5 계산의 한 가지 응용은 함수 $g : X \to Y$의 평균을 계산하는 것이다. 여기서 X는 어떤 이산 유한 영역이며, 편의를 위해 $\{0, 1\}^n$으로 가정하고, Y는 실수의 부분집합으로 가정할 수 있는데, 이 부분집합은 일반성의 손실 없이 $[0, 1)$ 구간에 포함돼 있다고 가정할 수 있다. 편의를 위해 일부 정수 $x \in \{0, 1, \ldots 2^m - 1\}$에 대해 $g(x) = \frac{x}{2^m}$을 가정한다. $g : \{0, 1\} \to \{0, 1\}$(즉, $m=0$)이면 이 문제는 정확히 계산 문제라는 점에 유의하라.

함수 $g(x)$의 평균 $(\sum_x g(x))/2^n$을 추정하는 한 가지 방법은 다음 수식을 사상하는 연산 A가 가장 오른쪽 큐비트에서 $\mathbf{a}|1\rangle$의 값을 생성하는 진폭을 추정하는 것이다.

$$|00\ldots0\rangle|0\rangle \mapsto \sum_x \frac{1}{\sqrt{2^n}}|x\rangle(\sqrt{1-g(x)}|0\rangle + \sqrt{g(x)}|1\rangle)$$

문제 8.3.2는 g를 구현하기 위한 회로가 주어진 이 연산자 A를 구현하는 방법을 보여준다(동일하게 $g(x) = f(x)/2^m$인 경우 $f(x)$를 구현한다).

다른 방법은 $g(x)$를 n개의 이진함수 $g_{n-1}(x)g_{n-2}(x)\ldots g_0(x)$의 연결로 표현하는 것이다. $g(x) = \sum_i 2^i g_i(x)$이기 때문에 $\sum_x g(x) = \sum_i 2^i \sum_x g_i(x)$이다. 따라서 먼저 양자 계산을 사용해 각 $\sum_x g_i(x)$을 $\tilde{g}_i$과 근사한 다음 합계 추정치를 결합해 $\sum_x g_i(x)$과 같은 $\tilde{g} = \sum_i 2^i \tilde{g}_i$의 추정치를 얻을 수 있다.

참고: X가 간격 $[0, 1]$과 같이 연속적인 경우 집합 X를 이산화하고 해당 이산점에 g의 평균값을 집합 X의 측정값으로 곱해 잘 동작하는 함수 g의 적분을 임의로 잘 추정할 수 있다.

문제 8.3.2 $U_f|x\rangle|y\rangle = |x\rangle|y + g(x) \bmod 2^m\rangle$일 때 $g : \{0, 1\}^n \mapsto \{0, 1,\ldots,2^m - 1\}$을 구현하기 위한 회로 U_g가 주어진다고 가정해보라.

1. 어떻게 다음 연산을 구현하는지 보여라.

$$|x\rangle \frac{1}{\sqrt{2}}(|0\rangle + |1\rangle) \mapsto |x\rangle \frac{1}{\sqrt{2}}(|0\rangle + e^{2\pi i \frac{g(x)}{2^m}}|1\rangle)$$

2. 어떻게 $O\left(\frac{1}{2^n}\right)$의 정확도로 다음 연산과 근사치를 낼 수 있는지 보여라.

$$|x\rangle|0\rangle \mapsto |x\rangle \sqrt{1 - \frac{g(x)}{2^m}}|0\rangle + \sqrt{\frac{g(x)}{2^m}}|1\rangle)$$

힌트: 문제 1.5.1에서 $\mathrm{ARCSIN}_{n,m}$ 회로를 떠올려보라.

8.4 성공 확률을 모르는 양자 검색

8.1절에서 설명한 검색 및 진폭 증폭 알고리듬이 $k = \frac{\pi}{4\theta}$일 때 검색 반복의 k 반복이 필요함을 상기시켜보라. 그러나 θ값을 모르는 경우, 다음 절차는 θ에 대한 사전지식 없이 검색 반복의 $O\left(\frac{1}{\theta}\right)$ 응용프로그램을 사용하는 알고리듬을 제공한다.

$0 < \sin^2(\theta) < 1$일 때 진폭 추정 네트워크는 다음 수식의 상태를 생성한다.

$$\frac{1}{\sqrt{2}}e^{i\theta}|\widetilde{2\theta}\rangle|\psi_+\rangle + \frac{1}{\sqrt{2}}|\widetilde{2\pi-2\theta}\rangle|\psi_-\rangle \tag{8.4.1}$$

$0 < \theta < \frac{\pi}{2}$이므로 양자 진폭 추정 알고리듬에서 매개변수 $M = 2^m$을 늘리면 $|\widetilde{2\theta}\rangle$ 및 $|\widetilde{2\pi-2\theta}\rangle$이 2θ 및 $2\pi - 2\theta$에 대한 더 나은 추정값이 되고, 따라서 더 직교하게 된다 ($0 < \theta < \frac{\pi}{2}$인 경우 $2\theta = 2\pi - 2\theta$이기 때문에).

실제로 m-비트 제어 레지스터로 고윳값 추정을 수행하면 두 추정치 간의 내적이 다음 수식인지 쉽게 확인할 수 있다.

$$|\langle\widetilde{2\pi-2\theta}|\widetilde{2\theta}\rangle| \in O\left(\frac{1}{2^m\theta}\right) \tag{8.4.2}$$

문제 8.4.1 방정식 (8.4.2)를 증명하라.

$2^m \gg \frac{1}{\theta}$이면 상태 $|\widetilde{2\pi-2\theta}\rangle$과 $|\widetilde{2\theta}\rangle$은 거의 직교한다는 점에 유의하라. 상태가 직교인 경우 첫 번째 레지스터를 추적하면 두 번째 레지스터가 다음 상태에 남게 된다.

$$\frac{1}{2}|\psi_+\rangle\langle\psi_+| + \frac{1}{2}|\psi_-\rangle\langle\psi_-| \tag{8.4.3}$$

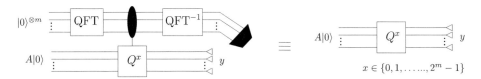

그림 8.21 왼쪽의 회로도는 양자 계산 회로를 사용해 두 번째 레지스터를 측정해 검색하는 방법을 보여준다. 첫 번째 레지스터는 폐기되므로 이 회로는 오른쪽에 설명된 회로로 단순화할 수 있으며, 양자 검색 Q를 총 x회 반복하며, 여기서 x는 $\{0, 1,...,2^m - 1\}$에서 무작위로 균일하게 선택된다.

또한 쉽게 다음 수식을 입증할 수 있다.

$$\frac{1}{2}|\psi_+\rangle\langle\psi_+| + \frac{1}{2}|\psi_-\rangle\langle\psi_-| = \frac{1}{2}|\psi_{\text{good}}\rangle\langle\psi_{\text{good}}| + \frac{1}{2}|\psi_{\text{bad}}\rangle\langle\psi_{\text{bad}}| \tag{8.4.4}$$

다음 수식의 상태를 측정할 경우 좋은 해를 측정할 확률은 $\frac{1}{2}$이라는 점에 유의하라.

$$\frac{1}{2}|\psi_{\text{good}}\rangle\langle\psi_{\text{good}}| + \frac{1}{2}|\psi_{\text{bad}}\rangle\langle\psi_{\text{bad}}| \tag{8.4.5}$$

단, $|\widetilde{2\theta}\rangle$과 $|\widetilde{2\pi - 2\theta}\rangle$은 완벽하게 직교하는 것이 아니라 $O\left(\frac{1}{2^m\theta}\right)$에 내적을 가지고 있기 때문에, 양자 계산 알고리듬의 두 번째 레지스터(그림 8.21의 왼쪽 그림과 같이)를 측정하면 좋은 상태의 측정 확률은 다음 수식만큼 있다고밖에 말할 수 없다.

$$\frac{1}{2} - O\left(\frac{1}{2^m\theta}\right) \tag{8.4.6}$$

문제 8.4.2 $|\langle\phi_1|\phi_2\rangle| = \epsilon$라는 특성을 가진 일부 정규화된 상태 $|\phi_1\rangle$ 및 $|\phi_2\rangle$에 대해 $|\psi\rangle = \frac{1}{\sqrt{2}}|\phi_1\rangle\left(\frac{1}{\sqrt{2}}|0\rangle + \frac{1}{\sqrt{2}}|1\rangle\right) + \frac{1}{\sqrt{2}}|\phi_2\rangle\left(\frac{1}{\sqrt{2}}|0\rangle - \frac{1}{\sqrt{2}}|1\rangle\right)$이라고 하자. 계산 기저에서 첫 번째 레지스터를 측정하면 두 번째 레지스터에서 $|0\rangle$의 결과가 나올 확률에 대한 엄격한 상계를 찾아라.

고정된 m에 대해 이 양자 검색 루틴을 두 번 실행하면[6] 해를 찾을 확률은 $\frac{3}{4} - O\left(\frac{1}{2^m\theta}\right)$이다.

다음 절차를 고려하라.

성공 확률을 모르는 양자 검색 I

1. $m = 1$을 설정하라.

2. m-큐비트 제어 레지스터를 사용해 고윳값 추정을 수행하라. $|y\rangle$값을 얻기 위해 목표 레지스터를 측정하라. $f(y) = 1$이면 5단계로 이동하라.

3. m-큐비트 제어 레지스터를 사용해 고윳값 추정을 수행하라. $|y\rangle$값을 얻기 위해 목표 레지스터를 측정하라. $f(y) = 1$이면 5단계로 이동하라. 그렇지 않으면 m을 증가시켜라.

---

6 두 번 반복하는 것은 근본적으로 중요하지 않다. 이것은 성공 확률 p'가 $M > \frac{1}{\sqrt{p'}}$일 때 $\frac{1}{r}$ 이상이 될 것이라는 것을 보장하는 한 가지 방법일 뿐이며, 여기서 r은 간격 크기 M을 증가시키는 비율이다. 예상 이동 시간은 기하 급수 $\sum_n (rp')^n$의 값에 따라 달라지기 때문에 $rp' < 1$이 되기를 원한다. 간단하게 말해서 $r = 2$로 선택해서 확률 p'를 $\frac{1}{2}$ 이상으로 높이고 싶은 것이다. 또는 $r < \frac{1}{2}$ 비율을 선택할 수도 있다.

4. $2^m < N$인 경우 2단계로 가라. $2^m < N$인 경우 $f(y) = 1$이 되는 값 y를 찾기 위해 완전 탐색을 수행하라. 그러한 y를 찾지 못하는 경우 '해 없음'을 출력하라.

5. y를 출력하라.

정리 8.4.1 $\theta > 0$일 경우, 위의 절차는 $f(y) = 1$을 만족하는 값 y를 출력한다. U_f에 예상되는 쿼리 수 및 사용된 A와 A^{-1}의 응용프로그램은 $O\left(\frac{1}{\theta}\right)$에 있으며 결코 $O(N)$보다 크지 않다. $\theta = 0$이면 알고리듬은 A와 A^{-1}의 $\Theta(N)$번 쿼리와 응용프로그램을 사용하고 '해 없음'을 출력한다.

결코 첫 번째 레지스터의 값을 사용하지 않는다는 점에 주목해야 하는데, 이는 다음 알고리듬이 위의 알고리듬과 동등하다는 것을 의미한다(그리고 A가 입력을 균일하게 표본을 추출하는 경우, 이것은 브라사드^{Brassard}, 호이어^{Høyer} 및 태프^{Tapp}가 발명한 최초의 양자 계산 알고리듬과 동일하다).

성공 확률을 모르는 양자 검색 II

1. $m = 1$을 설정하라.

2. 임의의 정수 $y \in \{0, 1, 2, ..., 2^m - 1\}$을 선택하고 $Q^y A|00...0\rangle$을 계산하라. 값 $|y\rangle$를 얻기 위해 레지스터를 측정하라. $f(y) = 1$일 경우 5단계로 이동하라.

3. 임의의 정수 $y \in \{0, 1, 2, ..., 2^m - 1\}$을 선택하고 $Q^y A|00...0\rangle$을 계산하라. 값 $|y\rangle$를 얻기 위해 레지스터를 측정하라. $f(y) = 1$일 경우 5단계로 이동하라. 그렇지 않으면 m을 증가시켜라.

4. $2^m < N$인 경우 2단계로 가라. $2^m < N$인 경우 $f(y) = 1$이 되는 값 y를 찾기 위해 완전 탐색을 수행하라. 그러한 y를 찾지 못하는 경우 '해 없음'을 출력하라.

5. y를 출력하라.

문제 8.4.3 위의 두 알고리듬 중 첫 번째 알고리듬('성공 확률을 모르는 양자 검색 I')은 U_f의 2^m 응용프로그램을 사용해 $\frac{1}{2} - O\left(\frac{1}{2^{m\theta}}\right)$ 확률로 해를 출력한다는 점에 유의하라. $1 - O\left(\left(\frac{1}{2^{m\theta}}\right)^2\right)$ 확률로 해를 출력하는 U_f의 $O(2^m)$번 응용을 이용해 양자 알고리듬을 구상하라.

8.5 관련 알고리듬 및 기법

진폭 증폭이 매우 광범위하게 적용 가능한 계산적 원식인지에 대해 간단히 말해봤다. 그것은 또한 어떤 고전 알고리듬보다 더 효율적으로 원소 고유성과 같은 문제를 해결하기 위해 더 영리한 방법으로 적용될 수 있다. 원소 고유성 문제는 $f(x) = f(y)$가 되도록 고유한 입력 x 및 y가 있는지 결정하는 것으로 구성되며, 여기서 함수 f를 구현하기 위한 블랙박스가 제공된다.

또한 동일한 2차 속도 증가를 제시하는 양자 검색 알고리듬의 연속 시간 버전을 정의할 수도 있다. 연속 시간 계산 모델은 직접 구현하는 것이 실용적일 수도 있고 그렇지 않을 수도 있지만 앞서 설명한 양자 회로 모델을 통해 효율적으로 시뮬레이션할 수 있다. 이러한 대체 모델은 새로운 양자 알고리듬을 발견하는 새로운 방법이 될 수 있다. 흥미로운 연속 시간 알고리듬 패러다임 중 하나는 단열 정리에서 영감을 얻은 단열 알고리듬^{adiabatic algorithm}의 패러다임이다. 예를 들어 진폭 증폭에 의해 제공되는 것과 동일한 2차 속도 증가를 가져오는 단열적 검색 알고리듬을 자연스럽게 도출할 수 있다. 단항 연산의 좀 더 일반적인 개념은 사실 양자 회로 모델과 동등한 다항 시간 등가성이다.

또한 양자걸음이라고 부르는 고전적인 무작위 걷기의 양자 등가를 도출하는 몇 가지 방법이 있다. 양자걸음은 새로운 양자 알고리듬을 발견하는 또 다른 흥미로운 패러다임이다. 예컨대 원소 고유성에 대한 최적의 양자 알고리듬은 양자걸음 알고리듬을 사용해 찾을 수 있다.

09
양자 계산 복잡도 이론 및 하계

8장에서는 양자 컴퓨터가 어떤 문제에 있어서 고전적인 컴퓨터보다 더 강력한 것처럼 보인다는 것을 확인했다. 그러나 양자 컴퓨터의 역량에는 한계가 있다. 고전적인 컴퓨터는 양자 컴퓨터를 시뮬레이션할 수 있기 때문에, 양자 컴퓨터는 고전적인 컴퓨터가 할 수 있는 것과 동일한 함수들의 집합만을 계산할 수 있다. 양자 컴퓨터를 사용하는 장점은 양자 알고리듬에 의해 필요한 자원의 양이 최고의 고전 알고리듬에 필요한 것보다 훨씬 적을 수 있다는 것이다. 9.1절은 일부 고전적 및 양자적 복잡도 클래스를 간략하게 정의하고 두 복잡도 사이의 관계를 제시한다. 고전적 및 양자적 복잡도 클래스와 관련된 대부분의 흥미로운 질문들은 여전히 열려 있다. 예를 들어 양자 컴퓨터가 NP-완전 문제(나중에 정의됨)를 효율적으로 해결할 수 있는지는 아직 알 수 없다.

문제를 해결하는 알고리듬을 제시하고 주어진 실행 시간 내에 작동할 것임을 증명함으로써 문제의 난이도에 대한 상계를 증명할 수 있다. 그러나 어떻게 문제의 계산 복잡도에 대한 하계를 증명할 수 있을까?

만약 두 개의 n-비트 숫자의 곱을 찾고자 한다면 그 답을 계산하려면 대략 2^n 비트의 출력이 필요하고, 그 연산에는 $\Omega(n)$단계가 필요하다(제한된 크기의 게이트를 가진 모든 계산 모델에서). 정수 곱셈에 대해 가장 잘 알려진 상계는 $O(n \log n \log \log n)$ 단계다.

> ### *O*, Ω 및 Θ 표기법
>
> f와 g를 양의 정수에서 실수까지의 함수라고 하자.
>
> $O(f(n))$은 모든 $n \geq N$에 대해 $g(n) \leq cf(n)$이 되도록 양의 실수 c와 정수 N이 있는 함수 $g(n)$의 집합을 나타낸다.
>
> $\Omega(f(n))$은 모든 $n \geq N$에 대해 $g(n) \geq cf(n)$이 되도록 양의 실수 c 및 정수 N이 있는 함수 $g(n)$의 집합을 나타낸다.
>
> $\Theta(f(n))$은 $O(f(n))$ 및 $\Omega(f(n))$ 모두에 있는 함수 $g(n)$의 집합을 나타낸다.
>
> 참고: '$g(n) = O(f(n))$'과 같이 이 표기법이 남용되는 경우가 종종 있다.

문제의 계산 복잡도에 대해 비자명한 하계를 도출하는 것은 매우 어려운 것으로 입증됐다. 알려진 비자명한 하계는 대부분 '블랙박스' 모델(고전적 및 양자적 계산용)에 있으며 여기서는 특정 형태의 '블랙박스'를 통해서만 입력을 쿼리한다. 9.2절에서 블랙박스 모델에 대해 더 자세히 논의하고자 한다.

그런 다음 블랙박스 하계를 증명하기 위한 몇 가지 접근법을 스케치한다. 첫 번째 기법은 '하이브리드 방법'이라고 부르며 양자 검색이 일정한 확률로 성공하기 위해 $\Omega(\sqrt{n})$ 쿼리를 필요로 한다는 것을 증명하는 데 사용됐다. 두 번째 기법은 '다항식 방식'이라고 부른다. 그런 다음 '블록 민감도'에 기초한 기법을 설명하고, '대항적 방법adversary method'이라고 알려진 기법으로 결론을 내린다. 이 모든 기술은 블랙박스 모델에서 흥미로운 하계를 입증하기 위해 사용해왔다.

구체적으로 말하자면 고전적 컴퓨팅 모델은 로그-램 모델이고 양자 컴퓨팅 모델은 균일한 비순환 양자 회로족family의 모델이라고 가정할 수 있다(1.2절과 4장에서 설명된다).

9.1 계산 복잡도

컴퓨터 과학자들과 수학자들은 다양한 컴퓨터 문제의 난이도를 더 잘 이해하기 위해 계산 문제를 '복잡도 클래스'라고 부르는 다양한 종류로 정리했는데, 이 종 클래스들은 이러한 문제들의 계산 복잡도의 일부 측면을 포착하고 있다.

예를 들어 클래스 P는 다항 시간에 실행되는 결정적 고전적 컴퓨터에서 해결할 수 있는 문제의 클래스에 해당하고, PSPACE는 다항식 공간을 사용해 해결할 수 있는 문제의 클래스에 해당한다.

편의상 '결정' 문제만 논의하는데, 여기서 대답은 '예' 또는 '아니요'이다. 대부분의 관심 문제는 본질적인 복잡도를 잃지 않고 매우 자연스러운 방법으로 의사결정 문제로 재조정될 수 있다. 예컨대 정수 N을 두 개의 자명하지 않은 인수에 인수분해하는 문제는 '정수 N이 T보다 적은 비자명한 인자를 가지고 있는가?' 형식의 $O(\log N)$ 의사결정 문제로 환산할 수 있는데, 여기서 T는 선택할 수 있는 추가 입력이다.

의사결정 문제는 언어의 원소를 인식하는 문제로 취급될 수 있다. 언어 인식 문제의 이 틀은 처음에는 어색하게 보일 수 있지만, 계산 복잡도 이론의 많은 부분이 이 용어를 사용해 만들어졌기 때문에, 그것에 어느 정도 익숙해지는 것이 유용하다. 아래에서는 이러한 형식주의를 좀 더 자세히 설명하고 양자 계산 문헌에서 접하게 될 가장 일반적인 몇 가지 복잡도 클래스를 정의한다.

9.1.1 언어 인식 문제 및 복잡도 클래스

계산하기 위해서는 정보를 나타내는 합리적인 방법이 필요하다. 1진 인코딩(즉, 길이가 j인 1의 문자열로 숫자 j를 나타냄)은 크기가 최소 2인 고정 알파벳의 기호 문자열을 사용하는 것보다 기하급수적으로 덜 효율적이다. 크기 2의 알파벳에서 고정된 크기의 알파벳으로 가는 것은 문제 표현의 길이만 상수 인자에 의해 변화시킬 뿐이다. 그래서 단순히 알파벳 Σ = {0, 1}을 사용할 것이다. Σ^* 집합은 그 알파벳에 걸친 모든 유한한 길이의 문자열을 나타낸다. 언어 L은 Σ^*의 부분집합이다. 특히 L은 관심 있는 속성을 가진 문자열의 집합이다.

알고리듬은 문자열 $x \in L$을 채택하고 모든 문자열 $x \notin L$을 기각하는 경우 'L에 대한 언어 인식 문제를 해결'한다.

예를 들어 정수 n(비트들의 문자열로 표현되는)이 소수인지 판단하는 문제는 n을 나타내는 문자열이 언어 PRIME = {10, 11, 010, 011, 101, 111,…}인지 아닌지 인식하는 문제

로 바꿔 말할 수 있다(합리적인 인코딩에 따라 소수를 나타내는 모든 문자열의 집합으로 구성되며,

이 경우 표준 2진 인코딩이다).

다른 예로 주어진 그래프 x(어떤 합리적인 방법으로 비트들의 문자열로 표현됨)가 3색 가능 3-colourable 결정 문제를 고려해보자. 각 꼭짓점 v에 세 가지 색상 중 하나 $c(v) \in \{$빨간 색, 초록색, 파랑색$\}$을 할당할 수 있는 경우 그래프는 3가지 색상이 가능하므로 가장 자리로 연결된 두 꼭짓점이 서로 다른 색상으로 표시된다. 그러한 색상 배정은 적절한 3색이다. 이 문제는 x를 나타내는 문자열이 3색 그래프를 나타내는 문자열 집합인 3색 가능3-COLOURABLE 언어로 돼 있는지 여부를 인식하는 것과 같다. 4개의 꼭짓점(v_1, v_2, v_3, v_4라고 부르자)이 있는 그래프에는 가능한 모서리가 6개 즉, $e_1 = \{v_1, v_2\}$, $e_2 = \{v_1, v_3\}$, $e_3 = \{v_1, v_4\}$, $e_4 = \{v_2, v_3\}$, $e_5 = \{v_2, v_4\}$, $e_6 = \{v_3, v_4\}$뿐이다. 따라서 x에 모서리 e_j 가 포함돼 있는 경우에만 $x_j = 1$로 설정해 길이 6의 문자열 $x_1x_2x_3x_4x_5x_6$으로 4개의 꼭 짓점에 있는 그래프를 자연스럽게 나타낼 수 있다. $c(v_1) =$ 빨간색, $c(v_2) =$ 파랑색, $c(v_3) =$ 빨간색, $c(v_4) =$ 초록색이 그림 9.1과 같이 유효한 3색이기 때문에 $10111 \in$ 3색 가능3-COLOURABLE을 쉽게 확인할 수 있다.

이제 언어의 원소들을 인식하는 관점에서 의사결정 문제를 어떻게 표현하는지 보여주 었으므로, 다양한 클래스의 언어를 정의할 수 있다. 예를 들어 공식적으로 P('다항 시간') 를 입력 x에 대한 알고리듬 A의 입력 $x \in \Sigma^*$는 $x \in L$인 경우 '채택한다'를 출력하는 것 을 만족하게 하는 그러한 최악의 다항 시간[1]에서 결정적 고전적 알고리듬 A가 존재하 는 언어 L의 클래스로 정의하지 않는다. 이 클래스는 문제를 해결하기 위해 임의성을 사용해 얻을 수 있는 이점을 포착하지 못한다는 점에 유의하라.

---

1 좀 더 정확히 말하면 다항식 $p(n)$가 존재해 A는 길이가 n인 입력을 만족하게 하는 최대 $p(n)$으로 시간적으로 실행된다.

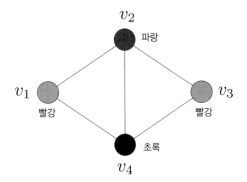

그림 9.1 위의 그래프 *x*는 문자열 101111로 표시된다. 인접한 꼭짓점이 다르게 색칠되도록 꼭짓점을 3가지 색상으로 칠할 수 있으므로, *x*는 3색 가능 또는 동등하게 101111 ∈ 3-COLOURABLE이라고 한다.

클래스 BPP$^{\text{bounded-error probabilistic polynomial time}}$는 모든 입력 $x \in \Sigma^*$을 만족하게 하는 최악의 경우 다항 시간에서 실행되는 임의화된 고전 알고리듬 A가 존재하는 모든 언어 L로 구성되며, 다음과 같다.

- $x \in L$일 경우, A가 x를 채택할 확률은 최소 $\frac{2}{3}$이다.
- $x \notin L$일 경우, A가 x를 채택할 확률은 최대 $\frac{1}{3}$이다.

'A가 채택하는 확률'을 언급할 때, 모든 $x \in L$ 대한 평균이 아니라 고정된 입력 $x \in L$에 대한 계산 경로의 무작위 선택에 대한 확률을 언급하고 있다는 점에 유의해야 한다. $\frac{2}{3}$에 대해 특별한 것이 없다는 점도 주목할 필요가 있다. $\delta > 0$일 때 임의의 상수 $\frac{1}{2} + \delta$이 작동한다. 어떤 고정된 δ에 대해서도 알고리듬 A를 총 n개의 독립 시간으로 반복할 수 있고 대다수의 답을 취할 수 있다. 이제 $0 < \epsilon < 1$인 일부 상수에 대해 최소 $1 - \epsilon^n$의 확률로 정답을 구한다(부록 A.1 참조).

클래스 BQP$^{\text{bounded-error quantum polynomial time}}$는 모든 입력 $x \in \Sigma^*$을 만족하게 하는 최악의 경우 다항 시간에서 실행되는 양자 알고리듬 A가 존재하는 모든 언어 L로 구성되며, 다음과 같다.

- $x \in L$일 경우, A가 x를 채택할 확률은 최소 $\frac{2}{3}$이다.
- $x \notin L$일 경우, A가 x를 채택할 확률은 최대 $\frac{1}{3}$이다.

다항식은 합, 곱 및 합성이 여전히 다항식이라는 특성을 갖는다. 다항식 인자까지 알고리듬의 계산 복잡도를 고려함으로써 계산 복잡도에 대한 조잡하지만 매우 강력한 척도를 얻게 된다. 상상할 수 있는 아키텍처의 가장 합리적인 변화는 계산 복잡도가 다항식인지 여부에 영향을 미치지 않는다(다른 아키텍처를 시뮬레이션하기 위해 사용하는 것은 복잡도에 있어서 다항식의 '확대'만 유발하기 때문이다). 따라서 다항식 복잡도로 해결할 수 있는 문제와 그렇지 않은 문제를 구분하는 것은 컴퓨터 아키텍처의 세부 사항에 의존하지 않는 구별이다.

따라서 다항식 복잡도가 있는 알고리듬을 '효율적'으로, 다항식 복잡도로 해결할 수 있는 문제를 '처리 가능'으로, 다항식 해가 없는 문제를 '처리 불가능'으로 취급하는 것이 편리하다. 정보가 임의로 빠르게 이동할 수 없는 컴퓨팅 모델과 기하급수적으로 많은 연산 수를 다항식 크기 공간(예: 튜링 머신 모델)에 주입할 수 없는 컴퓨팅 모델에서는 사용되는 공간이 실행 시간보다 초다항적일 수 없으며, 따라서 이러한 컴퓨팅 모델에서는 다항 시간 복잡도를 효율성 또는 계산 가능성과 동일시할 수 있다.

실용적인 목적을 위해 다항식 복잡도를 갖는 것은 실제로 풀 수 있는 데 (거의) 필요하지만 충분하지 않을 수 있다. 최소한 다항 시간 알고리듬을 찾는 것은 실행 가능한 해를 찾는 좋은 시작이다.

계산 복잡도를 획기적으로 바꿀 수 있는 컴퓨팅 모델의 변화 중 하나는 컴퓨팅 모델이 기반이 되는 암묵적인 물리적 프레임워크를 변경하는 것이다. 예를 들어 결정적 고전 연산은 암묵적으로 결정적 고전 물리학 이론만을 가리킨다. 무작위성의 가능성을 추가함으로써 확률적 고전적 연산을 얻는다. 양자 역학적 프레임워크에서 연산함으로써 양자 계산을 얻게 된다.

전통적으로 BPP의 언어 인식에 상응하는 의사결정 문제를 확률적 고전 컴퓨터에서 다루기 쉬운 것으로 보고 있으며, 고전적 컴퓨터에서는 그러한 최악의 다항식 시간 해가 없는 문제를 본다. 유사하게, BQP에서 언어를 양자 컴퓨터에서 다루기 쉬운 것으로 인식하는 것에 해당하는 결정 문제와 양자 컴퓨터에서 다루기 힘든 최악의 경우인 다항 시간 해가 없는 문제를 살펴보게 된다.

어떤 문제들은 주어진 그래프가 3색 가능 그래프인지 결정하는 것과 같은 최악의 경우 어떤 효율적인 해도 놓치는 것처럼 보인다. 그래프 x가 3색인지 여부를 결정하는 것은 매우 어려울 수 있지만, 주어진 색 y가 적절한 3색인지 확인하는 것은 매우 쉽다. 즉, 그래프 x의 유효한 색상인 경우에만 CHECK-3-COLOURING$(x, y) = 1$을 만족하는 다항 시간 알고리듬 CHECK-3-COLOURING(a, b)이 존재한다(알고리듬은 단순히 그래프 x의 모든 모서리를 통과하며, 색 y에 따라 각 가장자리의 두 꼭짓점이 다르게 색칠되는지 확인한다).

이 속성은 NP 클래스(비결정론적 다항 시간$^{non\text{-}deterministic\ polynomial\ time}$)에 영감을 주며, 다항 시간 알고리듬 $A(a, b)$가 존재하는 모든 언어 L로 구성되며, 입력 $x \in \Sigma^*$에 대해 다음과 같다.

- $x \in L$일 경우, $A(x, y)$가 '채택한다'를 출력하는 입력 y가 존재한다.
- $x \notin L$일 경우, $A(x, y)$가 모든 y에 대해 '기각한다'를 출력한다.

그리고 y의 길이는 x의 길이의 다항식으로 제한된다.

클래스 NP를 보는 또 다른 방법은 언어 L로써, 증명자는 모든 $x \in L$에 대해서도 x 크기의 시간 다항식을 사용해 고전적 컴퓨터에서 검증자가 결정적으로 검증할 수 있다는 짧은 증명을 제시함으로써 x가 L에 있음을 검증할 수 있다(증명자의 계산 시간은 제한되지 않음). 이는 일부 $x \notin L$을 확인할 수 있는 짧은 증명이 있음을 의미하지는 않는다는 점에 유의하라. 검증자(아서)가 짧은 증명(멀린이 제시한)을 이용해 고전적인 컴퓨터에서 $x \in L$임을 확률적으로 검증하는 멀린-아서 게임$^{Merlin\text{-}Arthur\ games}$을 포함한 여러 가지 변형이 있다. 분명히 NP $\subseteq$ MA와 BPP $\subseteq$ MA이다. 기타 복잡도 클래스는 대화형 증명, 둘 이상의 증명자가 있는 증명, 양자 컴퓨터, 양자 통신 또는 얽힘을 사용하는 증명을 바탕으로 정의할 수 있다. 이 교과서에서는 복잡도 클래스의 풍부한 내용을 다루지 않을 것이다.

NP에는 'NP-완전'이라고 하는 특수한 부분 클래스 문제가 있다. 이러한 문제는 이러한 문제 중 하나에 대한 효율적인 해가 NP의 모든 문제에 대한 효율적인 해를 의미한다는 속성을 가지고 있다. 더욱 정확하게는 L을 NP-완전한 언어라고 하자. 그런 다음 모든 언어 $L' \in$ NP에 대해 $x \in L$인 경우에만 $x \in L'$인 속성을 가진 함수 $f: \{0, 1\}^* \rightarrow$

{0, 1}*를 계산하는 고전적인 결정적 다항 시간 알고리듬이 존재한다. 다시 말해, L을 풀기 위한 오라클에 대한 하나의 쿼리는 NP에서 어떤 문제도 해결할 것이다. NP 완성 문제의 잘 알려진 예로는 회로 충족 가능성^{circuit satisfiability}, 3-충족 가능성^{satisfiability}(아래 정의), 3색, 여행하는 외판원 문제(결정 버전), 부분집합 합 문제가 있다. 정수 인수분해와 그래프 동형사상^{graph isomorphism}은 NP이지만 NP-완전이라고 믿지는 않는다.

NP-완전 문제 3-충족 가능성^{satisfiability}(3-SAT)은 나중에 참조할 것이므로 여기서 정의한다. 3-SAT의 인스턴스는 부울 공식 Φ에 의해 특정 형태로 지정되며, '3-논리곱표준형^{3-conjunctive normal form}'이라고 부른다. 부울 공식은 3개의 부울 변수(또는 그 부정)의 OR(논리 OR)인 절의 논리곱(논리 AND)인 경우 3-CNF이다. 예를 들어 다음은 b_1, $b_2, \ldots, b_6$ 변수의 3-CNF 공식이다.

$$\Phi = (b_1 \vee \overline{b_2} \vee b_3) \wedge (\overline{b_1} \vee b_4 \vee \overline{b_5}) \wedge (b_6 \vee b_2 \vee b_3)$$

특정 3-CNF 공식 Φ의 '할당 충족'은 공식이 1로 평가되도록 n개의 변수 각각에 0 또는 1값을 할당하는 것이다. 예를 들어 $b_1 b_2 b_3 b_4 b_5 b_6 = 110010$은 만족스러운 할당이다 (첫 번째 절은 $b_1 = 1$이므로 1로 평가되고, 두 번째 절은 $b_5 = 1$이므로 1로 평가되며, 세 번째 절은 $b_2 = 1$이므로 1로 평가된다. 따라서 세 절의 결합은 1로 평가된다). 3-SAT 언어는 3-CNF 공식의 집합(일부 타당한 인코딩으로 표현됨)으로, 적어도 하나의 만족스러운 할당이 존재한다. 할당 충족일 때 공식을 만족하는지 쉽게 확인할 수 있다는 점에 유의하라.

클래스 PSPACE는 모든 입력 $x \in \Sigma^*$에 대해 알고리듬 A가 $x \in L$인 경우에만 x를 채택하는 최악의 경우 다항 공간을 사용하는 고전 알고리듬 A가 존재하는 모든 언어 L로 구성된다.

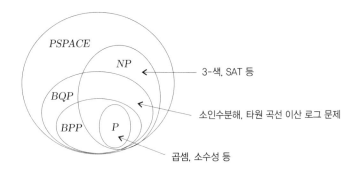

그림 9.2 이 도표는 가장 중요한 복잡도 클래스들 사이의 알려진 관계를 보여준다. 현재도 포함 대상 가운데 엄격한 것은 없는 것으로 알려졌다. 예를 들어 현재 $P \neq PSPACE$라는 증거는 없다.

그림 9.2는 방금 정의한 복잡도 클래스들 사이의 알려진 관계를 보여준다. 예를 들어 $P \subseteq BPP \subseteq BQP \subseteq PSPACE$, $P \subseteq NP \subseteq PSPACE$를 명확히 한다. 안타깝게도 현재까지 그려진 포함 관계가 엄격하다는 증거는 없다. 그러나 $P \neq NP$와 $NP \neq PSPACE$는 널리 알려져 있다. 또한 $BPP \neq BQP$를 예상하기도 한다.

$P = NP$가 수학에서 가장 큰 미해결 중 하나로 간주되는가에 대한 문제 해결(예: 클레이 수학연구소의 백만 달러짜리 '새천년 문제' 중 하나)에 주목한다.

지금까지 단지 아주 적은 수의 복잡도 클래스에 대한 개요를 제시했을 뿐이다. 예를 들어 지금까지 연구된 거의 모든 복잡도 클래스의 목록을 보려면 아론슨[Aaronson]의 복잡도 종류에 대한 방대한 자료(복잡도 '동물원')를 참조하라.

양자 알고리듬의 가장 큰 난제는 BQP에 있지만 BPP에는 없는 문제, 즉 양자 컴퓨터에서 효율적으로 해결할 수 있는 문제를 찾는 것이다. 이러한 복잡도 클래스들에 대한 연구와 그들 사이의 관계는 이러한 문제들의 난이도를 이해하는 데 도움이 될 수 있다.

흥미로운 하계의 대부분은 일종의 블랙박스 모델에서 증명됐다. 다음 절에서 설명하는 블랙박스 하계는 BQP가 현재 명시적으로 가능성을 배제하지는 않지만 모든 NP를 포함하지는 않는다는 일부 증명을 제시한다. 하계법은 또한 6, 7, 8장에서 설명한 몇 가지 블랙박스 양자 알고리듬의 최적성을 증명한다.

9.2 블랙박스 모델

블랙박스 모델에서, 문제의 입력은 블랙박스(또는 '오라클') O_X에 의해 제시돼 알려지지 않은 문자열 $\mathbf{X} = X_1, \ldots, X_N$에 대한 정보에 접근하는데, 여기서 N개의 변수 X_i가 2진수라고 가정할 것이다. 오라클을 통해 개별 변수의 이진수 값에 대해 쿼리를 수행할 수 있다. 여기서 보통 양자 블랙박스가 다음과 같은 수식을 구현한다고 가정한다.

$$O_\mathbf{X} : |j\rangle|b\rangle \rightarrow |j\rangle|b \oplus X_j\rangle \tag{9.2.1}$$

목표는 대개 문자열 X의 일부 함수 $F(\mathbf{X})$를 계산하는 것이다. 일반적으로 당면하는 일이 더 복잡할 수도 있다.[2] $\mathbf{X}$에 대한 검색 문제를 해결하는 것은 $\mathbf{X}$에 대한 의사결정 문제를 해결하는 것만큼 쉽지 않다. 즉, $X_j = 1$을 만족시키는 j가 존재하는지 여부를 결정하는 것이다. 이러한 결정 문제는 이진 변수 $X_1, \ldots, X_N$의 OR 함수를 평가하는 것으로 생각할 수 있다.

$$\mathrm{OR}(X_1 \ldots X_N) = X_1 \vee X_2 \vee \cdots \vee X_N \tag{9.2.2}$$

블랙박스 모델에서 연산이란 $\mathbf{X}$의 블랙박스 $O_\mathbf{X}$에 대한 접근 권한을 부여 받은 $F : \{0, 1\}^N \rightarrow \{0, 1\}$과 같은 함수 F를 계산하는 연산이다. 계산은 모든 유니타리 연산을 수행할 수 있으며 (즉, 유한 게이트 집합에서 유니타리 항목을 게이트로 분해하는 것에 대해 걱정하지 않는다) 블랙박스 $O_\mathbf{X}$에 쿼리를 수행한다. $O_\mathbf{X}$에 대한 쿼리가 없으면 입력 $\mathbf{X}$에 대한 정보가 없으므로 비자명한 $F(\mathbf{X})$를 평가할 수 없다는 점에 유의한다. 블랙박스 연산의 목적은 $F(\mathbf{X})$를 신뢰성 있게 계산할 수 있도록 $O_\mathbf{X}$를 이용해 $\mathbf{X}$에 대한 충분한 정보를 추출하는 것이다.

알고리듬의 '쿼리 복잡도'는 알고리듬이 사용하는 쿼리 수다. 문제의 쿼리 복잡도는 문제를 해결하기 위해 필요한 쿼리 수다. 블랙박스 연산 모델은 알고리듬 설계와 특정 문제에 대한 알고리듬의 한계를 이해하는 데 모두 유용하다는 것이 입증됐다. 이 교과서에서 본 알고리듬의 대부분은 본질적으로 블랙박스 알고리듬이다. 예를 들어 쇼어

---

2 예를 들어 8.1절에서 $X_j = 1$에 대한 j 출력 문제를 다뤘다. 이는 $X_j = b$인 쌍(b, j)으로 구성된 관계 R을 갖는 것과 일치하며, $b = 1$로 원소를 표본으로 추출하고자 하는 것과 같다.

알고리듬의 주기 찾기 공식은 블랙박스 알고리듬이고 양자 검색과 계산 알고리듬은 블랙박스 알고리듬이다. 블랙박스 모델에서는 고전적 컴퓨터에서 주기 함수 f의 주기 r을 찾기 위해 $\Omega(\sqrt{r})$ 쿼리가 필요하다는 것을 알 수 있다. 양자 알고리듬은 $O(1)$ 쿼리를 사용해 확률이 높은 기간을 찾아낸다.

블랙박스는 실제로 블랙박스를 구현하는 회로인 '화이트박스'로 대체할 수 있다. 예를 들어 쇼어의 위수 찾기 알고리듬은 U_f용 블랙박스를 $f(x) = a^x \bmod N$ 함수를 계산하는 실제 회로로 대체한다.

블랙박스를 화이트박스로 교체할 때 알고리듬의 총 복잡도는 $TB + A$로 상계될 수 있다. 여기서 T는 블랙박스 알고리듬의 쿼리 복잡도, B는 쿼리를 실제로 구현하는 계산 복잡도, A는 블랙박스 알고리듬에 의해 수행되는 모든 비쿼리 연산의 계산 복잡도다. 쇼어의 위수 찾기 알고리듬의 경우 T, B, A는 모두 입력 크기의 다항식이기 때문에 알고리듬의 실행 시간은 다항식이다.

블랙박스 모델의 하계는 화이트박스 모델로 자동 넘어가지 않는다. 그러나 쿼리 하계는 블랙박스 쿼리와 동등한 방식으로 문제에 대한 입력을 탐색하는 알고리듬에만 적용된다. 예를 들어 $f(x) = 1$에 대한 해를 찾기 위한 모든 양자 알고리듬은 나중에 증명할 것이며, 이때 $f: \{1, 2, \dots, N\} \to \{0, 1\}$은 U_f에 대한 블랙박스에 $T = \Omega(\sqrt{r})$ 쿼리를 수행해야 한다. 양자 검색 알고리듬은 $O(\sqrt{r})$ 쿼리로 이 문제를 해결하며, 따라서 $f(x) = 1$에 대한 해를 찾고 $f(x)$를 구현해 함수 f를 탐색하는 알고리듬은 일부 $B \geq 1$과 $A \geq 0$에 대해 복잡도 $TB + A$를 가져야 한다. 따라서 이 형태의 알고리듬의 계산 복잡도는 $\Omega(\sqrt{r})$이어야 한다.

예를 들어 n개의 변수, $x_1, x_2, \dots, x_n$, $N = 2^n$에서 3-SAT 공식 (9.1.1절에서 정의된) Φ를 고려하고 숫자 $1, 2, \dots, N$이 변수, $x_1, x_2, \dots, x_n$의 2^n 할당을 인코딩한다고 하자. $x_1 = y_1, x_2 = y_2, \dots, x_n = y_n$ 설정이 공식 Φ를 충족하면 $f_\Phi(y) = 1$, 그렇지 않으면 $f_\Phi(y) = 0$이 되도록 함수 f_Φ를 정의한다.

3-SAT 문제는 다음과 같이 다시 말할 수 있다.

$X_j = f_\Phi(j)$를 만족하는 N개의 이진 변수 $X_1, \ldots, X_N$을 정의하고 $\mathbf{X} = X_1 X_2, \ldots, X_N$에 대한 검색 문제를 해결한다. f_Φ 함수는 일부 양의 상수 c에 대해 $O(\log^c N)$에서 시간 내에 평가할 수 있다. 따라서 양자 검색은 $O\left((\log^c N)\sqrt{N}\right)$에서 시간 내에 해를 찾을 것이다.

실제로 f_Φ를 평가하기 위한 공식인 Φ 또는 f_Φ를 평가하는 회로가 주어졌지만, f_Φ를 평가해 입력을 조사하는 알고리듬에 주의를 제한하면 본 절 뒷부분에서 증명된 $\Omega(\sqrt{r})$의 쿼리 하계가 적용된다. 이러한 하계를 '극복하려면' Φ의 구조를 영리한 방식으로 활용해야 한다.

9.2.1 상태 구분 가능성

T 쿼리가 필요하다는 것을 증명하기 위한 일반적인 접근 방식은 T 쿼리보다 적은 수의 쿼리로, 알고리듬이 $f(\mathbf{X}) = 1$을 만족하는 입력 $\mathbf{X}$의 블랙박스 $O_\mathbf{X}$와 $f(\mathbf{Y}) = 0$을 만족하는 일부 입력 $\mathbf{Y}$의 블랙박스 $O_\mathbf{Y}$를 신뢰성 있게 구별할 수 없다는 것을 보여주는 것이다. T 쿼리를 생성하는 알고리듬 $\mathcal{A}$를 고려하고 $|\psi_\mathbf{X}\rangle$를 오라클 $O_\mathbf{X}$를 사용해 알고리듬 $\mathcal{A}$에 의해 생성된 상태로 하고 $|\psi_\mathbf{Y}\rangle$를 오라클 $O_\mathbf{Y}$를 사용해 알고리듬 $\mathcal{A}$에 의해 생성된 상태라고 하자. 알고리듬이 $F(\mathbf{X})$ 및 $F(\mathbf{Y})$를 안정적으로 계산하려면 $|\psi_\mathbf{X}\rangle$ 상태가 $|\psi_\mathbf{Y}\rangle$인 상태를 안정적으로 구별할 수 있어야 한다. 양자 상태 추정 및 구분 가능성에 대한 방대한 문헌에서 가장 초기 결과 중 하나를 언급하는 것이 유용할 것이다.

최소 오류로 두 개의 순수 양자 상태 구별하기

입력: 두 개의 알려진 상태 $|\psi_\mathbf{X}\rangle$ 또는 $|\psi_\mathbf{Y}\rangle$ 중 하나, $|\langle\psi_\mathbf{X}|\psi_\mathbf{Y}\rangle| = \delta$

출력: 추측값 '$\mathbf{X}$' 또는 '$\mathbf{Y}$'

문제: 추측이 정확할 확률 $1 - \epsilon$을 최대화하라.

다음의 정리는 최적의 측정을 기술하는 부록 A.9에서 증명된다.

정리 9.2.1 입력 $|\psi_z\rangle$에서 $\mathbf{Z} = \mathbf{X}$ 또는 $\mathbf{Z} = \mathbf{Y}$가 최대 $1 - \epsilon = \frac{1}{2} + \frac{1}{2}\sqrt{1 - \delta^2}$의 확률로 정확하게 추측할 것인가 추측하는 모든 절차이며, 이때 $\delta = |\langle\psi_{\mathbf{X}}|\psi_{\mathbf{Y}}\rangle|$이다. 이 확률은 최적 측정을 통해 달성할 수 있다.

구분 가능성 질문을 형성하는 다른 많은 방법들이 있다. 예를 들어 헬스트롬^{Helstrom}은 원래 $|\psi_{\mathbf{X}}\rangle$와 $|\psi_{\mathbf{Y}}\rangle$에 균일한 사전 분포를 가정해 이 문제를 다뤘다. 정답을 추측할 수 있는 예상 확률을 최대화하기 위해 동일한 절차가 최적이다(입력값에 대한 평균을 취함).

또 다른 예로, '$z = x$', '$z = y$' 또는 '모르는' 절차를 출력하는 절차를 원할 수 있다. 예를 들어 이 경우 목표는 '모른다'를 출력할 확률을 최소화하는 것일 수 있다. 양자 상태 추정과 구분 가능성에 관한 문헌은 광범위하다. 9장의 나머지 부분에는 위의 결과만 있으면 된다.

9.3 블랙박스 모델 검색을 위한 하계: 하이브리드 방법

함수 $f : \{1, 2,\dots,N\} \to \{0, 1\}$을 고려해 볼 때 검색 문제는 $f(y) = 1$을 만족하는 a $y \in \{1, 2,\dots,N\}$을 찾는 것이다. 이 프레임워크는 해를 인식하고 실제로 해를 찾기 원하는 모든 문제에 적용되기 때문에 매우 일반적이다.

결정 문제는 검색 문제에 대한 해가 있는지 없는지를 판단하는 것이다. 검색 문제의 해는 결정 문제에 대한 해를 제시하므로, 결정 문제의 난이도에 대한 하계는 검색 문제의 난이도에 대한 하계를 의미한다.

8.1절에서는 N개 원소가 있는 해 공간을 검색해 블랙박스 U_f에 $O(\sqrt{N})$ 쿼리를 하는 문제를 해결하기 위한 유계오류 양자 알고리듬을 보았다. 앞으로 더 영리해질 수 있는지 그리고 더 적은 수의 오라클 쿼리로 이 문제를 해결하는 양자 알고리듬을 얻을 수 있는지 궁금한 것은 당연하다. 심지어 기하급수적으로 빠른 속도를 얻기를 바랄지도 모른다. 본 절에서는 그로버의 알고리듬이 가장 최선이라는 것을 보여주는 하계 결과를 증명한다. 즉, 블랙박스 검색 알고리듬은 $\Omega(\sqrt{N})$ 미만의 쿼리를 만드는 검색 문제를 해결할 수 없다.

T 쿼리를 만드는 알고리듬을 고려해보라. 일반성을 상실하지 않는 한, 그림 9.3에 나타낸 형식을 가지고 있다.

문제 9.3.1 같은 수의 블랙박스 쿼리를 사용해 그림 9.3의 형태의 회로로 그림 9.4의 회로를 시뮬레이션할 수 있는 방법을 보여라.

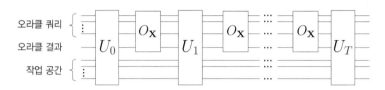

그림 9.3 일반성의 상실 없이, 상태 $|00...0\rangle$로 시작하는 네트워크와 같은 T 블랙박스 쿼리를 수행하는 모든 네트워크는 마지막 블랙박스 호출 후 최종 유니타리 연산 U_T를 갖는 유니타리 연산자 U_0를 적용하고, 이후 첫 번째 $n+1$ 큐비트에 블랙박스를 적용한 후 유니타리 연산자 U_1 등을 적용한다.

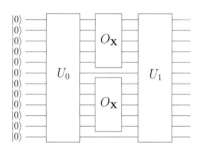

그림 9.4 두 개의 쿼리를 병렬로 수행한 이 회로는 직렬로 수행된 두 개의 쿼리를 가진 회로(즉, 그림 9.3과 동일한 형식의 회로)로 시뮬레이션할 수 있다.

정의 9.3.1 $\mathbf{X}_x$는 위치 x에 1이 있고 다른 위치에 0이 있는 문자열이라고 하자(예: 모든 $y \neq x$에 대해 $X_x = 1$ 및 $X_y = 0$). $S = \{\mathbf{X}_x : x = 1, 2, ..., N\}$을 문자열에 정확히 하나의 1이 있는 모든 문자열 $\{0, 1\}^N$의 집합이라 하자.

다음과 같은 정리를 증명하고자 한다.

정리 9.3.2 각 $\mathbf{X} \in S \cup \{\mathbf{0}\}$에 대한 유계오류 양자 알고리듬은 $O_{\mathbf{X}}$에 $\Omega(\sqrt{N})$ 쿼리를 수행해야 하는 $X_j = 1$을 만족하는 j가 있는지 여부를 결정한다.

이러한 정리는 다음과 같은 관점을 내포하고 있다.

따름정리 9.3.3 $T \subseteq \{0, 1\}^N$이 $S \cup \{\mathbf{0}\} \subseteq T$를 만족시킨다고 하자. 각 $\mathbf{X} \in T$에 대해 $O_{\mathbf{X}}$에 $\Omega(\sqrt{N})$ 쿼리를 수행해야 하는 $X_j = 1$을 만족하는 j가 있는지 여부를 결정하는 유계오류 양자 알고리듬이다.

따름정리 9.3.4 $T \subseteq \{0, 1\}^N$이 $S \subseteq T$를 만족시킨다고 하자. 각 $\mathbf{X} \in T$에 대한 유계오류 양자 $O_{\mathbf{X}}$에 $\Omega(\sqrt{N})$ 쿼리를 수행해야 하는 $X_j = 1$을 만족하는 j를 찾는다.

이러한 결과를 양자 컴퓨터에서 3-SAT와 같은 NP 완성 문제를 해결하는 문제와 연결해보자. $N = 2^n$인 각각 문자열 $\mathbf{X} \in \{0, 1\}^N$에 해당하는 $2^{O(n^3)}$의 고유한 3-SAT 공식 Φ가 있다(이때 $X_j = f_{\Phi}(j)$이다). 단, 2^N 문자열 $\mathbf{X} \in \{0, 1\}^N$이 있다($N = 2^n$이므로 $2^N > 2^{O(n^3)}$이 된다). 따라서 모든 $\mathbf{X} \in \{0, 1\}^N$에 대해 성공한 알고리듬과 관련된 결과와 3-SAT 해결 문제의 관련성은 그다지 명확하지 않다. 그러나 일부 3-SAT 공식 Φ에 대한 $X_j = f_{\Phi}(j)$ 형식의 모든 문자열 집합 $\mathbf{X} = X_1 X_2 \ldots X_N$에는 $S \cup \{\mathbf{0}\}$이 포함돼 있으므로 해당 하계는 3-SAT에 대한 블랙박스 알고리듬에도 적용된다.

문제 9.3.2 n개 변수 내 일부 3-SAT 공식 Φ에 대한 $X_j = f_{\Phi}(j)$ 형식의 모든 문자열 집합 $\mathbf{X} = X_1 X_2 \ldots X_N$에 대부분 하나의 1인 길이 N의 모든 문자열 집합인 $S \cup \{\mathbf{0}\}$가 포함돼 있음을 증명하라.

따름정리 9.3.5 n개 변수의 각 3-SAT 공식 Φ에 대해 할당 충족이 있는지 여부를 결정하는 유계오류 블랙박스 양자 알고리듬은 f_{Φ}를 평가하는 블랙박스에 대해 $\Omega(\sqrt{N})$ 쿼리를 수행해야 한다.

정리 9.3.2의 증명은 이 보조정리로부터 이어진다.

보조정리 9.3.6 0이 아닌 문자열을 성공적으로 인식하고 문자열 $\mathbf{X}x \in S$ 중 최소 $\Omega(N)$ 을 0이 아닌 것으로 인식하는 모든 유계오류 블랙박스 양자 알고리듬에는 $\Omega(\sqrt{N})$ 쿼리가 필요하다.

증명 T 쿼리를 만드는 알고리듬을 고려하라. $\mathbf{X}_x$는 x 위치에 정확히 하나의 1이 있는 문자열임을 상기하라.

$\mathbf{X} = 00...0$를 가정하고 다음 수식을 모두 0 문자열에 대한 $(j+1)$번째 쿼리 직전의 양자 컴퓨터 상태라고 하자.

$$|\Psi_j\rangle = \sum_{y=1}^{N} \alpha_{y,j}|y\rangle|\phi_y\rangle$$

답을 출력하기 전에 $|\psi_T\rangle$를 컴퓨터의 최종 상태라고 하자.

임의의 문자열 $\mathbf{X}$가 $\mathbf{0} = 00...0$과 같지 않다는 것을 인식하는 양자 알고리듬을 위해, T 쿼리는 컴퓨터 상태를 $|\psi_T\rangle$과 거의 직교하는 것으로 만들어야 한다. $|\psi_T^x\rangle$을 오라클 $0_\mathbf{X}$를 쿼리하는 컴퓨터의 최종 상태라고 하자.

0이 아닌 $\mathbf{X}_x$에 대해 블랙박스 $O_{\mathbf{X}x}$를 쿼리할 때 j번째 쿼리 이후 총 넛지 양은 최대 $\sum_{k=0}^{j-1} 2|\alpha_{x,k}|$이 된다(문제 9.3.4 참조). 알고리듬이 최소 $\frac{2}{3}$ 확률의 모두 0인 문자열을 성공적으로 인식하고 0이 아닌 문자열 $\mathbf{X}$와 $\frac{2}{3}$ 확률의 모두 0인 문자열을 성공적으로 구별하기 위해서는 총 넛지 양이 일부 상수 $c > 0.338$보다 커야 한다(정리 9.2.1 및 문제 9.3.3 결합). 즉, 각 $\mathbf{X} \neq 00...0$에 대해 $\mathbf{X}_x$는 다음과 같다고 하자.

$$\sum_{k=0}^{T-1} |\alpha_{x,k}| \geq \frac{1}{2}|||\psi_T\rangle - |\psi_T^x\rangle|| \geq \frac{c}{2} > \frac{1}{6}$$

그래서 양자 알고리듬이 0이 아닌 문자열(유계 확률)의 M을 모두 0인 문자열과 구별되는 것으로 성공적으로 인식하기 위해서는 다음 수식이 있어야 한다.

$$\sum_{x=1}^{N} \sum_{k=0}^{T-1} |\alpha_{x,k}| > \frac{1}{6}M$$

반면에 $\sum_x 2|\alpha_{x,k}|$이 양자 상태이기 때문에 $\sum_x \alpha_{x,k}|x\rangle|\phi_x\rangle$이 너무 클 수 없다는 것을 알고 있다. $\sum_{x=1}^{N}|\alpha_{x,k}|^2 = 1$이기 때문에 코시-슈바르츠$^{\text{Cauchy-Schwartz}}$ 부등식[3]은 $\sum_x |\alpha_{x,k}| \leq \sqrt{N}$을 암시한다.

따라서 다음 수식이 된다.

$$\sum_{x=1}^{N}\sum_{k=0}^{T}|\alpha_{x,k}| \leq T\sqrt{N}$$

이것은 $T \geq \frac{1}{6}\frac{M}{\sqrt{N}}$임을 암시하는데 이것은 보조정리를 증명한다. $\qquad\square$

문제 9.3.3 $|\phi_0\rangle$과 $|\phi_1\rangle$을 같은 차원의 두 양자 상태라고 하자.

다음 수식이

$$\big\||\phi_0\rangle - |\phi_1\rangle\big\| \leq c$$

다음 수식을 암시함을 증명하라.

$$|\langle\phi_0|\phi_1\rangle| \geq 1 - \frac{c^2}{2}$$

문제 9.3.4 $j \in \{0, 1,..., T-1\}$에 대해 $|\psi_j^x\rangle$을 j번째 쿼리 직전 입력 X_x의 양자 컴퓨터 상태라고 하자. 따라서 $j \in \{0, 1,..., T-1\}$이 된다. $|\psi_{j+1}^x\rangle = U_j O_{\mathbf{X}_x}|\psi_j^x\rangle$이라고 하자. $|\widetilde{\psi}_{j+1}^x\rangle = U_j|\psi_j^x\rangle$

(a) 다음 수식을 증명하라.

$$\Big\||\widetilde{\psi}_{j+1}^x\rangle - |\psi_{j+1}^x\rangle\Big\| \leq 2|\alpha_{x,j}|$$

$|\psi_{j+1}^x\rangle = |\widetilde{\psi}_{j+1}^x\rangle + \beta_{j+1}|E_{j+1}\rangle$인 복소수 β_{j+1}과 정규화된 상태 $|E_{j+1}\rangle$에 대해 위 수식은 $|\beta_{j+1}| \leq 2|\alpha_{x,j}|$을 의미한다는 것을 유의하라.

---

3   코시-슈바르츠 부등식은 모든 실수 $a_1, a_2,..., a_N, b_1, b_2,...,b_N$에 대해 $(a_1 b_1 + a_2 b_2 + \cdots + a_N b_N)^2 \leq (a_1^2 + a_2^2 + \cdots + a_N^2)(b_1^2 + b_2^2 + \cdots + b_N^2)$임을 의미한다.

(b) 다음 $|\psi_j\rangle = \sum_y \alpha_{y,j}|y\rangle|\phi_y\rangle$을 $(j+1)$번째 쿼리 직전에 블랙박스 $O_\mathbf{X}$에 문자열 $\mathbf{X} = 00...0$을 쿼리하는 양자 컴퓨터의 상태라고 하자. 다음 수식을 증명하라.

$$\left\| |\psi_j\rangle - |\psi_j^x\rangle \right\| \le 2|\alpha_{x,0}| + \cdots + 2|\alpha_{x,j-1}|$$

9.4 일반 블랙박스 하계

이 하이브리드 방법을 N개 이항 변수의 OR 계산에 해당하는 하나의 특정한 문제에 적용했다. N개 이항 변수의 임의 함수 F를 계산하는 맥락에서 다음 세 가지 방법을 설명할 것이다.

$\{0, 1\}^N$의 가능한 모든 입력 값에 대해 정의된 함수 F를 '전함수total function'라고 한다. 그렇지 않으면 F는 '부분함수'라고 말한다. 예를 들어 6.4절의 도이치-조사Deutsch-Jozsa 문제는 상수 또는 '균형' 문자열에 정의된 부분함수 F를 평가한다. 함수 f의 주기를 찾는 문제를 부분함수를 평가하는 것으로 볼 수도 있다. 주기 함수 f를 $f(0)f(1)$ $f(2)...f(2^n-1)$의 접합에 해당하는 길이 $n2^n$의 비트열로 표현하면, 주기 찾기 문제는 $f(0),\ f(1),\ f(2),...,\ f(r-1)$은 모두 구별되고 $x \ge 0$에 대해 $f(x) = f(x+r)$인 함수 f에 해당하는 문자열에서만 정의된다. 또한 부분함수를 평가하는 문제는 함수에 대한 입력에 어떤 특정한 형태가 있을 것이라고 약속하고 있기 때문에 '약속 문제'라고 부를 수 있다.

블랙박스 모델에서 하계를 증명하는 기술을 자세히 설명하기 전에 양자 알고리듬이 전함수에 대한 기존 알고리듬보다 다항식 이점을 최대한 제시한다는 것을 보여줄 것이다. 따라서 다항식 이점을 얻으려면 약속 문제를 고려해야 한다.

정의 9.4.1 F의 결정적 쿼리 복잡도 $D(F)$는 $\mathbf{X} \in \{0, 1\}^N$에 대해 $F(\mathbf{X})$를 계산하기 위한 결정적 고전적 절차에 필요한 $O_\mathbf{X}$에 대한 최소 쿼리 수다.

쿼리할 j번째 인덱스는 이전 $j-1$ 쿼리의 결과에 따라 달라질 수 있다.

$D(F)$와 동등한 양자는 F의 정확한 양자 쿼리 복잡도 $Q_E(F)$이다.

정의 9.4.2 F의 정확한 양자 쿼리 복잡도 $Q_E(F)$는 임의의 $\mathbf{X} \in \{0, 1\}^N$에 대해 확률 1로 $F(X)$를 올바르게 계산하는 양자 알고리듬에 필요한 $O_\mathbf{X}$에 대한 최소 쿼리 수다.

정확한 블랙박스 알고리듬을 유한한 게이트 집합의 게이트로 구성된 회로로 변환할 때, 성공 확률은 보통 정확히 하나가 아닐 것이기 때문에 정확한 양자 계산은 고전적인 계산 모델처럼 자연스러운 것이 아니다. 더욱이 고전적인 계산의 경우처럼 실제로 게이트를 정확히 구현할 수 없기 때문에 실제적인 목적으로 유계오류 계산에 주의를 집중하는 것이 합리적이다. 좀 더 목적 적합한 수량은 F의 양면 오류 양자 쿼리 복잡도 $Q_2(F)$이다.

정의 9.4.3 F의 양면 오류 양자 쿼리 복잡도 $Q_2(F)$는 입력 $\mathbf{X} \in \{0, 1\}^N$에서 최소 $\frac{2}{3}$의 확률로 $F(\mathbf{X})$와 동일한 $\{0, 1\}$ 값을 출력하는 양자 알고리듬에 필요한 최소 $O_\mathbf{X}$ 쿼리 수이다.

정리 9.4.4 F가 전역 부울 함수라면, $D(F) \leq 2^{12}Q_2(F)^6$이다.

$\mathbf{X}$의 비트를 순열해도 F의 값이 변경되지 않으면 함수 F가 대칭이라고 말한다. 즉, F는 문자열 $\mathbf{X}$의 1의 수에만 의존한다.

정리 9.4.5 F가 대칭적 부울 함수라면, $D(F) \in O(Q_2(F)^2)$이다.

정리 9.4.4 및 9.4.5는 X_j를 계산하기 위한 블랙박스가 주어진 경우 F 계산의 양자 복잡도에 대해 무엇을 의미하는가? $F(\mathbf{X})$를 평가하기 위한 최상의 결정적 고전적인 전략이 최악의 경우 $\mathbf{X}$ 비트의 $T = D(F)$ 쿼리를 필요로 한다고 가정한다. 정리 9.4.4는 F를 계산하는 모든 양자 알고리듬에 최소한 $\frac{T^{\frac{1}{6}}}{4}$ 쿼리가 필요하며 F가 대칭이면 $\Omega(\sqrt{T})$ 쿼리가 필요하다고 한다.

정리 9.4.4는 양자 쿼리 복잡도가 전함수의 고전적 쿼리 복잡도보다 대부분 다항식이라는 것을 알려준다.

블랙박스 모델에서 초다항식 이점을 얻으려면 $\{0, 1\}^N$의 부분집합에서만 정의되는 '부분함수'를 고려할 필요가 있다. 예컨대 쇼어의 주기 찾기 알고리듬의 블랙박스 버전은 주기적 함수를 인코딩하는 문자열 $\mathbf{X}$에서만 수행하면 된다. 그러한 부분함수에 대한 고전적인 유계오류 쿼리 복잡도는 $\Theta(\sqrt{r})$에 있고, 여기서 r은 주기이며, 반면에 양자 쿼리 복잡도는 $O(1)$에 있다. 도이치-조사 알고리듬은 '상수' 또는 '균형' 문자열 $\mathbf{X}$에서만 수행하면 된다. 도이치-조사 문제의 고전적 정확한 쿼리 복잡도는 $\frac{N}{2}+1$인 반면, 정확한 양자 알고리듬에 대한 쿼리 복잡도는 1이다(유계오류 고전 알고리듬은 일정한 쿼리 수만 필요하므로 이 경우 간극은 그리 크지 않다).

다음에 기술된 모든 방법은 전함수뿐만 아니라 부분함수에도 적용이 가능하다.

9.5 다항식 기법

본 절에서는 문자열 $\mathbf{X}$를 총 T번 쿼리하는 양자 회로가 변수 X_1, $X_2,\ldots,X_N$에서 차수 T의 다항식 진폭을 갖는 방법을 보여준다. $T=0$이면 진폭은 변수와 독립적이며 회로는 일정한 함수를 계산한다. T가 높을수록 회로가 계산할 수 있는 함수가 더 정교해진다. 다음 절에서 이 사실의 몇 가지 응용에 대해 설명하고자 한다.

부분정리 9.5.1 N을 총 m-큐비트를 사용하고 블랙박스 $O_\mathbf{X}$에 T 쿼리를 만드는 양자 회로라고 가정하자. 그런 다음 회로의 최종 상태가 오라클 $O_\mathbf{X}$의 중첩인 다음 수식을 만족하는 복소값 N-변량 다중 선형 다항식 p_0, $p_1,\ldots,p_{2^{m-1}}$이 있다.

$$\sum_{y=0}^{2^m-1} p_y(X)|y\rangle$$

증명 $N=2^n$이라고 가정할 수 있다. $O_\mathbf{X}$에 대한 블랙박스 쿼리가 순차적으로 그리고 항상 처음 $n+1$ 큐비트에 대해 수행된다고 가정할 수 있다(문제 9.3.1 참조). U_j는 j번째와 $(j+1)$번째 블랙박스 쿼리 사이에 적용되는 유니타리 변환을 나타낸다고 하자. 따라서 그림 9.3에서 설명하는 회로가 있다. 증명을 위해 레지스터를 첫 번째 n-큐비트, 1개의 출력 비트, 나머지 $l=m-n-1$개의 보조 비트의 세 부분으로 고려하는 것이 도움이 될 것이다.

첫 번째 블랙박스 적용 직전에 m-큐비트는 $0 \leq j < 2^n$, $0 \leq k < 2^l$, $b \in \{0, 1\}$ 및 α_{jbk} 가 문자열 $\mathbf{X}$와 독립된 어떤 상태인 다음 수식에 있을 것이다.

$$\sum_{j,k} \alpha_{j0k} |j0k\rangle + \alpha_{j1k} |j1k\rangle$$

즉, 진폭 α_{jbk}는 X_1, $X_2, \ldots, X_N$에서 차수가 0인 다항식이다. $b \in \{0, 1\}$의 경우 $\bar{b} =$ NOT$(b) = 1 - b$ 표기법을 사용한다. 첫 번째 블랙박스 호출 후 다음 수식의 상태가 된다.

$$\sum_{j,k} \alpha_{j0k} |jX_j k\rangle + \alpha_{j1k} |j\overline{X}_j k\rangle$$
$$= \sum_{j,k} [(1 - X_j)\alpha_{j0k} + X_j \alpha_{j1k}]|j0k\rangle + [(1 - X_j)\alpha_{j1k} + X_j \alpha_{j0k}]|j1k\rangle \qquad (9.5.1)$$

따라서 진폭은 최대 1차의 X_j에서 다항식이다. 유니타리 연산 U_1은 선형이므로 U_1이 적용된 직후의 진폭은 여전히 최대 1차의 다항식이다. 일부 $j \geq 1$의 경우 U_{j-1}이 적용된 후 진폭이 최대 $j - 1$의 다항식이라고 가정한다. 그런 다음, j번째 블랙박스 호출은 진폭 다항식의 차수에 최대 1을 더해 최대 j차가 된다. U_j는 진폭 다항식을 진폭 다항식의 선형 조합으로 대체하므로 차수는 최대 j로 유지된다. 귀납법에 의해 진폭은 U_T 이후 T차의 다항식이다. $x \in \{0, 1\}$에 대해 $x^2 = x$이므로 다항식이 다중 선형이라고 가정할 수 있다. $\qquad \square$

기저 상태의 진폭이 변수 X_1, $X_2, \ldots, X_N$에서 T차의 다항식 $\alpha(\mathbf{X})$라는 사실에서 그 기저 상태인 $\alpha(\mathbf{X})\alpha(\mathbf{X})^*$를 측정할 확률은 실수 계수를 갖는 $2T$차 다항식이 된다.

따름정리 9.5.2 $\mathcal{N}$을 블랙박스 $O_\mathbf{X}$에 대한 T 쿼리를 만드는 양자 회로이고 $\mathcal{B}$를 기저 상태의 집합이라고 가정하자. 그러면 블랙박스 $O_\mathbf{X}$를 사용해 회로 $\mathcal{N}$을 적용한 후 집합 B에서 상태를 관찰할 확률과 동일한 $2T$차의 실수 다중 선형 다항식 P가 존재한다.

9.5.1 하계의 응용

N-변량함수 F와 관련된 $\deg(F)$ 및 $\widetilde{\deg}(F)$의 양을 정의함으로써 시작하고자 한다. 함수 F는 0과 1의 값에 대해서만 정의되지만 이 함수를 실수로 확장하는 것이 유용하다.

정의 9.5.3 모든 $X \in \{0, 1\}^N$에 대해 $p(X) = F(X)$일 경우 N-변수 다항식 $p : \mathbb{R}^N \to \mathbb{R}$
은 F를 나타낸다.

보조정리 9.5.4 모든 N-변수 함수 $F : \{X_1, \ldots, X_N\} \to \{0, 1\}$는 그 함수를 나타내는 고
유한 다중 선형 다항식 $p : \mathbb{R}^N \to \mathbb{R}$을 갖는다.

증명 다항식의 존재를 나타내는 것은 쉽다. 다음 수식이라 하자.

$$p(X) = \sum_{Y \in \{0,1\}^N} F(Y) \prod_{k=1}^{N} \left[1 - (Y_k - X_k)^2 \right]$$

고유성을 증명하기 위해 모든 $X \in \{0, 1\}^N$에 대해 $p_1(X) = p_2(X)$라고 가정하자. 그러
면 $p(X) = p_1(X) - p_2(X)$는 제로 함수를 나타내는 다항식이다. $p(X)$가 제로 다항식이
아니고 일반성을 잃지 않는다고 가정하고 $\alpha X_1 X_2 \ldots X_k$를 일부 $\alpha \neq 0$에 대해 최소 차
수의 항이라고 가정한다. 그런 다음 $X_1 = X_2 = \cdots = X_k = 1$인 문자열 X과 모두 0인
나머지 X_j는 $p(X) = \alpha \neq 0$이다. 이 모순은 $p(X)$가 실제로 제로 다항식이고 $p_1 = p_2$임
을 의미한다. □

그러한 p의 차수는 F의 복잡도의 유용한 척도이다.

정의 9.5.5 F를 나타내는 다항식 p의 차수는 $\deg(F)$로 표시된다.

예를 들어 OR 함수는 차수가 N인 다항식 $1 - \prod_{j=1}^{N}(1 - X_j)$으로 표시된다. 따라서
$\deg(\text{OR}) = N$이다.

실제로 모든 $X \in \{0, 1\}^N$에서 F에 가까운 다항식 p를 갖는 것으로 충분하다. 예를 들
면 $\text{OR}(X_1, X_2) \approx \frac{2}{3}(X_1 + X_2)$과 같다.

정의 9.5.6 N-변량 다항식 $p : \mathbb{R}^N \to \mathbb{R}$은 모든 $X \in \{0, 1\}^N$에 대해 $|p(X) - F(X)| \leq \frac{1}{3}$
일 경우 F에 근사하다.

그러한 다항식 p의 최소 차수는 F의 복잡도에 대한 또 다른 유용한 척도다.

정의 9.5.7 F에 가까운 p의 최소 차수는 $\widetilde{\deg}(F)$과 같이 표시된다.

$\deg(F)$, $\widetilde{\deg}(F)$에 대한 양자 쿼리 복합도 $Q_E(F)$와 $Q_2(F)$와 관련된 다음과 같은 정리가 있다.

정리 9.5.8 F가 부울 함수일 경우 $Q_E(F) \geq \frac{\deg(F)}{2}$과 같다.

증명 $Q_E(F)$ 쿼리를 사용해 F를 정확하게 평가하기 위한 양자 알고리듬의 결과를 고려하라. 따름정리 9.5.2에 따르면 1을 관측할 확률은 최대 $2Q_E(F)$ 차수의 다항식인 $p_1(X)$이다. $F(X) = 1$인 경우에만 1을 관찰할 것이다. 즉, 모든 $X \in \{0, 1\}^N$에 대해 $p_1(X) = F(X)$이다. 이는 $2Q_E(F) \geq \deg(F)$를 의미한다.

정리 9.5.9 F가 부울 함수일 경우 $Q_2(F) \geq \frac{\widetilde{\deg}(F)}{2}$과 같다.

증명 $Q_2(F)$ 쿼리를 사용해 F를 대략적으로 평가하기 위한 양자 알고리듬의 결과를 고려하라. 따름정리 9.5.2에 따르면 1을 관측할 확률은 최대 $2Q_E(F)$ 차수의 다항식인 $p_1(X)$이다. $F(X) = 1$인 경우 $p_1(X) \geq \frac{2}{3}$이다. 유사하게, $F(X)$일 경우 $1 - p_1(X) \geq \frac{2}{3}$이다. 즉, 모든 $X \in \{0, 1\}^N$에 대해 $|p_1(X) - F(X)| \leq \frac{1}{3}$이며, 이는 p_1이 F에 근사하다는 것을 의미한다. 이는 $2Q_E(F) \geq \widetilde{\deg}(F)$을 의미한다.

9.5.2 다항식 방법 하계 예제

이미 $\deg(\text{OR}) = N$이며 따라서 $Q_E(\text{OR}) \geq \frac{N}{2}$임을 확인했다. 다항식 방법을 좀 더 신중하게 적용하면 실제로 $Q_E(\text{OR}) = N$이 된다.

$\widetilde{\deg}(\text{OR}) = \Theta(\sqrt{N})$이며 따라서 $Q_2(\text{OR}) \in \Omega(\sqrt{N})$임을 알 수 있다. 양자 검색은 $O(\sqrt{N})$ 쿼리를 사용해 유계오류가 있는 OR 함수를 평가하기 때문에 이러한 하계는 엄격하다 (상수 인자까지).

$\mathbf{X}$가 $\frac{N}{2}$개 이상이면 MAJORITY($\mathbf{X}$) = 1이 되고 $\frac{N}{2}$개와 같거나 그보다 적을 경우 0이 되는 것으로 정의된 MAJORITY 함수를 고려해보자. $\widetilde{\deg}(\text{MAJORITY}) \in \Theta(N)$이라는 것을 알 수 있다. 따라서 $Q_2(\text{MAJORITY}) \in \Omega(N)$이기 때문에 양자 알고리듬은 다수결 함수^{Majority function}를 계산할 때 유용하지 않다.

MAJORITY의 일반화는 $\mathbf{X}$가 최소 M개이면 THRESHOLD$_M$ = 1이 되고 그렇지 않으면 0이 되는 것으로 정의된 THRESHOLD$_M$ 함수와 같다. deg(THRESHOLD$_M$) $\in$ $\Theta\sqrt{(M(N-M-1))}$이라는 것을 알 수 있다. 이것은 8.3절에 설명된 정확한 양자 계산 알고리듬이 최적의 쿼리 수(최대 상수 인자까지)를 만든다는 것을 의미한다.

PARITY 함수는 $\mathbf{X}$에 홀수 수가 있으면 PARITY($\mathbf{X}$) = 1로 정의되며, $\mathbf{X}$에 짝수 수가 있으면 0으로 정의된다. PARITY 함수의 차수는 deg(PARITY) = N이므로 Q_E(PARITY) $\geq \lceil \frac{N}{2} \rceil$이다. 또한 $\widetilde{\deg}$(PARITY) = N으로 나타낼 수 있으므로 Q_2(PARITY) $\geq \lceil \frac{N}{2} \rceil$이다.

문제 9.5.1　PARITY 함수를 나타내는 N차의 실수 다항식을 찾아라.

문제 9.5.2　유계에 도달하는 알고리듬을 찾아서 Q_E(PARITY) = Q_2(PARITY) = $\lceil \frac{N}{2} \rceil$임을 보여라.

다항식 방법은 모든 $\mathbf{X} \in S$에 대해 $|F(X) - P(X)| \leq \frac{1}{3}$을 만족하고, 모든 $\mathbf{X} \in \{0, 1\}^N$에 대해 $0 \leq P(\mathbf{X}) \leq 1$을 만족하는 실제 다항식 P의 최소 차수를 찾아냄으로써 적절한 부분집합 $S \subset \{0, 1\}^N$에 정의된 부분함수 F로 확장될 수 있다.

예를 들어 최대 1의 입력값에서 OR을 나타내는 다항식의 최소 차수는 여전히 $\Omega(\sqrt{N})$이며, 따라서 다항식은 정리 9.3.2의 또 다른 증명을 제시한다.

9.6 블록 민감도

직관적으로, 문자열 X의 거의 모든 비트의 값의 변화에 매우 민감한 함수는 그러한 변화에 상대적으로 무관심한 함수보다 더 많은 X의 비트를 탐사하도록 요구할 것이다. 이이 민감도 개념을 엄격하게 포착하는 한 가지 방법은 F의 블록 민감도 개념을 사용하는 것이다.

정의 9.6.1 $F : \{0, 1\}^N \to \{0, 1\}$는 함수이며, $\mathbf{X} \in \{0, 1\}^N$ 및 $B \subseteq \{1, 2, \dots, N\}$을 인덱스의 집합이라고 하자.

$\mathbf{X}^B$는 B의 변수 값을 뒤집어서 $\mathbf{X}$로부터 얻은 문자열을 나타낸다고 하자.

함수 F는 $f(\mathbf{X}) \neq f(\mathbf{X}^B)$일 경우 $\mathbf{X}$에서 B에 민감하다.

$\mathbf{X}$에서 F의 블록 민감도 $bs_{\mathbf{X}}(F)$는 F가 $\mathbf{X}$에서 각 B_i에 민감하게 반응하는 것을 만족하는 지수 $B_1, \dots, B_t$의 서로소 집합이 존재하는 최대 수 t이다.

블록 민감도 $bs(F)$는 모든 $\mathbf{X} \in \{0, 1\}^N$에 대해 $bs_{\mathbf{X}}(F)$의 최대이다.

정리 9.6.2 F가 부울 함수일 경우 $Q_E(F) \geq \sqrt{\frac{bs(F)}{8}}$ 및 $Q_2(F) \geq \sqrt{\frac{bs(F)}{16}}$이 된다.

직관적으로 문자열 $\mathbf{X}$를 $F(\mathbf{X}) \neq F(\mathbf{Y})$($F$가 $\mathbf{X}$에서 민감한 모든 블록 B_i에 대한 $\mathbf{X}^B$를 포함함)인 문자열 $\mathbf{Y}$의 집합과 구별하기 위해, 각각의 $bs_{\mathbf{X}}(F)$는 B_i가 $\mathbf{X}^B$가 아니라 $\mathbf{X}$와 일치함을 확신하도록 쿼리를 수행해야 한다. 이것은 적어도 $\mathbf{X}$와 일치하지 않는 블록을 찾는 것만큼 어려운데, 이는 어떤 $\mathbf{X}$에 대해서도 $\Omega(\sqrt{bs_{\mathbf{X}}(F)})$ 하계를 부여하며, 이는 $\Omega(\sqrt{bs_{\mathbf{X}}(F)})$ 하계를 의미한다.

정리 9.6.2의 상세한 증명을 생략하고자 한다. $\Omega(\sqrt{bs_{\mathbf{X}}(F)})$의 하계는 하이브리드 또는 다항식 방법 또는 다음 절에서 설명하는 기법의 특별한 경우로 증명할 수 있다(문제 9.7.4 참조). N개 이상의 블록은 절대 가질 수 없으므로 이 방법이 제시할 수 있는 최대 하계는 $\Omega(\sqrt{N})$이다.

9.6.1 블록 민감도 하계의 예제

OR 함수의 블록 민감도는 $bs(\mathbf{0}) = N$(각 개별 비트가 블록이다)이므로 N이다. 이것은 $Q_2(\text{OR}) \geq \frac{\sqrt{N}}{4}$임을 증명하고 정리 9.3.2의 또 다른 증명으로 이어진다.

문제 9.6.1 THRESHOLD_M 함수의 블록 민감도는 $N - M + 1$임을 증명하라.

이 방법은 THRESHOLD$_M$을 계산하기 위해 $\Omega\sqrt{N-M-1}$의 하계를 제시한다. 이 하계는 다항식 방법에서 제시하는 하계와 같이 엄격하지 않다.

PARITY 함수의 블록 감도는 N이며, 또한 엄격하지 않은 $\Omega(\sqrt{N})$의 하계를 제시한다.

다음 절에서는 블록 민감도 방법이 특별한 경우인 보다 일반적이고 강력한 방법을 설명한다.

9.7 대항적 방법(adversary method)

t가 $\mathbf{Z}$에 대한 블랙박스를 호출한 후 $F(\mathbf{Z})$를 추측하는 알고리듬 A를 고려해보자. $|\psi_j^{\mathbf{Z}}\rangle$을 문자열 $\mathbf{Z}$에 대한 오라클에 대해 j번째 호출 직후의 상태라고 하자.

이 알고리듬은 알 수 없는 문자열 $\mathbf{Z}$에 대해 $F(\mathbf{Z})$를 계산하려고 하기 때문에 $F(\mathbf{Z})$ 또는 $|\psi_j^{\mathbf{Z}}\rangle \in \mathcal{Y} = \{|\psi_t^{\mathbf{Y}}\rangle | F(\mathbf{Y}) = 1\}$, $|\psi_t^{\mathbf{Y}}\rangle \in \mathcal{X} = \{|\psi_t^{\mathbf{X}}\rangle | F(\mathbf{X}) = 0\}$인지 아닌지 결정하고자 해야 한다. 따라서 좋은 알고리듬은 이러한 두 집합을 가능한 한 구별할 수 있도록 만들 것이다.

목표는 입력 $\mathbf{Z}$에 대해 $F(\mathbf{Z})$를 정확하게 추측하는 것이다(최악의 경우에서의 수행에 관심이 있음을 기억하라). 알고리듬 $\mathcal{A}$가 입력 $\mathbf{Z}$에 대해 정답을 추측할 확률이 최소 $1 - \epsilon$이라는 속성을 갖는다고 가정하라. 이것은 $\mathcal{A}$의 마지막 단계가 적어도 $1 - \epsilon$의 확률로 $F(\mathbf{X}) \neq F(\mathbf{Y})$인 $\mathbf{X}$, $\mathbf{Y}$에 대해 $|\psi_t^{\mathbf{X}}\rangle$과 $|\psi_t^{\mathbf{Y}}\rangle$을 정확하게 구별할 수 있음을 의미한다. 정리 9.2.1에 따르면 $|\langle \psi_t^{\mathbf{X}} | \psi_t^{\mathbf{Y}} \rangle| = \delta \leq 2\sqrt{\epsilon(1-\epsilon)}$임을 알고 있다.

R을 $\mathcal{X} \times \mathcal{Y}$의 부분집합이라고 하자. 오라클 쿼리 전에 모든 $\mathbf{X}$, $\mathbf{Y}$에 대해 $|\psi_0^{\mathbf{X}}\rangle = |\psi_0^{\mathbf{Y}}\rangle$임을 유의하고, 따라서 다음 수식과 같다.

$$\sum_{\substack{|\psi_0^{\mathbf{X}}\rangle, |\psi_0^{\mathbf{Y}}\rangle: \\ \mathbf{X}, \mathbf{Y} \in R}} |\langle \psi_0^{\mathbf{X}} | \psi_0^{\mathbf{Y}} \rangle| = |R| \tag{9.7.1}$$

t 오라클 쿼리 후에 알고리듬이 항상 최소 $1 - \epsilon$ 확률로 올바르게 응답하면 다음 수식과 같음이 틀림없다.

$$\sum_{(x,y)\in R} |\langle \psi_t^{\mathbf{X}} | \psi_t^{\mathbf{Y}} \rangle| \leq 2\sqrt{\epsilon(1-\epsilon)}|R| \tag{9.7.2}$$

$\epsilon < \frac{1}{2}$일 경우, 다음 수식과 같다.

$$2\sqrt{\epsilon(1-\epsilon)}|R| < |R| \tag{9.7.3}$$

즉, 만약 다음 수식을 정의할 경우,

$$W^j = \sum_{(x,y)\in R} \frac{1}{\sqrt{|\mathcal{X}||\mathcal{Y}|}} |\langle \psi_j^{\mathbf{X}} | \psi_j^{\mathbf{Y}} \rangle| \tag{9.7.4}$$

(나중에 표기의 편의를 위해 다시 정규화한다) 다음 수식과 같음을 안다.

$$W^t - W^0 \geq |R| \frac{\left(1 - 2\sqrt{\epsilon(1-\epsilon)}\right)}{\sqrt{|\mathcal{X}||\mathcal{Y}|}} \in \Omega\left(\frac{|R|}{\sqrt{|X||Y|}}\right)$$

따라서 각 오라클 쿼리에서 W^j 수량이 감소할 수 있는 비율을 상계로 설정할 수 있다면 쿼리 복잡도에 대한 하계를 얻을 수 있다. 즉, $W^j - W^{j-1} < \Delta$이 되도록 $\Delta > 0$ 값이 있음을 증명하고자 한다. 이것은 $t \geq \frac{W^t - W^0}{\Delta}$을 의미한다.

부록 A.5에서 입증된 다음과 같은 보조정리가 있다.

보조정리 9.7.1 b와 b'가 다음을 만족한다고 하자.

- 모든 $\mathbf{X} \in \mathcal{X}$ 및 $i \in \{1, 2, \ldots, N\}$에 대해 $(\mathbf{X}, \mathbf{Y}) \in R$ 및 $X_i \neq Y_i$를 만족하게 하는 최대 b개의 서로 다른 $\mathbf{Y} \in \mathcal{Y}$가 있다.
- 모든 $\mathbf{Y} \in \mathcal{Y}$ 및 $i \in \{1, 2, \ldots, N\}$에 대해 $(\mathbf{X}, \mathbf{Y}) \in R$ 및 $X_i \neq Y_i$를 만족하게 하는 최대 b'개의 서로 다른 $\mathbf{Y} \in \mathcal{Y}$가 있다.

그럼 $W^k - W^{k-1} \leq \sqrt{bb'}$이 된다.

증명 부록 A.5를 참고하라.

본 증명은 다음 보조정리를 의미한다.

보조정리 9.7.2 F를 $\{0, 1\}^N$의 모든 부분집합에 정의된 함수라고 하자. $\mathcal{X} = \{\mathbf{X} | F(\mathbf{X}) = 0\}$, $\mathcal{Y} = \{\mathbf{Y} | | F(\mathbf{Y}) = 1\}$, $R \subseteq \mathcal{X} \times \mathcal{Y}$, b, b'는 보조정리 9.7.1에서와 동일한 가설을 충족한다고 하자. 그런 다음 최소 $1 - \epsilon$(상수 $\epsilon < \frac{1}{2}$에 대해) 확률로 $F(\mathbf{Z})$를 계산하는 데 필요한 $O_\mathbf{Z}$에 대한 쿼리 수는 다음 수식이다.

$$t \geq |R| \frac{\left(1 - 2\sqrt{\epsilon(1-\epsilon)}\right)}{\sqrt{|\mathcal{X}||\mathcal{Y}|}\sqrt{bb'}} \in \Omega\left(\frac{|R|}{\sqrt{|\mathcal{X}||\mathcal{Y}|}\sqrt{bb'}}\right) \tag{9.7.5}$$

왜 b와 b'의 낮은 값이 쿼리 복잡도에 대해 더 큰 하계를 제시하는지에 대한 이해를 돕기 위해 블랙박스 $O_\mathbf{X}$가 주어진 $\mathbf{X} \in \mathcal{X}$를 인식하려면 모든 $\mathbf{Y} \in \mathcal{Y}$를 배제해야 한다. $O_\mathbf{X}$에 대한 단일 (고전적인) 쿼리는 $\mathbf{Y} \in \mathcal{Y}$의 최대 b값을 배제할 수 있다. 마찬가지로, 블랙박스 $O_\mathbf{Y}$가 있는 경우 $O_\mathbf{Y}$에 대한 단일 (고전적인) 쿼리는 $\mathbf{X} \in \mathcal{X}$의 최대 b'값을 배제한다.

이 방정식의 추가적인 정규화는 다음의 보조정리의 도움을 받아 달성된다.

보조정리 9.7.3 m과 m'이 다음을 만족하는 모든 정수라고 하자.

- 모든 $\mathbf{X} \in \mathcal{X}$에 대해 $(\mathbf{X}, \mathbf{Y}) \in R$를 만족하게 하는 최소 m개의 서로 다른 $\mathbf{Y} \in \mathcal{Y}$가 있다.

- 모든 $\mathbf{Y} \in \mathcal{Y}$에 대해 $(\mathbf{X}, \mathbf{Y}) \in R$를 만족하게 하는 최소 m'개의 서로 다른 $\mathbf{X} \in \mathcal{X}$가 있다.

그럼 $|R| \geq \sqrt{|\mathcal{X}||\mathcal{Y}|mm'}$이 된다.

증명 각 $\mathbf{X} \in \mathcal{X}$에 대해 $(\mathbf{X}, \mathbf{Y}) \in R$과 같은 최소 m개의 문자열 $\mathbf{Y} \in \mathcal{Y}$가 있으므로 $|R| \geq m|\mathcal{X}|$이 된다. 마찬가지로 $|R| \geq m'|\mathcal{Y}|$이므로, 따라서 $|R|$이 두 숫자의 평균 이상이어야 한다. 음이 아닌 두 실수의 산술 평균은 항상 동일한 두 수의 기하 평균보다 크거나 같으므로 다음 수식이 된다.

$$|R| \geq \frac{m|\mathcal{X}| + m'|\mathcal{Y}|}{2} \geq \sqrt{|\mathcal{X}||\mathcal{Y}|mm'} \tag{9.7.6}$$

이는 다음 정리를 의미한다. □

정리 9.7.4 F를 $\{0, 1\}^N$의 부분집합에 정의된 함수라고 하자. $\mathcal{X} = \{\mathbf{X} \,|\, F(\mathbf{X}) = 0\}$ 및 $\mathcal{Y} = \{\mathbf{Y} \,|\, F(\mathbf{Y}) = 1\}$이며 $R \subset \mathcal{X} \times \mathcal{Y}$이고 b, b'가 보조정리 9.7.1에서와 동일한 가설을 충족시키고 m 및 m'는 보조정리 9.7.1에서와 동일한 가설을 충족한다고 하자.

$$Q_2(F) \in \Omega\left(\sqrt{\frac{mm'}{bb'}}\right) \tag{9.7.7}$$

9.7.1 대항적 하계의 예제

검색에 대한 하계

검색의 하계를 다시 증명하기 위해 $\mathcal{X} = \{0\}$, $\mathcal{Y}$를 정확히 하나의 1이 있는 모든 문자열의 집합, $R = \mathcal{X} \times \mathcal{Y}$로 설정할 수 있다. $\Omega(\sqrt{N})$ 하계를 제시하는 $m = N$, $m' = b = b' = 1$임을 쉽게 확인할 수 있다.

문제 9.7.1 유계오류가 있는 다수결 함수^{MAJORITY function}를 결정하는 데 $\Omega(N)$ 쿼리가 필요하다는 것을 증명하기 위해 대항적 방법을 사용하라.

힌트: X는 $N/2$인 문자열이고 Y는 $N/2 + 1$ 문자열이다. 관계 R을 신중하게 선택하라.

문제 9.7.2 PARITY 함수를 결정하는 데 $\Omega(N)$ 쿼리가 필요함을 증명하기 위해 대항적 방법을 사용하라.

이러한 하계는 모두 다항식이나 블록 감도법에 의해 이미 얻어졌다는 점에 주목할 필요가 있다. 다음의 하계는 이전 방법을 사용해 아직 달성되지 않은 하계이다.

AND‒OR 트리의 하계

크기 $M = \sqrt{N}$의 군으로 이루어진 N개 변수 X_1, X_2,..., X_N의 OR의 AND로 구성된 함수 F를 고려하라(편리를 위해 N은 완전제곱이라 가정한다). 다시 말해, 다음 수식과 같다.

$$F(\mathbf{X}) = (X_1 \vee X_2 \vee \cdots \vee X_M) \wedge (X_{M+1} \vee X_{M+2} \vee \cdots \vee X_{2M}) \wedge \cdots$$
$$\cdots \wedge (X_{(M-1)M+1} \vee X_{(M-1)M+2} \vee \cdots \vee X_{M^2})$$
$$(9.7.8)$$

이 함수를 묘사하는 좋은 방법은 입력이 나무의 잎에 있는 나무에 있다. 각 꼭짓점은 아래 모서리에서 들어오는 입력에 적용할 연산을 나타내며 꼭짓점 위 모서리를 따라 출력된다. 그림 9.5는 $F(\mathbf{X})$를 평가하는 AND-OR 나무를 보여준다.

$F(\mathbf{X})$가 1이 되려면 각 OR 부분-트리^{sub-tree}에 하나 이상의 1이 있어야 한다.

$O(\sqrt{N})$ 쿼리를 사용해 위 문제를 해결하는 유계오류 양자 알고리듬이 있다(문제 9.7.3 에서는 $O(\sqrt{N} \log N)$ 쿼리를 사용해 알고리듬을 제시하게 했다). 블록 감도 또는 다항식 방법을 간단하게 적용하면 $\Omega(N^{\frac{1}{4}})$의 하계가 주어진다.

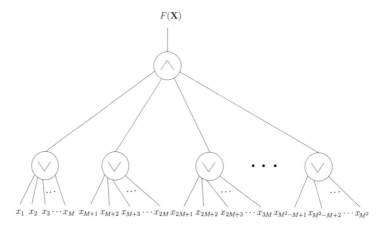

그림 9.5 이 나무는 'AND-OR' 함수 F의 연산을 보여준다. 입력 비트는 나무의 잎에 있다. 각 OR 꼭짓점은 그 아래 모서리를 따라 비트의 OR을 계산하고 그 위 가장자리를 따라 답을 출력한다. 모든 OR 출력은 AND 꼭짓점에 대한 입력으로, AND를 계산하고 정답을 출력한다.

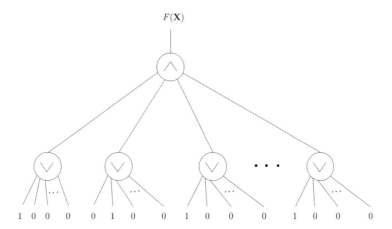

$F(\mathbf{X})$

1 0 0 0   0 1 0 0   0 1 0 0   0 1 0 0 0

그림 9.6 본 도표는 $F(\mathbf{X}) = 1$인 AND-OR 나무에 대한 입력 **X**를 보여준다. 각 OR에는 정확히 하나의 1의 입력이 있으므로 1을 출력한다. 따라서 AND는 입력으로 모든 1을 갖고 1을 출력한다.

문제 9.7.3 $O(\sqrt{N} \log N)$ 쿼리를 사용해 N개의 입력에 대해 AND-OR 함수 F를 계산하기 위한 유계오류 양자 알고리듬을 제시하라.

대항적 방법을 사용해 $\Omega(\sqrt{N})$의 하계를 얻게 된다.

정리 9.7.5 모든 $\mathbf{X} \in \{0, 1\}^N$에서 F를 평가하는 유계오류 양자 알고리듬은 $\Omega(\sqrt{N})$의 쿼리 복잡도를 갖는다.

증명 $\mathcal{X}$는 각 OR 함수에 대한 M개 입력 각각에 정확히 하나의 1이 있는 모든 문자열 집합에 대응한다고 하자(예제는 그림 9.6을 참조하라). $\mathcal{Y}$는 정확히 하나의 OR 함수에 0 입력만 있고(예제는 그림 9.7을 참조하라) 나머지 OR에는 정확히 하나의 1이 있는 모든 문자열 집합에 대응한다고 하자.

R이 **X**와 **Y**는 정확히 한 비트 위치에서 다른 모든 순서쌍 $(\mathbf{X}, \mathbf{Y}) \in \mathcal{X} \times \mathcal{Y}$로 구성된다고 하자.

그다음 모든 $\mathbf{X} \in \mathcal{X}$에 대해 문자열 $\mathbf{Y} \in \mathcal{Y}$를 제시하기 위해 뒤집을 수 있는 $M = \sqrt{N}$(OR 당 하나)이 있기 때문에 $m = \sqrt{N}$이 된다. 유사하게 각 $\mathbf{Y} \in \mathcal{Y}$에 대해 모든 M 입력이 0인 OR이 하나 있고, 이러한 M 중 0들에서 1까지 뒤집으면 $\mathcal{X}$의 문자열이 생기기 때문에 $m' = \sqrt{N}$과 같다.

더욱이 각 $\mathbf{X} \in \mathcal{X}$와 각 $i \in \{1, 2, \ldots, N\}$에 대해 i번째 위치에 $\mathbf{X}$와 다른 $\mathbf{Y} \in \mathcal{Y}$가 최대 한 개 있기 때문에 $b = 1$이다. 마찬가지로 $b' = 1$이다.

정리 9.7.4는 $Q_2(F) \in \Omega\left(\sqrt{\frac{mm'}{bb'}}\right) = \Omega(\sqrt{N})$을 의미한다.

F의 유계오류 고전적 복잡도는 $\Theta(N)$에 속한다.

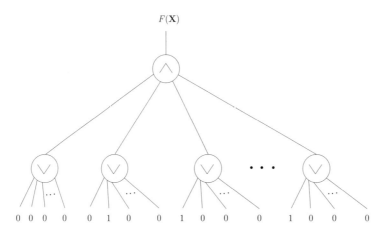

그림 9.7 본 도표는 $F(\mathbf{X}) = 0$인 AND-OR 나무에 대한 입력 $\mathbf{X}$를 보여준다. OR 중 하나에 1의 입력이 없으므로 0을 출력한다는 점에 유의하라. 따라서 AND는 적어도 하나의 0 입력을 가지며 0을 출력해야 한다.

문제 9.7.4 $Q_2(F) \in \Omega\left(\sqrt{\mathrm{bs}(F)}\right)$의 블록 감도 하계가 대항적 논증에 의해 도출될 수 있음을 증명하라.

힌트: $\mathcal{X}$가 $\mathrm{bs}(F)$를 달성하는 문자열로 구성되도록 하라.

9.7.2 일반화

예를 들어 W^j(방정식 (9.7.4)를 상기시켜보라)의 정의를 살펴보는 한 가지 방법은 순서가 지정된 모든 순서쌍 $(\mathbf{X}, \mathbf{Y}) \in \mathcal{X} \times \mathcal{Y}$에 대해 합산하고 $(\mathbf{X}, \mathbf{Y}) \in R$일 경우 1이 되고, 그렇지 않으면 0이 되는 가중치를 가지고 각 쌍을 비교하는 것이다. 이것은 실제로 정의된 '가중된' 대항적 방법의 보다 일반적인 족family을 시사한다. 다른 방법으로는 스펙트럼 또는 콜모고로프Kolmogorov 복잡도 기법을 사용한다. 이러한 일반화의 큰 클래스는 사실상 동일한 하계를 증명한다는 점에서 동등하다.

10
양자 오차 수정

수학적 계산 모델은 이상화된 추상화다. 보통 지정한 수학적 연산이 오류 없이 정확하게 수행될 것이라는 가정하에 알고리듬을 설계하고 분석을 수행한다. 추상적인 계산 모델을 구현하는 물리적 장치는 불완전하고 정밀도가 제한적이다. 예를 들어 디지털 회로를 물리적 회로 기판에 구현하는 경우 환경에서 원하지 않는 전기 소음이 발생해 구성 요소가 예상과 다르게 동작할 수 있으며 전압 레벨(비트 값)이 변경될 수 있다. 이러한 오류 생성원은 반드시 제어되거나 보완돼야 하며, 그렇지 않으면 효율성의 손실로 인해 정보처리장치의 성능이 저하할 수 있다. 계산의 개별 단계가 확률 p로 성공하면 t의 순차적인 단계를 포함하는 계산의 p^t로 기하급수적으로 감소하는 성공 확률을 갖게 될 것이다.

비록 오류의 원인을 제거하는 것은 불가능할지 모르지만, 합리적인 양의 추가 자원을 사용해 오류를 복구할 수 있는 방법을 고안해낼 수 있다. 많은 고전적인 디지털 컴퓨팅 장치는 오류의 감지 및 복구를 수행하기 위해 오류 정정 코드를 사용한다. 오류 정정 코드 이론은 그 자체가 수학적인 추상화지만, 현실적 장치의 불완전성과 부정확함에 의해 도입된 오류를 명시적으로 설명하는 이론이다. 이러한 이론은 엔지니어들이 오류에 대해 탄력적인 컴퓨터 장치를 만들 수 있도록 하는 데 매우 효과적이라는 것이 입증됐다.

양자 컴퓨터는 고전적인 디지털 컴퓨터보다 오류에 더 민감하다. 양자 기계 시스템가 더 섬세하고 제어하기가 더 어렵기 때문이다. 대규모 양자 컴퓨터가 가능하려면 양자 오차 수정 이론이 필요하다. 양자 오차 수정이 발견되면서 연구자들은 오류가 존재함에도 불구하고 현실적인 대규모 양자 컴퓨팅 장치를 구축할 수 있다는 자신감을 갖게 됐다.

10.1 고전적 오류 정정

고전적 환경에서 오류 정정을 위한 기본 개념을 고려하는 것에서부터 시작한다. (a) 오류 모델의 특성화, (b) 인코딩을 통한 중복성 도입, (c) 오류 복구 절차의 3가지 개념에 초점을 맞추고자 한다. 나중에 이러한 개념들이 양자 오차 수정을 위해 아주 자연스럽게 일반화되는 것을 볼 것이다. 본 절의 나머지 부분에서는 고전적인 정보 부분(고전적 컴퓨터에서 또는 한 장소에서 다른 장소로 전송되는 정보)이 오류의 영향으로부터 어떻게 보호될 수 있는지에 대해 논의한다.

10.1.1 오류 모델

오류로부터 정보를 보호하는 첫 번째 단계는 보호하려고 하는 오류의 성격을 이해하는 것이다. 그러한 이해는 오류 모델에 의해 표현된다. 오류 모델은 비트 집합의 확산을 묘사한다. 컴퓨터의 한 지점에서 다른 지점으로 이동하거나 저장될 때 비트로 일어나는 확산이나 변환과 유사하게, 흔히 채널이라고 부른다. 이상적으로는 비트 상태가 채널의 영향을 받지 않기를 바란다(즉, 비트 상태가 저장 중이거나 한 위치에서 다른 위치로 이동하는 동안 비트 값을 조금이라도 변경하기를 원하지 않는다). 오류가 없는 채널을 항등 채널이라고 말한다. 저장 또는 이동 중인 비트에 오류가 발생할 때 채널은 이러한 오류에 대한 설명을 제시한다. 궁극적으로, 계산 중에 발생하는 오류를 고려하고자 할 것이다. 오류 정정 방법을 이해하려면 먼저 채널을 통해 비트를 전송하는 간단한 사례를 고려하는 것이 매우 유용하다.

가장 단순한 고전적 오류 모델은 비트 플립 채널이다. 이 모델에서 비트의 상태는 확률 p로 플립되며 확률 $1 - p$에 영향을 받지 않는다. 비트 플립 채널은 그림 10.1에 설명 돼 있다.

비트 플립 채널의 경우 비트 플립의 확률 p는 비트가 초기 0인지 1인지와 무관하다. 더 복잡한 오류 모델은 상태 0의 비트에 대해 상태 1과 다른 오류 확률을 가질 수 있다. 고려하고자 하는 비트 플립 채널은 오류가 비트마다 독립적으로 발생하는 채널이다. 보다 일반적인 오류 모델은 서로 다른 비트 사이의 상관된 오류를 설명할 것이다. 특 정 모델에 의해 기술된 오류가 회로의 비트 레지스터에 작용하는 경우, 그림 10.2에 나타낸 것과 같이 $\mathcal{E}^C$라 칭해지는 블록으로 이를 나타낸다. 위첨자 C는 고전적인 것과 양자적인 경우를 구별하기 위해 사용되는데, 이는 추후 논의할 것이다.

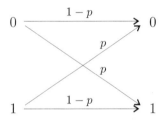

그림 10.1 고전적 비트 플립 채널

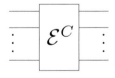

그림 10.2 회로 도표에서 레지스터에 대한 오류의 영향을 나타내는 블록

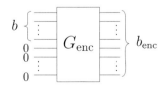

그림 10.3 코드 워드 b_{enc}로 논리적 문자열 b와 상태 0의 비트의 보조를 취하는 인코딩 연산

오류 모델 $\mathcal{E}^C$는 서로 다른 연산 $\mathcal{E}_i^C$로 구성되며, 여기서 각 $\mathcal{E}_i^C$는 확률 p_i로 발생하는 특정 오류에 해당한다.

10.1.2 인코딩

일단 오류 모델에 대한 설명을 얻으면 이러한 오류에 대해 강력한 방식으로 정보를 인코딩하고자 한다. 이것은 보호하고자 하는 논리 비트에 다수의 추가 비트를 추가해 결과 문자열을 인코딩된 비트로 변환함으로써 이루어질 수 있다. 인코딩된 비트에 해당하는 비트 문자열을 코드 워드라고 한다. 코드 워드의 집합(가능한 비트 값 0과 1)은 코드라고 한다. 코드 워드는 그들이 나타내는 논리 비트에 약간의 중복성을 추가하기 위해 고안됐다. 중복성에 대한 기본적인 개념은 오류가 코드 워드의 일부 비트를 손상시켰을 때에도 나머지 비트는 논리 비트를 복구할 수 있도록 충분한 정보를 포함하고 있다는 것이다.

위의 시스템은 (각 논리 비드를 독립적으로 인고딩하는 것이 아니라) n비트의 논리 문자열을 직접 인코딩하도록 쉽게 일반화할 수 있다. n비트의 논리 문자열 b는 m 보조 비트(알려진 상태에서 일반성의 손실 없이 0이라고 가정할 것)를 추가한 다음 결과 문자열을 $(n+m)$ 비트 코드 워드로 변환해 인코딩할 수 있으며, 이를 b_{enc}라고 한다.

논리 문자열 b를 각각의 코드 워드 b_{enc}에 사상하는 과정을 인코딩 연산이라고 한다. 회로에서는 초기 0 상태에서 일부 보조 비트를 추가한 다음 게이트를 적용해 인코딩을 구현한다. 이 과정은 그림 10.3과 같이 회로 도표에서 G_{enc} 연산으로 나타낸다.

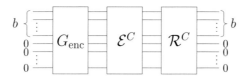

그림 10.4 코드 워드 b_{enc}에 약간의 오류가 발생한 후, 복구 연산 $\mathcal{R}^C$는 이러한 오류를 정정하고 논리 문자열 b를 복구한다.

10.1.3 오류 복구

코드 워드 b_{enc}가 약간의 오류를 범한 후에 결과는 문자열 $\bar{b}_{enc}$이다. $\bar{b}_{enc}$의 오류를 정정하고 논리 비트(또는 문자열) b를 복구하는 절차를 진행하고자 한다. 이것을 복구 연산이라고 한다. 편의를 위해 복구 연산을 통해 보조자를 전체 0의 상태로 되돌리도록 할 것이다(일반적으로 이것은 오래된 보조자를 폐기하고 새로 초기화된 보조자로 교체함으로써 달성할 수 있다). 복구 연산은 그림 10.4와 같다.

복구 연산은 오류가 발생한 후 코드 워드를 명확하게 구별할 수 있어야 한다. 특정 오류가 연산 $\mathcal{E}_i^C$로 표시된다고 가정해보자(이때 i는 코드 워드에서 발생할 수 있는 모든 가능한 오류에 대한 범위를 지정한다). 복구 연산은 정정 가능한 오류라고 하는 이러한 오류의 일부 부분집합에서 올바르게 작동한다. 코드가 주어지면 해당 코드로 오류 집합을 정정할 수 있으려면 다음 수식이 있어야 하며, 여기서 k와 l은 코드 워드 k_{enc} 및 l_{enc}로 인코딩된 논리 문자열이고 i, j는 정정 가능한 오류 범위이다.

$$\mathcal{E}_i^C\left(k_{enc}\right) \neq \mathcal{E}_j^C\left(l_{enc}\right), \qquad \forall k \neq l \tag{10.1.1}$$

방정식 (10.1.1)은 (고전적) 오류 정정을 위한 조건으로서, 어떤 오류가 두 개의 구별되는 코드 워드에 작용했을 때 결과 문자열이 결코 같지 않다고 말한다. 이것은 오류가 발생한 후에 그 결과로 생긴 문자열로부터 원래의 코드 워드를 분명하게 결정할 수 있다는 것을 의미한다. 표기법을 단순화하기 위해 동일 변환은 항상 오류 $\mathcal{E}_i^C$ 집합에 포함된다(정정할 필요가 없는 경우).

방정식 (10.1.1)의 직교성 조건은 오류가 연속적인 연산의 스펙트럼이 아닌 한정된 수의 이산 효과에 의해 설명된다고 가정하기 때문에 가능하다(즉, 오류는 디지털 계산에서 볼 수 있는 이산 오류와 같으며 아날로그 계산의 연속 오류와 같지 않다).

오류 정정 조건은 네 개의 가능한 오류(동일 포함)가 있는 오류 모델에서 두 개의 코드 워드가 있는 코드의 경우로서 그림 10.5에 설명돼 있다.

10.2 고전적 3비트 코드

앞서 설명한 개념을 더욱 구체화하기 위해 여기서는 3비트 코드로 알려진 고전적 오류 정정 코드의 예를 자세히 설명한다.

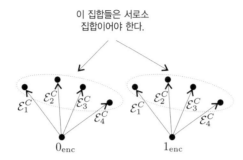

그림 10.5 각 코드 워드에 영향을 미치는 4개의 가능한 오류 $\mathcal{E}_1^C$, $\mathcal{E}_2^C$, $\mathcal{E}_3^C$, $\mathcal{E}_4^C$가 있는 오류 모델에서 두 개의 코드 워드가 있는 코드에 대한 오류 정정 조건. 조건은 오류가 두 개의 고유한 코드 워드에서 작동할 때 결과 문자열이 결코 같지 않다는 것이다.

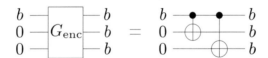

그림 10.6 고전적인 3비트 코드의 인코딩 연산을 위한 회로. 그림 1.3의 고전적 CNOT 게이트에 대한 회로 기호를 호출한다.

이같은 예제에 대해 고려하는 오류 모델은 10.1.1절에 설명된 비트 플립 채널이다. 비트 플립 채널의 경우 (고전적) 비트 상태가 확률 p로 플립되며 확률 $1 - p$에 영향을 받지 않는다.

비트 플립 채널이 도입한 오류로부터 정보를 보호하기 위한 간단한 인코딩 방식은 2개의 보조 비트를 추가해 비트 수를 늘린 다음, 규칙에 따라 각 비트 b를 3비트의 코드 워드 b_{enc}로 인코딩하는 것이다.

$$
\begin{aligned}
0 &\mapsto 000 \mapsto 000 \\
1 &\mapsto 100 \mapsto 111
\end{aligned}
\tag{10.2.1}
$$

처음에 0으로 설정된 두 개의 보조 비트는 인코딩할 논리 비트에 추가된다. 그런 다음 첫 번째 비트의 값을 보조 비트에 복사한다. 그 결과 모든 비트는 그 자체로 3개의 사본으로 구성된 코드 워드로 표현된다. 인코딩 연산을 위한 회로는 그림 10.6에 나와 있다.

코드 워드 b_{enc}에 비트 플립 채널이 적용되면 결과는 확률 $\bar{b}_{\text{enc}}$으로 발생하는 문자열 $P_{\bar{b}_{\text{enc}}}$의 집합이 된다. 즉, 다음 수식이 된다.

$$b_{\text{enc}} \to \{(\bar{b}_{\text{enc}}, P_{\bar{b}_{\text{enc}}})\} \tag{10.2.2}$$

또는 명확하게 다음 수식이 된다.

$$\begin{aligned} 000 \to \{ &(000, (1-p)^3), \\ &(001, p(1-p)^2), (010, p(1-p)^2), (100, p(1-p)^2), \\ &(011, p^2(1-p)), (110, p^2(1-p)), (101, p^2(1-p)), \\ &(111, p^3)\} \end{aligned} \tag{10.2.3}$$

$\bar{b}_{\text{enc}}$를 취하고 원래 논리 비트 문자열 b를 반환하는 복구 연산을 설계하고자 한다. 먼저 기존 오류 정정 조건(방정식 (10.1.1))이 충족되는지 확인해 이러한 복구 연산자가 존재하는지 확인해야 한다. 이를 유지하려면 각 코드 워드(식 (10.2.3)의 처음 두 줄에 제시된 문자열) 내에서 최대 1비트 플립이 발생하도록 오류를 제한해야 한다. 이것은 정정 가능한 오류의 집합이다.

문제 10.2.1

(a) 각 코드 워드 내에서 최대 1비트 플립이 발생할 수 있는 제한된 비트 플립 오류 모델을 고려하라. 위에서 설명한 3비트 코드의 경우 방정식 (10.1.1)이 유지되고 있으므로 이 코드를 사용해 단일 비트 플립을 명확하게 정정할 수 있음을 보여라.

(b) 각 코드 워드 내에서 2개 이상의 비트 플립이 발생할 수 있는 오류 모델에서 방정식 (10.1.1)이 유지되지 않으므로 3비트 코드는 이러한 오류를 정정할 수 없음을 보여라.

손상된 코드 문자 $\bar{b}_{enc}$에서 논리 비트 b를 복구하려면 어떤 특정 잡음 연산자가 적용됐는지 알아내고 그 효과를 되돌려서 정보를 복구해야 한다. 이 연산을 수행하는 간단한 방법은 각 비트의 값을 살펴보고, 3비트의 과반수 표를 얻은 다음, 모든 비트를 과반수 득표로 인한 값으로 재설정하는 것이다. 이 절차는 모든 비트를 측정해야 하고 양자 정보를 파괴할 것이기 때문에 양자 사례에 일반화할 수 없을 것이다. 대신 다른 절차를 사용하고자 한다. 첫 번째 비트의 정보를 복원하기 위해 오류 정정 절차를 설계하고 마지막 두 비트를 사용해 오류가 발생한 비트를 알려줄 것이다. 이는 첫 번째 비트의 값을 코드의 나머지 두 비트와 비교해 달성할 수 있다. 즉, 첫 번째와 두 번째 비트의 패리티(독점-OR)와 첫 번째와 세 번째 비트의 패리티를 계산한다. 첫 번째 비트가 다른 비트와 모두 일치하는 경우(즉, 두 패리티 모두 0이다), 오류가 발생하지 않았다고 결론짓는다. 마찬가지로 첫 번째 비트가 나머지 두 비트 중 하나와만 일치하고 나머지 비트와 일치하지 않으면 첫 번째 비트가 올바르고 패리티가 1이었던 비트가 플립된 것이다. 나머지 두 가지 패리티 모두 1(즉, 첫 번째 비트가 나머지 두 비트와 모두 일치하지 않음)인 경우, 첫 번째 비트는 플립됐을 것이라고 결론짓는다. 이 마지막 경우, 첫 번째 비트를 원래 값으로 되돌리면 정정될 수 있다. 어떤 비트의 실제 값을 알 필요가 없었고 패리티만 알 필요가 있다는 점에 유의해야 한다. 패리티는 코드 워드에 영향을 준 오류를 식별하는 데 충분한 정보를 제시한다. 이 정보를 오류 신드롬이라고 한다.

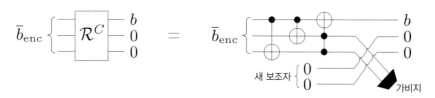

그림 10.7 3비트 코드에 대한 복구 연산의 회로

회로에 위의 복구 연산을 구현하려면 먼저 첫 번째와 두 번째 비트의 패리티와 첫 번째와 세 번째 비트의 패리티를 계산해야 한다. 이는 첫 번째 비트에서 제어되는 한 쌍의 고전적인 CNOT 게이트를 통해 달성할 수 있다(게이트가 작동하는 이유를 보려면 그림 1.3을 참조할 것). 각 CNOT 게이트 이후 목표 비트는 해당 값(CNOT 이전)이 제어 비트와 일치

하면 0이고, 그렇지 않으면 1이다. 첫 번째 비트는 CNOT에 대한 제어 비트일 뿐이므로 첫 번째 비트가 플립될 수 있는 유일한 방법은 첫 번째 비트에 적용된 오류에 의한 것이며, 이 경우 (최대 1비트 플립 오류를 가정해) CNOT 게이트(패리티)의 두 목표는 1의 값이 된다. 따라서 첫 번째 비트를 정정하기 위해 나머지 두 비트(CNOT 이후)가 모두 1인 경우에만 플립을 원한다. 이는 토폴리^{Toffoli} (다중제어형 CNOT) 게이트를 사용해 달성할 수 있다. 첫 번째 비트를 정정한 후에는 두 개의 보조 비트를 초깃값인 0으로 재설정해야 한다. 비트 값을 지우는 것은 되돌릴 수 없지만, 대안적인 접근법은 두 개의 새로운 보조 비트를 도입하고 (0으로 초기화) 사용된 보조 비트를 폐기(또는 무시)하는 것이다. 3비트 코드의 복구 연산을 위한 회로는 그림 10.7에 나와 있다.

인코딩 효과를 보는 다른 방법이 있다. 인코딩된 상태에서 발생하는 오류의 동작을 보는 대신에, 인코딩 연산을 그림 10.8과 같이 오류 연산자를 변환하는 것으로 생각할 수 있다. 잡음의 영향은 인코딩 연산 G_{enc}에 의해 오류 $\mathcal{E}_i^C$를 결합[1]하고 입력 $(b, 0, 0)$에 미치는 영향을 연구함으로써 보조자에 영향을 미치는 것으로 볼 수 있다. 문제 10.2.2에서 볼 수 있듯이, 변환된 오류 $\mathcal{E}_i^{C'}$는 나머지 두 비트도 플립하는 경우에만 첫 번째 비트를 플립한다. 그래서 첫 번째 비트는 토폴리 게이트만 적용하면 정정할 수 있다. 토폴리 게이트는 새로운 복구 연산 $\mathcal{R}^{C'}$이며, 이는 3비트 코드에 대해 먼저 인코딩 연산 G_{enc}를 적용한 다음, 3비트 코드에 대해 원래 복구 연산 $\mathcal{R}^C$를 적용하는 것과 같다. 이 관점은 코드를 형성하는 개별 비트의 값 대신 정보의 비트 자체를 찾아낸다.

문제 10.2.2

(a) 비트 플립 채널은 3비트 블록 내에서 최대 1비트 플립이 발생하는 경우만 고려하라. 3비트 블록(비트 플립이 없거나 첫 번째, 두 번째 또는 세 번째 큐비트에서의 비트 플립)에 작용하는 각각의 가능한 오류에 대해 3비트 코드에 대한 인코딩 연산에 의해 오류를 결합하고(그림 10.6 참조) 이 변환된 오류 $\mathcal{E}^{C'}$가 입력 $(b, 0, 0)$에 미치는 영향을 계산하라($\mathcal{E}^{C'}$는 나머지 두 비트를 플립하는 경우에만 첫 번째 비트를 플립한다는 것에 유의하라).

---

1   연산자 A와 다른 연산자 B를 결합한다는 것은 A에 왼쪽의 B^{-1}, 오른쪽의 B를 곱해 $B^{-1}AB$를 형성하는 것을 의미한다.

(b) 3비트 코드에 대해 주어진 G_{enc} 및 $\mathcal{R}^C$ 연산에 대해 $\mathcal{R}^{C'} = \mathcal{R}^C G_{\mathrm{enc}}$이 토폴리 게이트임을 보여라.

위의 3비트 코드에 대한 복구 연산은 각 코드 워드 내에서 최대 1비트 플립(정정 가능한 오류)이 발생하는 경우에만 성공하지만, 이는 오류 발생 가능성을 줄이는 데 충분하다. 비트 플립 채널의 경우 비트는 확률 p로 독립적으로 플립된다. 따라서 오류 정정이 없다면 이것은 단일 비트에 대한 오류 확률이다. 3비트 코드를 사용해 비트를 인코딩할 때 코드 워드의 2비트 이상이 플립될 확률은 $3p^2(1-p) + p^3$이므로 복구할 수 없는 오류의 확률은 p에서 $3p^2 - 2p^3$(오류 확률의 지수 변화)로 바뀐다. 3비트 코드는 $3p^2 - 2p^3 < p$만큼 개선되는데, $p < \frac{1}{2}$일 때마다 발생한다(만약 $p > \frac{1}{2}$이면 0을 111로, 1을 000으로 인코딩해 그에 따라 3비트 코드를 정정할 수 있다). $p = \frac{1}{2}$일 경우 오류 채널은 정보를 완전히 무작위화하며 오류 정정이 도움이 될 가능성은 없다.

3비트 코드는 각 논리 비트의 값을 특정 횟수만큼 반복하는 것만으로 코드 워드가 형성되기 때문에 반복 코드의 예제라 볼 수 있다. 양자 오차 수정을 위한 단순한 반복 코드가 존재하지 않고 양자 정보를 보호하는 코드를 부여하도록 개념이 정정될 수 있음을 나중에 알게 될 것이다.

10.3 내결함성

앞 절에서 설명한 시스템에서 복구 연산은 논리 문자열 b를 복구하므로 코드 워드를 암시적으로 해독한다. 계산의 후기 단계에서 오류로부터 정보를 보호하기 위해서는 정보를 다시 인코딩해야 할 것이다. 그러나 이 접근법은 디코딩과 재인코딩 사이에 정보를 보호하지 않는다.

상기 전략의 또 다른 단점은 인코딩 및 오류 복구 연산 자체가 오류로부터 자유롭다고 암묵적으로 가정한다는 점이다.

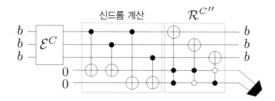

그림 10.9 상태를 디코딩하지 않고 3비트 코드에 대한 오류의 수정. 코드 워드 $b_{enc} = bbb$가 정정 가능한 오류에 노출돼 문자열 $\bar{b}_{enc}$이 생성됐다. 회로의 1단계는 오류 신드롬(패리티)을 보조자로 계산하고, 2단계는 신드롬을 기반으로 b_{enc}의 오류를 정정한다. 회로 내 제어형 게이트의 속이 빈 원은 0-제어에 해당한다(즉, 제어 비트가 0일 때 조건화된다).

모든 게이트가 오류가 발생하기 쉽다는 점을 고려할 때, 정정 절차 자체가 정정하려고 시도하는 것보다 더 많은 오류를 발생시키지 않도록 하기 위해 위에서 설명한 방법을 수정해야 할 것이다.

내결함성 계산 이론은 코드 워드에서 직접 연산을 수행하고(디코딩 필요 없음) 오류에 대한 강력한 방식으로 인코딩 및 오류 복구를 수행하는 절차를 제시한다. 본 절에서는 디코딩 없이 직접 코드 워드를 수정하는 오류 정정 방식을 설명한다. 10.6절에서 모든 계산을 양자 코드 워드 자체에서 직접 수행함으로써 이 접근 방식이 어떻게 내결함성 양자 컴퓨팅을 실현하기 위해 확장될 수 있는지 볼 것이다.

3비트 코드의 경우 복구 연산자가 고전적인 CNOT 게이트를 사용해 두 개의 패리티 각각을 계산했다는 점을 상기해보자. CNOT 게이트는 그것이 작용하는 두 비트의 패리티를 계산하고, 결과 패리티를 목표 비트에 놓는다. 따라서 그림 10.7의 복구 연산자는 코드 워드의 마지막 두 비트에 결과를 기록하면서 제자리에 필요한 패리티를 계산한다. 대체적인 접근 방식은 이러한 패리티를 두 개의 추가 보조 비트로 계산하는 것이다(처음에는 코드 워드를 포함하는 레지스터의 세 비트 모두 영향을 받지 않음). 그 개념은 오류 증후군을 보조자로 계산한 다음, 이 신드롬 정보를 사용해 복구 연산 $\mathcal{R}^{C''}$를 제어하는 것이다. 손상된 코드 워드 $\bar{b}_{enc}$이 있으면 복구 연산 $\mathcal{R}^{C''}$은 원래 코드 워드 b_{enc}를 반환한다. 그런 다음 보조자는 폐기되고, 다음 단계의 오류 정정에서 신드롬을 계산하기 위해 새로 초기화된 보조자가 제시된다. 이러한 구조는 그림 10.9의 3비트 코드에 대해 설명돼 있다.

10.4 양자 오차 수정

이제 양자 사례로 돌아가서 다음과 같은 사실에도 고전적 오류 정정을 일반화할 수 있는지 보고자 한다.

1. 양자 변화는 고전적인 이산 사례와는 반대로 연속적인 과정이다.

2. 인코딩 연산은 임의의 양자 상태를 여러 개 복사할 수 없다.

3. 인코딩된 양자 상태의 부패는 모든 큐비트의 완전한 측정을 통해 감지될 수 없다.

10.4.1 양자 컴퓨팅을 위한 오류 모델

고전적 컴퓨팅에 대한 오류 모델을 논의했을 때, 일반적으로 오류가 비트에 독립적으로 영향을 미치지 않을 수 있으므로 오류 모델은 다른 비트의 오류 간의 상관관계를 고려해야 한다는 점에 주목했다. 양자 비트의 오류도 마찬가지다. 큐비트에 독립적으로 영향을 미치는 오류에 대한 코드를 설명하는 것이 더 간단하며 다행히도 이러한 제한된 오류 모델에서 오류 정정에 대한 중요한 개념을 이해할 수 있다. 이러한 이유로 일반적인 경우의 이론을 제시할 것이지만 예제에서는 단일 큐비트에서 오류가 독립적으로 발생하는 오류 모델만 다룬다.

큐비트의 변화가 원하는 것과 다를 때 오류가 발생한다. 이 차이는 큐비트에 대한 부정확한 제어 또는 큐비트와 환경의 상호작용으로 인해 발생할 수 있다. '환경'이란 고려 중인 큐비트 외부의 모든 것을 의미한다. '양자 채널'은 주어진 설정의 큐비트가 환경에 어떻게 영향을 받는지에 대한 공식적인 설명이다.

$|E\rangle$ 상태의 환경과 상호작용하는 상태 $|0\rangle$에서 큐비트의 일반적인 변화는 다음 형식의 중첩 상태를 생성한다.

$$|0\rangle|E\rangle \mapsto \beta_1|0\rangle|E_1\rangle + \beta_2|1\rangle|E_2\rangle \qquad (10.4.1)$$

즉, 진폭 β_1에서 큐비트는 기저 상태 $|0\rangle$로 유지되고 환경은 일부 상태 $|E_1\rangle$로 변화한다. 진폭 β_2에서 큐비트는 기저 상태 $|1\rangle$로 변화하고 환경은 일부 상태 $|E_2\rangle$로 변화한

다. 유사하게 큐비트가 초기 상태 $|1\rangle$이고 환경이 $|E\rangle$ 상태일 때 다음 수식과 같다.

$$|1\rangle|E\rangle \mapsto \beta_3|1\rangle|E_3\rangle + \beta_4|0\rangle|E_4\rangle \tag{10.4.2}$$

보다 일반적으로, 일반 순수 상태의 큐비트가 상태 $|E\rangle$의 환경과 상호작용할 때 다음 수식과 같다.

$$\big(\alpha_0|0\rangle + \alpha_1|1\rangle\big)|E\rangle \mapsto \alpha_0\beta_1|0\rangle|E_1\rangle + \alpha_0\beta_2|1\rangle|E_2\rangle + \alpha_1\beta_3|1\rangle|E_3\rangle + \alpha_1\beta_4|0\rangle|E_4\rangle \tag{10.4.3}$$

상호작용 후 상태를 다음과 같이 다시 작성할 수 있다.

$$\begin{aligned}
\alpha_0\beta_1&|0\rangle|E_1\rangle + \alpha_0\beta_2|1\rangle|E_2\rangle + \alpha_1\beta_3|1\rangle|E_3\rangle + \alpha_1\beta_4|0\rangle|E_4\rangle \\
&= \tfrac{1}{2}\big(\alpha_0|0\rangle + \alpha_1|1\rangle\big)\big(\beta_1|E_1\rangle + \beta_3|E_3\rangle\big) \\
&\quad + \tfrac{1}{2}\big(\alpha_0|0\rangle - \alpha_1|1\rangle\big)\big(\beta_1|E_1\rangle - \beta_3|E_3\rangle\big) \\
&\quad + \tfrac{1}{2}\big(\alpha_0|1\rangle + \alpha_1|0\rangle\big)\big(\beta_2|E_2\rangle + \beta_4|E_4\rangle\big) \\
&\quad + \tfrac{1}{2}\big(\alpha_0|1\rangle - \alpha_1|0\rangle\big)\big(\beta_2|E_2\rangle - \beta_4|E_4\rangle\big)
\end{aligned} \tag{10.4.4}$$

$|\psi\rangle = \alpha_0|0\rangle + \alpha_1|1\rangle$라고 하자. 그럼 다음과 같은 수식이 되며,

$$\alpha_0|0\rangle - \alpha_1|1\rangle = Z|\psi\rangle \tag{10.4.5}$$

$$\alpha_0|1\rangle + \alpha_1|0\rangle = X|\psi\rangle \tag{10.4.6}$$

$$\alpha_0|1\rangle - \alpha_1|0\rangle = XZ|\psi\rangle \tag{10.4.7}$$

상태와 환경 간의 상호작용은 다음과 같이 쓸 수 있다.

$$\begin{aligned}
|\psi\rangle|E\rangle \mapsto &\tfrac{1}{2}|\psi\rangle\big(\beta_1|E_1\rangle + \beta_3|E_3\rangle\big) + \tfrac{1}{2}\big(Z|\psi\rangle\big)\big(\beta_1|E_1\rangle - \beta_3|E_3\rangle\big) \\
&+ \tfrac{1}{2}\big(X|\psi\rangle\big)\big(\beta_2|E_2\rangle + \beta_4|E_4\rangle\big) + \tfrac{1}{2}\big(XZ|\psi\rangle\big)\big(\beta_2|E_2\rangle - \beta_4|E_4\rangle\big)
\end{aligned} \tag{10.4.8}$$

이것은 환경과 자명하지 않게 상호작용하는지 여부에 관계없이 단일 큐비트에서 발생할 수 있는 가장 일반적인 변화를 나타낸다.

흥미로운 점은 포괄적 연속 변화가 유한한 수의 (이 경우 4) 이산 변환의 관점에서 다시 작성됐다는 것이다. 다양한 진폭(연속 집합에서 발생)으로 상태는 영향을 받지 않거나 위상 플립 Z, 비트 플립 X 또는 두 $XZ = -iY$의 조합을 거친다. 이는 이러한 연산자가

단일 큐비트의 힐베르트 공간에서 선형 연산자의 기저를 형성하기 때문에 가능하다(문제 10.4.1 참조).

문제 10.4.1 $\mathcal{H}_A$가 차원 2가 있는 복합 힐베르트 공간 $\mathcal{H}_A \otimes \mathcal{H}_E$에 작용하는 유니타리 연산 U는 일부 연산자 E_I, E_X, E_Z, E_Y에 대해 $U = I \otimes E_I + X \otimes E_X + Z \otimes E_Z + Y \otimes E_Y$로 분할할 수 있음을 증명하라.

특정 오류는 식 (10.4.8) 우측의 특수한 경우로 설명할 수 있다. 예를 들어 오류가 '비트 플립'이라는 것을 알고 있다고 가정하자. 이 오류는 일부 진폭을 가진 게이트 X가 아닌 효과의 영향을 받고 큐비트가 일부 다른 진폭으로 영향을 받지 않게 된다(항등식을 적용한다). 이것은 $\beta_1|E_1\rangle = \beta_3|E_3\rangle$ 및 $\beta_2|E_2\rangle = \beta_4|E_4\rangle$를 만족하게 하는 환경의 상태에 해당한다. 따라서 일반 변화에 대한 방정식 (10.4.8)은 다음 수식으로 단순화된다.

$$|\psi\rangle|E\rangle \mapsto \beta_1|\psi\rangle|E_1\rangle + X\beta_2|\psi\rangle|E_2\rangle \tag{10.4.9}$$

블로흐 구의 x축에 대한 큐비트의 부정확한 회전을 초래하는 제어력 부족으로 인한 단일 큐비트 오류는 어떤 상수 c에 대해 $\beta_1|E_1\rangle = c\beta_2|E_2\rangle$이 되므로, 큐비트의 상태와 연산자 $c\beta_2 I + \beta_2 X$의 환경 상태 인자가 유니타리하다. 즉 $|\psi\rangle|E\rangle \mapsto ((c\beta_2 I + X\beta_2)|\psi\rangle \otimes |E_2\rangle)$이 된다. 그리고 나서 그 오류를 결맞는다고^{coherent} 부른다. 환경 상태가 제거되지 않으면 오류는 비결맞게 될 것이다. $\beta_1|E_1\rangle$이 $\beta_2|E_2\rangle$에 직교하는 경우는 연산자 X(비트 플립)가 확률 $|\beta_2|^2 = p$로 적용되고 확률 $|\beta_1|^2 = 1 - p$에 영향을 받지 않는 고전적인 비트 플립 오류 모델의 양자 설명이다. 후자의 경우 포괄적 변화는 비유니타리$^{non\text{-}unitary}$하다.

큐비트의 포괄적 변화의 경우는 어떤 논리 상태 $|\psi\rangle$에서 더 큰 양자 시스템의 상황(예: 양자 컴퓨터에서 큐비트 레지스터)으로 일반화될 수 있으며, 초기 상태 $|E\rangle$에 있는 환경과의 어떤 오류 과정을 통해 상호작용한다. 이 과정이 관심 시스템과 환경의 공동 상태에 따라 행동하는 유니타리 연산자 U_{err}에 의해 설명된다고 가정해보자. 그러면 상호작용 후 결합 시스템의 상태는 $U_{\text{err}}|\psi\rangle|E\rangle$이다. 이 상태의 밀도 행렬은 다음 수식이 된다.

$$\rho = U_{\text{err}}|\psi\rangle|E\rangle\langle E|\langle\psi|U_{\text{err}}^{\dagger} \tag{10.4.10}$$

관심 시스템의 밀도 행렬은 $\mathcal{E}_i^Q$가 관심 시스템에 작용하는 연산자(환경 제외)인 다음 수식의 환경을 찾아내서 얻게 된다.

$$\text{Tr}_E(\rho) = \text{Tr}_E(U_{\text{err}}|\psi\rangle|E\rangle\langle E|\langle\psi|U_{\text{err}}^{\dagger}) = \sum_i \mathcal{E}_i^Q|\psi\rangle\langle\psi|\mathcal{E}_i^{Q\dagger} \tag{10.4.11}$$

3.5.3절에서 맵 $\mathcal{E}^Q : |\psi\rangle\langle\psi| \mapsto \sum_i \mathcal{E}_i^Q|\psi\rangle\langle\psi|\mathcal{E}_i^{Q\dagger}$이 슈퍼연산자이며 크라우스^Kraus 연산자 $\mathcal{E}_i^Q$에 따라 정의된다는 점을 상기해보자. 방정식 (10.4.11)의 유도는 문제 10.4.2의 주제이다. 오류 모델은 $\mathcal{E}_i^Q$에 의해 완전히 설명된다.

예를 들어 위에서 논의한 비트 플립 오류는 확률 $1 - p$의 항등연산자와 확률 p의 X 연산자를 적용하는 환경과 큐비트 사이의 상호작용이라고 설명할 수 있다. 만약 큐비트가 처음에 상태 $|\psi\rangle$에 있다면, 오류 처리 후의 상태는 다음 수식의 밀도 행렬로 설명된다.

$$\rho_f = (1 - p)|\psi\rangle\langle\psi| + pX|\psi\rangle\langle\psi|X \tag{10.4.12}$$

그래서 이 오류 모델을 설명하는 $\mathcal{E}_i^Q$는 다음 수식과 같다.

$$\mathcal{E}_0^Q = \sqrt{1 - p}\,\mathbb{I} \tag{10.4.13}$$

$$\mathcal{E}_1^Q = \sqrt{p}\,X \tag{10.4.14}$$

문제 10.4.2 $|\psi\rangle$ 및 $|E\rangle$를 각각 시스템 Q 및 환경 E의 초기 상태라고 하자. 유니타리 연산자 U_{err}하에 $|\psi\rangle$ 및 $|E\rangle$를 변화시키고 환경을 찾아내 방정식 (10.4.11)을 도출하라.

힌트: $U_{\text{err}} = \sum \alpha_{p,e} Sp \otimes E_e$을 정의하라. 이때 $\{S_p\}$, $\{E_q\}$은(는) 각각 관심 시스템과 환경에 작용하는 연산자의 기저로 정의하고 S_p, E_e, $|E\rangle$ 및 $\alpha_{p,e}$의 관점에서 $\mathcal{E}_q^Q$를 얻는다.

문제 10.4.3 결합 시스템 환경 상태의 변화 연산자에 대한 유니타리 요건이 다음 수식을 의미한다는 것을 보여라.

$$\sum_i \mathcal{E}_i^{Q\dagger} \mathcal{E}_i^Q = I \qquad\qquad (10.4.15)$$

10.4.2 인코딩

잠재적인 오류에 대한 설명이 있으면 이러한 오류로부터 양자 시스템의 논리 상태 $|\psi\rangle$ 를 보호하는 방법을 찾아야 한다. 고전적인 경우와 같이 논리 상태에 보조자를 추가해 시스템을 확대할 것이다. 일반성을 잃지 않고 보조자가 $|00\ldots0\rangle$으로 초기화됐다고 가정할 것이다. 그런 다음 결합 상태 $|\psi\rangle \otimes |00\ldots0\rangle$을 일부 인코딩된 상태 $|\psi_{\text{enc}}\rangle$에 사상하는 변환을 찾는다. 인코딩된 상태에 포함된 부분 공간이 코드를 정의한다. 인코딩된 상태로 확장된 부분 공간은 코드를 정의한다. 그런 다음 양자 정보에 대한 오류의 영향이 역전될 수 있도록 인코딩된 상태의 변환을 모색할 것이다.

양자 오차 수정 코드에 대한 첫 번째 개념으로서, 3비트 코드에 대해 고전적으로 수행된 것을 정확히 하고 모든 큐비트를 3개씩 복사하고 싶어질지도 모른다. 다음의 정리는 임의의 양자 상태에 대해 단순한 반복 코드가 불가능하다고 말한다.

정리 10.4.1 (복제 불가능성)

$|\psi\rangle$의 임의의 선택에 대해 다음 수식을 수행하는 슈퍼연산자 $\mathcal{F}$는 없다(이때 $|s\rangle$는 고정된 보조자 상태이다). 즉, 알 수 없는 임의의 양자 상태를 복제할 수 있는 양자 연산이 없다는 것이다.

$$|\psi\rangle\langle\psi| \otimes |s\rangle\langle s| \xmapsto{\mathcal{F}} |\psi\rangle\langle\psi| \otimes |\psi\rangle\langle\psi| \qquad\qquad (10.4.16)$$

정리 10.4.1은 복제 불가능성 정리[no-cloning theorem]라고 하며 양자 정보의 기본이다(예: 양자 암호화가 해당 정리를 기반으로 한다). 이 정리는 본질적으로 알려지지 않은 임의의 양자 상태를 완벽하게 복사하는 장치를 만들 수 없다고 말한다. 정리는 문제 10.4.4에서 나오며, 또한 슈퍼연산자가 선형이라는 사실로부터 나오지만 복제 맵은 그렇지 않다.

문제 10.4.4

(a) $|\psi_1\rangle$, $|\psi_2\rangle$는 직교하는 1-큐비트 상태인 기저 원소 $S = \{|\psi_1\rangle, |\psi_2\rangle\}$가 있다고 가정하라(따라서 $\langle\psi_1|\psi_2\rangle = 0$). $|\psi_1\rangle$ 및 $|\psi_2\rangle$를 모두 복제하는 CNOT 및 1-큐비트 게이트를 사용하는 회로를 설명하라.

힌트: 계산 기저에서 S-기저로 기저 변경 연산자를 사용하라.

(b) $|\psi_3\rangle$, $|\psi_4\rangle$은 비직교하는 1-큐비트 상태일 때 $T = \{|\psi_3\rangle, |\psi_4\rangle\}$라고 가정하라(그래서 $\langle\psi_3|\psi_4\rangle \neq 0$이다). 모두 $|\psi\rangle \in T$에 대해 다음 수식을 사상하는 $\mathcal{H}_1 \otimes \mathcal{H}_2$에 유니타리 연산자가 존재하지 않음을 증명하라.

$$|\psi\rangle|0\rangle \mapsto |\psi\rangle|\psi\rangle$$

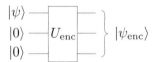

그림 10.10 단일 큐비트 $|\psi\rangle$를 3-큐비트 코드 워드 $|\psi_{\mathrm{enc}}\rangle$로 인코딩하는 것

복사 불가능성 정리에 비춰 양자 오차 수정을 위한 인코딩 시스템을 고안하기 위해 다른 원리를 사용해야 한다. 양자 오차 수정을 위한 인코딩은 인코딩하려는 상태에서 작용하는 유니타리 연산자 U_{enc}를 통해 구현돼야 하며, 특정 초기 상태에서 고정된 큐비트 수의 보조자로 텐서돼야 한다. 인코딩하려는 상태가 큐비트 상태 $|\psi\rangle$이고 보조자가 초기에 상태 $|00\ldots0\rangle$에 있을 경우 인코딩의 결과는 코드 워드 상태이다.

$$|\psi_{\mathrm{enc}}\rangle = U_{\mathrm{enc}}|\psi\rangle|00\cdots0\rangle \tag{10.4.17}$$

예를 들어 1-큐비트 상태 $|\psi\rangle$를 3-큐비트의 코드 워드로 인코딩하는 3비트 코드의 양자 버전을 정의할 수 있다. 인코딩 연산 U_{enc}는 초기에 상태 $|0\rangle|0\rangle$에 있는 두 개의 보조 큐비트와 함께 큐비트 $|\psi\rangle$를 취하고 그림 10.10에 표시된 바와 같이 3-큐비트의 인코딩된 상태 $|\psi_{\mathrm{enc}}\rangle$를 출력한다.

좀 더 공식적인 방법으로, 코드 $\mathcal{C}$는 힐베르트 공간의 부분공간으로 정의된다. 인코딩 된 큐비트는 2차원 부분 공간이다.

유니타리 U_{enc}가 3-큐비트 코드를 선택할 수 있는 것은 다음 수식을 사상하는 것이 될 수 있다.

$$(\alpha_0|0\rangle + \alpha_1|1\rangle)\underbrace{|0\rangle|0\rangle}_{\text{보조자}} \mapsto \alpha_0|0\rangle|0\rangle|0\rangle + \alpha_1|1\rangle|1\rangle|1\rangle. \qquad (10.4.18)$$

나중에 이 3-큐비트 코드는 특정한 제한적인 클래스의 단일 큐비트 오류를 정정하는 데 사용될 수 있다는 것을 알게 될 것이다. 다음 절에서는 인코딩 연산자 U_{enc}가 이를 가능케 하기 위해 충족해야 하는 조건을 살펴보고자 한다.

10.4.3 오류 복구

10.4.1절에서 봤듯이 처음에 상태 $|\psi\rangle$에 있는 양자 시스템가 환경과의 원치 않는 상호 작용을 통해 오류에 노출됐을 때, 그 결과는 $\mathcal{E}_i^Q$가 오류 모델을 정의하는 연산자인 다음 수식의 밀도 행렬의 잡음이 있는 상태가 된다.

$$\sum_i \mathcal{E}_i^Q|\psi\rangle\langle\psi|\mathcal{E}_i^{Q\dagger} \qquad (10.4.19)$$

오류 정정의 목적은 양자 정보에 대한 잡음의 영향을 반전시키는 방법을 찾는 것이다. 10.4.2절에 기술된 바와 같이 $|\psi\rangle$를 인코딩한다고 가정하면,

$$|\psi_{\text{enc}}\rangle = U_{\text{enc}}|\psi\rangle|00\cdots0\rangle \qquad (10.4.20)$$

오류는 잡음 연산자 $\mathcal{E}_i^Q$가 원래 양자 상태 $|\psi\rangle$보다 더 높은 차원을 가진 양자 코드 워드 $|\psi_{\text{enc}}\rangle$에 작용하는 잡음에 대응하도록 정정돼야 함을 강조하기 위해 $\hat{\mathcal{E}}_i^Q$을 쓰는 다음과 같은 수식의 밀도 행렬의 상태로 변환한다.

$$\sum_i \hat{\mathcal{E}}_i^Q|\psi_{\text{enc}}\rangle\langle\psi_{\text{enc}}|\hat{\mathcal{E}}_i^{Q\dagger} \qquad (10.4.21)$$

문제 10.4.5 상태 $|\psi\rangle$가 1-큐비트 상태라고 가정해보자. 방정식 (10.4.13) 및 (10.4.14)에 정의된 $\mathcal{E}_i^Q$가 제시하는 독립 비트 플립에 대한 오류 모델을 고려하라. 두 개의 보조 큐비트를 추가해 각 큐비트의 정보를 인코딩한다고 가정하라. 오류 연산자에 대해 이 오류 모델이 3-큐비트 시스템에 미치는 영향을 설명하는 $\mathcal{E}_i^Q$를 제시하라.

힌트: $2^3 = 8$의 다른 $\hat{\mathcal{E}}_i^Q$이 있다.

일반적으로 양자 정보를 인코딩하고, 이를 잡음과 디코딩(인코딩 연산의 역인 $U_{\text{enc}}^\dagger$을 사용해)을 적용한다면, 항상 원래의 상태 $|\psi\rangle$를 복구하지는 않을 것이다. 즉, 경우에 따라서는 다음 수식과 같다.

$$\text{Tr}_{\text{anc}} \left[U_{\text{enc}}^\dagger \left(\sum_i \hat{\mathcal{E}}_i^Q |\psi_{\text{enc}}\rangle\langle\psi_{\text{enc}}| \hat{\mathcal{E}}_i^{Q\dagger} \right) U_{\text{enc}} \right] \neq |\psi\rangle\langle\psi| \tag{10.4.22}$$

양자 정보를 복구하려면 그림 10.11에 나와 있는 것과 같이 인코딩된 상태에서 잡음을 충분히 실행 취소해 보조자를 디코딩하고 찾아낸 후에 원래 상태 $|\psi\rangle$를 유지하는 복구 연산이라고 하는 양자 연산 $\mathcal{R}^Q$가 필요하다.

일반적으로 복구 연산 $\mathcal{R}^Q$는 일부 연산자 $\mathcal{R}_j^Q$에 대한 합계로 정의되는 슈퍼연산자다. 오류 정정 복구 연산을 정의하려면 먼저 충실도 개념을 통해 도입할 수 있는 오류 개념이 필요하다. $\mathcal{E}_i^Q$에 의해 설명된 잡음이 적용되는 주어진 코드에 대해 복구 연산 $\mathcal{R}$의 충실도를 다음과 같이 정의한다.

$$F(\mathcal{R}, \mathcal{C}, \mathcal{E}) = \min_{|\psi\rangle} \langle\psi|\rho_\psi|\psi\rangle \tag{10.4.23}$$

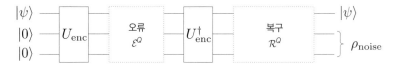

그림 10.11 디코딩 후 상태에 $\mathcal{R}^Q$를 적용하면 잡음이 보조자로 전송된 상태에서 원래 상태 $|\psi\rangle$를 복구하는 것을 만족하게 하는 복구 연산 $\mathcal{R}^Q$를 찾을 수 있도록 코드를 정의하고자 한다. 그림 10.8과 비교할 때 $\mathcal{R}^Q$는 $\mathcal{R}^C$의 아날로그이고 $\mathcal{E}^Q$는 $\mathcal{E}^C$의 아날로그다.

이때, 다음 수식과 같으며

$$\rho_\psi = \mathrm{Tr}_{\mathrm{anc}} \left(\sum_j \mathcal{R}_j^Q U_e^\dagger \Big(\sum_i \mathcal{E}_i^Q U_{\mathrm{enc}} |\psi\rangle |00\cdots 0\rangle \langle 00\cdots 0| \langle \psi| U_{\mathrm{enc}}^\dagger \mathcal{E}_i^{Q\dagger} \Big) U_e \mathcal{R}_j^{Q\dagger} \right)$$

$$(10.4.24)$$

대응하는 최악의 오류 확률 매개변수 p는 다음과 같다.

$$p = 1 - F(\mathcal{R}, \mathcal{C}, \mathcal{E}) \tag{10.4.25}$$

위 정의의 의미를 설명할 가치가 있다. 일부 상태 $|\psi\rangle$가 $U_{\mathrm{enc}} |\psi\rangle |00...0\rangle$ 상태로 인코딩되고 그런 다음 약간의 잡음($\mathcal{E}_i^Q$ 연산자에 해당)을 받은 뒤 복구 연산($\mathcal{R}_j^Q$ 연산자에 해당)을 받고 보조자 연산 공간을 폐기해 원래 힐베르트 공간에 일부 상태 ρ_ψ를 반환한다고 가정해보자. 현재는 ρ가 원래 상태 $|\psi\rangle\langle\psi|$에 얼마나 가까운지에 관심이 있다. 확률 $p_\psi = \langle\psi|\rho_\psi|\psi\rangle$는 인코딩된 상태에서 오류가 없을 확률로 간주할 수 있다. 양 $F(\mathcal{R}, \mathcal{C}, \mathcal{E})$는 인코딩된 모든 상태 $|\psi\rangle$에 대한 모든 확률 p_ψ의 최솟값이다. 따라서 방정식 10.4.25에 정의된 오처 확률 매개변수는 포괄적으로 인코딩된 상태가 잘못된 상태가 될 확률에 대한 상계를 제시한다(엄격하게 말하면 제곱근은 오류가 발생한 확률 진폭이다. 이는 '결맞는 오류'를 고려할 때 더 관련성이 높은 양이다).

복구 연산 $\mathcal{R}^Q$는 오류 연산자들에게만 노출된 코드 워드에 $\mathcal{R}^Q$가 적용될 때 오류 확률 매개변수 p가 0인 경우 오류 연산자 집합에 대한 오류 정정이다. 이는 다음 수식을 의미한다.

$$\mathrm{Tr}_{\mathrm{anc}} \left[\sum_j \mathcal{R}_j^Q \left(U_{\mathrm{enc}}^\dagger \left(\sum_i \hat{\mathcal{E}}_i^Q |\psi_{\mathrm{enc}}\rangle \langle \psi_{\mathrm{enc}}| \hat{\mathcal{E}}_i^{Q\dagger} \right) U_{\mathrm{enc}} \right) \mathcal{R}_j^{Q\dagger} \right] = |\psi\rangle\langle\psi|$$

$$(10.4.26)$$

복구 연산 $\mathcal{R}^Q$의 작용에 대해 생각하는 한 가지 방법은 모든 잡음을 보조자로 밀어넣어 보조자를 찾아낼 때 오류가 제거되도록 하는 것이다. 인코딩 연산은 인코딩된 상태에 대한 연산을 복구할 수 있도록 오류를 변환하는 방법으로 볼 수 있다.

$|\psi_{\text{enc}}\rangle = U_{\text{enc}}|\psi\rangle|00\ldots0\rangle$을 방정식 (10.4.26)의 좌측에 있는 식에 삽입하면(추적 단계가 표시되지 않음), 다음 수식을 얻을 수 있다.

$$\sum_j \mathcal{R}_j^Q \left(U_{\text{enc}}^\dagger \left(\sum_i \hat{\mathcal{E}}_i^Q U_{\text{enc}}|\psi\rangle|00\cdots0\rangle\langle00\cdots0|\langle\psi|U_{\text{enc}}^\dagger\hat{\mathcal{E}}_i^{Q\dagger} \right) U_{\text{enc}} \right) \mathcal{R}_j^{Q\dagger}$$

$$(10.4.27)$$

위 상태는 다음 수식으로 다시 쓸 수 있다.

$$\sum_j \mathcal{R}_j^Q \left(\sum_i \left(U_{\text{enc}}^\dagger \hat{\mathcal{E}}_i^Q U_{\text{enc}} \right) |\psi\rangle|00\cdots0\rangle\langle00\cdots0|\langle\psi| \left(U_{\text{enc}}^\dagger \hat{\mathcal{E}}_i^{Q\dagger} U_{\text{enc}} \right) \right) \mathcal{R}_j^{Q\dagger}$$

$$(10.4.28)$$

연산자 $\left(U_{\text{enc}}^\dagger \hat{\mathcal{E}}_i^Q U_{\text{enc}} \right)$는 $|\psi\rangle|00\ldots0\rangle$에 작용하는 변환된 오류를 나타내는 것으로 생각할 수 있다. 목표는 이러한 변환된 오류의 작용을 통해 $|\psi\rangle\langle\psi|\otimes\rho_{\text{noise}}$를 반환하는 복구 연산 $\mathcal{R}^Q$를 찾을 수 있도록 U_{enc}를 선택하는 것이다(일반적으로 잡음이 혼합된 상태이므로 밀도 행렬로 최종 상태를 작성했음에 유의하라).

두 개의 논리 코드 워드가 있는 코드의 경우 계산 기저 상태 $|0\rangle$ 및 $|1\rangle$에 U_{enc}를 적용하면 각각 코드 워드 $|0_{\text{enc}}\rangle$ 및 $|1_{\text{enc}}\rangle$이 생성된다. 코드가 유용하려면 $|0_{\text{enc}}\rangle$ 및 $|1_{\text{enc}}\rangle$ 모두에 대해 방정식 (10.4.26)을 충족하는 복구 연산 $\mathcal{R}^Q$가 있어야 한다. 이러한 $\mathcal{R}^Q$가 존재하려면 $l, m \in \{0, 1\}$에 대해 다음 수식이 있어야 하며 이때 c_{ij}는 상수임을 알 수 있다.

$$\langle l_{\text{enc}}|\hat{\mathcal{E}}_i^{Q\dagger}\hat{\mathcal{E}}_j^Q|m_{\text{enc}}\rangle = c_{ij}\delta_{lm} \tag{10.4.29}$$

방정식 (10.4.29)은 양자 오차 수정을 위한 조건을 제시한다. 이는 오류가 발생한 후 다른 인코딩된 상태 ($l \neq m$)가 직교 상태를 유지함을 의미한다. 그렇지 않으면 주어진 손상된 상태가 어떤 코드 워드에서 왔는지 안정적으로 결정할 수 없기 때문에 이같은 조건이 필요하다.

방정식 (10.4.29)는 또한 잡음이 모든 인코딩된 상태 $|l_{\text{enc}}\rangle$를 동일한 양으로 크기를 조정함을 의미한다. 이렇게 조정한다는 것은 양자 중첩의 인코딩된 상태가 오류에 노출

될 때 상대 계수가 영향을 받지 않도록 한다.

일부 정정 가능한 오류 집합 $\{\mathcal{E}_j^Q\}$에 의해 방정식(10.4.29)이 충족되면 $\mathcal{E}_j^Q$의 선형 조합 $\{\hat{\mathcal{E}}_j^Q\}$에 대해서도 충족된다. 이것은 일련의 오류가 주어진 코드에 대해 정정 가능하다 면, 그러한 오류의 어떤 선형 조합도 동일한 코드에 대해 정정 가능하다는 것을 의미 한다. 또한 오류 $\{\hat{\mathcal{E}}_j^Q\}$을 정정하는 동일한 복구 연산으로 오류 $\{\mathcal{E}_j^Q\}$이 정정될 것이다.

특히 다음과 같은 사항에 유의하는 것이 유용하다. 모든 단일 큐비트 유니타리 연산자 는 파울리^{Pauli} 연산자 I, X, Y, Z의 선형 조합으로 작성할 수 있다. 따라서 I, X, Y, Z 가 큐비트의 정정 가능한 오류인 양자 오차 수정 코드를 고안해낼 수 있다면, 모든 단 일 큐비트 유니타리의 (남은 큐비트에 항등성이 있는) 오류는 정정 가능한 오류일 것이다. 이는 오류의 이산화이며, 양자 오차 수정 코드를 설계할 때 유한 집합의 오류를 충분 히 고려할 수 있음을 암시한다.

문제 10.4.6 오류 연산자 $\{\mathcal{E}_j^Q\}$이 방정식 (10.4.29)를 만족할 경우, 일부 상수 $\{\hat{\mathcal{E}}_j^Q\}$에 대해 c'_{jk}인 오류 연산자 $\hat{\mathcal{E}}_j^Q = \sum_k c'_{jk} \hat{\mathcal{E}}_k^Q$도 그러함을 증명하라.

문제 10.4.7 크라우스 연산자 $\{\mathcal{R}_j^Q\}$가 정의한 복구 연산자 $\mathcal{R}^Q$가 방정식 (10.4.29)를 충족하는 오류 연산자 $\{\mathcal{E}_j^Q\}$이 설명하는 오류 모델을 정정하면 일부 상수 c'_{jk}에 대해 $\{\mathcal{E}_j^Q\}$일 때 $\mathcal{R}^Q$가 오류 연산자 $\hat{\mathcal{E}}_j^Q = \sum_k c'_{jk} \hat{\mathcal{E}}_k^Q$이 설명하는 오류 모델도 정정한다는 것을 증명하라.

예제 10.4.2 4.2.1절에서 다음 수식을 사상해 블로흐 구의 x축을 중심으로 한 회전에 해당하는 연산자 $R_x(\theta)$를 상기해보라.

$$|0\rangle \mapsto \cos\left(\tfrac{\theta}{2}\right)|0\rangle - i\sin\left(\tfrac{\theta}{2}\right)|1\rangle \tag{10.4.30}$$

$$|1\rangle \mapsto \cos\left(\tfrac{\theta}{2}\right)|1\rangle - i\sin\left(\tfrac{\theta}{2}\right)|0\rangle \tag{10.4.31}$$

3개의 큐비트 블록에서 하나의 큐비트를 무작위로 선택하고 여기에 $R_x(\theta)$를 적용하는 오류 모델을 고려하라(다른 3개의 큐비트에는 아무것도 하지 않는다). 4.2.1절에서 다음 수식과 같음을 상기해보라.

$$R_x(\theta) = \cos\left(\tfrac{\theta}{2}\right) I - i\sin\left(\tfrac{\theta}{2}\right) X \tag{10.4.32}$$

4.2.1절에서 이러한 오류 모델이 다음과 같은 크라우스 연산자를 사용하는 오류 모델에 해당한다는 것을 확인했다.

$$\mathcal{E}_1' = \tfrac{1}{\sqrt{3}}\left(\left(\cos\left(\tfrac{\theta}{2}\right) I - i\sin\left(\tfrac{\theta}{2}\right) X\right) \otimes I \otimes I\right)$$

$$\mathcal{E}_2\prime = \tfrac{1}{\sqrt{3}}\left(I \otimes \left(\cos\left(\tfrac{\theta}{2}\right) I - i\sin\left(\tfrac{\theta}{2}\right) X\right) \otimes I\right)$$

$$\mathcal{E}_3' = \tfrac{1}{\sqrt{3}}\left(I \otimes I \otimes \left(\cos\left(\tfrac{\theta}{2}\right) I - i\sin\left(\tfrac{\theta}{2}\right) X\right)\right)$$

그래서 오류 모델에서 오류 연산자를 다음의 선형 조합으로 표현해왔다.

$$\begin{aligned}
\mathcal{E}_0 &= I \otimes I \otimes I\,, \\
\mathcal{E}_1 &= X \otimes I \otimes I\,, \\
\mathcal{E}_2 &= I \otimes X \otimes I\,, \\
\mathcal{E}_3 &= I \otimes I \otimes X
\end{aligned} \tag{10.4.33}$$

이는 오류 $\mathcal{E}_j$를 정정하기 위한 복구 절차가 있는 경우 $R_x(\theta)$ 오류를 최대 3개 큐비트 중 하나로 정정하는 복구 절차가 있음을 의미한다.

예제 10.4.3 앞의 예제에서는 주어진 오류 모델의 오류 연산자를 $I \otimes I$, $X \otimes I$, I, $I \otimes X$ 및 I, $I \otimes I \otimes X$의 선형 조합으로 표현할 수 있음을 보여줬다.

3개의 큐비트에서 최대 1비트 플립까지 정정하는 오류 복구 절차 $\mathcal{R}^Q$(간단하게 말해서 하나의 크라우스 용어만 있다는 것을 의미하는 유니타리라고 가정할 것이다)가 있다고 가정해보자.

이것은 일부 정규화된 상태 벡터 $|\phi_j\rangle$에 대한 다음 수식을 만족하게 하는 모든 코드 워드 $|\psi_{\text{enc}}\rangle = U_{\text{enc}}|\psi\rangle|00\rangle$에 대해 단일 큐비트 $|\psi\rangle$를 인코딩하는 $\mathcal{R}^Q$가 존재한다는 것을 의미하며,

$$\mathcal{R}^Q U_{\text{enc}}^\dagger \mathcal{E}_j^Q |\psi_{\text{enc}}\rangle\langle\psi_{\text{enc}}|\mathcal{E}_j^{Q\dagger} U_{\text{enc}} \mathcal{R}^{Q\dagger} = |\psi\rangle\langle\psi| \otimes |\phi_j\rangle\langle\phi_j| \tag{10.4.34}$$

이는 (전역 위상을 포함하면) 다음 수식임을 의미한다.

$$\mathcal{R}^Q U_{\text{enc}}^{\dagger} \mathcal{E}_j^Q |\psi_{\text{enc}}\rangle = |\psi\rangle |\phi_j\rangle \tag{10.4.35}$$

정정 가능한 연산자 $\{\mathcal{E}_j\}$의 관점에서 앞의 예제에서 표현된 오류 연산자 $\mathcal{E}_1'$이 코드 워드에 적용됐다고 가정해보라. 그럼 이는 다음과 같은 수식의 상태로 변화한다.

$$
\begin{aligned}
\mathcal{E}_1' |\psi_{\text{enc}}\rangle\langle\psi_{\text{enc}}| \mathcal{E}_1'^{\dagger} = \ & \cos^2\left(\tfrac{\theta}{2}\right) \left(I \otimes I \otimes I\right) |\psi_{\text{enc}}\rangle\langle\psi_{\text{enc}}| \left(I \otimes I \otimes I\right) \\
& - \sin^2\left(\tfrac{\theta}{2}\right) \left(X \otimes I \otimes I\right) |\psi_{\text{enc}}\rangle\langle\psi_{\text{enc}}| \left(X \otimes I \otimes I\right) \\
& + i\sin\left(\tfrac{\theta}{2}\right)\cos\left(\tfrac{\theta}{2}\right) \left(I \otimes I \otimes I\right) |\psi_{\text{enc}}\rangle\langle\psi_{\text{enc}}| \left(X \otimes I \otimes I\right) \\
& - i\sin\left(\tfrac{\theta}{2}\right)\cos\left(\tfrac{\theta}{2}\right) \left(X \otimes I \otimes I\right) |\psi_{\text{enc}}\rangle\langle\psi_{\text{enc}}| \left(I \otimes I \otimes I\right)
\end{aligned}
$$

$|\phi'\rangle = \cos\left(\tfrac{\theta}{2}\right)|\phi_0\rangle - i\sin\left(\tfrac{\theta}{2}\right)|\phi_1\rangle$일 때 U_{enc} 다음에 $\mathcal{R}^Q$를 적용하면 다음과 같은 수식을 얻게 된다(방정식 (10.4.35) 사용).

$$
\begin{aligned}
\mathcal{R}^Q U_{\text{enc}}^{\dagger} \mathcal{E}_1' |\psi_{\text{enc}}\rangle\langle\psi_{\text{enc}}| \mathcal{E}_1'^{\dagger} U_{\text{enc}} \mathcal{R}^{Q\dagger} = \ & \cos^2\left(\tfrac{\theta}{2}\right) |\psi\rangle\langle\psi| \otimes |\phi_0\rangle\langle\phi_0| \\
& - \sin^2\left(\tfrac{\theta}{2}\right) |\psi\rangle\langle\psi| \otimes |\phi_1\rangle\langle\phi_1| \\
& + i\sin\left(\tfrac{\theta}{2}\right)\cos\left(\tfrac{\theta}{2}\right) |\psi\rangle\langle\psi| \otimes |\phi_0\rangle\langle\phi_1| \\
& - i\sin\left(\tfrac{\theta}{2}\right)\cos\left(\tfrac{\theta}{2}\right) |\psi\rangle\langle\psi| \otimes |\phi_1\rangle\langle\phi_0| \\
= \ & |\psi\rangle\langle\psi| \otimes |\phi'\rangle\langle\phi'| \tag{10.4.36}
\end{aligned}
$$

따라서 보조자를 찾아낸 후에는 $|\psi\rangle\langle\psi|$가 남게 된다.

특정 오류 연산자 $\hat{\mathcal{E}}_i^Q$의 집합에 해당하는 오류 모델을 고려해볼 때 양자 오차 수정 코드를 설계하면 인코딩 연산자 U_{enc}와 복구 연산 $\mathcal{R}^Q$를 찾는 것으로 환산돼 방정식 (10.4.26)이 충족된다.

문제 10.4.8 독립적인 비트 플립 오류가 발생할 수 있는 단일 큐비트의 경우를 다시 생각해보라. 방정식 (10.4.18)에 따라 각 큐비트를 3개 큐비트의 코드 워드로 인코딩한다고 가정해보라.

(a) 각 코드 워드에서 최대 1비트 플립이 발생한다고 가정하고 문제 10.4.5에서 얻은 오류 모델을 단순화하라. 해당 오류 연산자 $\hat{\mathcal{E}}_0^Q$, $\hat{\mathcal{E}}_1^Q$, $\hat{\mathcal{E}}_2^Q$ 및 $\hat{\mathcal{E}}_3^Q$을 제시하라.

(b) 인코딩된 상태 $|0_{\mathrm{enc}}\rangle = |000\rangle$ 및 $|1_{\mathrm{enc}}\rangle = |111\rangle$과 함께 위에서 얻은 4개의 오류 연산자가 방정식 (10.4.29)를 충족함을 보여라(이것은 다음 절에서 설명하는 3개 큐비트 코드를 사용해 코드 워드 내에서 단일 비트 플립 오류를 정정할 수 있도록 복구 연산 $\mathcal{R}^Q$가 있음을 보여준다).

(c) 코드 워드 내에서 둘 이상의 비트 플립을 허용하면(문제 10.4.5에서 얻은 $\hat{\mathcal{E}}_i^Q$ 8개 모두를 확보하기 위해), 방정식(10.4.29)이 더 이상 충족되지 않는다는 것을 보여라.

10.5 3-큐비트 및 9-큐비트 양자 코드

10.5.1 비트 플립 오류에 대한 3-큐비트 코드

복사 불가능성 정리는 큐비트의 세 복사본으로 구성된 코드 워드로 큐비트를 인코딩하는 양자 3-큐비트 반복 코드를 구현하는 것을 방해한다. 그러나 개념을 약간 정정해 비트 플립 오류를 정정하는 데 사용할 수 있는 3-큐비트 코드를 부여해 약간 정정할 수 있다.

처음에 관심을 갖는 오류 모델은 10.4.1절에서 설명한 비트 플립 채널이다.

$$\rho = |\psi\rangle\langle\psi| \mapsto \rho_f = (1-p)|\psi\rangle\langle\psi| + p\, X|\psi\rangle\langle\psi|X \tag{10.5.1}$$

3-큐비트 비트 플립 코드는 보조 큐비트를 도입하고 방정식 (10.5.2)에 따라 3개의 물리적 큐비트의 코드 워드로 각 논리 큐비트를 인코딩해 얻는다.

$$\alpha_0|0\rangle + \alpha_1|1\rangle \mapsto \alpha_0|000\rangle + \alpha_1|100\rangle \mapsto \alpha_0|000\rangle + \alpha_1|111\rangle \tag{10.5.2}$$

즉, 인코딩은 기저 상태 $|0\rangle$에서 $|000\rangle$를 사상하고, 기저 상태 $|1\rangle$에서 $|111\rangle$을 사상해 작동한다. 이같은 인코딩 연산을 더 큰 8차원 공간의 2차원 부분공간에 상태를 매장하는 것으로 생각할 수 있다. 이 절차는 단순한 반복 규칙이 아니라는 점에 유의하라. 기

저 상태 $|0\rangle$과 $|1\rangle$의 인코딩은 단순한 반복에 의해 이루어지지만, 예를 들어 다음과 같은 균일한 중첩의 인코딩을 생각해보자.

$$\frac{1}{\sqrt{2}}\left(|0\rangle + |1\rangle\right) \mapsto \frac{1}{\sqrt{2}}\left(|000\rangle + |100\rangle\right) \mapsto \frac{1}{\sqrt{2}}\left(|000\rangle + |111\rangle\right)$$
$$\neq \frac{1}{\sqrt{2}}\left(|0\rangle + |1\rangle\right)^{\otimes 3} \qquad (10.5.3)$$

3큐비트 코드에 대한 인코딩 절차를 수행하는 회로는 그림 10.12와 같다.

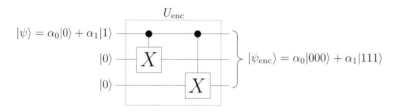

그림 10.12 방정식 (10.4.18)에 의해 주어진 인코딩을 수행하는 회로

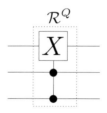

그림 10.13 3-큐비트 비트 플립 코드에 대한 복구 연산 $\mathcal{R}^Q$는 양자 토폴리 게이트다. 코드 워드에서 발생한 최대 1비트 플립 오류를 제시하면 토폴리 게이트는 원래의 상태 $|\psi\rangle$를 복구해 보조 큐비트에 약간의 '잡음'을 남긴다.

문제 10.4.8(b)에서 목적은 코드 워드에서 최대 1비트 플립 오류가 발생할 경우 방정식 (10.5.2)에 의해 주어진 인코딩에 대해 작동하는 복구 연산 $\mathcal{R}^Q$가 존재한다는 것을 증명하는 것이었다. 이 복구 연산 $\mathcal{R}^Q$는 그림 10.13과 같이 양자 토폴리(다중제어형 NOT) 게이트다.

코드 워드 $|\psi_{\text{enc}}\rangle$에서 발생한 최대 1비트 플립 오류를 제시하면, 토폴리 게이트는 인코딩 연산의 역인 디코딩 연산 후, 첫 번째 큐비트에서 원래의 상태 $|\psi\rangle$를 회복해 보조 큐비트에 약간의 '잡음'을 남긴다.

문제 10.5.1 3-큐비트 비트 플립 코드의 코드 워드에서 최대 1-큐비트 오류가 발생하는 경우, 인코딩 연산의 역으로 디코딩한 후 토폴리 게이트가 원래의 상태 $|\psi\rangle$을 회복해 '잡음'을 보조 큐비트로 전송한다는 것을 보여라.

오류가 독립적일 경우, 인코딩된 상태에서 하나 이상의 비트 플립 연산자가 작용할 가능성이 있다. 문제 10.4.8(c)는 이러한 경우 오류가 일반적으로 정정될 수 없다는 것을 보여준다. 독립 오류가 인코딩된 상태에 작용한 후 결과 상태는 인코딩된 상태와 정정 가능한 오류가 적용된 상태와 정정 불가능한 오류가 적용된 인코딩된 상태의 선형 조합이 된다. 정정 가능한 오류가 있는 성분은 복구 절차에 의해 정정되지만 일반적으로 정정할 수 없는 성분은 원래 상태로 돌아가지 않는다. 오류 정정 후 방정식 (10.4.25)에서 정의한 최악의 경우 오류 확률 매개변수(또는 '오류 확률')는 10.2절의 끝에 있는 고전적 논의와 유사하게 위수 p^2이 될 것이다.

문제 10.5.2 $\sin^2(\theta) = p$의 오류 연산 $= U_\theta \otimes U_\theta \otimes U_\theta \rho U_\theta^\dagger \otimes U_\theta^\dagger \otimes U_\theta^\dagger$이 $O(p^2)$에서 최악의 오류 확률 매개변수를 가지고 있음을 증명하라.

10.5.2 위상 플립 오류에 대한 3-큐비트 코드

큐비트에는 비트 플립 (X) 오류 이외의 오류가 발생할 수 있으며, 위상 플립 (Z) 오류도 발생할 수 있다. 위상 오류만 유도하는 경우 방정식 (10.4.8)은 다음 수식으로 환산된다.

$$|\psi\rangle|E\rangle \mapsto \tfrac{1}{2}|\psi\rangle\big(\beta_1|E_1\rangle + \beta_3|E_3\rangle\big) + \tfrac{1}{2}Z|\psi\rangle\big(\beta_1|E_1\rangle - \beta_3|E_3\rangle\big) \qquad (10.5.4)$$

위의 방정식은 진폭이 항등연산자나 위상 플립 연산자 (Z)를 통해 변화할 때 큐비트의 변화를 설명한다. 이러한 동작은 단일 큐비트 게이트의 잘못된 보정(블로흐 구의 저회전 또는 과회전)으로 인해 결맞는 위상 오류 (일부 ϕ에 대해 $|E_1\rangle = e^{i\phi}|E_3\rangle$인 경우) 또는 더 일반

적으로 이웃하는 큐비트 또는 환경과의 원치 않는 상호작용($|E_1\rangle \neq e^{i\phi}|E_3\rangle$인 경우)에서 비롯된다. 두 오류 모델 모두 연산자 I과 Z를 포함하고 있으므로 한 연산자에 대한 오류 정정 코드를 발견하면 10.4.3절에서 설명한 다른 연산자에 대해서도 오류 정정이 된다.

$(\langle E_1|\beta_1^* - \langle E_3|\beta_3^*)(\beta_1|E_1\rangle + \beta_3|E_3\rangle)) = 0$인 경우 이 변화는 다음 수식일 때 확률 p로 Z 오류를 겪고 확률 $1 - p$로 오류가 없는 큐비트로 간주될 수 있다.

$$p = \tfrac{1}{4}\big\|\beta_1|E_1\rangle - \beta_3|E_3\rangle\big\|^2 \tag{10.5.5}$$

$$1 - p = \tfrac{1}{4}\big\|\beta_1|E_1\rangle + \beta_3|E_3\rangle\big\|^2 \tag{10.5.6}$$

이러한 오류 모델을 이전에 봤던 비트 플립 오류 모델과 유사하게 위상 플립 채널이라고 부르고자 한다.

고전적인 디지털 정보에는 위상 오류는 없지만 다행히 위상 플립 오류를 비트 플립 오류로 변환하기 쉬우므로 위상 플립 오류를 정정하기 위해 3-큐비트의 비트 플립 코드를 조정할 수 있다. 특히 다음의 아다마르 기저 상태를 고려해보자.

$$|+\rangle \equiv \tfrac{1}{\sqrt{2}}\big(|0\rangle + |1\rangle\big),$$
$$|-\rangle \equiv \tfrac{1}{\sqrt{2}}\big(|0\rangle - |1\rangle\big) \tag{10.5.7}$$

위상 플립의 효과는 상태 $|+\rangle$를 $|-\rangle$로 또는 그 반대로 가져가는 것이다. 그래서 만약 아다마르 기저에서 작동할 경우, 위상 플립 오류는 비트 플립 오류와 같다.

그래서 $|0\rangle$을 $|+\rangle|+\rangle|+\rangle$로 인코딩하고 $|1\rangle$을 $|-\rangle|-\rangle|-\rangle$으로 인코딩한다. 이 규칙에 따라 일반적인 1-큐비트 상태는 다음과 같이 인코딩된다.

$$\alpha_0|0\rangle + \alpha_1|1\rangle \mapsto \alpha_0|000\rangle + \alpha_1|100\rangle \mapsto \alpha_0|+++\rangle + \alpha_1|---\rangle \tag{10.5.8}$$

인코딩, 오류 감지 및 복구에 필요한 연산은 $\{|+\rangle, |-\rangle\}$ 기저와 관련해 3-큐비트 비트 플립 코드에서와 동일하게 수행된다.

아다마르 게이트는 계산 기저에서 아다마르 기저로 또는 그 반대로 기저 변경을 수행한다는 것을 상기하라(H는 자체 역이므로). 따라서 3-큐비트 위상 플립 코드의 인코딩이 그림 10.14에 표시된 회로에 의해 수행된다는 것을 알 수 있다.

위상 플립 오류 모델이 아다마르 게이트 모델에 의해 발생하는 비트 플립 오류와 동일하듯이, 위상 플립 복구와 비트 플립 복구 운영도 아다마르 게이트에 의한 공액화에 해당한다는 것을 알 수 있다.

$|+\rangle$ 및 $|-\rangle$ 상태 곱의 '위상 패리티' 개념을 곱의 $|+\rangle$ 인자 수의 패리티로 도입하는 것이 유용하다. 패리티 '+1'은 홀수 개의 $|-\rangle$가 있는 상태에 해당하고 패리티 '+1'은 짝수 개의 $|-\rangle$가 있는 상태에 해당한다.

문제 10.5.3　3-큐비트 위상 플립 코드에 대한 오류 복구를 위해 유니타리 연산자를 제시하라.

10.5.3 디코딩이 없는 양자 오차 수정

10.3절에서는 상태를 디코딩하지 않고 직접 코드 워드를 수정하는 오류 정정 시스템의 필요성에 대해 간략히 논의했다. 그러한 구조가 오류 신드롬이 계산된 비트들의 보조자를 이용하는 것을 확인할 수 있었다. 복구 연산은 이러한 신드롬에 의해 조절됐다. 본 절에서는 이러한 시스템의 3-큐비트 양자 코드를 재구성한다. 일반적으로 내결함성 양자 컴퓨팅(10.6절 참조) 구현에 사용되는 양자 오차 수정 코드는 대개 이런 방식으로 공식화된다.

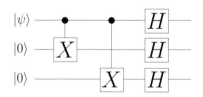

그림 10.14 3-큐비트 위상 플립 코드에 대한 회로의 인코딩

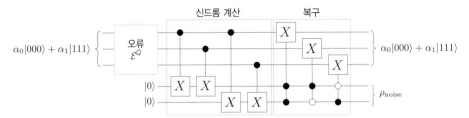

그림 10.15 오류 신드롬을 보조자로 계산한 후 신드롬별로 복구 연산을 제어한 3-큐비트 플립 코드에 대한 복구 연산. 회로의 제어형 게이트에 있는 속이 빈 원은 0 제어에 해당한다(즉, 제어 큐비트가 $|0\rangle$인 경우).

그림 10.16 CNOT 게이트는 제어형 Z 게이트와 동일하며 제어 및 목표 큐비트의 역할을 교환하고 아다마르에 의해 새로운 제어 큐비트를 공액화한다.

오류 신드롬을 보조자로 계산한 후 신드롬별로 복구 연산을 제어한 3-큐비트 플립 코드에 대한 복구 연산은 그림 10.15에 설명돼 있다.

그림 10.16에서 볼 수 있듯이 CNOT 게이트는 제어형 Z 게이트와 동일하며 제어 및 목표 큐비트의 역할을 교환하고 아다마르 게이트에 의해 새로운 제어 큐비트를 공액화한다. 그림 10.16에서 두 번째 큐비트를 $|0\rangle$으로 초기화한 다음 계산 기저에서 두 번째 큐비트를 측정하면 첫 번째 큐비트에서 Z-관측가능량 항목의 측정이 실현된다(3.4절, 예제 3.4.1 참조). 측정 결과는 첫 번째 큐비트가 고윳값 $+1$에 해당하는 Z의 고유 상태 $|0\rangle$인지 아니면 고윳값 -1에 해당하는 고유 상태 $|1\rangle$인지 여부를 나타낸다.

문제 10.5.4 그림 10.16에 묘사된 회로 간의 항등성을 보여라. $Z = HXH$이고 제어형 Z 연산은 어느 큐비트가 목표 큐비트이고 어느 큐비트가 제어 큐비트인지에 대해 대칭이다.

그림 10.15와 같이 신드롬에 대한 복구 연산을 양자적으로 제어하는 대신에 신드롬의 측정을 수행한 다음 그림 10.17과 같이 측정 결과(문제 4.2.8을 상기하라)에 대한 복구 연산을 고전적으로 제어할 수 있었다.

CNOT 게이트는 제어형 Z 게이트와 동일하므로, 그림 10.15의 CNOT으로 구성된 패리티 측정은 그림 10.18과 같이 제어형 Z 게이트로 동등하게 실현될 수 있다.

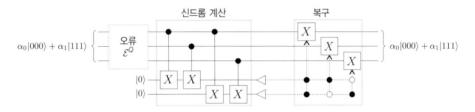

그림 10.17 복구 연산은 또한 보조자 큐비트의 신드롬을 측정하고 신드롬 비트에 따라 적용할 정정 연산자를 고전적으로 제어해 수행할 수 있다.

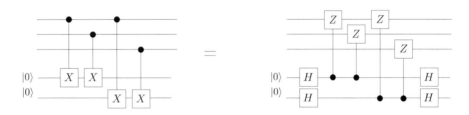

그림 10.18 3-큐비트 비트 플립 코드에 대한 신드롬 계산을 위한 등가 회로

따라서 이 신드롬 측정은 다음의 관측가능량을 측정하는 것과 동등하다(유사한 등가성을 나타내는 문제 7.2.2를 상기하라).

$$Z \otimes Z \otimes I,$$
$$Z \otimes I \otimes Z \tag{10.5.9}$$

이러한 연산자는 파울리 행렬의 텐서곱이므로 고유 벡터의 고윳값은 ± 1이다. 형식 $\alpha|000\rangle + \beta|111\rangle$의 모든 상태로 구성된 코드는 고윳값이 $+1$인 고유 벡터의 부분 공간이다. 이러한 상태의 집합이 X-오류의 곱을 겪는 경우 결과 상태는 여전히 Z-연산자의 곱의 고유 벡터이지만 고윳값은 다음과 같이 정정된다.

$$
\begin{array}{ccc}
 & Z \otimes Z \otimes I & Z \otimes I \otimes Z \\
I \otimes I \otimes I(\alpha|000\rangle + \beta|111\rangle) & +1 & +1 \\
X \otimes I \otimes I(\alpha|000\rangle + \beta|111\rangle) & -1 & -1 \\
I \otimes X \otimes I(\alpha|000\rangle + \beta|111\rangle) & -1 & +1 \\
I \otimes I \otimes X(\alpha|000\rangle + \beta|111\rangle) & +1 & -1
\end{array}
\tag{10.5.10}
$$

예를 들어 상태 $I \otimes I \otimes X(\alpha|000\rangle + \beta|111\rangle)$에서 $Z \otimes Z \otimes I$의 고윳값은 -1이다.

고윳값과 오류 아래에서 코드가 사상하는 방법 사이에는 일대일 대응이 있다. 패리티를 학습하면 어떤 오류가 발생했는지 알 수 있으며, 여기서 오류 연산자 자체에 해당하는 복구 연산을 이용해 실행을 취소할 수 있다. 패리티 연산자가 파울리 연산자의 텐서곱이고 오류 연산자도 파울리 연산자의 텐서곱인 경우 패리티의 표를 평가하는 지름길이 있다. 이 경우 패리티 연산자(즉, $Z \otimes Z \otimes I$ 및 $Z \otimes I \otimes Z$) 및 오류 연산자는 교환 또는 비교환이다.[2] 교환 또는 반교환 관계는 $B|\psi\rangle$ 상태에서 패리티 연산자 A를 측정할 때 얻는 패리티 $+1$ 또는 -1에 해당한다. 여기서 $|\psi\rangle$은 A의 $+1$ 고유 상태이다. 예를 들어 두 번째 큐비트에 작용하는 비트 플립 오류 연산자 $I \otimes X \otimes I$는 $Z \otimes Z \otimes I$로 비교환되지만 $Z \otimes I \otimes Z$로 교환해 방정식(10.5.10)의 세 번째 행에서 인수를 얻는다. 이는 오류 연산자와 패리티 연산자가 교환인지 비교환인지 간단히 계산해 패리티를 계산할 수 있다는 점에서 (동등하게, 패리티 연산자를 측정할 수 있다는 점에서) 지름길이다.

2-큐비트의 비트 패리티 측정이 관측가능한 $Z \otimes Z$ 측정에 해당하는 것처럼, 2-큐비트의 위상 패리티를 평가하는 것이 관측가능량 $X \otimes X$ 측정에 해당함을 알 수 있다.

특히 3-큐비트의 위상 플립 오류 정정 코드는 관련 (파울리 연산자의 곱) 오류 연산자와 해당 교환 및 비교환 관계를 갖는 다음 수식의 관측가능량에 해당하는 위상 패리티 측정 집합에 의해 유사하게 정의될 수 있다.

$$
\begin{array}{l}
X \otimes X \otimes I\ , \\
X \otimes I \otimes X
\end{array}
\tag{10.5.11}
$$

오류 연산자가 파울리 연산자의 텐서곱으로 설명될 때 (즉, 오류 모델의 크라우스 연산자가 이러한 오류 연산자의 선형 조합이면 충분하다) 고전적 환경에서 접해 온 고전적 패리티의 일

---

2    $AB = -BA$인 경우 두 연산자 A와 B가 비교환이다.

반화 연산자 집합의 고윳값 +1을 가진 고윳값으로 고유하게 확장된 부분 공간으로서 많은 클래스의 양자 오차 수정 코드를 정의할 수 있다. 실제로 확인한 3-큐비트 코드는 연산자 $Z \otimes Z \otimes I$ 및 $Z \otimes I \otimes Z$의 고윳값 +1 상태로 확장된 부분 공간을 정의한다. 이러한 연산자들은 안정자라고 부르는 군을 생성한다. 안정자의 생성자[3]들을 측정하면 신드롬이 나타난다.

안정자는 파울리 연산자의 텐서곱(예: 교환 관계)에서 형성된 집합의 군론적 속성에 기반한 형식주의를 유도한다. 오류 연산자가 본 경우와 같이 파울리 연산자의 텐서곱이기도 한 경우 이러한 생성자가 각 오류 연산자와 교환 또는 비교환하는 방법을 학습해 신드롬을 찾을 수 있다. 즉, 코드가 안정자의 +1 고유 공간에 해당하는 경우 오류 연산자가 코드 워드 자체가 아니라 안정자의 생성자에 미치는 영향을 연구하는 것으로 충분하다. 이것은 그동안 본 인코딩, 오류, 디코딩 절차를 보는 것보다 더 간단한 것으로 밝혀졌다. 안정자 형식주의는 내결함성 특성을 가진 게이트를 설계하는 데에도 유용하다.

10.5.4 9-큐비트 쇼어 코드

3-큐비트의 비트 플립과 위상 플립 코드는 조합해 9-큐비트의 비트 플립 또는 위상 플립 오류를 정정하는 9-큐비트의 코드로 제시될 수 있다. 또한 다음에서 자세히 설명하는 것처럼 동일한 큐비트에서 동시 비트 및 위상 플립을 정정할 수 있다. 이러한 오류는 항등 오류 연산자와 함께 포괄적 1-큐비트 연산자에 대한 근거를 제시한다. 따라서 이 코드는 포괄적 1-큐비트 오류에 대해 정정할 수 있다.

쇼어 코드에 대한 인코딩은 두 단계로 진행된다. 먼저 각 큐비트는 3-큐비트 위상 플립 코드로 인코딩된다.

$$|0\rangle \mapsto |+++\rangle,$$
$$|1\rangle \mapsto |---\rangle \tag{10.5.12}$$

---

3   안정자의 생성자는 파울리 연산자의 곱이며 에르미트(Hermitian)이므로 관측가능량으로 간주할 수 있다.

둘째, 위상 플립 코드 워드의 각 3-큐비트는 3-큐비트 플립 코드에서와 같이 삼중항의 집합으로 인코딩된다.

$$|+\rangle \mapsto \frac{1}{\sqrt{2}}(|000\rangle + |111\rangle),$$
$$|-\rangle \mapsto \frac{1}{\sqrt{2}}(|000\rangle - |111\rangle) \qquad (10.5.13)$$

결과적으로 9-큐비트의 코드 워드가 생성된다.

$$|0\rangle \mapsto \frac{1}{2\sqrt{2}}(|000\rangle + |111\rangle)(|000\rangle + |111\rangle)(|000\rangle + |111\rangle),$$
$$|1\rangle \mapsto \frac{1}{2\sqrt{2}}(|000\rangle - |111\rangle)(|000\rangle - |111\rangle)(|000\rangle - |111\rangle) \qquad (10.5.14)$$

이러한 코드 워드를 비트 플립 및 위상 플립 채널 모두에 적용한다고 가정해보자. 단, 최대 1개의 비트 플립과 최대 1개의 위상 플립이 있다는 제한이 있다. 결합된 효과를 단일 채널로 볼 수 있는데, 이러한 효과는 약간의 진폭이 있는 비트 플립과 다른 진폭의 위상 플립 그리고 둘 모두의 조합이다.

이전에 본 비트 플립 채널과 유사한 방식으로 9-큐비트 중 하나에서 비트 플립(X 연산자)이 10.5.14에 설명된 코드를 직교 부분 공간으로 이동한다는 것을 알 수 있다. 큐비트의 위상 플립(Z 연산자)은 큐비트의 삼중항 사이의 부호 변경을 통해 코드를 직교 부분 공간으로 이동한다. 3-비트 코드에서 발견되지 않은 이 코드의 특징은 삼중항의 모든 구성원에 Z 오류를 적용하면 코드가 동일한 부분 공간으로 이동한다는 것이다. 예제 10.5.1에서 볼 수 있듯이 오류를 실행 취소하기 위해 코드가 이동한 위치만 알면 되므로 오류 정정을 막을 수 없다.

X와 Z의 곱은 코드를 다른 직교 부분 공간으로 이동시키는 Y 오류를 발생시킨다. 이는 오류 정정 조건 10.1.1이 충족되고 오류 정정 복구 연산을 찾을 수 있음을 나타낸다 (예제 10.5.1 참조).

비트 플립 코드에 대한 신드롬은 큐비트 부분집합의 비트값 패리티를 측정하고 위상 플립 코드에 대한 신드롬은 큐비트 부분집합의 위상 패리티를 측정한다.

이전 절의 비트 플립 및 위상 플립 코드에 대한 신드롬의 일반화를 사용해 다양한 큐비트의 비트값 또는 위상값을 비교하고 해당 오류와 관련된 표를 만들 수 있다. 이를 수행하는 방법은 이전 부분 절에서 소개한 안정자 형식주의를 사용하는 것이다. 비트 플립 오류는 큐비트의 각 삼중항에 대해 두 개의 패리티로 식별된다. 이러한 맥락에서 단지 '패리티'라고도 하는 패리티 연산자는 다음 수식에 의해 주어진다.

$$
\begin{aligned}
&Z \otimes Z \otimes I \otimes I \otimes I \otimes I \otimes I \otimes I \otimes I, \\
&Z \otimes I \otimes Z \otimes I \otimes I \otimes I \otimes I \otimes I \otimes I, \\
&I \otimes I \otimes I \otimes Z \otimes Z \otimes I \otimes I \otimes I \otimes I, \\
&I \otimes I \otimes I \otimes Z \otimes I \otimes Z \otimes I \otimes I \otimes I, \\
&I \otimes I \otimes I \otimes I \otimes I \otimes I \otimes Z \otimes Z \otimes I, \\
&I \otimes I \otimes I \otimes I \otimes I \otimes I \otimes Z \otimes I \otimes Z
\end{aligned} \tag{10.5.15}
$$

그림 10.18의 일반화를 통해 이러한 연산자를 측정하면, 어느 큐비트(있는 경우)가 비트 플립을 겪은 적이 있는지 알 수 있다.

위상 플립 오류는 각 삼중항에 나타나는 부호의 패리티에 의해 식별될 것이다. 상태 $|000\rangle \pm |111\rangle$로 인코딩된 논리 비트는 인코딩된 상태에서 $X \otimes X \otimes X$ 연산자의 고윳값을 측정해 추출할 수 있다는 점에 유의한다. 따라서 $|000\rangle \pm |111\rangle$로 인코딩된 처음 두 논리 비트의 패리티는 처음 6-큐비트에서 관측가능량 $X \otimes X \otimes X \otimes X \otimes X$를 측정해 추출할 수 있다. 또한 X 오류의 조합을 상태 $|000\rangle \pm |111\rangle$로 적용해도 해당 상태의 위상 패리티는 변경되지 않는다는 점에 유의한다. 따라서 9-큐비트 상태의 관련 위상 플립 오류는 다음 패리티를 측정해 결정할 수 있다.

$$
\begin{aligned}
&X \otimes X \otimes X \otimes X \otimes X \otimes X \otimes I \otimes I \otimes I, \\
&I \otimes I \otimes I \otimes X \otimes X \otimes X \otimes X \otimes X \otimes X
\end{aligned} \tag{10.5.16}
$$

문제 10.5.5 각 큐비트에 작용하는 비트 플립 오류에 대한 방정식 (10.5.15)의 패리티를 계산하는 방정식 (10.5.10)의 것과 유사한 표를 만들어라. 위상 플립 오류에 대한 방정식 (10.5.16)의 패리티 대해서도 동일하게 한다. 복구 연산은 오류 연산자 그 자체가 된다(그들 자신의 역이므로). 적용할 연산자는 패리티 값에 따라 조건화된다.

이 두 패리티는 위상 플립을 겪은 큐비트(있는 경우)를 나타낸다. $ZX = iY$ 오류는 각 방정식 (10.5.15) 및 (10.5.16)에서 연산자를 측정할 때 '-1' 패리티를 얻음으로써 나타난다.

쇼어 코드는 방정식 (10.5.15) 및 (10.5.16)에서 8개 연산자의 고웃값이 +1인 고유 벡터로 확장되는 2차원 부분 공간으로 정의할 수 있다.

예제 10.5.1 예를 들어 9-큐비트 코드는 인코딩된 다음 상태의 첫 번째 큐비트에서 Y 오류를 정정한다.

$$\alpha\big(|000\rangle + |111\rangle\big)\big(|000\rangle + |111\rangle\big)\big(|000\rangle + |111\rangle\big),$$
$$+\beta\big(|000\rangle - |111\rangle\big)\big(|000\rangle - |111\rangle\big)\big(|000\rangle - |111\rangle\big)$$

이 상태에 Y 오류가 발생하면 (i의 전역 위상을 배제하고 무시할 수 있음) 다음 상태로 변환된다는 것에 유의하라.

$$\alpha\big(|100\rangle - |011\rangle\big)\big(|000\rangle + |111\rangle\big)\big(|000\rangle + |111\rangle\big),$$
$$+\beta\big(|100\rangle + |011\rangle\big)\big(|000\rangle - |111\rangle\big)\big(|000\rangle - |111\rangle\big)$$

다음 연산자에 해당하는 패리티 측정은 처음 두 비트가 일치하지 않음을 나타내는 '-1' 결과를 제시한다.

$$Z \otimes Z \otimes I \otimes I \otimes I \otimes I \otimes I \otimes I \otimes I$$

다음 연산자에 해당하는 패리티 측정에서도 '-1'이 첫 번째 비트와 세 번째 비트가 일치하지 않는 것으로 나타난 결과를 얻을 수 있다.

$$Z \otimes I \otimes Z \otimes I \otimes I \otimes I \otimes I \otimes I \otimes I$$

따라서 첫 큐비트에 비트 플립이 있었다는 것을 알고 있다(최소한 첫 3-큐비트에 1비트 플립이 있었다고 가정).

나머지 4비트 패리티 측정은 모두 '+1'의 값을 제시하며 다른 비트 플립을 나타내지 않는다.

다음 연산자에 해당하는 위상 패리티 측정은 '-1'의 결과를 나타내는데, 이는 (9-큐비트의 경우 최대 하나의 위상 플립이 있다고 가정할 때), 첫 번째 6-큐비트 중 하나에서 위상 플립이 있었다는 것을 나타낸다.

$$X \otimes X \otimes X \otimes X \otimes X \otimes X \otimes I \otimes I \otimes I$$

다음 연산자에 해당하는 위상 패리티 측정에서는 +1의 결과가 나타나 마지막 6-큐비트에 위상 플립이 없음을 나타낼 것이다. 따라서 위상 플립은 처음 3-큐비트 중 하나에서 일어났음에 틀림없다.

$$I \otimes I \otimes I \otimes X \otimes X \otimes X \otimes X \otimes X \otimes X$$

따라서 8개의 패리티 측정은 첫 번째 큐비트에 X 오류가 있고 처음 세 큐비트 중 하나에 Z 오류가 있음을 알려준다. Z 오류의 전체 효과는 처음 3개 큐비트 중 어떤 것에 대해 작동했는지에 관계없이 동일하다. 따라서 첫 번째 큐비트에 X 게이트를 적용하고 처음 세 큐비트 중 하나에 Z 게이트를 적용해 코드 워드를 수정할 수 있다.

어떤 큐비트가 Z 오류의 영향을 받았는지, 어떤 큐비트가 Z 게이트에 의해 정정돼야 하는지 알지 못하거나 주의하지 않는 이러한 독특한 특징은 축퇴degeneracy라는 이 코드의 속성 때문이다. 둘 이상의 오류 연산자가 코드 워드에 동일한 영향을 미치는 경우 코드가 축퇴된다.

첫 번째 큐비트에서 Z 오류가 발생했다고 가정하면 첫 번째 큐비트가 X 및 Z 오류를 모두 경험하므로 첫 번째 큐비트의 효과적인 오류 연산자는 Y 게이트였다(전역 위상에 이를 때까지 Y, XZ 및 ZX는 모두 동일하다).

문제 10.5.6 비트 플립 및 위상 플립 코드에 대한 오류 복구 연산을 조정하고 결합해 9-큐비트 쇼어 코드에 대한 복구 연산을 제시할 수 있다.

9-큐비트 코드에 대한 오류 복구 연산을 제시하라.

위의 예제 10.5.1은 코드 워드에 대해 작동하는 오류 연산자가 하나뿐이었다. 앞의 예시에서 봤듯이 오류 연산이 정정 가능한 파울리 오류의 조합에 의해 설명된다면 신드롬 측정은 그 특정 신드롬을 가진 파울리 오류 연산자의 영향을 받는 인코딩 상태에 해당하는 상태의 성분으로 시스템을 '축소'하게 된다. 다시 말해 10.4.3절 끝에서 논의했

듯이 일부 개별 오류 집합을 정정할 수 있다면 양자 역학의 선형성으로 인해 이러한 오류의 일반적인 선형 조합을 정정할 수도 있다. 쇼어 코드는 4개의 파울리 오류를 모두 수정하므로 (하나의 큐비트에서 작동하고 나머지는 항등성이 작동함) 4개의 선형 조합도 수정된다. 따라서 쇼어 코드는 단일 큐비트에서 임의의 오류를 정정한다. 이 기본 개념은 가능한 양자 오류의 연속체를 정정해야 하는 명백히 어려운 작업에도 불구하고 양자 오차 수정이 작동하는지를 보여주는 중요한 측면이다.

9-큐비트를 사용해 1-큐비트의 양자 정보를 인코딩하고 각 코드 워드 내에서 하나의 포괄적 단일 큐비트 오류를 보호하는 쇼어의 코드보다 더 효율적인 일부 양자 오차 수정 코드가 있다. 스테인^{Steane}은 다음 연산자의 고웃값이 +1인 부분 공간으로 7-큐비트만 사용하는 코드를 발견했다.

$$
\begin{aligned}
&Z \otimes Z \otimes Z \otimes Z \otimes I \otimes I \otimes I , \\
&Z \otimes Z \otimes I \otimes I \otimes Z \otimes Z \otimes I , \\
&Z \otimes I \otimes Z \otimes I \otimes Z \otimes I \otimes Z , \\
&X \otimes X \otimes X \otimes X \otimes I \otimes I \otimes I , \\
&X \otimes X \otimes I \otimes I \otimes X \otimes X \otimes I , \\
&X \otimes I \otimes X \otimes I \otimes X \otimes I \otimes X
\end{aligned}
\tag{10.5.17}
$$

5-큐비트만 사용하고 다음 연산자를 통해 정의되는 더욱 간결한 코드가 있다.

$$
\begin{aligned}
&X \otimes Z \otimes Z \otimes X \otimes I , \\
&I \otimes X \otimes Z \otimes Z \otimes X , \\
&X \otimes I \otimes X \otimes Z \otimes Z , \\
&Z \otimes X \otimes I \otimes X \otimes Z , \\
&Z \otimes Z \otimes X \otimes I \otimes X
\end{aligned}
\tag{10.5.18}
$$

포괄적 단일 큐비트 오류로부터 보호하기 위해 5 미만의 큐비트를 사용할 수 없음을 보여줄 수 있다.

10.6 내결함성 양자 계산

S 게이트가 있는 회로를 고려하라. 회로 내 개별 게이트가 확률 p와 독립적으로 일관성 없는 오류를 발생시키는 경우, 회로 출력에서 예상되는 오류 수는 S_p이다. 회로 출

력에 적어도 하나의 오류가 있을 확률은 최대 S_p이다(문제 10.6.1). 만약 오류가 모두 결맞는다면, 이 확률은 S^2p가 될 것이다. 다음에 나오는 내용에서는 오류가 결맞지 않다고 편의상 가정하겠지만, 확률 대신 오류의 확률 진폭을 추적함으로써 일관성 있는 오류의 가능성을 고려해 매우 유사한 분석을 실시할 수 있다.

문제 10.6.1 S 게이트가 있는 회로의 경우 개별 게이트가 일부 오류 확률 p(정의 10.4.25 참조)를 사용해 독립적으로 결맞지 않는 오류를 발생시키는 경우 회로의 출력에 오류가 하나 이상 있을 확률이 최대 Sp임을 보여라. 또한 오류가 완전히 결맞는 경우 확률이 최대 S^2p임을 보여라.

양자 정보가 회로를 통해 전파될 때 (일부 양자 알고리듬 또는 프로토콜의 경우) 오류로부터 양자 정보를 보호하기 위해 양자 오차 수정 코드를 사용한다고 가정하자. 첫 번째 접근 방식은 회로의 시작 부분에 정보를 인코딩한 다음 각 게이트 바로 전에 상태를 디코딩하고 게이트를 적용한 다음 상태를 다시 인코딩하는 것이다. 물론 디코딩과 재인코딩 사이에서 게이트는 여전히 확률 p로 오류를 생성할 수 있다. 이 접근 방식은 게이트 사이에서 발생하는 오류로부터만 정보를 보호한다. 10.3절에서 언급했듯이 더 나은 접근 방식은 인코딩된 상태에서 직접 작동하는 게이트를 설계하는 것이다. 더욱이 이것을 내결함적으로 설계할 수 있기를 원한다. 이는 구현에서 하나의 (인코딩되지 않은) 게이트가 오류를 생성하더라도 양자 정보가 손실되지 않도록 인코딩된 상태에서 게이트를 구현하고자 함을 의미한다. 주어진 오류 정정 코드에 대해 게이트의 내결함성 구현은 정정 가능한 오류가 전파돼 정정할 수 없는 오류로 이어지지 않도록 변화를 제한한다.

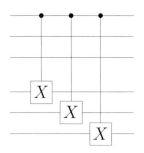

그림 10.19 3-큐비트 코드에 대한 CNOT의 비-내결함성의 구현

정의 10.6.1 개별 양자 게이트가 확률 p로 독립적으로 출력에서 오류를 생성한다고 가정해보자. 하나의 오류를 수정하는 주어진 오류 정정 코드의 경우, 인코딩된 상태에 직접 작용하는 게이트의 구현은 해당 구현이 복구할 수 없는 오류를 도입할 확률을 일정한 cp^2에 의해 유계된다면 내결함적인 것으로 간주된다.

내결함성 게이트의 오류 확률에 대한 상계 cp^2는 $p < \frac{1}{c}$인 한 물리적 게이트의 오류 확률 p보다 개선된 것이다. 이러한 조건을 문턱값 조건이라고 하고 값 $\frac{1}{c}$를 문턱값 오류 확률이라고 한다.

코드 워드 내의 단일 큐비트에서 임의의 오류를 정정할 수 있는 오류 정정 코드가 있다고 가정해보자. 그런 다음 코드 워드에 직접 작용하는 게이트의 구현은 구현이 인코딩된 출력에서 둘 이상의 오류를 유발할 확률이 일부 상수 c에 대해 cp^2인 경우 내결함성인 것으로 간주된다. 예를 들어 3-큐비트 코드를 고려하고 인코딩된 버전의 CNOT 게이트를 구현한다고 가정해보자.

$$\text{CNOT}_{\text{enc}} : \begin{cases} |000\rangle|000\rangle & \mapsto |000\rangle|000\rangle \\ |000\rangle|111\rangle & \mapsto |000\rangle|111\rangle \\ |111\rangle|000\rangle & \mapsto |111\rangle|111\rangle \\ |111\rangle|111\rangle & \mapsto |111\rangle|000\rangle \end{cases}$$

인코딩되지 않은 3개의 CNOT 게이트를 사용해 인코딩된 CNOT를 구현하는 한 가지 방법이 그림 10.19에 나와 있다. 게이트는 각각 세 개의 큐비트로 구성된 2개의 인코딩된 블록에서 작동한다.

그림 10.19에 표시된 구현은 내결함성이 없다. 구현의 첫 번째 (인코딩되지 않은) CNOT 게이트에서 오류가 발생하고 이 게이트의 제어 비트에서 오류가 발생한다고 가정해보자. 그러면 그 결과 발생한 오류가 구현에서 다음 2개의 (인코딩되지 않은) CNOT 게이트에 의해 두 번째 블록의 두 번째 및 세 번째 큐비트로 전파되는 것을 쉽게 알 수 있다. 따라서 확률 p로 발생하는 단일 물리적 게이트 오류는 인코딩된 CNOT의 출력에서 여러 오류를 발생시킨다. 내결함성의 기본 개념은 이러한 잘못된 오류 전파를 방지하는 게이트를 설계하는 것이다.

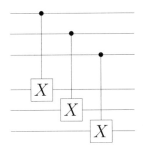

그림 10.20 3-큐비트 코드의 CNOT의 비결함성 구현

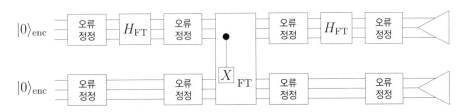

그림 10.21 각 인코딩된 게이트는 일부 상수 c에 대해 cp^2 확률로 복구할 수 없는 오류를 발생시킨다. 회로 출력에서 예상되는 오류 수는 Scp^2이므로 회로 출력에서 오류가 발생할 확률은 최대 Scp^2이다.

CNOT의 내결함성 구현의 예가 그림 10.20에 나와 있다.

회로를 내결함적으로 구현하려면 오류 모델에 적합한 양자 코드(예: 예제처럼 3-큐비트 코드, 또는 아마도 7-큐비트 스테인 코드)를 선택한 다음, 해당 코드에 적합한 보편적 게이트 집합의 내결함성 구현을 설계해야 한다.

게이트 U의 경우 U_{FT}에 의한 내결함성 구현을 나타낸다. 3-큐비트 코드에 대해 내결함성 게이트를 사용해 그림 10.19의 회로를 구현한다고 가정해보자. 또한 회로의 모든 게이트 순서쌍에 오류 정정을 수행한다고 가정해보자. 그러면 결과 회로는 그림 10.21과 같다. 인코딩 및 오류 정정을 완벽하게 수행할 수 있다고 가정해보자(예: 인코딩 또는 오류 정정 절차 중에 게이트가 오류를 생성할 가능성이 없다고 가정). 3-큐비트 코드는 1-큐비트에서 비트 플립 오류를 수정하며, 인코딩된 게이트를 내결함성 방식으로 구현했다. 따라서 오류 정정이 실패할 수 있는 유일한 방법은 오류 정정 직전에 게이트의 내결함성 구현에서 최소 두 개의 비트 플립 오류가 발생한 경우이다. 이것은 $3p^2(1-p)$ 확률로 발생한다. 따라서 각 내결함성 게이트에 대한 오류 확률(오류 정정 후)은 $c = 2(p^2 < p^3$이므로)에 대해 cp^2보다 작다. $c = 2$에 대한 문턱값 조건은 $p < \frac{1}{2}$이며, 이는 이미 30큐비트 코드가 유효하기 위해 필요하다고 확인한 조건임에 유의하라. 이러한 내결함성 게이트 S를 포함하는 회로를 고려해보자. 내결함성 회로의 (인코딩된) 출력에서 복구할 수 없는 오류가 발생할 확률은 최대 cSp^2이다.

내결함성 회로의 오류 확률에 대한 유계 cSp^2는 문턱값 조건 $p < \frac{1}{c}$가 만족되는 한 원래 회로의 오류 확률에 대한 유계 Sp보다 개선된 것이다.

물론 오류 정정 및 인코딩 절차에 사용되는 (인코딩되지 않은) 게이트 자체가 오류에 영향을 받지 않는다고 가정할 수는 없다. 이러한 게이트는 확률 p로 오류를 유발할 수도 있다. 그래서 어떤 상수 c에 대해 오류 확률이 최대 cp^2가 되는 방식으로 이러한 절차를 수행하는 방법을 고안하고자 한다. 다행히도 이를 수행하는 기법이 있다. 안정자 코드의 경우 안정자 생성자를 측정해 오류를 정정할 수 있다. 이러한 측정을 내결함성으로 수행하는 기법이 있다(즉, 일부 상수 c에 대해 오류 확률이 cp^2인 방식으로).

요약하면 내결함성 양자 컴퓨팅의 계획은 다음과 같다. 개별적인 (인코딩되지 않은) 게이트가 확률 p로 오류를 유발한다고 가정해보자. 오류 정정을 사용하지 않으면 S 게이트가 있는 회로의 출력에서 오류가 발생할 확률은 최대 Sp이다. 회로를 내결함적으로 구현하기 위해 먼저 적절한 양자 코드를 선택한 다음 다음에 대한 구현을 고안하고자 한다.

1. **내결함성 보편적 게이트 집합** 이것은 인코딩된 상태에서 직접 작동하도록 구현된 일련의 게이트로, 인코딩된 출력에서 복구 불가능한 오류의 확률은 일부 상수 c에 대해 최대 cp^2를 만족하게 한다.

2. **내결함성 측정 절차** 이것은 측정에서 오류가 발생할 확률이 일부 상수 c에 대해 최대 cp^2를 만족하게 하는 측정을 수행하는 절차이다. 안정자 코드를 선택한 경우 안정자 생성자 측정을 수행하는 내결함성 방법은 오류 정정을 수행하는 내결함성 기법을 제시한다. 내결함성 측정은 또한 내결함성 계산을 위한 초기 상태를 준비하는 수단을 제공한다.

S 게이트로 회로가 주어진 경우 적절한 양자 오차 수정 코드로 회로의 큐비트를 인코딩한 다음 주어진 회로의 게이트와 측정을 내결함성 구현으로 대체한다면, 회로 출력의 오류 확률은 상수 c에 대해 최대 Scp^2이다. 이는 $p < p_{\text{th}} = \frac{1}{c}$인 한, 원래 회로가 오류를 발생시킬 확률에 대한 유계 Sp보다 개선된 것이다.

양자 오차 수정 코드를 결합해 새롭고 큰 코드를 얻음으로써 오류 확률을 훨씬 더 줄일 수 있다(사실 임의적으로 낮다).

10.6.1 코드 연결과 문턱값 정리

개별 게이트 오류가 확률 p에서 독립적으로 발생하는 S 게이트가 있는 회로의 경우, 위에서 설명한 기법을 사용해 일부 상수 c에 대해 전체 오류 확률이 최대 cSp^2인 회로의 인코딩 버전을 만들 수 있다. p가 문턱값 $p_{\text{th}} = \frac{1}{c}$ 미만인 경우 이는 향상된 것이다. 본 절에서는 더 나은 향상을 위해 코드를 결합하거나 연결하는 방법을 보여준다. 이러한 개념을 사용해 오류를 최대 ε까지 줄여야하는 경우 회로를 구현하는 데 필요한 게이트 수에 제한을 둔다. 회로의 크기가 로그 ε로 다항식으로 커진다는 것을 발견할 수 있다. 문턱값 정리라고 하는 중요한 결과이다.

양자 코드를 연결한다는 개념은 꽤 간단하다. 1단계 인코딩에서는 적절한 코드를 사용해 각 큐비트를 인코딩한다. 그리고 나서 각각의 코드 워드에 대해 같은 코드를 사용해 각각의 큐비트를 코드 워드에 다시 인코딩한다. 이것을 2단계 인코딩이라고 한다.

n-큐비트 코드를 사용하는 두 가지 단계의 인코딩 후, 각 큐비트는 궁극적으로 n^2큐비트로 인코딩된다는 점에 유의한다. 연결은 그림 10.22에 설명돼 있다. 각 인코딩 단계의 오류 모델이 동일한 형태, 즉 진폭이 다를 수 있는 동일한 크라우스 연산자를 갖는 한 이는 좋은 전략이다.

2단계 인코딩을 사용하는 경우 개별 오류는 확률 p에서 가장 낮은 수준(물리적 큐비트)에서 발생한다고 가정해보자. 한 단계의 인코딩을 통해 중간층의 내결함성 버전의 게이트에서 복구할 수 없는 오류가 발생할 확률은 상수 c에 대해 cp^2로 감소한다. 그런 다음 두 번째 수준의 인코딩은 상단층의 내결함성 게이트에서 복구할 수 없는 오류의 발생 확률을 $c(cp^2)^2 = c^3p^4$로 감소시킨다. 그래서 연결은 $p < \frac{1}{c}$인 한 오류율을 기하급수적으로 향상시킨다. k단계의 인코딩을 사용하면, 최고 단계의 오류 확률은 $\frac{(cp)^{2^k}}{c}$으로 감소한다.

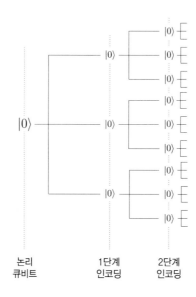

논리   1단계   2단계
큐비트   인코딩   인코딩

그림 10.22 오류 정정 코드의 연결

각 내결함성 게이트를 구현하는 데 (k 단계의 연결에 대해) 필요한 물리적 게이트의 수는 일부 상수 d에 대해 d^k이다. 회로의 크기가 커지는 것보다 오류율이 더 빨리 감소한다는 것을 보여주기 위해 해당 숫자 d^k에 대한 유계를 구하고자 한다.

S 게이트를 가진 양자 회로의 내결함성 구현을 제시하고 회로의 전체 오류 확률을 ε 미만으로 만들고 싶다고 가정해보자. 이렇게 하려면 각 게이트의 내결함성 구현이 $\frac{\varepsilon}{S}$ 미만의 오류 확률을 갖도록 만들어야 한다. 연결에 대한 관측값을 사용해 다음 수식을 만족하게 하는 k를 여러 번 연결해야 한다.

$$\frac{(cp)^{2^k}}{c} \leq \frac{\varepsilon}{S} \tag{10.6.1}$$

p가 문턱값 $\frac{1}{c}$ 미만이면 이러한 k를 찾을 수 있다. d^k에서 유계를 찾으려면 (10.6.1)로 시작해서 양변의 로그를 취한다.

$$2^k \leq \frac{\log\left(\frac{S}{c\varepsilon}\right)}{\log\left(\frac{1}{cp}\right)} \tag{10.6.2}$$

$2 = d^{1/\log_2 d}$이라는 사실을 이용해 일부 양의 상수 $m \geq 1$에 대해 다음을 얻을 수 있다.

$$
\begin{aligned}
d^k &\leq \left(\frac{\log\left(\frac{S}{c\varepsilon}\right)}{\log\left(\frac{1}{cp}\right)}\right)^{\log_2 d} \\
&\in O\left(\log^m\left(\frac{S}{\varepsilon}\right)\right)
\end{aligned}
\tag{10.6.3}
$$

따라서 k단계에 연결된 S 게이트로 구성된 내결함성 회로는 다음 게이트로 제한되는 크기(게이트 수)를 갖는다.

$$Sd^k = O\left(S\left(\log^m\left(\frac{S}{\varepsilon}\right)\right)\right) \tag{10.6.4}$$

요약하면 양자 계산을 위한 다음과 같은 문턱값 정리가 있다.

정리 10.6.2 S 게이트를 포함하는 양자 회로는 p가 일정한 문턱값인 $p < p_{th}$보다 낮으며 기본 하드웨어의 잡음에 대한 합리적인 가정이 주어진 경우, 구성 요소가 확률 p로 오류를 발생시키는 하드웨어의 다음 게이트를 사용해 최대 ε의 오류 확률로 시뮬레이션할 수 있다.

$$O\left(S\left(\log^m\left(\frac{S}{\varepsilon}\right)\right)\right) \tag{10.6.5}$$

문턱값 정리는 원칙적으로 게이트당 오류가 고정 문턱값 미만이 되도록 구성 요소를 구축할 수 있는 한 다항식 자원을 사용해 임의의 긴 양자 계산을 수행하는 장치를 구성할 수 있음을 말한다. 즉, 물리적 장치의 잡음과 부정확성이 대규모 양자 컴퓨터를 구현하는 데 근본적인 장애물이 돼서는 안 된다. 이것은 양자 정보 처리 모델이 강력함을 보여주며 양자 정보가 고전적 정보보다 더 강력하다는 제안을 뒷받침한다. 오늘날 계산된 문턱값은 실험적인 관점에서 요구되고 있지만, 더 나은 양자 오차 수정 코드를 설계함으로써 문턱값의 수치적 값은 계속 향상되고 있다. 양자 오차 수정을 위한 기법과 방법은 양자 정보 처리 장치의 물리적 구현에 대한 지침과 요건도 제공한다. 정리는 그러한 기법과 방법이 형성될 수 있다는 확신을 줬다.

A
부록

A.1 확률적 알고리듬을 분석하기 위한 도구

마르코프^{Markov} 부등식은 확률론에서 단순하지만 강력한 도구다. 이산확률변수의 경우 본 부록에서 설명할 것이지만, 복잡하지 않은 연속적 아날로그가 있다.

이산확률변수 X는 값이 실제 숫자의 유한하거나 셀 수 있는 부분집합 S에서 추출되며 일부 임의 사건의 결과에 해당하는 변수다.

예를 들어 무작위 동전 던지기를 고려한다면, 동전이 '윗면'이 나오면 $X = 0$으로, '뒷면'이 나오면 $X = 1$로 할 수 있다.

또 다른 예로 동전을 n번 던져서 X가 동전이 '윗면'이 올라오는 횟수와 같게 할 수 있다.

μ_X로도 나타내는 확률변수 X의 기댓값을 다음과 같다고 하자.

$$E(X) = \sum_{x \in S} x Pr(X = x)$$

정리 A.1.1 (마르코프 부등식) X를 음이 아닌 값을 취하는 이산확률변수라고 하자. 그럼 다음 수식이 된다.

$$Pr(X \geq c\mu_X)) \leq \frac{1}{c} \qquad\qquad (A.1.1)$$

최소한 p 확률로 X가 어떤 문턱값 t보다 크거나 같을 경우 X의 기댓값은 최소한 pt 이 상이어야 한다는 단순한 관측값에서부터 증명은 이루어진다.

증명　Y를 $0 \leq X < cE(X)$ 및 $X \geq cE(X)$일 때 $Y = cE(X)$일 경우 $Y = 0$을 만족하는 확률변수라고 하자. $X \geq Y$이므로 다음 수식과 같으며 결과는 다음과 같다.

$$\begin{aligned} E(X) \geq E(Y) &= 0Pr(Y = 0) + cE(X)Pr(Y = 1) \\ &= cE(X)Pr(Y = 1) \\ &= cE(X)Pr(X \geq cE(X)) \end{aligned} \qquad\square$$

문제 A.1.2　마르코프 부등식을 사용해 예상 실행 시간이 최대 T인 문제를 올바르게 해 결하는 무작위 알고리듬 A를 실행 시간이 제한되고 답을 출력할 확률이 제한적인 제 로 오류 알고리듬으로 전환하는 방법을 보여줄 수 있다.

X를 특정 입력에 대한 A의 실행 시간에 해당하는 확률변수로 설정하고 예상 실행 시 간이 T 이하인 것을 알고 있다고 가정해보자. 마르코프 부등식은 상수 c에 대해 알고 리듬 A의 실행 시간이 $cE(X)$를 초과할 확률이 최대 $\frac{1}{c}$임을 의미한다. 따라서 A의 예 상 실행 시간을 알고 있으면 A를 실행해 제한된 실행 시간으로 알고리듬을 도출할 수 있으며 $3T$ 시간 내에 답을 찾지 못하면 중지하고 '실패'를 출력하라. 적어도 $\frac{2}{3}$의 확률 로 수정된 알고리듬이 문제를 성공적으로 해결할 것이다.

마르코프 부등식은 체비셰프Chebyshev 부등식 및 체르노프Chernoff 부등식을 포함해 더 강 력한 부등식을 도출하는 데 사용할 수 있다.

새로운 확률변수 $Y = (X - \mu X)^2$를 정의하라. $\sigma_X = \sqrt{E(Y)}$이라 하자. 확률변수 Y에 마 르코프 부등식을 적용해 체비셰프 부등식을 제시한다.

$$Pr[|X - \mu_X| \geq c\sigma_X] \leq \frac{1}{c^2}$$

확률변수 X가 결과가 0 또는 1인 여러 독립확률변수의 합일 때 더 강한 유계를 얻을 수 있다.

X_1, X_2,..., X_n은 결과가 0 또는 1인 n번의 독립 동전 던지기 사건의 결과에 해당하는 확률변수로서 이때 $Pr[X_i = 1] = p_i$이다. 확률변수 X_i는 '포아송' 시행이라고 한다. 만약 p_i가 모두 같다면 '베르누이' 시행이라고도 한다.

$X = \sum_{i=1}^{n} X_i$이며 $\mu_X = E(X) = \sum_i p_i$이라고 하자.

확률변수 $Y = e^{cX}$에 마르코프 부등식을 적용함으로써 적절히 선택된 양의 실수값 c에 대해 체르노프 유계라고 알려진 것을 도출할 수 있다.

예를 들어 X가 기댓값보다 훨씬 작을 확률을 유계할 수 있다.

정리 A.1.3 $0 < \delta \leq 1$인 실수값 δ에 대해 다음을 갖는다.

$$Pr[X < (1 - \delta)\mu_X] < e^{-\frac{\mu_X \delta^2}{2}}$$

또한 X가 기댓값보다 훨씬 클 확률을 유계할 수 있다.

정리 A.1.4   모든 실수값 $\delta > 0$에 대해 다음을 갖는다.

$$Pr[X > (1 + \delta)\mu_X] < \left(\frac{e^{\delta}}{(1 + \delta)^{(1+\delta)}} \right)^{\mu_X}$$

예제 A.1.5   체르노프 유계의 한 가지 응용프로그램은 유계오류 알고리듬의 성공 확률을 증폭시키는 것이다. $0 < \beta < 1$인 확률 $\frac{1}{2} + \beta$로 정답을 출력하는 의사결정 문제에 대한 유계오류 알고리듬을 가지고 있다고 가정해보자.

알고리듬을 n번 독립적으로 반복하고 (동일한 입력으로) 다수 답변을 출력하면 일부 상수 γ에 대해 오류 확률이 γ^n으로 감소한다.

알고리듬의 i번째 실행이 정답을 출력할 경우 $X_i = 1$이라 하고, $X = \sum_i X_i$이라 하자. 그럼 $E(X) = \frac{n}{2} + \frac{n\beta}{2}$이 된다.

$\delta = \frac{\beta}{1-\beta}$이라 하면 다음 수식을 얻게 되고, 이때 $\gamma = e^{-\frac{\beta^2}{4(1+\beta)}}$이 된다.

$$Pr[X < \frac{n}{2}] < e^{-\frac{n\beta^2}{4(1+\beta)}} = \gamma^n$$

즉, 다수의 답이 $1 - \epsilon$ 이상의 확률로 정확한 값이 되기를 원한다면 $n \geq 4\frac{1+\beta}{\beta^2} \log \frac{1}{\epsilon}$일 때 n번 반복하는 것으로 충분하다는 의미와 같다.

A.2 a의 위수가 합성일 경우 이산 로그 문제 해결하기

a가 합성수 위수 $r = r_1 r_2 \ldots r_n$인 밑 a에 대한 b의 이산 로그를 찾는 문제를 위수 r_j의 다른 밑 a_j에 대한 여러 이산 로그를 찾는 문제로 환산하는 몇 가지 방법이 있다.

한 가지 방법은 r_j가 쌍으로 서로소여야 한다. 따라서 이산 로그 문제를 소수 위수군의 일련의 이산 로그 문제로 환산하려면(단순한 소수 거듭제곱 위수가 아닌), (중국인의 나머지 정리를 사용하는) 이 방법은 일반적으로 충분하지 않다.

따라서 r_j가 쌍으로 서로소일 필요가 없는 다른 방법을 제시할 것이다. 첫 번째 방법은 r을 소인수분해 해야 한다. 정수 인수분해를 위한 효율적인 양자 알고리듬에 비춰 볼 때 이것은 불합리한 가정이 아니다. 더 간략하게 제시하는 마지막 두 가지 방법은 r의 소인수분해를 가정하지 않는다.

r의 소인수분해 가정

방법이 간단한 방식으로 일반화되기 때문에 단순함을 위해 $r = r_1 r_2$ 사례에 대한 증명을 제공할 것이다.

정리 A.2.1　정수 $r_1 > 1$, $r_2 > 1$에 대해 위수 $r = r_1 r_2$인 원소 a를 고려하라.

밑 a에 대한 모든 원소 b의 로그는 밑 $a_1 = a^{r_1}$(위수 r_2)에 대해 하나의 이산 로그를 평가하고 (위수 r_1을 가지는) 밑 $a_2 = a^{r_2}$ 및 $O(\log^2 r)$ 기타 군 연산에 대해 하나의 이산 로그를 평가해 계산할 수 있다.

증명 $b = a^k$이고 a의 위수가 $r = r_1 r_2$라고 가정해보자. $0 \leq k < r$을 충족하는 각 k에 대해 $k = c_2 r_2 + c_1$이 되는 $0 \leq c_1 < r_2$, $0 \leq c_2 < r_1$을 충족하는 고유한 정수 c_1, c_2가 있다. $b_1 = b^{r_1}$ 및 $a_1 = a^{r_1}$이라고 하자. 이것은 $b_1 = a_1^{c_1}$을 의미하며, 여기서 a_1의 위수는 r_2이다. 따라서 밑을 a_1로 하는 b_1의 이산 로그를 계산해 c_1을 얻는다. c_1을 알고 나면 $b_2 = ba^{-c_1} = a^{r_2 c_2}$를 계산할 수 있다. $a_2 = a^{r_2}$라고 하자. a_2의 위수는 r_1이고 $b_2 = a_2^{c_2}$이다. 따라서 밑이 a_2인 로그를 계산해 c_2를 찾을 수 있다. c_1과 c_2에서 k를 쉽게 계산할 수 있다.

따름정리 A.2.2 위수 r의 원소 a를 고려해보자. $r = p_1 p_2 \cdots p_k$는 r을 소인수분해하는 것이라 하자(p_i가 반드시 구별되는 것은 아니다). $i = 1, 2, \ldots, k$에 대해 $a_i = a^{\frac{r}{p_i}}$을 정의하라. a_i에는 위수 p_i가 있다는 것에 유의하라.

밑이 a인 모든 원소 b의 로그는 기수 $a_1, a_2, \ldots, a_k$ 및 $O(\log^2 r)$ 기타 군 연산에 관해 k 이산 로그를 평가해 계산할 수 있다.

r의 소인수분해에 대한 가정 없음. 방법 1

이 방법의 기본 개념은 단순히 이산 로그 알고리듬을 실행하고 r이 소수가 아닌 것에 대해 걱정하지 않고 평소대로 진행하는 것이다. 높은 확률[1]로 알고리듬은 한 쌍의 정수 k와 $kt \bmod r$을 표본 추출할 것임을 상기하라. 여기서 t는 밑이 a인 b의 로그이다. 다음 세 가지 중 하나가 발생한다.

1. 운이 좋으면 표본 추출된 k는 r과 함께 서로소가 될 것이며 $t = (k^{-1} \bmod r)(kt \bmod r) \bmod r$을 바로 찾을 수 있다.

2. 다소 운이 없고 k는 r에 대해 비자명한 공통 인수 $d = \mathrm{GCD}(k, r)$를 갖게 될 것이다. 이 경우 $r = r_1 d$를 나눌 수 있을 것이다. 또한 $t \bmod r_1$을 결정할 수 있을 것이고, 문제를 위수 d의 군에서 이산 로그 문제로 환산할 수 있을 것이다. 다음에서 이 가능성에 대해 상세히 설명하고자 한다.

---

1   QFT_r 및 QFT_r^{-1}이 이용되면, 확률은 1이다.

3. 매우 운이 없을 것이고 표본 $k = 0$일 것이다. 이것은 확률 $1 - \frac{1}{r}$에서만 일어나기 때문에 단순히 0이 아닌 k를 얻을 때까지 계속 시도할 수 있다.[2]

$d = \mathrm{GCD}(k, r) > 1$인 경우, 일부 정수 r_1, k_1에 대해 $r = r_1 d$, $k = k_1 d$ 및 $kt = k_1 dt \bmod r$이라는 것을 알고 있다. $(k_1^{-1} \bmod r_1)(k_1 t \bmod r_1) \bmod r_1$을 계산해 $t_1 = t \bmod r_1$의 값을 계산할 수 있다. 그러면 음이 아닌 정수 $t_2 < d$에 대해 $t = t_2 r_1 + t_1$이라는 것을 알 수 있다. $b_1 = b^{r_1}$ 및 $a_1 = a^{r_1}$을 정의하면 $b_1 = a_1^{t_2}$이고 a_1가 위수 d를 갖게 됨을 알 수 있다. 그런 다음 이산 로그 알고리듬을 적용해 $t_2 \bmod d$ 또는 d의 t_2법 비자명한 인자를 찾을 수 있다. 일반화한 이산 로그 알고리듬의 예상되는 재귀적 응용프로그램의 수는 최대 $O(\log r)$이다.

r의 소인수분해에 대한 가정 없음. 방법 2

r이 소수가 아니라면 숨은 부분군 문제에 대해 7.5절에 제공된 일반적인 분석을 진행할 수 있다. 이 방법은 $(k_1 t, k_1)$, $(k_2 t, k_2) \cdots (k_m t, k_m)$ 쌍을 생성하기 위해 이산 로그 알고리듬 $O(\log r)$을 반복하는 것으로 구성된다. 그런 다음 선형 시스템을 푼다.

$$\begin{bmatrix} k_1 t & k_1 \\ k_2 t & k_2 \\ \vdots \\ k_m t & k_m \end{bmatrix} \begin{pmatrix} x_1 \\ x_2 \end{pmatrix} = \begin{pmatrix} 0 \\ 0 \end{pmatrix}$$

높은 확률로 해 공간은 다음이 가로지르는 1차원 벡터 공간이 될 것이다.

$$\begin{pmatrix} 1 \\ -t \end{pmatrix}$$

A.3 군을 생성하기 위해 몇 개의 확률표본이 필요한가?

위수 $N = p_1^{n_1} p_2^{n_2} \ldots p_l^{n_l}$의 군 G를 고려하며, 이때 p_j는 소수이고 $n_j > 0$이다. $n = \sum_j n_j$이라 하자.

---

2   문제 8.2.2는 진폭 증폭을 사용해 이 세 번째 가능성을 제거하는 방법을 보여준다.

G에서 원소를 독립적이고 균일하게 무작위로 표본을 추출하는 수단이 있다고 가정해 보자. 최소 $\frac{2}{3}$의 확률로 표본이 추출된 원소가 G를 생성하려면 몇 개의 표본이 필요한가?

문제 6.5.3에서와 유사한 논증은 G를 생성하는 데 필요한 G에서 예상되는 균일한 확률 표본의 수가 $n+1$ 미만임을 보여준다.

따라서 G로부터 $3n+3$개의 표본은 최소 $\frac{2}{3}$의 확률로 G를 생성하기 위해 충분하다.

그러나 높은 확률로 G를 생성하려면 실제로 필요한 표본 수가 훨씬 적다. $n+O(1)$의 상계는 체르노프 유계 방법(부록 A.1)을 사용해 표시할 수 있다.

다만 사이먼의 알고리듬 분석에 필요한 G가 첨가 가산 아벨군 $G = Z_2^n$인 경우에는 대체 증명을 제시할 것이다(이 경우 Z_2에 대한 벡터 공간으로 처리할 수 있고 군 이론 언어를 피할 수 있다). 일반적으로 $N = p_1^{n_1} p_2^{n_2} ... p_l^{n_l}$인 위수 $n = \sum_j n_j$의 군 G에 필요한 표본 개수는 $G = Z_2^n$의 경우 필요한 것보다 많지 않음을 알 수 있다.

정리 A.3.1 $\mathbf{t}_1$, $\mathbf{t}_2$,....을 부분 공간 $H \leq Z_2^n$에서 임의로 균일하게 독립적으로 선택된 원소의 수열이며, 이때 $|H| = 2^m$이다.

그러면 $\langle \mathbf{t}_1, \mathbf{t}_2, ..., \mathbf{t}_{m+4} \rangle$는 H를 생성할 확률은 $\frac{2}{3}$ 이상이다.

증명 $S_j = \langle \mathbf{t}_1, \mathbf{t}_2, ..., \mathbf{t}_j \rangle$라 하고, $S_0 = \{\mathbf{0}\}$이다.

$1 - \frac{|S_0|}{|H|} = 1 - \frac{1}{2^m}$의 확률로 $\mathbf{t}_1 \notin S_0$이며 따라서 $|S| = 2$이다. 이러한 경우를 가정해보면, 최소 $1 - \frac{|S_0|}{|H|} = 1 - \frac{2}{2^{m-1}}$의 확률에서 $\mathbf{t}_2 \notin S_1$을 갖고, 따라서 $|S_2| = 4$이다. 그래서 적어도 $1 - \frac{1}{2^2}$의 확률로 $\mathbf{t}_{m-1} \notin S_{m-2}$ 및 $|S_{m-1}| = 2^{m-1}$이고, 마지막으로 적어도 $1 - \frac{1}{2}$의 확률로 $\mathbf{t}_m \notin S_m$이므로 $|S_m| = 2^m$이다. S_m은 H(크기 2^m)의 부분 공간이므로 $S_m = H$이다.

다음 수식에 유의하라.[3]

---

3 이는 음이 아닌 실수값 x_1, x_2에 대해 다음이 항상 $(1-x_1)(1-x_2) \geq 1 - x_1 - x_2$를 유지한다는 사실을 귀납적으로 적용함으로써 이루어진다.

$$\left(1 - \frac{1}{2^m}\right)\left(1 - \frac{1}{2^{m-1}}\right) \cdots \left(1 - \frac{1}{2^k}\right) > 1 - \sum_{j=k}^{m} \frac{1}{2^j} > 1 - \frac{1}{2^{k-1}}$$

이것은 다음 수식을 의미하고

$$\left(1 - \frac{1}{2^m}\right)\left(1 - \frac{1}{2^{m-1}}\right) \cdots \left(1 - \frac{1}{4}\right) > \frac{1}{2}$$

따라서 다음 수식이 된다.

$$\left(1 - \frac{1}{2^m}\right)\left(1 - \frac{1}{2^{m-1}}\right) \cdots \left(1 - \frac{1}{4}\right)\left(1 - \frac{1}{2}\right) > \frac{1}{4}$$

이것은 '운이 좋고' H로부터 첫 번째 m개 표본 $\mathbf{t}_1, \mathbf{t}_2, \dots, \mathbf{t}_m$이 독립일 확률(따라서 H를 전부 생성하는)은 $\frac{1}{4}$이다. 그러나 이 확률을 $\frac{2}{3}$ 이상으로 높이고자 한다.

$$\left(1 - \frac{1}{2^m}\right)\left(1 - \frac{1}{2^{m-1}}\right) \cdots \left(1 - \frac{1}{16}\right) > \frac{7}{8}$$

다음 수식은 확률이 $\frac{7}{8}$ 이상인 경우 처음 $m-3$개 샘플이 독립적이므로 크기가 2^{m-3}인 H의 부분군 S_{m-3}을 생성한다.

다음 두 개의 표본 $\mathbf{t}_{m-2}$ 및 $\mathbf{t}_{m-1}$가 S_{m-3}에 있을 확률은 $\left(\frac{1}{2^3}\right)^2 = \frac{1}{2^6}$이므로, S_{m-1}이 엄격하게 S_{m-3}보다 클 확률은 $1 - \frac{1}{64}$이다. 이러한 경우에 편의를 위해[4] S'_{m-1}를 $S_{m-3} \subset S'_{m-1} \subseteq S_{m-1}$을 만족하는 크기 2^{m-2}의 부분군이라 하자. 이러한 경우 $\mathbf{t}_m$과 $\mathbf{t}_{m+1}$이 모두 S'_{m-1}에 있을 확률은 $\left(\frac{1}{4}\right)^2 = \frac{1}{16}$이며, 따라서 S_{m+1}이 엄격하게 S'_{m-1}보다 클 확률은 최소 $1 - \frac{1}{16}$이다.

이러한 경우 다시 편의를 위해 S'_{m+1}를 $S'_{m-1} \subset S'_{m+1} \subseteq S_{m+1}$을 만족하는 크기 2^{m-1}의 부분군이라 하자.

마지막으로 $\mathbf{t}_{m+2}, \mathbf{t}_{m+3}, \mathbf{t}_{m+4}$가 모두 S'_{m+1}에 있을 확률은 $\left(\frac{1}{2}\right)^2 = \frac{1}{8}$이며, 따라서 S_{m+3}이 엄격하게 S'_{m+1}보다 클 확률은 최소한 $1 - \frac{1}{8}$이다. 이러한 경우, S_{m+4}는 최소

---

4   다소 이상하게 보일 수도 있지만, 이것은 분석을 쉽게 만든다.

2^m의 원소를 가져야 하며 H의 부분공간이기 때문에(2^m의 원소만을 갖는) $S_{m+4} = H$이다.

위와 같은 상황이 발생할 확률은 최소 다음과 같다.

$$\frac{7}{8} \times \frac{63}{64} \times \frac{15}{16} \times \frac{7}{8} > \frac{2}{3}$$

$\square$

A.4 임의의 *k*에 대해 주어진 *k/r*에서 *r* 찾기

정리 A.4.1 정수 k_1, k_2가 $\{0, 1,\ldots, r-1\}$에서 임의로 균일하게 독립적으로 선택됐다고 가정해보자. r_1, r_2, c_1, c_2를 $\mathrm{GCD}(r_1, c_1) = \mathrm{GCD}(r_2, c_2) = 1$ 및 $\frac{k_1}{r} = \frac{c_1}{r_1}$ 및 $\frac{k_2}{r} = \frac{c_2}{r_2}$을 충족하는 정수라고 가정해보자. 그럼 $\Pr(\mathrm{LCM}(r_1, r_2) = r) > \frac{6}{\pi^2}$이 된다.

증명 r은 r_1과 r_2의 공배수이므로, 최소공배수 $\mathrm{LCM}(r_1, r_2)$를 r로 나눠야 한다. 따라서 $r = \mathrm{LCM}(r_1, r_2)$을 증명하기 위해, $r|\mathrm{LCM}(r_1, r_2)$를 보여주는 것으로도 충분하다.

편의를 위해 k_1, k_2는 $\{1, 2,\ldots, r\}$에서 독립적이고 균일하게 임의로 선택됐다고 가정할 수 있음에 유의한다(k_1 = 0 또는 r이기 때문에 r_1 = 1이므로). $r_1 = \frac{r}{\mathrm{GCD}(r, k_1)}$과 $r_2 = \frac{r}{\mathrm{GCD}(r, k_2)}$에 유의하라. $\mathrm{GCD}(r, k_1)$ 및 $\mathrm{GCD}(r, k_2)$가 서로소인 경우 r_1을 생성하기 위해 r에서 '제거'된 인자는 r_2에 남아 있고 그 반대의 경우도 마찬가지다. 이 경우 r은 $\mathrm{LCM}(r_1, r_2)$를 나누며, 이는 $r = \mathrm{LCM}(r_1, r_2)$을 의미한다. $\mathrm{GCD}(r, k_1)$ 및 $\mathrm{GCD}(r, k_2)$가 서로소일 확률은 $\prod_{p|r}\left(1 - \frac{1}{p^2}\right)$이며, 이때 곱이 r의 소인수를 뛰어넘는다(복수 인자를 반복하지 않는다). 확률은 $\prod_p\left(1 - \frac{1}{p^2}\right)$보다 엄격하게 크며, 이때 곱은 항상 소수 p를 뛰어넘는다. 이러한 급수는 정수 2, $\zeta(2) = \sum_{n=1}^{\infty}\frac{1}{n^2}$에서 계산된 리만^Riemann의 제타 함수의 역수와 같다는 것을 알 수 있으며, 이는 $\frac{\pi^2}{6}$과 같다.

A.5 대항적방법 보조정리

여기서 9.7절에 주어진 정의에 따라 다음과 같은 보조정리를 증명한다. $j \in \{0, 1,\ldots, T\}$에 대해 다음을 정의했음을 상기해보자.

$$W^j = \sum_{(\mathbf{X},\mathbf{Y}) \in R} \frac{1}{\sqrt{|\mathcal{X}||\mathcal{Y}|}} |\langle \psi_{\mathbf{X}}^j | \psi_{\mathbf{Y}}^j \rangle| \tag{A.5.1}$$

상태 $|\psi_{\mathbf{Z}}^j\rangle$은 블랙박스 $O_{\mathbf{Z}}$에 대한 j번째 쿼리 직후 양자 컴퓨터의 상태를 나타내고, U_j는 $O_{\mathbf{Z}}$에 대한 j번째 쿼리 이후 및 다른 쿼리 이전에 수행된 유니타리 연산을 나타낸다.

따름정리 A.5.1 b와 b'가 다음을 만족한다고 하자.

- 모든 $\mathbf{X} \in \mathcal{X}$ 및 $i \in \{1, 2, \dots, N\}$에 대해 $(\mathbf{X}, \mathbf{Y}) \in R$ 및 $X_i \neq Y_i$를 만족하게 하는 최대 b개의 서로 다른 $\mathbf{Y} \in \mathcal{Y}$가 있다.
- 모든 $\mathbf{Y} \in \mathcal{Y}$ 및 $i \in \{1, 2, \dots, N\}$에 대해 $(\mathbf{X}, \mathbf{Y}) \in R$ 및 $X_i \neq Y_i$를 만족하게 하는 최대 b'개의 서로 다른 $\mathbf{Y} \in \mathcal{Y}$가 있다.

그럼, 각각의 정수 $k \in \{0, 1, \dots, T-1\}$에 대해 $W^{k+1} - W^k \leq 2\sqrt{bb'}$을 갖게 된다.

증명을 제시하기 전에 편의상 특히 $|x\rangle \mapsto (-1)^{f(x)}|x\rangle$을 사상하는 f에 대한 블랙박스의 위상 이동 버전이 주어졌다고 가정할 것이라는 점에 유의해보자. 이것은 더 약한 블랙박스로 보일 수 있다. 예를 들어 전역 위상까지 $f(x)$에 대한 위상 이동 오라클은 f, $\bar{f}(x) = \overline{f(x)}$의 여공간에 대한 위상 이동 오라클과 동일하다. 그러나 하나의 추가 입력 z를 f의 영역에 추가하고 $f(z) = 0$을 고정하면 두 가지 유형의 오라클이 동등하다는 것을 쉽게 보여줄 수 있다(문제 8.1.1 참조). (기존 입력에 대한 f값을 알고 있거나 제어형 U_f를 제공하는 것으로도 충분하다.)

증명 W^j의 정의로부터, 다음을 알고 있으며

$$W^{k+1} - W^k = \frac{1}{\sqrt{|\mathcal{X}||\mathcal{Y}|}} \sum_{(\mathbf{X},\mathbf{Y}) \in R} |\langle \psi_{\mathbf{X}}^{k+1} | \psi_{\mathbf{Y}}^{k+1} \rangle| - |\langle \psi_{\mathbf{X}}^k | \psi_{\mathbf{Y}}^k \rangle| \tag{A.5.2}$$

삼각 부등식에 의해 다음을 갖는다.

$$W^{k+1} - W^k \leq \frac{1}{\sqrt{|\mathcal{X}||\mathcal{Y}|}} \sum_{(\mathbf{X},\mathbf{Y}) \in R} |\langle \psi_{\mathbf{X}}^{k+1} | \psi_{\mathbf{Y}}^{k+1} \rangle - \langle \psi_{\mathbf{X}}^k | \psi_{\mathbf{Y}}^k \rangle| \tag{A.5.3}$$

일부 정규화된 상태인 $|\phi_{i,j,\mathbf{X}}\rangle$에 대해 다음 수식을 만족하도록 $\alpha_{i,j,\mathbf{X}}$를 정의하라.

$$U_j|\psi_{\mathbf{X}}^j\rangle = \sum_{i=1}^{N} \alpha_{i,j,\mathbf{X}}|i\rangle|\phi_{i,j,\mathbf{X}}\rangle$$

이와 유사하게 일부 정규화된 상태 $|\phi_{i,j,\mathbf{Y}}\rangle$에 대해 다음 수식을 만족하도록 $\alpha_{i,j,\mathbf{Y}}$를 정의하라.

$$U_j|\psi_{\mathbf{Y}}^j\rangle = \sum_{i=1}^{N} \alpha_{i,j,\mathbf{Y}}|i\rangle|\phi_{i,j,\mathbf{Y}}\rangle$$

이는 다음 수식과 같고

$$|\psi_{\mathbf{X}}^{k+1}\rangle = O_{\mathbf{X}}U_k|\psi_{\mathbf{X}}^k\rangle = U_k|\psi_{\mathbf{X}}^k\rangle - 2\sum_{i:X_i=1} \alpha_{i,k,\mathbf{X}}|i\rangle|\phi_{i,k,\mathbf{X}}\rangle \tag{A.5.4}$$

다음 수식과 같으므로

$$|\psi_{\mathbf{Y}}^{k+1}\rangle = O_{\mathbf{Y}}U_k|\psi_{\mathbf{Y}}^k\rangle = U_k|\psi_{\mathbf{Y}}^k\rangle - 2\sum_{i:Y_i=1} \alpha_{i,k,\mathbf{Y}}|i\rangle|\phi_{i,k,\mathbf{Y}}\rangle \tag{A.5.5}$$

따라서[5] 다음 수식들과 같다.

$$\langle\psi_{\mathbf{X}}^{k+1}|\psi_{\mathbf{Y}}^{k+1}\rangle - \langle\psi_{\mathbf{X}}^k|\psi_{\mathbf{Y}}^k\rangle = -2\sum_{i:X_i=1} \alpha_{i,k,\mathbf{X}}\alpha_{i,k,\mathbf{Y}}^*\langle\phi_{i,\mathbf{X}}^k|\phi_{i,\mathbf{Y}}^k\rangle \tag{A.5.6}$$

$$-2\sum_{i:Y_i=1} \alpha_{i,k,\mathbf{X}}\alpha_{i,k,\mathbf{Y}}^*\langle\phi_{i,\mathbf{X}}^k|\phi_{i,\mathbf{Y}}^k\rangle \tag{A.5.7}$$

$$+4\sum_{i:X_i=Y_i=1} \alpha_{i,k,\mathbf{X}}\alpha_{i,k,\mathbf{Y}}^*\langle\phi_{i,\mathbf{X}}^k|\phi_{i,\mathbf{Y}}^k\rangle \tag{A.5.8}$$

$$= -2\sum_{i:X_i\neq Y_i} \alpha_{i,k,\mathbf{X}}\alpha_{i,k,\mathbf{Y}}^*\langle\phi_{i,\mathbf{X}}^k|\phi_{i,\mathbf{Y}}^k\rangle \tag{A.5.9}$$

---

5   $\langle\psi_{\mathbf{X}}^k|\psi_{\mathbf{Y}}^k\rangle = \langle\psi_{\mathbf{X}}^k|U_k^\dagger U_k|\psi_{\mathbf{Y}}^k\rangle$임에 유의하라.

이는 다음 수식과 같다.

$$W^k - W^{k-1} \leq \frac{1}{\sqrt{|\mathcal{X}||\mathcal{Y}|}} \sum_{(\mathbf{X},\mathbf{Y}) \in R} \sum_{i:X_i \neq Y_i} |2\alpha_{i,k,\mathbf{X}} \alpha_{i,k,\mathbf{Y}}^* \langle \phi_{i,k,\mathbf{X}} | \phi_{i,k,\mathbf{Y}} \rangle|$$

$$\leq \sum_{(\mathbf{X},\mathbf{Y}) \in R} \sum_{i:X_i \neq Y_i} 2 \frac{|\alpha_{i,k,\mathbf{X}}|}{\sqrt{|\mathcal{X}|}} \frac{|\alpha_{i,k,\mathbf{Y}}|}{\sqrt{|\mathcal{Y}|}}$$

모든 음이 아닌 실수 r과 실수 a, b에 대해 $2ab = \frac{1}{r}a^2 + rb^2$과 같음에 유의하라.[6] $r = \sqrt{\frac{b'}{b}}$이라 하면 다음 수식을 얻게 된다.

$$W^{k+1} - W^k \leq \sum_{(\mathbf{X},\mathbf{Y}) \in R} \sum_{i:X_i \neq Y_i} \sqrt{\frac{b'}{b}} \frac{|\alpha_{i,k,\mathbf{X}}|^2}{|\mathcal{X}|} + \sqrt{\frac{b}{b'}} \frac{|\alpha_{i,k,\mathbf{Y}}|^2}{|\mathcal{Y}|}$$

$$= \sum_{(\mathbf{X},\mathbf{Y}) \in R} \sum_{i:X_i \neq Y_i} \sqrt{\frac{b'}{b}} \frac{|\alpha_{i,k,\mathbf{X}}|^2}{|\mathcal{X}|} + \sum_{(\mathbf{X},\mathbf{Y}) \in R} \sum_{i:X_i \neq Y_i} \sqrt{\frac{b}{b'}} \frac{|\alpha_{i,k,\mathbf{Y}}|^2}{|\mathcal{Y}|}$$

합을 다시 정렬해서 다음 수식을 얻을 수 있다.

$$W^{k+1} - W^k \leq \sum_i \sum_{\mathbf{X} \in \mathcal{X}} \sum_{\mathbf{Y} \in \mathcal{Y}:(\mathbf{X},\mathbf{Y}) \in R, X_i \neq Y_i} \sqrt{\frac{b'}{b}} \frac{|\alpha_{i,k,\mathbf{X}}|^2}{|\mathcal{X}|}$$

$$+ \sum_i \sum_{\mathbf{X} \in \mathcal{X}} \sum_{\mathbf{Y} \in \mathcal{Y}:(\mathbf{X},\mathbf{Y}) \in R, X_i \neq Y_i} \sqrt{\frac{b}{b'}} \frac{|\alpha_{i,k,\mathbf{Y}}|^2}{|\mathcal{Y}|}$$

보조정리의 전제를 이용해 다음 수식을 얻을 수 있다.

$$W^k - W^{k-1} \leq \sum_i \sum_{\mathbf{X} \in \mathcal{X}} b \sqrt{\frac{b'}{b}} \frac{|\alpha_{i,k,\mathbf{X}}|^2}{|\mathcal{X}|} + \sum_i \sum_{\mathbf{Y} \in \mathcal{Y}} b' \sqrt{\frac{b}{b'}} \frac{|\alpha_{i,k,\mathbf{Y}}|^2}{|\mathcal{Y}|}$$

$$= \frac{\sqrt{b'b}}{|\mathcal{X}|} \sum_{\mathbf{X} \in \mathcal{X}} \sum_i |\alpha_{i,k,\mathbf{X}}|^2 + \frac{\sqrt{b'b}}{|\mathcal{Y}|} \sum_{\mathbf{Y} \in \mathcal{Y}} \sum_i |\alpha_{i,k,\mathbf{Y}}|^2$$

$$= \frac{\sqrt{b'b}}{|\mathcal{X}|} \sum_{\mathbf{X} \in \mathcal{X}} 1 + \frac{\sqrt{b'b}}{|\mathcal{Y}|} \sum_{\mathbf{Y} \in \mathcal{Y}} 1$$

$$\leq 2\sqrt{bb'} \qquad \qquad \square$$

---

6   $(\frac{a}{r} - rb)^2 \geq 0$임에 유의하라.

A.6 군 계산을 위한 블랙박스

7.3절 및 7.4절에서 위수 찾기 및 이산 로그 알고리듬이 '블랙박스군'(고유 인코딩 사용)에서도 작용한다고 언급했다.

블랙박스군 모델의 자연스러운 양자 버전 중 하나는 군 곱셈 $|a\rangle|c\rangle \mapsto |a\rangle|ca\rangle$을 구현하는 유니타리 사상^{map} U_M을 구현하는 블랙박스가 있다고 가정하는 것이며, 이때 모든 군 원소 g에서 $|g\rangle$는 군 원소 g의 고유한 양자 인코딩을 나타낸다. U_M^{-1}를 사상하는 $|a\rangle|c\rangle \mapsto |a\rangle|ca^{-1}\rangle$도 구현할 수 있다고 가정한다. 따라서 $U_M^{-1}|a\rangle|a\rangle \mapsto |a\rangle|1\rangle$이며, 이는 주어진 군 원소의 두 복사본을 고려해볼 때 동일 원소를 계산하는 수단이 있음을 의미한다. 더 나아가 $U_M^{-1}|a\rangle|1\rangle \mapsto |a\rangle|a^{-1}\rangle$이므로 항등 원소를 가지고 있다면 역을 계산할 수 있다.

고유 인코딩이 (여기서 가정할) 고정 길이 n의 고유 문자열인 경우 블랙박스 U_M만 있으면 표준 블랙박스군 연산(곱하기, 역 및 항등성 인식)을 수행할 수 있다. 그렇지 않으면 역을 계산하고 항등성을 인식하기 위한 명시적인 블랙박스가 필요하다.

블랙박스군 모델의 또 다른 자연스러운 양자 버전은 곱 ac를 나타내는 문자열을 세 번째 레지스터에 상호 배제해 군 곱셈 $|a\rangle|c\rangle|y\rangle \mapsto |a\rangle|c\rangle|y \oplus ca\rangle$을 구현하는 유니타리 사상 U_M'을 구현하는 블랙박스가 있다고 가정하는 것이다. 이러한 블랙박스는 회로의 내부 동작에 대한 이해 없이 입력 a와 c를 출력 ac에 사상하는 고전적인 회로에서 고전적 방법(가역 컴퓨팅에 대해 1.5절 참조)으로 파생될 수 있다. 이전의 블랙박스는 일반적으로 이러한 일반적인 방법으로 ac를 계산하기 위한 고전적인 회로에서 효율적으로 파생될 수 없다. 따라서 어떤 의미에서 U_M'은 U_M보다 약한 블랙박스다. 예를 들어 U_M'이 주어지면 일반적으로 a^{-1}을 곱하는 회로를 효율적으로 유도할 수 없다. 이는 또한 일반적으로 U_M보다 U_M'에 대한 블랙박스를 구성할 수 있는 상황을 찾는 것이 일반적으로 더 어렵지 않다는 것을 (때로는 더 쉬울 수도 있음) 의미한다.

7.3절 및 7.4절에서 군 연산을 수행하는 두 가지 유형의 블랙박스에 대해 설명한다. 다음 블랙박스에서 군 원소 a를 블랙박스의 정의에 '하드 와이어'한다.

- 지수화를 위한 첫 번째 유형의 블랙박스는 모든 군 원소 c에 대해 $|c\rangle \mapsto |ca\rangle$을 사상하는 곱셈 블랙박스에서 파생됐으며, 항등 원소가 주어 졌다고 가정한다. 유사한 지수화 회로는 맵 c-$U_a^x : |x\rangle|c\rangle \mapsto |x\rangle|ca^x\rangle$을 구현한다. 7.3.3절의 알고리듬은 이러한 지수화 회로를 블랙박스로 사용한다.

- 지수화를 위한 두 번째 유형의 블랙박스는 $|c\rangle|y\rangle \mapsto |a\rangle|y \oplus ca\rangle$을 사상하는 곱셈 블랙박스에서 파생될 수 있으며, 여기서 c는 모든 군 원소이고 y는 모든 길이 n의 비트 문자열이다. 유사한 지수화 회로는 $V_a : |x\rangle|y\rangle \mapsto |x\rangle|y \oplus a^x\rangle$과 $V_{a,b} : |x\rangle|y\rangle|z\rangle \mapsto |x\rangle|y\rangle|z \oplus a^x b^y\rangle$을 구현한다. 7.3.4절 및 7.4절에서 방정식 7.3.15(동등하게 방정식 (7.3.14)) 및 방정식 (7.4.4)에서의 상태는 각각 V_a 및 $V_{a,b}$ 를 사용해 생성될 수 있음에 유의했다.

c-U_a^x의 두 개의 쿼리를 사용해 V_a를 구현할 수 있고, c-U_a^x와 c-U_b^x의 두 개의 쿼리를 이용해 $V_{a,b}$를 구현할 수 있기 때문에 항등 원소와 함께 블랙박스 c-U_a^x 및 c-U_b^x는 적어도 V_a 및 $V_{a,b}$만큼 강력하다. 그러나 c-U_a^x와 c-U_b^x는 일반적으로 블랙박스 V_a 및 $V_{a,b}$로 시뮬레이션할 수 없다.

문제 A.6.1

(a) c-U_a^x의 두 개의 응용프로그램과 항등 원소의 하나의 복사본을 이용해서 어떻게 V_a를 시뮬레이션할 수 있는지 보여라.

(b) c-U_a^x의 두 개의 응용프로그램과 c-U_b^x의 두 개의 응용프로그램 및 항등 원소의 하나의 복사본을 이용해서 어떻게 $V_{a,b}$를 시뮬레이션할 수 있는지 보여라.

문제 7.3.7에서 위수 찾기가 주기 함수의 주기를 찾는 문제보다 일반적인 문제의 특별한 경우임을 알 수 있다. 문제에서 $|x\rangle|0\rangle \mapsto |x\rangle|f(x)\rangle$을 사상하는 블랙박스 U_f를 도입했다. 상태 $\sum|x\rangle|f(x)\rangle$을 생성할 수 있는 모든 블랙박스가 작동한다는 점에 유의하라.

위의 두 지수화 블랙박스와 유사하게 f를 계산하기 위해 두 가지 유형의 블랙박스를 정의할 수 있다.

- c-U_a^x와 유사한 f에 대한 블랙박스는 $|x\rangle|f(y)\rangle \mapsto |x\rangle|f(y+x)\rangle$을 사상하는 것이다. f에 대한 이러한 블랙박스는 $f(x) = a^x \bmod N$일 때 구현하는 것이 당연하다. 그러나 다른 주기 함수의 경우 그렇게 간단하지 않을 수 있다. 이러한 경우 알고리듬 분석을 위해 이러한 블랙박스에 대해 이야기하는 것이 여전히 유용할 수 있다.

- V_a와 유사한 f의 블랙박스는 $|x\rangle|y\rangle \mapsto |x\rangle|y \oplus f(y)\rangle$을 사상하는 것이다. 이러한 블랙박스는 $f(x)$를 계산하기 위한 고전적인 회로(회로를 가역적으로 만들기 위한 표준 기법을 사용했다. 1.5절 참조)에서 구현하기 쉽다.

위수 찾기 문제가 주기 찾기 문제의 특별한 경우인 것처럼 이산 로그 알고리듬을 다음 문제의 특수 사례로 취급할 수 있다.

이산 로그 문제의 일반화

입력: 특정한 고정된 정수 t에 대해 다음 특성을 가진 함수 $f : Z_r \times Z_r \to X$를 계산하는 블랙박스 U_f

$$f(x_1, y_1) = f(x_2, y_2) \leftrightarrow (x_1, y_1) - (x_2, y_2) \in \langle (1, -t) \rangle \tag{A.6.1}$$

문제: t를 찾아라.

방정식 (A.6.1)은 다음과 같다는 것에 유의하라.

$$f(x_1, y_1) = f(x_2, y_2) \leftrightarrow (x_1, y_1) - (x_2, y_2) \in \langle (1, -t) \rangle$$

블랙박스 U_f가 $|x\rangle|y\rangle|z\rangle \mapsto |x\rangle|y\rangle|z \oplus f(x, y)\rangle$을 사상한다고 가정할 수 있는데, 이는 고유한 인코딩을 사용하고 효율적으로 곱할 수 있는 일부 군 G의 원소 a 및 b에 대해 $f(x, y) = a^x b^y$이면 구현하기 쉽다.

이 블랙박스를 상태 $\sum |x\rangle|y\rangle|0\rangle$을 적용해 상태 $\sum |x\rangle|y\rangle|f(x, y)\rangle$을 만든 다음 제어 레지스터에 $\mathrm{QFT}_r^{-1} \otimes \mathrm{QFT}_r^{-1}$(또는 이들의 근사치)을 적용하고 그 다음에 제어 레지스터의 측정을 할 것이다. 측정된 값은 무작위 정수 k에 대해 k와 $kt \bmod r$ 형식이다.

U_f'을 사상하는 블랙박스 $|x_1, y_1\rangle|f(x_2, y_2)\rangle|x_1, y_1\rangle|f(x_2 + x_1, y_2 + y_1)\rangle$ 또한 작동할 것이다(만약 $|f(0, 0)\rangle$가 주어지고, 블랙박스를 상태 $\sum|x\rangle|y\rangle|f(0, 0)\rangle$에 적용하면). 블랙박스 U_f'는 효율적으로 곱할 수 있는 고유한 인코딩으로 일부 군 G의 원소 a 및 b에 대해 $f(x, y) = a^x b^y$인 경우 효율적으로 구현될 수 있다.

위에서 설명한 일반화된 이산 로그 알고리듬은 $k \in \{0, 1, \ldots, r-1\}$에 대해 무작위로 균일하게 분포된 정수 순서쌍 $(kt \bmod r, k \bmod r)$을 출력한다. r을 찾기 위해 부록 A.2에 자세히 설명된 것과 유사한 분석을 진행할 수 있다. 이 분석은 특정 군의 원소 a, b에 대해 $f(x, y) = a^x b^y$라는 특수한 경우를 다룬다. 일반화된 이산 로그 문제에 이러한 기법을 적용하는 방법을 보려면 일부 정수 c에 대해 새로운 값 $a_1 = a^c$ 및 $b_1 = b^c$를 사용해 이산 로그 알고리듬을 실행하는 것은 함수 $f_1(x, y) = f(cx, cy)$에 대해 일반화된 이산 로그 알고리듬을 실행하는 것과 같다는 점에 유의하라. 또한 $b_2 = ba^{-c}$ 및 $a_2 = a^r$이라는 새로운 값을 사용해 이산 로그 알고리듬을 실행하는 것은 함수 $f_2(x, y) = f(rx - cy, y)$에 대한 일반화된 이산 로그 알고리듬을 실행하는 것과 같다는 점에 유의하라.

A.7 슈미트 분해 계산하기

3.5.2절의 끝에서 환산 밀도연산자가 슈미트^{Schmidt} 기저에서 대각이라는 관측값을 기반으로 슈미트 분해를 계산하는 간단한 방법을 제시한다. 접근 방식은 부분 시스템 중 하나에 대한 부분 대각합을 계산하고 해당 부분 시스템에 대한 슈미트 기저를 찾기 위해 대각화하는 것이다. 예제를 통해 이 과정을 설명고자 한다. 다음의 2-큐비트 상태를 고려하라.

$$|\psi\rangle = \left(\tfrac{\sqrt{3}-\sqrt{2}}{2\sqrt{6}}\right)|00\rangle + \left(\tfrac{\sqrt{6}+1}{2\sqrt{6}}\right)|01\rangle + \left(\tfrac{\sqrt{3}+\sqrt{2}}{2\sqrt{6}}\right)|10\rangle + \left(\tfrac{\sqrt{6}-1}{2\sqrt{6}}\right)|11\rangle \quad \text{(A.7.1)}$$

밀도연산자에서 두 번째 큐비트를 추적해 첫 번째 큐비트에 대해 환산 밀도연산자를 얻는다.

$$\mathrm{Tr}_2|\psi\rangle\langle\psi| = \tfrac{1}{2}|0\rangle\langle 0| + \tfrac{1}{4}|0\rangle\langle 1| + \tfrac{1}{4}|1\rangle\langle 0| + \tfrac{1}{2}|1\rangle\langle 1| \qquad \text{(A.7.2)}$$

행렬 표현 관점에서 이는 다음과 같이 보인다.

$$\begin{bmatrix} \frac{1}{2} & \frac{1}{4} \\ \frac{1}{4} & \frac{1}{2} \end{bmatrix} \tag{A.7.3}$$

이 행렬을 대각화하기 위해 다음의 특성 다항식을 찾고 그 근이 $\frac{1}{4}$ 및 $\frac{3}{4}$임을 확인한다.

$$\left(\frac{1}{2} - \lambda\right)^2 - \frac{1}{16} = \lambda^2 - \lambda + \frac{3}{16} \tag{A.7.4}$$

이것들은 환산 밀도 행렬의 고윳값이다. 고유 벡터는 다음과 같이 계산된다. 고윳값 $\frac{1}{4}$에 해당하는 고윳값 방정식은 다음과 같다.

$$\begin{bmatrix} \frac{1}{2} & \frac{1}{4} \\ \frac{1}{4} & \frac{1}{2} \end{bmatrix} \begin{pmatrix} x_1 \\ y_1 \end{pmatrix} = \frac{1}{4} \begin{pmatrix} x_1 \\ y_1 \end{pmatrix} \tag{A.7.5}$$

풀면 $x = -y$가 된다. (양자 상태 벡터를 나타내기 때문에) 정규화된 고유 벡터를 원하므로 $x = -y$를 $x_2 + y_2 = 1$과 함께 풀고 다음의 고유 벡터를 얻는다.

$$\begin{pmatrix} x_1 \\ y_1 \end{pmatrix} = \begin{pmatrix} \frac{1}{\sqrt{2}} \\ -\frac{1}{\sqrt{2}} \end{pmatrix} \tag{A.7.6}$$

마찬가지로 고윳값 $\frac{3}{4}$에 해당하는 정규화된 고유 벡터는 다음과 같다.

$$\begin{pmatrix} x_2 \\ y_2 \end{pmatrix} = \begin{pmatrix} \frac{1}{\sqrt{2}} \\ \frac{1}{\sqrt{2}} \end{pmatrix} \tag{A.7.7}$$

디랙^{Dirac} 표기법의 관점에서 고유 벡터들은 다음과 같다.

$$|-\rangle = \frac{1}{\sqrt{2}}\big(|0\rangle - |1\rangle\big) \tag{A.7.8}$$

및

$$|+\rangle = \frac{1}{\sqrt{2}}\big(|0\rangle + |1\rangle\big) \tag{A.7.9}$$

밀도연산자가 정규 연산자라는 이전 관측값을 상기해보라. 따라서 2.4절의 스펙트럼 정리가 적용되고 고유 벡터는 정규 직교 기저를 형성한다. 위에서 계산된 고유 벡터를 첫 번째 부분 시스템의 슈미트 기저 벡터로 사용한다.

상태 $|\psi\rangle$는 원래 2-큐비트 계산 기반으로 주어졌다. $|\psi\rangle$를 슈미트 형식으로 작성하기 위해, 단순히 계산 기저에서 방금 찾은 슈미트 기저로 첫 번째 시스템에서 기저 변경을 수행한다. 두 번째 시스템에 대한 슈미트 기저는 첫 번째 시스템에 대한 슈미트 기저가 있으면 분명해질 것이다. 슈미트 형식으로 작성된 상태는 다음과 같다.

$$|\psi\rangle = \tfrac{\sqrt{3}}{2}|+\rangle \left(\tfrac{1}{\sqrt{3}}|0\rangle + \sqrt{\tfrac{2}{3}}|1\rangle\right) + \tfrac{1}{2}|-\rangle \left(-\sqrt{\tfrac{2}{3}}|0\rangle + \tfrac{1}{\sqrt{3}}|1\rangle\right) \qquad (A.7.10)$$

문제 A.7.1 방정식 (A.7.10)을 입증하라.

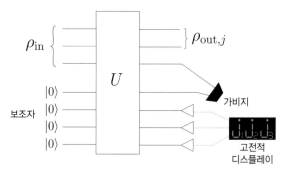

그림 A.8.1 보조 시스템을 추가하고, 공동 시스템을 통합하고, 일부 고전적인 정보를 추출하고, 공동 시스템의 일부를 맵의 양자 출력으로 유지하고, 시스템의 나머지 부분을 폐기하는 매우 일반적인 종류의 양자 맵이다. 이러한 일반적인 양자 맵은 3장에 설명된 연산을 결합해 파생될 수 있다.

A.8 일반 측정

본 절에서는 측정 공준에서 파생될 수 있는 좀 더 일반적인 측정 개념을 설명한다. 4장에서 소개한 회로도를 이용해 개념을 설명하고자 한다. 3.5절에서 소개한 혼합 상태, 밀도 행렬 및 부분 대각합의 개념도 사용한다.

3.5.3절에서 측정[7]을 통한 정보 추출이 수반되지 않는 가장 일반적인 종류의 양자 작

---

[7] 때로는 (고전적인) 측정 결과를 무시하거나 알리지 않는 측정을 언급할 수도 있다는 점에 유의할 필요가 있다. 그러한 경우 일반적으로 양자 시스템의 상태를 가능한 사후 측정 결과의 가중 혼합으로 설명한다. 이러한 유형의 측정은 실제로 시스템의 상태에 대한 정보를 추출하지 않기 때문에 일반적인 양자 연산의 범주에 속한다.

동을 특성화한다. 물론 비자명한 '고전적' 정보를 출력해 고전적 측정 결과에 따라 달라지는 나머지 양자 상태의 일부 재정규화[8]를 수반하는 측정을 포함하는 훨씬 더 일반적인 형태의 양자 맵(그림 A.8.1에서 설명함)을 설명할 수 있다.

이러한 종류의 고전적 양자 연산에 대한 다양한 문헌이 있으며, 연산의 정확한 세부사항에 따라 종종 '양자 채널' 또는 '양자 도구'라고도 한다. 본 입문용 교과서에서는 그러한 매우 일반적인 양자 연산을 특성화하고 분류하는 가능한 많은 방법을 탐구할 필요가 없다. 대신 더욱 단순하지만 보편적인[9] 양자 연산에 친숙함을 만드는 데 초점을 맞출 것이다.

보다 일반적인 측정 연산의 예를 제공하고자 한다. 이러한 종류의 측정을 '순수' 측정이라고 할 수 있다. 순수 상태가 측정되면 고전적 측정 결과에 따라 재정규화한 결과 상태가 다시 순수 상태가 되기 때문이다.

차원 N의 양자 시스템의 일부 속성(예: $N = 2^n$인 n-큐비트의 레지스터)을 측정한다고 가정해보자. $L = 2^l$라 하는 임의 차원의 보조자를 추가하고 다음 수식으로 초기화하고 모든 유니타리 U를 결합한 $(NL$-차원$)$ 상태 $|0\rangle^l|\psi\rangle$에 적용한 다음 보조 시스템에서 레이블 'i'를 얻는 폰 노이만[Von Neumann] 측정을 수행할 수 있다.

$$|0\rangle^l \equiv \underbrace{|0\rangle|0\rangle \dots |0\rangle}_{l} \qquad (A.8.1)$$

이러한 종류의 측정의 표준 수학적 공식화를 도출하기 위해, 행렬 U는 각 보조 행렬 $M_{i,j}$가 차원 $N \times N$을 갖는 다음 수식과 같은 블록 형태로 분해될 수 있다는 점에 주의한다.

$$\begin{bmatrix} M_{0,0} & M_{0,1} & \dots & M_{0,L-1} \\ M_{1,0} & M_{1,1} & \dots & M_{1,L-1} \\ \vdots & \vdots & \ddots & \vdots \\ M_{L-1,0} & M_{L-1,1} & \dots & M_{L-1,L-1} \end{bmatrix} \qquad (A.8.2)$$

---

8   또는 일반 양자 연산의 일부 수학적인 처리는 상태를 정규화하지 않고 남겨둔다.

9   이러한 단순 연산은 단순 연산을 자연적으로 구성함으로써 보다 일반적인 양자 연산을 구성할 수 있다는 점에서 '보편적'이다.

2.6절의 행렬로부터 텐서곱을 어떻게 얻는지 상기하면서, $|0\rangle^l|\psi\rangle$를 블록 형식의 다음과 같은 열 행렬로 쓸 수 있으며, 이때 $[|\psi\rangle]$는 상태 $|\psi\rangle$의 N-차원 열벡터 표현을 나타내고 $[0^N]$은 모두 0으로 구성된 N-차원 열벡터이다.

$$\begin{bmatrix} [|\psi\rangle] \\ [0^N] \\ \vdots \\ [0^N] \end{bmatrix} \tag{A.8.3}$$

$|0\rangle^l|\psi\rangle$ 상태에 대한 U의 작용을 방정식 (A.8.2)의 행렬과 방정식 (A.8.3)의 벡터에 의한 행렬 곱셈으로 고려할 때 첫 번째 열만 행렬 (A.8.2)가 중요하다. 행렬 곱셈은 다음을 제시한다.

$$U|0\rangle^l|\psi\rangle = \sum_{j=0}^{L-1} |j\rangle M_{j,0}|\psi\rangle \tag{A.8.4}$$

위 $|j\rangle$를 쓸 때 레이블 j는 인덱스 j의 l-비트 이항 표현을 참조한다(따라서 $|j\rangle$는 l-큐비트 상태이다). 다음의 항에서 $M_{j,0}|\psi\rangle$[10]을 재정규화[11]하며,

$$U|0\rangle^l|\psi\rangle = \sum_{j=0}^{L-1} \sqrt{p(j)}|j\rangle \frac{M_{j,0}|\psi\rangle}{\sqrt{p(j)}} \tag{A.8.5}$$

이때 다음 수식과 같다.

$$p(j) = \langle\psi|M_{j,0}^\dagger M_{j,0}|\psi\rangle \tag{A.8.6}$$

U의 유니타리는 다음을 보장함에 주목하라.

$$\sum_{j=0}^{L-1} M_{j,0}^\dagger M_{j,0} = I \tag{A.8.7}$$

---

10 항 $M_{j,0}|\psi\rangle$ 중 어느 하나에 노름 0이 있으면 $p(j) = 0$이며 이는 j를 측정하지 않음을 의미한다. 따라서 합에서 j를 제외할 수 있다.
11 1이라는 노름을 갖지 않을 수도 있는 0이 아닌 벡터 $|\phi\rangle$를 재정규화함으로써, $|\phi\rangle$에 $\frac{1}{\sqrt{\langle\phi|\phi\rangle}}$을 곱해 노름 1을 가진 상태 벡터가 되도록 한다.

이제 첫 번째 레지스터를 측정하면 확률 $p(j)$에서의 결과 'j'가 나오고 다음의 상태가 남는다.

$$|j\rangle \otimes \frac{M_{j,0}|\psi\rangle}{\sqrt{p(j)}} \tag{A.8.8}$$

측정한 시스템의 양자 상태 $|j\rangle$를 버리고 $\frac{M_{j,0}|\psi\rangle}{\sqrt{p(j)}}$만 남길 수 있다.

일반적으로 결합 시스템의 부분 시스템을 측정할 수 있고, $M_{j,0}$이 제곱이라는 제한을 제거할 수 있다. 차원 $\frac{NL}{D}$의 부분 시스템을 측정하면(NL이 D로 나뉠 수 있다고 가정한다), $M_{j,0}$은 차원 $D \times N$을 가지며, 결과 양자 상태는 차원 D를 갖게 된다(측정한 레지스터를 폐기한 후). 이보다 일반적인 측정 절차는 다음과 같은 방법으로 요약할 수 있다.

일반적 (순수) 측정

다음의 완비성 방정식을 충족하는 차원 N의 상태 공간 $\mathcal{H}$를 차원 D의 상태 공간 $\mathcal{H}'$에 사상하는 연산자 집합 $\{M_i\}$를 고려하라.

$$\sum_i M_i^\dagger M_i = I \tag{A.8.9}$$

첨수 'i'는 가능한 측정 결과를 표시한다. 이러한 측정 연산자 $\{M_i\}$ 집합에 대해 입력 상태 $|\psi\rangle$를 취하고 다음의 확률이 결과 'i'를 출력하고,

$$p(i) = \langle\psi|M_i^\dagger M_i|\psi\rangle \tag{A.8.10}$$

시스템을 다음 상태로 두는 양자 측정을 수행할 수 있다.

$$\frac{M_i|\psi\rangle}{\sqrt{p(i)}} \tag{A.8.11}$$

완전성 방정식 (A.8.9)는 확률 $p(i)$의 합이 항상 1임을 보장한다. $p(i) = 0$이면 결과 'i'를 얻지 못하며 $M_i|\psi\rangle$ 상태를 재정규화하는 것에 대해 걱정할 필요가 없다.

분해 $I = \sum_i P_i$에 대한 투영 측정[projective measurement]은 $M_i = P_i$이므로 $M_i^\dagger M_i = P_i$인 투영적 측정의 특별한 경우이다.

본 부록의 시작 부분에서 언급했듯이 측정 후 남은 양자 상태의 일부 또는 전부를 삭제할 수 있다. 나머지 양자 상태 전체를 버릴 때 이것은 'POVM 측정'에 해당한다. 이러한 측정은 양의 연산자[12] $E_i = M_i^\dagger M_i$에 의해서만 특성화된다. 반대로, 모두 더하면 항등 연산자가 되는 양의 연산자 E_i(반드시 직교 투영[orthogonal projection]은 아님)의 경우 $E_i = M_i^\dagger M_i$을 충족하는 연산자 M_i가 있다. 따라서 연산자 $\{E_i\}$에 대한 POVM 측정은 위에서 설명한 일반적인 순수 측정에 의해 실현될 수 있다.

A.9 두 상태의 최적의 식별

본 부록에서는 다음과 같은 상태 구분 가능성 문제를 해결하기 위한 최적의 절차를 자세히 설명한다.

최소한의 오류로 두 순수 양자 상태를 식별하는 것

입력: $|\langle \psi_{\mathbf{X}} | \psi_{\mathbf{Y}} \rangle| = \delta$의 특성을 가진 두 개의 알려진 상태 $|\psi_{\mathbf{X}}\rangle$ 또는 $|\psi_{\mathbf{Y}}\rangle$ 중 하나

출력: '$\mathbf{X}$' 또는 '$\mathbf{Y}$' 추측

문제: 추측이 정확할 확률 $1 - \epsilon$을 최대화하라.

A.9.1 간단한 절차

먼저 $|\psi_{\mathbf{X}}\rangle \mapsto |\phi_x\rangle = \cos(\theta)|0\rangle + \sin(\theta)|1\rangle$ 및 $|\psi_{\mathbf{Y}}\rangle \mapsto |\phi_y\rangle = \sin(\theta)|0\rangle + \cos(\theta)|1\rangle$을 사상하는 유니타리 연산을 구현할 수 있으며, 이때 θ는 $0 \leq \theta \leq \frac{\pi}{4}$ 및 $\sin(2\theta) = \delta = \langle \phi_x | \phi_y \rangle$가 되도록 선택된다.

---

12   연산자를 모두 더하면 항등연산자가 되기 때문에 밀도 행렬의 공간에서 측정값('양의 연산자가 값을 매긴 측정값'이라고 한다)에 해당한다. 따라서 이러한 측정에 해당하는 측정을 전통적으로 POVM(Positive Operator Valued Measure) 측정이라고 한다.

$\cos(\theta) \geq \frac{1}{2}$이므로 자연적인 절차(그림 A.9.1에서 설명된)는 계산 기저로 상태를 측정하고 측정값이 0이면 '**X**'를 출력하고 측정값이 1과 같으면 '**Y**'를 출력하는 것이다. 이러한 절차는 입력에 관계없이 $\cos^2(\theta)$ 확률로 정답을 출력한다. $1 - \epsilon = \cos^2(\theta)$를 설정하면 $\epsilon = \sin^2(\theta)$가 된다. ϵ과 δ 사이의 관계는 $\epsilon = \frac{1}{2} - \frac{1}{2}\sqrt{1 - \delta^2}$으로 다시 쓸 수 있으며, 이는 $\delta = 2\sqrt{\epsilon(1 - \epsilon)}$을 의미한다.

A.9.2 이러한 간단한 절차의 최적성

이제 위의 간단한 절차보다 더 잘할 수 없다는 것을 보여준다. 다시 말해, 최상의 추정 절차는 $\frac{1}{2} - \frac{1}{2}\sqrt{1 - \delta^2}$보다 높지 않은 확률로 최악의 경우에 정확하게 추측할 수 있다.

입력 상태에 보조자를 추가하고 전체 시스템에서 유니타리 연산 U를 수행하고 전체 시스템의 첫 번째 큐비트를 측정해 모든 측정을 실현할 수 있다. 출력이 0이면 '**X**'를 추측하고 출력이 1이면 '**Y**'를 추측한다.

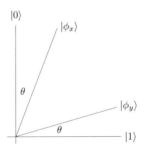

그림 A.9.1 본 도표는 $|\phi_x\rangle$와 $|\phi_y\rangle$를 구별하기 위한 간단한 폰 노이만 측정을 보여준다. 정확하게 추측할 확률은 $\cos^2(\theta)$이다. 여기서 $\langle\phi_x|\phi_y\rangle = \sin(2\theta)$ 이다. 다른 어떤 절차도 더 높은 정확성 확률을 달성할 수 없다.

다음 수식들을 가정해보자.

$$U|\psi_{\mathbf{X}}\rangle|00\ldots0\rangle = \sqrt{1 - \epsilon_x}|0\rangle|\mathrm{junk}(x,0)\rangle + \sqrt{\epsilon_x}|1\rangle|\mathrm{junk}(x,1)\rangle$$

및

$$U|\psi_{\mathbf{Y}}\rangle|00\ldots0\rangle = \sqrt{\epsilon_y}|0\rangle|\mathrm{junk}(y,0)\rangle + \sqrt{1 - \epsilon_y}|1\rangle|\mathrm{junk}(y,1)\rangle$$

즉, 알고리듬은 $1 - \epsilon_x$ 확률로 $|\psi_\mathbf{X}\rangle$를 올바르게 인식하고 $1 - \epsilon_y$ 확률로 $|\psi_\mathbf{Y}\rangle$를 올바르게 인식한다. 최악의 성공 확률은 $1 - \epsilon$이며 여기서 $\epsilon = \max(\epsilon_x, \epsilon_y)$이다.

또한 다음 수식들과 같은 특성을 갖게 된다.

$$\delta = |\langle\psi_\mathbf{X}|\psi_\mathbf{Y}\rangle| = \left|\langle\psi_\mathbf{X}|\langle 00\ldots 0|U^\dagger U|\psi_\mathbf{Y}\rangle|00\ldots 0\rangle\right| \tag{A.9.1}$$

$$= \left|\sqrt{(1-\epsilon_x)\epsilon_y}\langle\text{junk}(x,0)|\text{junk}(y,0)\rangle + \sqrt{(1-\epsilon_y)\epsilon_x}\langle\text{junk}(x,1)|\text{junk}(y,1)\rangle\right| \tag{A.9.2}$$

이는 다음을 의미한다.

$$\delta \leq \sqrt{(1-\epsilon_x)\epsilon_y} + \sqrt{(1-\epsilon_y)\epsilon_x}$$

위의 부등식에서 허용되는 $\epsilon = \max(\epsilon_x, \epsilon_y)$의 가장 작은 값을 찾고자 한다. $\epsilon = \epsilon_x = \epsilon_y = \frac{1}{2} - \frac{1}{2}\sqrt{1-\delta^2}$일 때 최적이 달성됐음을 쉽게 보여줄 수 있다.

정리 A.9.1 입력 $|\psi_\mathbf{Z}\rangle$에서 $\mathbf{Z} = \mathbf{X}$ 또는 $\mathbf{Z} = \mathbf{Y}$가 최대 $1 - \epsilon = \frac{1}{2} + \frac{1}{2}\sqrt{1-\delta^2}$의 확률로 정확하게 추측할 것인지 추측하는 모든 절차이며, 이때 $\delta = |\langle\psi_\mathbf{X}|\psi_\mathbf{Y}\rangle|$이다. 이러한 확률은 최적의 측정을 통해 얻을 수 있다.

참고문헌

[] 정보: '*arXiv e-print*'는 http://www.arxiv.org/에서 이용 가능한 전자 논문 기록 보관소를 나타낸다.

[Aar] S. Aaronson. 'Complexity Zoo'. `http://qwiki.caltech.edu/wiki/Complexity_Zoo`

[Aar05] S. Aaronson. 'Quantum Computing, Postselection, and Probabilistic Polynomial-Time'. *Proceedings of the Royal Society of London A*, 461:3473–3482, 2005.

[AAKV01] D. Aharonov, A. Ambainis, J. Kempe, and U. Vazirani. 'Quantum Walks On Graphs'. *Proceedings of ACM Symposium on Theory of Computation (STOC'01)*, 50–59, 2001.

[ABNVW01] A. Ambainis, E. Bach, A. Nayak, A. Vishwanath, and J. Watrous. 'One-Dimensional Quantum Walks'. *Proceedings of the 33rd ACM Symposium on Theory of Computing*, 37-49, 2001.

[ABO97] D. Aharonov, and M. Ben-Or. 'Fault Tolerant Quantum Computation with Constant Error'. *Proceedings of the 29th Annual ACM Symposium on the Theory of Computing (STOC'97)*, 1997. *Also arXiv e-print quant-ph/9611025.*

[ADH97] L. Adleman, J, Demarrais, and M.D. Huang. 'Quantum Computability'. *SIAM Journal on Computing*, 26(5):1524–1540, 1997.

[ADKLLR04] D. Aharonov, W. van Dam, J. Kempe, Z. Landau, S. Lloyd, and O. Regev. 'Adiabatic Quantum Computation Is Equivalent to Standard Quantum Computation.' *Proceedings of the 45th Annual IEEE Symposium on Foundations of Computer Science (FOCS'04)*, 42–51, 2004.

[AHU74] Alfred V. Aho, John E. Hopcroft, and Jeffrey D. Ullman. '*The Design and Analysis of Computer Algorithms*'. (Addison-Wesley, Reading, MA, 1974).

[AKN98] D. Aharonov, A. Kitaev, and N. Nisan. 'Quantum Circuits with Mixed States'. *Proceedings of the 31st Annual ACM Symposium on the Theory of Computation (STOC'98)*, 20–30, 1998.

[Amb02] A. Ambainis. 'Quantum Lower Bounds by Quantum Arguments'. *J. Comput. Syst. Sci.* 64:750–767, 2002.

[Amb04] A. Ambainis. 'Quantum Walk Algorithm for Element Distinctness'. *Proceedings of the 45th Annual IEEE Symposium on Foundations of Computer Science (FOCS'04)*, 22–31, 2004.

[AR05] D. Aharonov and O. Regev. 'Lattice Problems in NP Intersect coNP'. *Journal of the ACM* 52:749–765, 2005.

[AVZ05] Dorit Aharonov, Vaughan Jones, and Zeph Landau. 'A Polynomial Quantum Algorithm for Approximating the Jones Polynomial'. *Proceedings of the thirty-eighth annual ACM symposium on Theory of computing (STOC'06)*, 427–436, 2006.

[BBBV97] Charles H. Bennett, Ethan Bernstein, Gilles Brassard, and Umesh Vazirani. 'Strengths and Weaknesses of Quantum Computing'. *SIAM Journal on Computing*, 26:1510–1523, 1997.

[BBC+95] Adriano Barenco, Charles H. Bennett, Richard Cleve, David P. DiVincenzo, Norman Margolus, Peter Shor, Tycho Sleator, John Smolin, and Harald Weinfurter. 'Elementary Gates for Quantum Computation'. *Physical Review A*, 52(5):3457–3467, 1995.

[BBC+98] Robert Beals, Harry Buhrman, Richard Cleve, Michele Mosca, and Ronald de Wolf. 'Quantum Lower Bounds by Polynomials'. *Journal of the ACM (2001)*, 48(4): 778–797.

[BBCJPW93] Charles Bennett, Gilles Brassard, Claude Crepeau, Richard Josza, Asher Peres, and William Wootters. 'Teleporting an Unknown Quantum State via Dual Classical and Einstein-Podolsky-Rosen Channels'. *Physical Review Letters*, 70:1895–1898, 1993.

[BBD+97] A. Barenco, A. Berthiaume, D. Deutsch, A. Ekert, R. Jozsa, and C. Macchiavello. 'Stabilization of Quantum Computations by Symmetrization'. *SIAM Journal on Computing*, 26(5):1541–1557, 1997.

[BBHT98] Michel Boyer, Gilles Brassard, Peter Høyer, and Alain Tapp, 'Tight Bounds on Quantum Searching'. *Fortschritte der Physik* 56(5–5):493–505, 1988.

[BBPS95] Charles Bennett, Herbert Bernstein, Sandu Popescu, and Benjamin Schumacher. 'Concentrating Partial Entanglement by Local Operations'. *Phys. Rev. A*, 53:2046, 1996.

[BCD05] D. Bacon, A. Childs, and W. van Dam. 'From Optimal Measurement to Efficient Quantum Algorithms for the Hidden Subgroup Problem over Semidirect Product Groups'. *Proc. 46th IEEE Symposium on Foundations of Computer Science (FOCS 2005)*, 469–478, 2005.

[BCW98] Harry Buhrman, Richard Cleve, and Avi Wigderson. 'Quantum vs. Classical Communication and Computation'. *Proceedings of the 30th Annual ACM Symposium on Theory of Computing (STOC 1998)*, 63–68, 1998.

[BDEJ95] Adriano Barenco, David Deutsch, Artur Ekert, and Richard Jozsa. 'Conditional Quantum Dynamics and Quantum Gates'. *Physical Review Letters*, 74:4083–4086, 1995.

[BDHHMSW05] H. Buhrman, C. Durr, M. Heiligman, P. Høyer, F. Magniez, M. Santha, and R. de Wolf. 'Quantum Algorithms for Element Distinctness'. *SIAM J. Comput.*, 34:1324–1330, 2005.

[Bea97] Robert Beals. 'Quantum Computation of Fourier Transforms over Symmetric Groups'. *Proceedings of the 29th Annual ACM Symposium on Theory of Computing (STOC'97)*, 48–53, 1997.

[Ben73] Charles H. Bennett. 'Logical Reversibility of Computation'. *IBM Journal of Research and Development*, 17:525–532, November 1973.

[Ben89] Charles H. Bennett. 'Time/Space Trade-offs for Reversible Computing'. *SIAM Journal on Computing*, 18(4):766–776, 1989.

[Beth87a] Thomas Beth., 'On the Computational Complexity of the General Discrete Fourier Transform'. *Theoretical Computer Science*, 51:331–339, 1987.

[Beth87b] Thomas Beth. 'Generalized Fourier Transforms'. *Trends in Computer Algebra*, 92–118, 1987.

[BH97] Gilles Brassard and Peter Høyer. 'An Exact Quantum Polynomial-Time Algorithm for Simon's Problem'. *Proceedings of Fifth Israeli Symposium on Theory of Computing and Systems*, IEEE Computer Society Press, 12–23, 1997.

[BHMT00] Gilles Brassard, Peter Høyer, Michele Mosca, and Alain Tapp. 'Quantum Amplitude Amplification and Estimation'. In S.J. Lomonaco, Jr., H.E. Randt, editors, *Quantum Computation and Information, Contemporary Mathematics 305* (Providence, RI: AMS 2002), pp. 53–74.

[BHT97] G. Brassard, P. Høyer, and Alain Tapp. 'Cryptology Column—Quantum Algorithm for the Collision Problem'. *ACM SIGACT News*, 28: 14–19, 1997.

[BHT98] Gilles Brassard, Peter Høyer, and Alain Tapp. 'Quantum Counting'. *Proceedings of the ICALP'98 Lecture Notes in Computer Science*, 1820–1831, 1988.

[BL95] D. Boneh and R.J. Lipton. 'Quantum Cryptanalysis of Hidden Linear Functions' (Extended Abstract). *Lecture Notes in Computer Science*, 1443:820–831, Springer-Verlag, 1998.

[BMP+99] P. Boykin, T. Mor, M. Pulver, V. Roychowdhury, and F. Vatan. 'On Universal and fault-tolerant quantum computing: a novel basis and a new constructive proof of universality for Shor's basis'. *Proceedings of the 40th Annual Symposium on Foundations of the Computer Science*, 486–494, 1999.

[Br03] Michael Brown. 'Classical Cryptosystems in a Quantum Setting'. *MMath Thesis*. University of Waterloo, 2003.

[Buh96] H. Buhrman. 'A Short Note on Shor's Factoring Algorithm'. *SIGACT News*, 27(1):89–90, 1996.

[BV97] Ethan Bernstein and Umesh Vazirani. 'Quantum Complexity Theory'. *SIAM Journal on Computing*, 26(5):1411–1473, October 1997.

[CDV96] Richard Cleve and David P. DiVincenzo. 'Schumacher's Quantum Data Compression As a Quantum Computation'. *Physical Review A*, 54(4):2636–2650, 1996.

[CEG95] Ran Canetti, Guy Even, and Oded Goldreich. 'Lower Bounds for Sampling Algorithms for Estimating the Average'. *Information Processing Letters*, 53:17–25,1995.

[CEH+99] Richard Cleve, Artur Ekert, Leah Henderson, Chiara Macchiavello, and Michele Mosca. 'On Quantum Algorithms'. *Complexity*, 4:33–42, 1999.

[CEMM98] Richard Cleve, Artur Ekert, Chiara Macchiavello, and Michele Mosca. 'Quantum Algorithms Revisited'. *Proceedings of the Royal Society of London A*, 454:339–354, 1998.

[Che02] Donny Cheung. 'Using Generalized Quantum Fourier Transforms in Quantum Phase Estimation Algorithms'. *MMath Thesis*. University of Waterloo, 2002.

[Chu36] A. Church. 'An unsolvable Problem of Elementary Number Theory'. *Am. J. Math.*, 58:345, 1936.

[Cla] http://www.claymath.org/millennium/P_ vs _ NP/

[Cle00] Richard Cleve, "The Query Complexity of Order-Finding". *IEEE Conference of Computational Complexity*, 54–, 2000.

[Cle99] Richard Cleve. 'An Introduction to Quantum Complexity Theory'. In C. Macchiavello, G.M. Palma, and A. Zeilinger, editors, *Collected Papers on Quantum Computation and Quantum Information Theory* (World Scientific, 1999).

[CM01] K.K.H. Cheung and M. Mosca. 'Decomposing Finite Abelian Groups'. *Quantum Information and Computation*, 1(3):2632, 2001.

[Coc73] C. Cocks. 'A Note on Non-Secret Encryption'. *Technical report, Communications-Electronics Security Group*, U.K., 1973. *Available at http://www.cesg.gov.uk/downlds/nsecret/notense.pdf*

[Coh93] Henry Cohen. '*A Course in Computational Algebraic Number Theory*' (Springer-Verlag, 1993).

[Coo71] S.A. Cook. 'The Complexity of Theorem Proving Procedures'. *Proceedings of the 3rd Annual ACM Symposium on the Theory of Computing (STOC'71)*, 151–158, 1971.

[Cop94] Don Coppersmith. 'An Approximate Fourier Transform Useful in Quantum Factoring'. Research report, IBM, 1994.

[CRR054] Sourav Chakraborty, Jaikumar Radhakrishnan, and Nandakumar Raghunathan. 'Bounds for Error Reduction with Few Quantum Queries'. *APPROX-RANDOM 2005*, 245–256, 2005.

[CS96] A.R.Calderbank and P.W. Shor. 'Good Quantum Error-Correcting Codes Exist'. *Physical Review A*, 54:1098–1105, 1996.

[CTDL77] Claude Cohen-Tannoudji, Bernard Diu, and Franck Laloe. *Quantum Mechanics*, Volume 1 (John Wiley and Sons, 1977).

[Dav82] Martin Davis. *Computability and Unsolvability* (Dover Publications Inc., New York, 1982).

[Deu85] David Deutsch. 'Quantum Theory, the Church-Turing Principle and the Universal Quantum Computer'. *Proceedings of the Royal Society of London A*, 400:97–117, 1985.

[Deu89] David Deutsch. 'Quantum Computational Networks'. *Proceedings of the Royal Society of London A*, 425:73–90,1989.

[DH76a] W. Diffie and M.E. Hellman. 'Multiuser Cryptographic Techniques'. *Proceedings of AFIPS National Computer Conference*, 109–112, 1976.

[DH76b] W. Diffie and M.E. Hellman. 'New Directions in Cryptography'. *IEEE Transactions on Information Theory*, 22:644–654, 1976.

[DH00] W. van Dam and S. Hallgren. 'Efficient Quantum Algorithms for Shifted Quadratic Character Problems'. *Proceedings of the Fourteenth Annual ACM-SIAM Symposium on Discrete Algorithms*, 489–498, 2003.

[DHHM04] C. Durr, M. Heiligman, P. Høyer, and M. Mhalla. 'Quantum Query Complexity of Some Graph Problems'. *Proc. of 31st International Colloquium on Automata, Languages, and Programming (ICALP'04)*, 481–493, 2004.

[DHI03] W. van Dam, S. Hallgren, and L. Ip. 'Quantum Algorithms for Some Hidden Shift Problems'. *Proceedings of the ACM-SIAM Symposium on Discrete Algorithms (SODA'03)*, 489–498, 2003.

[Dir58] Paul A.M. Dirac. '*The Principles of Quantum Mechanics* (Clarendon Press, Oxford, 4th edition, 1958).

[DiV95] David DiVincenzo. 'Two-Bit Gates Are Universal for Quantum Computation'. *Physical Review A*, 51(2):1015–1022,1995.

[DJ92] David Deutsch and Richard Josza. 'Rapid Solution of Problems by Quantum Computation'. *Proceedings of the Royal Society of London A*, 439:553–558, 1992.

[DMV01] W. van Dam, M. Mosca, and U. Vazirani. 'How Powerful Is Adiabatic Quantum Computation?'. *Proc. 46th IEEE Symposium on Foundations of Computer Science (FOCS'01)*, 279–287, 2001.

[EH98] Mark Ettinger and Peter Høyer. 'On Quantum Algorithms for Noncommutative Hidden Subgroups'. *arXiv e-print quant-ph/9807029*, 1998.

[EHK04] M. Ettinger, P. Høyer, and E. Knill. 'The Quantum Query Complexity of the Hidden Subgroup Problem Is Polynomial'. *Inf. Process. Lett.*, 91:43–48, 2004.

[Ell70] J.H. Ellis. 'The Possibility of Non-Secret Encryption'. *Technical Report, Communications-Electronics Security Group*, U.K., 1970.
Available at http://www.cesg.gov.uk/downloads/nsecret/possnse.pdf

[Ell87] J.H. Ellis. 'The Story of Non-Secret Encryption'.
Technical report, Communications-Electronics Security Group, U.K., 1987.
Avialable at http://www.cesg.gov.uk/downloads/nsecret/ellis.pdf

[EPR35] A. Einstein, B. Podolsky, and N. Rosen. 'Can Quantum-Mechanical Description of Reality Be Considered Complete?' *Physical Review* 47:777–780, 1935.

[Fey65] Richard P. Feynman. *The Feynman Lectures on Physics, Volume III: Quantum Mechanics* (Addison-Wesley, 1965).

[Fey82] Richard Feynman. 'Simulating Physics with Computers'. *International Journal of Theortical Physics*, 21(6,7):467–488, 1982.

[FGGS98] E. Farhi, J. Goldstone, S. Gutmann, and M. Sipser. 'A Limit on the Speed of Quantum Computation in Determining Parity'. *Technical Report 9802045*, Los Alamos Archive, 1998.

[FGGS00] E. Farhi, J. Goldstone, S. Gutmann, and M. Sipser. 'Quantum Computation by Adiabatic Evolution'. *e-print arXiv: quant-ph/0001106*, 2000.

[FIMSS03] K. Friedl, G. Ivanyos, F. Magniez, M. Santha, and P. Sen. 'Hidden Translation and Orbit Coset in Quantum Computing'. *Proceedings of the*

Thirty-Fifth Annual ACM Symposium on Theory of Computing (STOC'03), 1–9, 2003.

[GGJ76] Garey, Graham and Johnson. 'Some NP-Complete Geometric Problems'. *Proceedings of the 8th Annual ACM Symposium on the Theory of Computing (STOC'76)*, 10–22, 1976.

[GJ79] Michael R. Garey and David S. Johnson. *Computers and Intractibility A Guide to the Theory of NP-Completeness* (W.H. Freeman and Company, New York, 1979).

[GJS76] M.R. Garey, D.S. Johnson, and L. Stockmeyer. 'Some Simplified NP-Complete Graph Problems'. *Theoretical Computer Science*, 1:237–267, 1976.

[GN96] R.B. Griffiths and C.S. Niu. 'Semi-Classical Fourier Transform for Quantum Computation'. *Physical Review Letters*, 3228–3231, 1996.

[Got98] Daniel Gottesman. 'A Theory of Fault-Tolerant Quantum Computation'. *Physical Review A*, 57:127–137, 1998.

[Gri97] D.Y. Grigoriev. 'Testing the Shift-Equivalence of Polynomials by Deterministic, Probablistic and Quantum Machines'. *Theoretical Computer Science*, 180:217–228, 1997.

[Gro96] Lov Grover. 'A Fast Quantum Mechanical Algorithm for Database Search'. *Proceedings of the 28th Annual ACM Symposium on the Theory of Computing (STOC 1996)*, 212–219.

[Gro98] Lov K. Grover. 'Quantum Computers Can Search Rapidly by Using Almost Any Transformation'. *Physical Review Letters*, 80:4329–4332, 1998.

[Gro05] L. Grover. 'Quantum Searching Amidst Uncertainty'. *Unconventional Computation, 4th International Conference*, Sevilla, Spain, 11–18, 2005.

[GSVV01] M. Grigni, L. Schulman, M. Vazirani, and U. Vazirani. 'Quantum Mechanical Algorithms for the Nonabelian Hidden Subgroup Problem'. *Proceedings of the Thirty-Third Annual ACM Symposium on Theory of Computing (SODA'03)*, 68–74, 2001.

[Hal05] S. Hallgren. 'Fast Quantum Algorithms for Computing the Unit Group and Class Group of a Number Field'. *Proceedings of the 37th ACM Symposium on Theory of Computing (STOC 2005)*, 468–474, 2005.

[HMW03] P. Høyer, M. Mosca, and R. de Wolf. 'Quantum Search on Bounded-Error Inputs'. *Proceedings of the Thirtieth International Colloquium on Automata, Languages and Programming (ICALP03)*, Eindhoven, The Netherlands, 291–299, 2003.

[Hoy97] Peter Høyer. 'Conjugated Operators in Quantum Algorithms'. *Physical Review A*, 59(5):3280–3289, 1999.

[HR90] Torben Hagerup and Christine Rub. 'Guided Tour of Chernoff Bounds'. *Information Processing Letters*, 33(6):305–308, 1990.

[HRS05] S. Hallgren, M. Roetteler, and P. Sen. 'Limitations of Quantum Coset States for Graph Isomorphism'. *arXiv e-print quant-ph/0511148*, 2005.

[HW79] G.H. Hardy and E.M. Wright. *An Introduction to the Theory of Numbers* (Oxford University Press, Oxford, 5th edition, 1979).

[IW97] R. Impagliazzo and A. Wigderson. 'P=BPP if E Requires Exponential Circuits: Derandomizing the XOR Lemma'. *Proceedings of the Twenty-*

Ninth Annual ACM Symposium on Theory of Computing, 220-229, 1997.

[JL02] R. Jozsa and N. Linden. 'On the Role of Entanglement in Quantum Computational Speed-ups'. *arXiv e-print quant-ph/0201143*, 2002.

[Jos99] Richard Jozsa. 'Searching in Grover's Algorithm'. *arXiv e-print quant-ph/9901021*.

[Kar72] R. Karp. 'Reducibility Among Combinatorial Problems'. *Complexity of Computer Computations*, 85–103, 1972.

[Kit96] A. Kitaev. 'Quantum Measurements and the Abelian Stabilizer Problem'. *Electronic Colloquium on Computational Complexity (ECCC)*, 3, 1996.

[Kit97] A.Y. Kitaev. 'Quantum Computations: Algorithms and Error Correction'. *Russ. Math. Surv.*, 52(6):1191–1249, 1998.

[KLZ97] Emanuel Knill, Raymond Laflamme, and Wojciech, Zurek. 'Resilient Quantum Computation: Error Models and Thresholds'. Technical Report, 1997. *Also arXiv e-print quant-ph/9702058*.

[KM01] P. Kaye and M. Mosca. 'Quantum Networks for Concentrating Entanglement'. *Journal of Physics A: Mathematical and General*, 34(35):6939–6948, 2001.

[KM02] P. Kaye and M. Mosca. 'Quantum Networks for Generating Arbitrary Quantum States'. *Proceedings of the International Conference on Quantum Information, OSA CD-ROM (Optical Society of America, Washington, D.C., 2002)*, PB28.

[Knu98] Donald E. Knuth. *Seminumerical Algorithms*, Volume 2 (Addison-Wesley, 3rd edition, 1998).

[Kob94] Neil Koblitz. *A Course in Number Theory and Cryptography* (Springer-Verlag, New York, 2nd edition, 1994).

[KS05] J. Kempe and A. Shalev. 'The Hidden Subgroup Problem and Permutation Group Theory'. *Proceedings of the Sixteenth Annual ACM-SIAM Symposium on Discrete Algorithms (SODA'05)*, 1118–1125, 2005.

[Kup05] G. Kuperberg. 'A Subexponential-Time Quantum Algorithm for the Dihedral Hidden Subgroup Problem'. *SIAM Journal on Computing*, 35: 170–188, 2005.

[KW03] I. Kerenidis and R. de Wolf. 'Exponential Lower Bound for 2-Query Locally Decodable Codes via a Quantum Argument'. *STOC '03: Proceedings of the Thirty-Fifth Annual ACM Symposium on Theory of Computing (STOC 2003)*, 106–115, 2003.

[Lev73] L.A. Levin. 'Universal Sorting Problems'. *Problems of Information Transmission*, 9:265–266, 1973.

[Llo95] Seth Lloyd. 'Almost Any Quantum Logic Gate Is Universal'. *Physical Review Letters*, 75:346–349, 1995.

[Llo96] S. Lloyd. 'Universal Quantum Simulators'. *Science*, 273:1073–1078, 1996.

[LTV98] M. Li, J. Tromp, and P. Vitanyi. 'Reversible Simulation of Irreversible Computation'. *Physica D*, 120:168–176, 1998.

[ME99] Michele Mosca and Artur Ekert. 'The Hidden Subgroup Problem and Eigenvalue Estimation on a Quantum Computer'. *Lecture Notes in Computer Science*, Volume 1509, 1999.

[Mil75] J.C.P. Miller. 'On factorisation, with a suggested new approach'. *Mathematics of Computation*, 29(129):155–172, 1975.

[Mos98] Michele Mosca. 'Quantum Searching and Counting by Eigenvector Analysis'. *Proceedings of Randomized Algorithms, Workshop of MFCS98, Brno, Czech Republic*, 1998.

[Mos99] Michele Mosca. *Quantum Computer Algorithms*. D.Phil. Dissertation, Wolfson College, University of Oxford, 1999.

[Mos01] M. Mosca. 'Counting by Quantum Eigenvalue Estimation'. *Theoretical Computer Science*, 264:139–153, 2001.

[MR95] Rajeev Motwani and Prabhakar Raghavan. *Randomized Algorithms* (Cambridge University Press, 1995).

[MRRS04] C. Moore, D. Rockmore, A. Russell and L. Schulman. 'The Power of Basis Selection in Fourier Sampling: Hidden Subgroup Problems in Affine Groups'. *Proceedings of the Fifteenth Annual ACM-SIAM Symposium on Discrete Algorithms (SODA'04)*, 1113–1122, 2004.

[MSS05] F. Magniez, M. Santha, and M. Szegedy. 'Quantum Algorithms for the Triangle Problem'. *Proceedings of the Sixteenth Annual ACM-SIAM Symposium on Discrete Algorithms (SODA'05)*, 1109–1117, 2005.

[MvOV97] Alfred J. Menezes, Paul C. Van Oorschot, and Scott A. Vanstone. *Handbook of Applied Cryptography* (CRC Press, London, 1997).

[MZ04] M. Mosca and C. Zalka. 'Exact Quantum Fourier Transforms and Discrete Logarithm Algorithms'. *International Journal of Quantum Information*, 2(1):91–100, 2004.

[NC00] Michael Nielson and Isaac Chuang. *Quantum Computation and Quantum Information* (Cambridge University Press, 2000).

[Neu56] John von Neumann. 'Probabilistic Logics and Synthesis of Reliable Organisms From Unreliable Components'. In C.E. Shannon and J. McCarthy, editors, *Automata Studies* (Princeton University Press, 1956).

[NS94] N. Nisan and M. Szegedy. 'On the Degree of Boolean Functions As Real Polynomials'. *Computational Complexity*, 4(4):301–313, 1994.

[NW99] Ashwin Nayak and Felix Wu. 'On the Quantum Black-Box Complexity of Approximating the Mean and Related Statistics'. *Proceedings of the 21st Annual ACM Symposium on Theory of Computing (STOC'99)*, 1999.

[Pap94] C. Papadimitriou. *Computational Complexity* (Addison-Wesley, 1994).

[Pat92] R. Paturi. 'On the Degree of Polynomials that Approximate Symmetric Boolean Functions'. *Proceedings of the 24th Annual Symposium on Theory of Computing*, 468–474, 1992.

[Pra75] Vaughan R. Pratt. 'Every Prime Has a Succinct Certificate'. *SIAM Journal on Computing*, 4(3):214–220, 1975.

[PRB99] Markus Püschel, Martin Rötteler, and Thomas Beth. 'Fast Quantum Fourier Transforms for a Class of Non-Abelian Groups'. *AAECC 1999*, 148–159.

[Pre] John Preskill. *Lecture notes. Available at*
http://www.theory.caltech.edu/% 7Epreskill/ph219/index.html# lecture

[Raz99] Ran Raz. 'Exponential Separation of Quantum and Classical Communication Complexity'. *Proceedings of the 31st Annual ACM Symposium on the Theory of Computing (STOC 1999)*, 358–367.

[RB98] Martin Rötteler and Thomas Beth. 'Polynomial-Time Solution to the Hidden Subgroup Problem for a Class of Non-Abelian Groups'. *arXiv e-print quant-ph/9812070*, 1998.

[Reg04] O. Regev. 'Quantum Computation and Lattice Problems'. *SIAM Journal on Computing*, 33:738–760, 2004.

[Rog87] Hartley Rogers. 'Theory of Recursive Functions and Effective Computability' (MIT Press, 1987).

[RRS05] J. Radhakrishnan, M. Rötteler, and P. Sen. 'On the Power of Random Bases in Fourier Sampling: Hidden Subgroup Problem in the Heisenberg Group'. *In Proceedings of the 32nd International Colloquium on Automata, Languages and Programming (ICALP)*, 1399–1411, 2005.

[RSA78] R.L. Rivest, A. Shamir, and L.M. Adleman. 'A Method for Obtaining Digital Signatures and Public-Key Cryptosystems'. *Communications of the ACM*, 21:120–126, 1978.

[Sch95] Benjamin Schumacher. 'Quantum Coding'. *Phys. Rev. A 51*, 2738–2747, 1995.

[Sch98] R. Schack. 'Using a Quantum Computer to Investigate Quantum Chaos'. *Physical Review A*, 57:1634–1635, 1998.

[Sho94] Peter Shor. 'Algorithms for Quantum Computation: Discrete Logarithms and Factoring'. *Proceedings of the 35th Annual Symposium on Foundations of Computer Science*, 124–134, 1994.

[Sho95a] Peter Shor. 'Scheme for Reducing Decoherence in Quantum Computer Memory'. *Phys. Rev. A*, 52:2493, 1995.

[Sho96] Peter Shor. 'Fault-Tolerant Quantum Computation'. *Proceedings of the 37th Annual Symposium on Fundamentals of Computer Science*, 56–65, (IEEE Press, Los Alimitos, CA, 1996).

[Sho97] P. Shor. 'Polynomial-Time Algorithms for Prime Factorization and Discrete Logarithms on a Quantum Computer'. *SIAM J. Computing*, 26:1484–1509, 1997.

[Sim94] Daniel R. Simon. 'On the Power of Quantum Computation'. In Shafi Goldwasser, editor, *Proceedings of the 35th Annual Symposium on Foundations of Computer Science*, pp. 116–123 (IEEE Computer Society Press, November 1994).

[Sim97] D. Simon. 'On the Power of Quantum Computation'. *SIAM J. Computing*, 26:1474–1483, 1997.

[Sip83] M. Sipser. 'A Complexity Theoretic Approach to Randomness'. *Proc. 15th ACM Symp. on the Theory of Computing*, 330–335, 1983.

[Sip96] M. Sipser. 'Introduction to the Theory of Computation' (Brooks-Cole, 1996).

[SS71] A. Schönhage and V. Strassen. 'Schnelle Multiplikation grosser Zahlen'. *Computing*, 7:281–292, 1971.

[Ste96] A.M. Steane. 'Error Correcting Codes in Quantum Theory'. *Physical Review Letters*, 77:793–797, 1996.

[Ste97] A.M. Steane. 'Active Stabilization, Quantum Computation, and Quantum State Synthesis'. *Physical Review Letters*, 78:2252–2255, 1997.

[TDV04] Barbara Terhal and David DiVincenzo. 'Classical Simulation of Noninteracting-Fermion Quantum Circuits'. *Physical Review A*, 65:32325–32334, 2004.

[Ter99] Barbara Terhal. *Quantum Algorithms and Quantum Entanglement.* Ph.D. thesis, University of Amsterdam, 1999.

[Tur36] A.M. Turing. 'On Computable Numbers, with an Application to *Entscheid-ungsproblem*'. *Proc. London Math Society*, 42:230–265, 1936. Also, 43:544–546, 1937.

[Val02] L.G. Valiant. 'Quantum Circuits That Can Be Simulated Classically in Polynomial Time'. *SIAM Journal on Computing*, 31(4):1229–1254, 2002.

[Vaz98] U. Vazirani. 'On the Power of Quantum Computation'. *Philosophical Transactions of the Royal Society of London, Series A*, 356:1759–1768, 1998.

[Vid03] G. Vidal. 'On the Role of Entanglement in Quantum Computational Speedup.' *Physical Review Letters*, 91:147902, 2003.

[Wel88] Dominic Welsh. *Codes and Cryptography* (Oxford University Press, Oxford, 1998).

[Yao93] Andrew Chi-Chih Yao. 'Quantum Circuit Complexity'. *Proceedings of the 34th IEEE Symposium on Foundations of Computer Science*, pp. 352–361. (Institute of Electrical and Electronic Engineers Computer Society Press, Los Alamitos, CA, 1993).

[Zal98a] Christof Zalka. 'Fast Versions of Shor's Quantum Factoring Algorithm'. *Technical report 9806084, Los Alamos Archive*, 1998.

[Zal98b] Ch. Zalka. 'Efficient Simulation of Quantum Systems by Quantum Computers'. *Proc. Roy. Soc. Lond. A*, 454:313–322, 1998.

찾아보기

양자 컴퓨팅 개론

발 행 | 2023년 1월 3일

옮긴이 | 김 주 현
지은이 | 필립 로날드 카예 · 레이몬드 라플라메 · 미셸 모스카

펴낸이 | 권 성 준
편집장 | 황 영 주
편 집 | 김 다 예
디자인 | 윤 서 빈

에이콘출판주식회사
서울특별시 양천구 국회대로 287 (목동)
전화 02-2653-7600, 팩스 02-2653-0433
www.acornpub.co.kr / editor@acornpub.co.kr